합격으로 가는 하이패스

토마토패스

외환전문역 2종
핵심요약+문제집

신태용 · 강성국 공저

예문에듀
EDU

PROFILE
저자약력

■ 수출입업무 / 외환관련여신

신태용 교수

성균관대학교 경제학과 졸업

現 한국금융연수원 외환 자문교수

現 한국생산성본부 외환 강사

現 이나우스 아카데미 외환 강사

現 토마토패스 외환 강사

前 우리은행 인재개발부 외환 전임교수

前 우리은행 파주 기업지점장, 운정중앙 지점장

前 우리은행 파주 금융센터장, 충정로 금융센터장

■ 국제무역규칙

강성국 교수

연세대학교 경영학과 졸업

現 한국금융투자협회 「외국환전문인력」 보수교육강사

現 토마토패스 금융전문교수

前 한국금융연수원 IB부문 교과운영자문교수

前 장안대학교(비즈니스영어과) 무역영어 강사

前 도이치(Deutsche) 은행 국제부 외환딜러

前 한국은행입행

PREFACE
머리말

외환전문역 2종 자격시험 수험생 여러분을 본 문제집을 통해 만나게 되어 반갑습니다.

외환전문역은 한국금융연수원에서 시행하는 시험에 합격한 자를 말하며, 그중 2종은 기업고객과 관련된 직무 담당자를 위한 시험입니다.

근래 들어 일반 기업에서도 해외투자와 직접조달 등으로 외화자산이 급증하고 있기 때문에 외환전문역에 대한 수요가 증가하고 있습니다.

본 자격증 시험을 준비하는 첫 번째 그룹은 금융권을 취업하고자 하는 취업준비생입니다. 대부분의 은행에서 우대자격증으로 인정되고 있어 많은 취업준비생이 도전하고 있으나, 여타 금융자격증에 비해 비교적 수험 난도가 높고 자료 등 정보가 부족하여 취득하기 어려운 자격증으로 알려져 있습니다.

두 번째 그룹은 현재 금융사에 입사하여 근무하는 직장인입니다. 이들은 인사고과 등에서의 가산점 취득을 위해 도전하고 있으나, 학습에 투자할 시간이 부족하여 실제 시험 합격까지는 많은 어려움을 겪고 있습니다.

이러한 수요자들의 요구에 맞추어 초보자도 쉽게 이해할 수 있고, 최대한 적은 시간을 투자하여 높은 효율을 낼 수 있는 방향으로 본 교재를 출간하게 되었습니다.

본서는 실전문제 풀이 이전에 ○×문제, 빈칸 채우기 문제를 통하여 학습해야 할 내용에 대해 예습을 할 수 있도록 하고, 기본문제와 심화문제 풀이를 진행하면서 현재 한국금융연수원에서 발간하는 교재의 내용을 자연스럽게 습득할 수 있도록 구성하였습니다.

본 교재와 함께 최종모의고사까지 꾸준히 학습한다면 여러분들의 합격이 조금 더 가까워질 것이라고 확신합니다. 외환전문역을 공부하시는 분들에게 부디 본 교재와 저의 강의가 충실한 길잡이가 되기를 기원하겠습니다.

공저자 씀

시험 가이드

시험명

국가공인 외환전문역(CFES : Certified Foreign Exchange Specialist)

시험내용

· 국가공인 외환전문역 I 종 : 금융기관의 외환업무 중 외국환 법규 및 외환거래실무를 이해하고 고객의
외화 자산에 노출되는 각종 외환리스크를 최소화시키는 등 주로 개인 외환과 관련된 직무를 담당

· 국가공인 외환전문역 II 종 : 금융기관의 외환업무 중 수출입업무 및 이와 관련된 국제무역 규칙을 이해
하고 외환과 관련된 여신업무를 수행하는 등 주로 기업 외환과 관련된 직무를 담당

응시정보

· 응시자격 : 제한없음
· 시험방법 : 필기시험(객관식 4지 선다형)
· 시험준비물 : 수험표, 신분증, 필기도구, 일반 계산기

과목구성

과목명	배점	시험시간
수출입실무	50	
국제무역규칙	30	120분 (13:00～15:00)
외환관련 여신	20	
합계	100	

■ **수출입실무(35문제, 50점)**

수출입거래 전반에 대한 무역실무 기초의 이해와 은행의 신용장 개설 등 수입실무 및 무역대금의 서류 심사, 매입 등 수출실무와 관련된 제반 업무절차의 이해를 통한 실무적용 능력을 측정

> **주요 검정내용**
>
> • 수출입실무 기초
> • 수입실무
> • 수출실무

■ **국제무역규칙(25문제, 30점)**

무역결제시스템의 이해 및 여기에 수반되는 무역계약, 운송실무, 보험실무 등 신용장 관련 서류검토를 위한 신용장통일규칙 등 국제무역규칙 각 조항의 이해를 통한 무역실무 적용 능력을 측정
※ 모든 문제의 지문과 보기가 영어로 출제

> **주요 검정내용**
>
> • 국제무역규칙 각 조문의 설명과 이해
>   – 신용장통일규칙(UCP)
>   – 국제표준은행관행(ISBP)
>   – 신용장대금상환통일규칙(URR)
>   – 추심통일규칙(URC)
>   – 청구보증통일규칙(URDG)
>   – 보증신용장통일규칙(ISP)

■ **외환관련 여신(20문제, 20점)**

무역금융 제도 및 무역금융 제반 업무처리 절차 이해를 통한 실무적용 능력을 측정

> **주요 검정내용**
>
> • 무역금융 제도의 이해
>   – 융자대상, 융자방법, 융자금종류, 융자대상 수출실적
>   – 융자한도 산출, 융자시기
>   – 위탁가공무역 방식 수출
> • 내국신용장/구매확인서
> • 무역어음제도/외화대출
> • 외화지급보증
> • 외환회계 : 경과계정, 난외계정 등

기출문제 미리보기

01 다음 중 대외무역관리규정 상의 수출실적 인정금액에 대한 설명으로 옳지 않은 것은?

① '용역수출'에 의한 수출실적의 인정금액은 수출입확인서발급기관이 발급한 '수출입확인서'의 금액으로 한다.

② '외국인도수출'에 의한 수출실적의 인정금액은 외국환은행의 '입금액'으로 한다.

③ '원양어로에 의한 수출 중 현지경비 사용분'에 대한 수출실적 인정금액은 외국환은행의 '확인액'으로 한다.

④ '중계무역'에 의한 수출실적의 인정금액은 수출금액(FOB)에서 수입금액(CIF)을 공제한 '가득액'으로 한다.

정답 | ①
해설 | '수출입확인서'에 의해 외국환은행이 '입금확인한 금액'을 수출실적으로 한다.

02 D/P, D/A 방식 수입에 의한 추심서류 접수 시의 업무처리방법으로 맞는 것은?

① 원본서류와 부본서류가 두 번에 걸쳐 나누어 도착하는 경우에 무조건 원본서류만을 인도해야 한다.

② 추심지시서에 D/P인지 D/A인지 명시가 없는 경우에는 D/A로 간주하여 처리한다.

③ 추심지시서에 이자만 표시된 경우에는 이자 추심 없이 원금만 결제가 가능하다.

④ D/A 서류는 반드시 선적서류수령증을 징구하고 서류를 인도해야 한다.

정답 | ③
해설 | 추심지시서에 '이자가 추심되어야 함(Interest is to be collected)'만이 표시된 경우에는 이자의 추심 없이 원금만 결제가 가능하다.

　① 원본서류와 부본서류가 두 번에 걸쳐 나누어 도착하는 경우에 일찍 도착하는 서류에 의해 인도하게 된다. 이러한 경우 은행은 나중에 도착한 서류가 중복적으로 처리되지 않도록 주의해야 한다.

　② 추심지시서에 D/P인지 D/A인지 명시가 없는 경우에는 D/P로 간주하여 처리한다.

　④ D/A는 반드시 환어음이 인수된 후에 서류를 인도해야 한다.

03 신용장에서 특별히 허용하지 않는 한 자동수리가 허용되지 않는 선하증권을 모두 고르시오.

가. Sailing Boat Shipment B/L	나. Foul B/L
다. Stale B/L	라. Unknown Clause B/L
마. Surrendered B/L	바. Short Form B/L

① 가, 나, 다, 바　　　　　　　　　　　② 가, 나, 다, 마

③ 가, 다, 라, 마　　　　　　　　　　　④ 가, 나, 마, 바

정답 | ②
해설 | 가, 나, 다, 마의 경우 신용장에서 특별히 허용해야 수리가능하다.

PART 02 국제무역규칙

01 Under ISP98, With regard to "Timely notice of dishonour", Which of the followings is the final date deemed to be not unreasonable, when presented on Tuesday, 15th. Aug., Non-business day? (only assuming saturday and sunday are not business days)

① 17th. Aug

② 18th. Aug

③ 19th. Aug

④ 21th. Aug

정답 | ④

해설 | ISP98에서는 오직 영업일만 서류를 접수할 수 있다. 따라서 8월 15일(화요일)은 영업일이 아니므로 8월 16일(수요일)이 접수일이다. 접수일 다음 날부터 3영업일이 합리적인 지급거절통지기간이므로 목(17일), 금(18일), 토(19일), 일(20일), 월(21일)까지는 합리적 기간이며 그 마지막 날은 8월 21일(월)에 해당한다. 또한 7영업일을 넘긴 8월 25일(금)이후의 통지는 불합리하다.

02 Under URC522, with the ADVICE OF NON-PAYMENT AND/OR NON-ACCEPTANCE, (   ) should endeavor to ascertain the reasons for non-payment and/or non-acceptance and advise accordingly, without delay, the bank from which it received the collection instruction.

① The remitting bank

② The collecting bank

③ The advising bank

④ The presenting bank

정답 | ④

해설 | 제시은행(presenting bank)은 지급거절 또는 인수거절의 사유를 확인하기 위하여 노력하고 그 결과를 추심지시서를 송부한 은행에게 지체 없이 통지하여야 한다.

03 Under ISP98, A presentation made after the close of business at the place of presentation :

① is deemed to have made on that day.

② is deemed to have been made on the next banking day.

③ is deemed to have been made on the next business day.

④ is deemed to have been made on next day.

정답 | ③

해설 | 제시장소에서 업무종료 후에 제시된 경우에는 그 다음 영업일에 이루어진 것으로 본다(deemed to be).
ISP98의 개설인은 금융기관만이 아니므로 business day란 용어를 사용한다.

01 가전 제조업체 G사는 납품을 위해 국내 직수출업체로부터 1차 외화표시 완제품 내국신용장을 받았다. G사의 제품 생산에 필요한 원자재 조달과 관련하여 옳지 않은 것은?

① 1차 내국신용장을 근거로 1차 구매확인서 발급을 신청할 수 있다.

② 2차 내국신용장 유효기일은 1차 내국신용장 인도기일 이전으로 한다.

③ 1차 내국신용장을 국내에 소재한 제3자 앞으로 양도할 수 있다.

④ 환위험을 일부 상쇄하기 위해 2차 외화표시 내국신용장을 개설할 수 있다.

정답 | ③

해설 | 내국신용장은 국내든 해외든 양도가 불가능한 취소불능 신용장이다.

02 다음 자료는 삼청기업(주)의 신용장기준금융 취급사례이다. 동사에 대한 포괄 금융 취급 시 지원 가능한 융자 대상금액은?

> 1) 수출신용장 내용
>   - 신용장 수취일자 : 2011년 8월 5일   - 금액 : USD1,000,000
>   - 가격조건 : FOB New York Port   - 수입지 : 미국
> 2) 수출선수금 10%를 수취하였다.
> 3) 평균원자재의존율 50%
> 4) 7월 평균매매기준율 1,100, 8월 평균매매기준율 1,050

① 495,000,000원   ② 990,000,000원

③ 1,050,000,000원   ④ 1,100,000,000원

정답 | ②

해설 | 융자금액 산식 = (USD1,000,000 − USD100,000)×1,100원 = 990,000,000원

03 지시당사자(보증신청인)의 요청에 따라 자행이 2차보증서를 수익자 소재 현지은행에 발행하여 주고 이를 근거로 현지은행이 1차보증서를 수익자에게 발행하는 경우에, 자행에서 발행하는 보증은 무엇인가?

① Syndicated Guarantee   ② Counter-guarantee

③ Back-to-back Guarantee   ④ Payment Guarantee

정답 | ②

해설 | 지시당사자(보증신청인)의 요청에 따라 자행이 2차보증서를 수익자 소재 은행에 발행하여 주고 이를 근거로 현지은행이 1차보증서를 수익자에게 발행하는 경우에, 자행에서 발행하는 보증을 Counter-guarantee(구상보증)라고 한다.

CONTENTS
목차

시험장 가기 전
점검하는 외환전문역 2종
신용장통일규칙
(UCP600)
전문 해설

[Article 1] Application of UCP

The Uniform Customs and Practice for Documentary Credits, 2007 Revision, ICC Publication no. 600 ("UCP") are rules that apply to any documentary credit ("credit") (including, to the extent to which they may be applicable, any standby letter of credit) when the text of the credit expressly indicates that it is subject to these rules. They are binding on all parties thereto unless expressly modified or excluded by the credit.

[Article 2] Definitions

For the purpose of these rules:

Advising bank means the bank that advises the credit at the request of the issuing bank.

Applicant means the party on whose request the credit is issued.

Banking day means a day on which a bank is regularly open at the place at which an act subject to these rules is to be performed.

Beneficiary means the party in whose favour a credit is issued.

Complying presentation means a presentation that is in accordance with the terms and conditions of the credit, the applicable provisions of these rules and international standard banking practice.

Confirmation means a definite undertaking of the confirming bank, in addition to that of the issuing bank, to honour or negotiate a complying presentation.

Confirming bank means the bank that adds its confirmation to a credit upon the issuing bank's authorization or request.

Credit means any arrangement, however named or described, that is irrevocable and thereby constitutes a definite undertaking of the issuing bank to honour a complying presentation.

Honour means:

a. to pay at sight if the credit is available by sight payment.

b. to incur a deferred payment undertaking and pay at maturity if the credit is available by deferred payment.

c. to accept a bill of exchange ("draft") drawn by the beneficiary and pay at maturity if the credit is available by acceptance.

[제1조] 신용장통일규칙의 적용범위

제6차 개정 신용장통일규칙(2007년 개정, 국제상업회의소 간행물 제600호, "신용장통일규칙")은 신용장의 문면에 위 규칙이 적용된다는 것을 명시적으로 표시한 경우 모든 화환신용장{위 규칙이 적용 가능한 범위 내에서는 보증신용장(standby letter of credit)을 포함한다. 이하 "신용장"이라 한다}에 적용된다. 이 규칙은 신용장에서 명시적으로 수정되거나 그 적용이 배제되지 않는 한 모든 당사자를 구속한다.

[제2조] 정의

이 규칙에서는 다음과 같이 해석한다.

통지은행(Advising Bank)은 개설은행의 요청에 따라 신용장을 통지하는 은행을 의미한다.

개설의뢰인(Applicant)은 신용장 개설을 신청한 당사자를 의미한다.

은행영업일(Banking day)은 이 규칙이 적용되는 행위가 이루어지는 장소에서 은행이 통상적으로 영업하는 날을 의미한다.

수익자(Beneficiary)는 신용장 개설을 통하여 이익을 받는 당사자를 의미한다.

일치하는 제시(Complying presentation)는 신용장 조건, 적용 가능한 범위 내에서의 이 규칙의 규정, 그리고 국제표준은행관행에 따른 제시를 의미한다.

확인(Confirmation)은 일치하는 제시에 대하여 결제(honour) 또는 매입하겠다는 개설은행의 확약에 추가하여 확인은행이 하는 확약을 의미한다.

확인은행(Confirming bank)은 개설은행의 수권 또는 요청에 의하여 신용장에 확인을 한 은행을 의미한다.

신용장(Credit)은 그 명칭과 상관없이 개설은행이 일치하는 제시에 대하여 결제(honour)하겠다는 확약으로서 취소가 불가능한 모든 약정을 의미한다.

결제(Honour)는 다음과 같은 내용을 의미한다.

a. 신용장이 일람지급에 의하여 이용가능하다면 일람출급으로 지급하는 것

b. 신용장이 연지급에 의하여 이용가능하다면 연지급을 확약하고 만기에 지급하는 것

c. 신용장이 인수에 의하여 이용가능하다면 수익자가 발행한 환어음을 인수하고 만기에 지급하는 것

Issuing bank means the bank that issues a credit at the request of an applicant or on its own behalf.

Negotiation means the purchase by the nominated bank of drafts (drawn on a bank other than the nominated bank) and/or documents under a complying presentation, by advancing or agreeing to advance funds to the beneficiary on or before the banking day on which reimbursement is due to the nominated bank.

Nominated bank means the bank with which the credit is available or any bank in the case of a credit available with any bank.

Presentation means either the delivery of documents under a credit to the issuing bank or nominated bank or the documents so delivered.

Presenter means a beneficiary, bank or other party that makes a presentation.

개설은행(Issuing bank)은 개설의뢰인의 신청 또는 그 자신을 위하여 신용장을 개설한 은행을 의미한다.

매입(Negotiation)은 일치하는 제시에 대하여 지정은행이, 지정은행에 상환하여야 하는 은행영업일 또는 그 전에 대금을 지급함으로써 또는 대금지급에 동의함으로써 환어음(지정은행이 아닌 은행 앞으로 발행된) 및/ 또는 서류를 매수(purchase)하는 것을 의미한다.

지정은행(Nominated bank)은 신용장에서 권한을 받은 특정한 은행을 의미하고, 모든 은행에 대한 수권이 있는 신용장의 경우에는 모든 은행을 의미한다.

제시(Presentation)는 신용장에 의하여 이루어지는 개설은행 또는 지정은행에 대한 서류의 인도 또는 그렇게 인도된 그 서류 자체를 의미한다.

제시자(Presenter)는 제시를 하는 수익자, 은행 또는 다른 당사자를 의미한다.

[Article 3] Interpretations

For the purpose of these rules:

Where applicable, words in the singular include the plural and in the plural include the singular.

A credit is irrevocable even if there is no indication to that effect.

A document may be signed by handwriting, facsimile signature, perforated signature, stamp, symbol or any other mechanical or electronic method of authentication.

A requirement for a document to be legalized, visaed, certified or similar will be satisfied by any signature, mark, stamp or label on the document which appears to satisfy that requirement.

Branches of a bank in different countries are considered to be separate banks.

Terms such as "first class", "well known", "qualified", "independent", "official", competent or "local" used to describe the issuer of a document allow any issuer except the beneficiary to issue that document.

Unless required to be used in a document, words such as "prompt", "immediately" or as soon as possible will be disregarded.

The expression "on or about" or similar will be interpreted as a stipulation that an event is to occur during a period of five calendar days before until five calendar days after the specified date, both start and end dates included.

[제3조] 해석

이 규칙에서는 다음과 같이 해석한다.

적용 가능한 경우, 단수의 단어는 복수의 단어를 포함하고, 복수의 단어는 단수의 단어를 포함한다.

신용장은 취소불능이라는 표시가 없더라도 취소가 불가능하다.

서류는 자필, 팩시밀리서명, 천공서명, 스탬프, 상징 또는 그 외 기계식 또는 전자식 확인방법으로 서명될 수 있다.

공증, 사증, 공인 또는 이와 유사한 서류의 요건은 그 요건에 부합하는 것으로 보이는 서류상의 모든 서명, 표시, 스탬프 또는 라벨에 의하여 만족될 수 있다.

서로 다른 국가에 위치한 같은 은행의 지점들은 다른 은행으로 본다.

서류의 발행자를 표현하기 위하여 사용되는 "first class(일류)", "well known(저명한)", "qualified(자격 있는)", "independent(독립적인)", "official(공적인)", "competent(능력 있는)" 또는 "local(현지의)"라는 용어들은 수익자를 제외하고, 해당 서류를 발행하는 모든 서류 발행자가 사용할 수 있다.

서류에 사용하도록 요구되지 않았다면 "신속하게(prompt)", "즉시(immediately)" 또는 "가능한 한 빨리(as soon as possible)"라는 단어들은 무시된다.

"그 시경(on or about)" 또는 이와 유사한 표현은 어떠한 일이 첫날과 마지막 날을 포함하여 특정 일자의 전 5일부터 후 5일까지의 기간 중에 발생해야 하는 규정으로 해석된다.

The words "to", "until", "till", "from" and "between" when used to determine a period of shipment include the date or dates mentioned, and the words "before" and "after" exclude the date mentioned.

The words "from" and "after" when used to determine a maturity date exclude the date mentioned.

The terms "first half" and "second half" of a month shall be construed respectively as the 1st to the 15th and the 16th to the last day of the month, all dates inclusive.

The terms "beginning", "middle" and "end" of a month shall be construed respectively as the 1st to the 10th, the 11th to the 20th and the 21st to the last day of the month, all dates inclusive.

선적기간을 정하기 위하여 'to', 'until', 'till', 'from', 그리고 'between'이라는 단어가 사용된 경우 이는 (기간에) 명시된 일자 또는 일자들을 포함하고, 'before'와 'after'라는 단어는 명시된 일자를 제외한다.

만기(滿期)를 정하기 위하여 'from'과 'after'라는 단어가 사용된 경우에는 명시된 일자를 제외한다.

어느 월의 '전반(first half)'과 '후반(second)'이라는 단어는 각 해당 월의 1일부터 15일까지, 16일부터 해당 월의 마지막 날까지로 해석되며, 그 기간 중의 모든 날짜를 포함한다.

어느 월의 '초(beginning)', '중(middle)', '말(end)'이라는 단어는 각 해당 월의 1일부터 10일, 11일부터 20일, 21일부터 해당 월의 마지막 날까지로 해석되며, 그 기간 중의 모든 날짜가 포함된다.

[Article 4] Credits v. Contracts

a. A credit by its nature is a separate transaction from the sale or other contract on which it may be based. Banks are in no way concerned with or bound by such contract, even if any reference whatsoever to it is included in the credit. Consequently, the undertaking of a bank to honour, to negotiate or to fulfil any other obligation under the credit is not subject to claims or defences by the applicant resulting from its relationships with the issuing bank or the beneficiary. beneficiary can in no case avail itself of the contractual relationships existing between banks or between the applicant and the issuing bank.

b. An issuing bank should discourage any attempt by the applicant to include, as an integral part of the credit, copies of the underlying contract, pro forma invoice and the like.

[제4조] 신용장과 원인계약

a. 신용장은 그 본질상 그 기초가 되는 매매 또는 다른 계약과는 별개의 거래이다. 신용장에 그러한 계약에 대한 언급이 있더라도 은행은 그 계약과 아무런 관련이 없고, 또한 그 계약 내용에 구속되지 않는다. 따라서 신용장에 의한 결제(honour), 매입 또는 다른 의무이행의 확약은 개설의뢰인 또는 수익자와 개설의뢰인의 사이의 관계에서 비롯된 개설의뢰인의 주장이나 항변에 구속되지 않는다. 수익자는 어떠한 경우에도 은행들 사이 또는 개설의뢰인과 개설은행 사이의 계약관계를 원용할 수 없다.

b. 개설은행은 개설의뢰인이 원인계약이나 견적송장 등의 사본을 신용장의 일부분으로 포함시키려는 어떠한 시도도 하지 못하게 하여야 한다.

[Article 5] Documents v. Goods, Services or Performance

Banks deal with documents and not with goods, services or performance to which the documents may relate.

[제5조] 서류와 물품, 용역 또는 의무이행

은행은 서류로 거래하는 것이며 그 서류가 관계된 물품, 용역 또는 의무이행으로 거래하는 것은 아니다.

[Article 6] Availability, Expiry Date and Place for Presentation

a. A credit must state the bank with which it is available or whether it is available with any bank. A credit available with a nominated bank is also available with the issuing bank.

b. A credit must state whether it is available by sight payment, deferred payment, acceptance or negotiation.

c. A credit must not be issued available by a draft drawn on the applicant.

d. i. A credit must state an expiry date for presentation. An expiry date stated for honour or negotiation will be deemed to be an expiry date for presentation.

   ii. The place of the bank with which the credit is available is the place for presentation. The place for presentation under a credit available with any bank is that of any bank. A place for presentation other than that of the issuing bank is in addition to the place of the issuing bank.

e. Except as provided in sub-article 29 (a), a presentation by or on behalf of the beneficiary must be made on or before the expiry date.

[제6조] 이용가능성, 유효기일 그리고 제시장소

a. 신용장은 그 신용장이 이용가능한 은행을 명시하거나 모든 은행에서 이용가능한지 여부를 명시하여야 한다.

   지정은행에서 이용가능한 신용장은 또한 개설은행에서도 이용할 수 있다.

b. 신용장은 그 신용장이 일람지급, 연지급, 인수 또는 매입에 의하여 이용가능한지 여부를 명시하여야 한다.

c. 신용장은 개설의뢰인을 지급인으로 하는 환어음에 의하여 이용가능하도록 개설되어서는 안 된다.

d. i. 신용장은 제시를 위한 유효기일을 명시하여야 한다. 신용장 대금의 결제(honour) 또는 매입을 위한 유효기일은 제시를 위한 유효기일로 본다.

   ii. 신용장이 이용가능한 은행의 장소가 제시를 위한 장소이다. 모든 은행에서 이용 가능한 신용장에서의 제시장소는 그 모든 은행의 소재지가 된다. 개설은행의 소재지가 아닌 제시장소는 개설은행의 소재지에 그 장소를 추가한 것이다.

e. 제29조 (a)항에 규정된 경우를 제외하고, 수익자에 의한 또는 수익자를 위한 제시는 유효기일 또는 그 전에 이루어져야 한다.

[Article 7] Issuing Bank Undertaking

a. Provided that the stipulated documents are presented to the nominated bank or to the issuing bank and that they constitute a complying presentation, the issuing bank must honour if the credit is available by:

   i. sight payment, deferred payment or acceptance with the issuing bank;

   ii. sight payment with a nominated bank and that nominated bank does not pay;

   iii. deferred payment with a nominated bank and that nominated bank does not incur its deferred payment undertaking or, having incurred its deferred payment undertaking, does not pay at maturity;

   iv. acceptance with a nominated bank and that nominated bank does not accept a draft drawn on it or, having accepted a draft drawn on it, does not pay at maturity;

   v. negotiation with a nominated bank and that nominated bank does not negotiate.

b. An issuing bank is irrevocably bound to honour as of the time it issues the credit.

[제7조] 개설은행의 의무

a. 신용장에서 규정된 서류들이 지정은행 또는 개설은행에 제시되고, 그것이 신용장 조건에 일치하는 제시일 경우 개설은행은 다음과 같은 결제(honour)의 의무를 부담한다.

   i. 신용장이 개설은행에서 일람지급, 연지급 또는 인수에 의하여 이용될 수 있는 경우

   ii. 신용장이 지정은행에서 일람지급에 의하여 이용될 수 있는데, 지정은행이 대금을 지급하지 않는 경우

   iii. 신용장이 지정은행에서 연지급에 의하여 이용될 수 있는데, 지정은행이 연지급의 의무를 부담하지 않는 경우, 또는 그와 같은 연지급의 의무를 부담하였으나 만기에 대금을 지급하지 않는 경우

   iv. 신용장이 지정은행에서 인수에 의하여 이용될 수 있는데, 지정은행이 지정은행을 지급인으로 한 환어음을 인수하지 않거나 그 환어음을 인수하였더라도 만기에 지급하지 않는 경우

   v. 신용장이 지정은행에서 매입에 의하여 이용될 수 있는데, 지정은행이 매입하지 않는 경우

b. 개설은행은 신용장의 개설시점으로부터 취소가 불가능한 결제(honour)의 의무를 부담한다.

c. An issuing bank undertakes to reimburse a nominated bank that has honoured or negotiated a complying presentation and forwarded the documents to the issuing bank. Reimbursement for the amount of a complying presentation under a credit available by acceptance or deferred payment is due at maturity, whether or not the nominated bank prepaid or purchased before maturity. An issuing bank's undertaking to reimburse a nominated bank is independent of the issuing bank's undertaking to the beneficiary.

[Article 8] Confirming Bank Undertaking

a. Provided that the stipulated documents are presented to the confirming bank or to any other nominated bank and that they constitute a complying presentation, the confirming bank must:

i. honour, if the credit is available by

   a) sight payment, deferred payment or acceptance with the confirming bank;

   b) sight payment with another nominated bank and that nominated bank does not pay;

   c) deferred payment with another nominated bank and that nominated bank does not incur its deferred payment undertaking or, having incurred its deferred payment undertaking, does not pay at maturity;

   d) acceptance with another nominated bank and that nominated bank does not accept a draft drawn on it or, having accepted a draft drawn on it, does not pay at maturity;

   e) negotiation with another nominated bank and that nominated bank does not negotiate.

ii. negotiate, without recourse, if the credit is available by negotiation with the confirming bank.

b. A confirming bank is irrevocably bound to honour or negotiate as of the time it adds its confirmation to the credit.

---

c. 개설은행은 일치하는 제시에 대하여 결제(honour) 또는 매입을 하고, 그 서류를 개설은행에 송부한 지정은행에 대하여 신용장 대금을 상환할 의무를 부담한다. 인수신용장 또는 연지급신용장의 경우 일치하는 제시에 대응하는 대금의 상환은 지정은행이 만기 이전에 대금을 먼저 지급하였거나 또는 매입하였는지 여부와 관계없이 만기에 이루어져야 한다. 개설은행의 지정은행에 대한 상환의무는 개설은행의 수익자에 대한 의무로부터 독립적이다.

[제8조] 확인은행의 의무

a. 신용장에서 규정된 서류들이 확인은행 또는 다른 지정은행에 제시되고, 그것이 신용장 조건에 일치하는 제시일 경우

ⅰ. 확인은행은 다음과 같은 경우 결제(honour)의 의무를 부담한다.

   a) 신용장이 확인은행에서 일람지급, 연지급 또는 인수에 의하여 이용될 수 있는 경우

   b) 신용장이 다른 지정은행에서 일람지급에 의하여 이용될 수 있는데, 해당 지정은행이 대금을 지급하지 않는 경우

   c) 신용장이 다른 지정은행에서 연지급에 의하여 이용될 수 있는데, 해당 지정은행이 연지급의 의무를 부담하지 않는 경우, 또는 그와 같은 연지급의 의무를 부담하였으나 만기에 대금을 지급하지 않는 경우

   d) 신용장이 다른 지정은행에서 인수에 의하여 이용될 수 있는데, 해당 지정은행이 그 지정은행을 지급인으로 한 환어음을 인수하지 않거나 그 환어음을 인수하였더라도 만기에 대금을 지급하지 않는 경우

   e) 신용장이 다른 지정은행에서 매입에 의하여 이용될 수 있는데, 해당 지정은행이 매입하지 않는 경우

ⅱ. 신용장이 확인은행에서 매입의 방법으로 이용 가능하다면, 확인은행은 상환청구권(recourse) 없이 매입하여야 한다.

b. 확인은행은 신용장에 확인을 추가하는 시점으로부터 취소가 불가능한 결제(honour) 또는 매입의 의무를 부담한다.

c. A confirming bank undertakes to reimburse another nominated bank that has honoured or negotiated a complying presentation and forwarded the documents to the confirming bank. Reimbursement for the amount of a complying presentation under a credit available by acceptance or deferred payment is due at maturity, whether or not another nominated bank prepaid or purchased before maturity. A confirming bank's undertaking to reimburse another nominated bank is independent of the confirming bank's undertaking to the beneficiary.

d. If a bank is authorized or requested by the issuing bank to confirm a credit but is not prepared to do so, it must inform the issuing bank without delay and may advise the credit without confirmation.

c. 확인은행은 일치하는 제시에 대하여 결제(honour) 또는 매입을 하고 그 서류를 확인은행에 송부한 다른 지정은행에 대하여 신용장 대금을 상환할 의무를 부담한다. 인수신용장 또는 연지급신용장의 경우 일치하는 제시에 대응하는 대금의 상환은 다른 지정은행이 그 신용장의 만기 이전에 대금을 먼저 지급하였거나 또는 매입하였는지 여부와 관계없이 만기에 이루어져야 한다. 확인은행의 다른 지정은행에 대한 상환의무는 확인은행의 수익자에 대한 의무로부터 독립적이다.

d. 어떤 은행이 개설은행으로부터 신용장에 대한 확인의 권한을 받았거나 요청 받았음에도 불구하고, 그 준비가 되지 않았다면, 지체 없이 개설은행에 대하여 그 사실을 알려주어야 하고, 이 경우 신용장에 대한 확인 없이 통지만을 할 수 있다.

[Article 9] Advising of Credits and Amendments

a. A credit and any amendment may be advised to a beneficiary through an advising bank. An advising bank that is not a confirming bank advises the credit and any amendment without any undertaking to honour or negotiate.

b. By advising the credit or amendment, the advising bank signifies that it has satisfied itself as to the apparent authenticity of the credit or amendment and that the advice accurately reflects the terms and conditions of the credit or amendment received.

c. An advising bank may utilize the services of another bank ("second advising bank") to advise the credit and any amendment to the beneficiary. By advising the credit or amendment, the second advising bank signifies that it has satisfied itself as to the apparent authenticity of the advice it has received and that the advice accurately reflects the terms and conditions of the credit or amendment received.

d. A bank utilizing the services of an advising bank or second advising bank to advise a credit must use the same bank to advise any amendment thereto.

e. If a bank is requested to advise a credit or amendment but elects not to do so, it must so inform, without delay, the bank from which the credit, amendment or advice has been received.

[제9조] 신용장 및 이에 대한 조건변경의 통지

a. 신용장 및 이에 대한 조건변경은 통지은행을 통하여 수익자에게 통지될 수 있다. 확인은행이 아닌 통지은행은 결제(honour)나 매입에 대한 어떤 의무의 부담 없이 신용장 및 이에 대한 조건변경을 통지한다.

b. 통지은행은 신용장 또는 그 조건변경을 통지함으로써 신용장 또는 그 조건변경에 대한 외견상의 진정성이 충족된다는 점과 그 통지가 송부받은 신용장 또는 그 조건변경의 조건들을 정확하게 반영하고 있다는 점을 표명한다.

c. 통지은행은 수익자에게 신용장 및 그 조건변경을 통지하기 위하여 다른 은행(이하 "제2통지은행"이라 한다)을 이용할 수 있다. 제2통지은행은 신용장 또는 그 조건변경을 통지함으로써 신용장 또는 그 조건변경에 대한 외견상의 진정성이 충족된다는 점과 그 통지가 송부받은 신용장 또는 그 조건변경의 조건들을 정확하게 반영하고 있다는 점을 표명한다.

d. 신용장을 통지하기 위하여 통지은행 또는 제2의 통지은행을 이용하는 은행은 그 신용장의 조건변경을 통지하기 위하여 동일한 은행을 이용하여야만 한다.

e. 은행이 신용장 또는 그 조건변경을 통지하도록 요청받았으나 이를 수락하지 않을 경우 신용장, 조건변경 또는 통지를 송부한 은행에 지체 없이 이를 알려주어야 한다.

f. If a bank is requested to advise a credit or amendment but cannot satisfy itself as to the apparent authenticity of the credit, the amendment or the advice, it must so inform, without delay, the bank from which the instructions appear to have been received. If the advising bank or second advising bank elects nonetheless to advise the credit or amendment, it must inform the beneficiary or second advising bank that it has not been able to satisfy itself as to the apparent authenticity of the credit, the amendment or the advice.

[Article 10] Amendments

a. Except as otherwise provided by article 38, a credit can neither be amended nor cancelled without the agreement of the issuing bank, the confirming bank, if any, and the beneficiary.

b. An issuing bank is irrevocably bound by an amendment as of the time it issues the amendment. A confirming bank may extend its confirmation to an amendment and will be irrevocably bound as of the time it advises the amendment. A confirming bank may, however, choose to advise an amendment without extending its confirmation and, if so, it must inform the issuing bank without delay and inform the beneficiary in its advice.

c. The terms and conditions of the original credit (or a credit incorporating previously accepted amendments) will remain in force for the beneficiary until the beneficiary communicates its acceptance of the amendment to the bank that advised such amendment. The beneficiary should give notification of acceptance or rejection of an amendment. If the beneficiary fails to give such notification, a presentation that complies with the credit and to any not yet accepted amendment will be deemed to be notification of acceptance by the beneficiary of such amendment. As of that moment the credit will be amended.

d. A bank that advises an amendment should inform the bank from which it received the amendment of any notification of acceptance or rejection.

e. Partial acceptance of an amendment is not allowed and will be deemed to be notification of rejection of the amendment.

f. A provision in an amendment to the effect that the amendment shall enter into force unless rejected by the beneficiary within a certain time shall be disregarded.

f. 은행이 신용장 또는 그 조건변경을 통지하도록 요청받았으나, 신용장, 그 조건변경 또는 통지의 외견상 진정성에 대한 요건을 충족하지 못한다고 판단한 경우, 지체 없이 그 지시를 송부한 것으로 되어 있는 은행에 그 사실을 통지하여야 한다. 그럼에도 불구하고 통지은행 또는 제2의 통지은행이 신용장 또는 그 조건변경을 통지하기로 한 경우, 그 은행은 수익자 또는 제2의 통지은행에게 신용장, 그 조건변경 또는 통지가 외견상 진위성에 대한 요건을 충족하지 못한다는 점을 알려주어야 한다.

[제10조] 조건변경(Amendments)

a. 제38조에서 규정한 경우를 제외하고 신용장은 개설은행, 확인은행이 있는 경우에는 그 확인은행, 그리고 수익자의 동의가 없이는 조건변경되거나 취소될 수 없다.

b. 개설은행은 신용장에 대한 조건을 변경한 경우 그 시점으로부터 변경 내용에 대하여 취소 불가능하게 구속된다. 확인은행은 조건변경에 대한 확인을 연장할 수 있고, 그 조건변경을 통지한 경우 그 시점으로부터 취소 불가능하게 그 내용에 구속된다. 그러나, 확인은행이 조건변경에 대하여 확인을 연장함이 없이 통지만을 하기로 선택한 경우 지체 없이 개설은행에 그 사실을 알려주어야 하고, 그 통지에서 수익자에게 그 사실을 알려주어야 한다.

c. 원신용장(또는 이전에 조건변경이 수락된 신용장)의 조건은 수익자가 조건변경을 통지한 은행에 대하여 변경된 내용을 수락한다는 뜻을 알려줄 때까지는 수익자에 대하여 효력을 가진다. 수익자는 조건변경 내용에 대한 수락 또는 거절의 뜻을 알려주어야 한다. 수익자가 위 수락 또는 거절의 뜻을 알리지 않은 경우, 신용장 및 아직 수락되지 않고 있는 조건변경 내용에 부합하는 제시가 있으면 수익자가 그러한 조건변경 내용을 수락한다는 뜻을 알린 것으로 간주한다. 이 경우 그 순간부터 신용장은 조건이 변경된다.

d. 신용장의 조건변경을 통지하는 은행은 조건변경을 송부한 은행에게 조건변경 내용에 대한 수락 또는 거절의 뜻을 통보하여야 한다.

e. 조건변경에 대하여 일부만을 수락하는 것은 허용되지 않으며, 이는 조건변경 내용에 대한 거절의 의사표시로 간주한다.

f. 수익자가 일정한 시간 내에 조건변경을 거절하지 않으면 조건변경이 효력을 가지게 된다는 규정이 조건변경 내용에 있는 경우 이는 무시된다.

[Article 11] Teletransmitted and Pre-Advised Credits and Amendments

a. An authenticated teletransmission of a credit or amendment will be deemed to be the operative credit or amendment, and any subsequent mail confirmation shall be disregarded. If a teletransmission states "full details to follow" (or words of similar effect), or states that the mail confirmation is to be the operative credit or amendment, then the teletransmission will not be deemed to be the operative credit or amendment. The issuing bank must then issue the operative credit or amendment without delay in terms not inconsistent with the teletransmission.

b. A preliminary advice of the issuance of a credit or amendment ("pre-advice") shall only be sent if the issuing bank is prepared to issue the operative credit or amendment. An issuing bank that sends a pre-advice is irrevocably committed to issue the operative credit or amendment, without delay, in terms not inconsistent with the pre-advice.

[Article 12] Nomination

a. Unless a nominated bank is the confirming bank, an authorization to honour or negotiate does not impose any obligation on that nominated bank to honour or negotiate, except when expressly agreed to by that nominated bank and so communicated to the beneficiary.

b. By nominating a bank to accept a draft or incur a deferred payment undertaking, an issuing bank authorizes that nominated bank to prepay or purchase a draft accepted or a deferred payment undertaking incurred by that nominated bank.

c. Receipt or examination and forwarding of documents by a nominated bank that is not a confirming bank does not make that nominated bank liable to honour or negotiate, nor does it constitute honour or negotiation.

[제11조] 전신과 사전통지된(Teletransmitted and Pre-Advised) 신용장 및 그 조건변경

a. 진정성이 확인된 신용장 또는 조건변경의 전신은 유효한 신용장 또는 조건변경으로 간주되고, 어떤 추가적인 우편확인은 무시된다. 전신의 내용에서 "상세한 명세가 추후 송부될 것"(또는 유사한 취지의 단어)이라고 표현되어 있거나, 또는 우편확인이 유효한 신용장 또는 조건변경이라고 표현되어 있는 경우, 이러한 전신은 유효한 신용장 또는 조건 변경으로 보지 않는다. 그 경우 개설은행은 지체 없이 전신과 불일치하지 않는 조건으로 유효한 신용장을 개설하거나 조건변경을 하여야 한다.

b. 신용장의 개설 또는 조건변경에 대한 사전적인 통지(이하 "사전통지"라 한다)는 개설은행이 유효한 신용장 또는 조건변경을 개설할 수 있을 경우에만 송부되어 질수 있다.
사전통지를 보낸 개설은행은 이와 불일치하지 않는 조건으로 지체 없이 취소불가능하고 유효한 신용장을 개설하거나 조건변경을 하여야 한다.

[제12조] 지정(Nomination)

a. 지정은행이 확인은행이 아닌 경우, 결제(honour) 또는 매입에 대한 수권은 지정은행이 결제(honour) 또는 매입에 대하여 명백하게 동의하고 이를 수익자에게 통보한 경우를 제외하고는 그 지정은행에 대하여 결제(honour) 또는 매입에 대한 어떤 의무도 부과하지 않는다.

b. 개설은행은 어떤 은행이 환어음을 인수하거나 연지급의 의무를 부담하도록 지정함으로써 그 지정은행이 대금을 먼저 지급하거나 또는 인수된 환어음을 매수(purchase)하거나, 또는 그 지정은행이 연지급의 의무를 부담하도록 권한을 부여한다.

c. 확인은행이 아닌 지정은행이 서류를 수취하거나 또는 심사 후 서류를 송부하는 것은 그 지정은행에게 결제(honour) 또는 매입에 대한 책임을 부담시키는 것이 아니고, 또한 그것이 결제(honour) 또는 매입을 구성하지도 않는다.

[Article 13] Bank-to-Bank Reimbursement Arrangements

a. If a credit states that reimbursement is to be obtained by a nominated bank ("claiming bank") claiming on another party ("reimbursing bank"), the credit must state if the reimbursement is subject to the ICC rules for bank-to-bank reimbursements in effect on the date of issuance of the credit.

b. If a credit does not state that reimbursement is subject to the ICC rules for bank-to-bank reimbursements, the following apply:

i. An issuing bank must provide a reimbursing bank with a reimbursement authorization that conforms with the availability stated in the credit. The reimbursement authorization should not be subject to an expiry date.

ii. A claiming bank shall not be required to supply a reimbursing bank with a certificate of compliance with the terms and conditions of the credit.

iii. An issuing bank will be responsible for any loss of interest, together with any expenses incurred, if reimbursement is not provided on first demand by a reimbursing bank in accordance with the terms and conditions of the credit.

iv. A reimbursing bank's charges are for the account of the issuing bank. However, if the charges are for the account of the beneficiary, it is the responsibility of an issuing bank to so indicate in the credit and in the reimbursement authorization. If a reimbursing bank's charges are for the account of the beneficiary, they shall be deducted from the amount due to a claiming bank when reimbursement is made. If no reimbursement is made, the reimbursing bank's charges remain the obligation of the issuing bank.

c. An issuing bank is not relieved of any of its obligations to provide reimbursement if reimbursement is not made by a reimbursing bank on first demand.

[제13조] 은행간 상환약정

a. 신용장에서 지정은행(이하 "청구은행"이라 한다)이 다른 당사자(이하 "상환은행"이라 한다)에게 청구하여 상환을 받도록 규정하고 있다면, 그 신용장은 상환과 관련하여 신용장 개설일에 유효한 은행간 상환에 대한 국제상업회의소 규칙의 적용을 받는지 여부를 명시하여야 한다.

b. 신용장이 상환과 관련하여 은행간 상환에 대한 국제상업회의소 규칙의 적용을 받는다는 사실을 명시하지 않으면 아래 내용이 적용된다.

i. 개설은행은 신용장에 명시된 이용가능성에 부합하는 상환권한을 상환은행에 수여하여야 한다. 상환권한은 유효기일의 적용을 받지 않아야 한다.

ii. 청구은행은 신용장의 조건에 일치한다는 증명서를 상환은행에 제시하도록 요구받아서는 안 된다.

iii. 신용장의 조건에 따른 상환은행의 최초 지급청구시에 상환이 이루어지지 않으면, 개설은행은 그로 인하여 발생한 모든 비용과 함께 모든 이자 손실에 대하여도 책임을 부담한다.

iv. 상환은행의 수수료는 개설은행이 부담한다. 그러나 그 수수료를 수익자가 부담하여야 한다면, 개설은행은 신용장과 상환수권서에 그러한 사실을 명시할 책임을 부담한다. 상환은행의 수수료를 수익자가 부담하여야 한다면, 그 수수료는 상환이 이루어질 때에 청구은행에 지급하여야 할 금액으로부터 공제된다. 상환이 이루어지지 아니한다면, 상환은행의 수수료는 개설은행이 부담하여야 한다.

c. 최초 지급청구 시에 상환은행에 의한 상환이 이루어지지 아니한 경우 상환을 제공할 개설은행 자신의 의무는 면제되지 아니한다.

[Article 14] Standard for Examination of Documents

a. A nominated bank acting on its nomination, a confirming bank, if any, and the issuing bank must examine a presentation to determine, on the basis of the documents alone, whether or not the documents appear on their face to constitute a complying presentation.

b. A nominated bank acting on its nomination, a confirming bank, if any, and the issuing bank shall each have a maximum of five banking days following the day of presentation to determine if a presentation is complying. This period is not curtailed or otherwise affected by the occurrence on or after the date of presentation of any expiry date or last day for presentation.

c. A presentation including one or more original transport documents subject to articles 19, 20, 21, 22, 23, 24 or 25 must be made by or on behalf of the beneficiary not later than 21 calendar days after the date of shipment as described in these rules, but in any event not later than the expiry date of the credit.

d. Data in a document, when read in context with the credit, the document itself and international standard banking practice, need not be identical to, but must not conflict with, data in that document, any other stipulated document or the credit.

e. In documents other than the commercial invoice, the description of the goods, services or performance, if stated, may be in general terms not conflicting with their description in the credit.

f. If a credit requires presentation of a document other than a transport document, insurance document or commercial invoice, without stipulating by whom the document is to be issued or its data content, banks will accept the document as presented if its content appears to fulfil the function of the required document and otherwise complies with sub-article 14 (d).

g. A document presented but not required by the credit will be disregarded and may be returned to the presenter.

h. If a credit contains a condition without stipulating the document to indicate compliance with the condition, banks will deem such condition as not stated and will disregard it.

i. A document may be dated prior to the issuance date of the credit, but must not be dated later than its date of presentation.

[제14조] 서류심사의 기준

a. 지정에 따라 행동하는 지정은행, 확인은행이 있는 경우의 확인은행 그리고 개설은행은 서류에 대하여 문면상 일치하는 제시가 있는지 여부를 단지 서류만에 의해서 심사하여야 한다.

b. 지정에 따라 행동하는 지정은행, 확인은행이 있는 경우의 확인은행 그리고 개설은행에게는 제시가 일치하는지 여부를 결정하기 위하여 제시일의 다음날로부터 기산하여 최장 5 은행영업일이 각자 주어진다. 이 기간은 유효기일 내의 제시일자나 최종제시일 또는 그 이후에 발생하는 사건에 의해서 단축되거나 달리 영향을 받지 않는다.

c. 제19조, 제20조, 제21조, 제22조, 제23조, 제24조 또는 제25조에 따른 하나 이상의 운송서류 원본이 포함된 제시는, 이 규칙에서 정하고 있는 선적일 후 21일보다 늦지 않게 수익자에 의하거나 또는 그를 대신하여 이루어져야 하고, 어떠한 경우라도 신용장의 유효기일보다 늦게 이루어져서는 안 된다.

d. 신용장, 서류 그 자체 그리고 국제표준은행관행의 문맥에 따라 읽을 때의 서류상의 정보(data)는 그 서류나 다른 적시된 서류 또는 신용장상의 정보와 반드시 일치될 필요는 없으나, 그들과 저촉되어서는 안 된다.

e. 상업송장 이외의 서류에서, 물품, 서비스 또는 의무이행의 명세는, 만약 기재되는 경우, 신용장상의 명세와 저촉되지 않는 일반적인 용어로 기재될 수 있다.

f. 신용장에서 누가 서류를 발행하여야 하는지 여부 또는 그 정보의 내용을 명시함이 없이 운송서류, 보험서류 또는 상업송장 이외의 다른 어떠한 서류의 제시를 요구한다면, 그 서류의 내용이 요구되는 서류의 기능을 충족하는 것으로 보이고 또한 그 밖에 제14조 (d)항에 부합하는 한 은행은 제시된 대로 그 서류를 수리한다.

g. 제시되었으나 신용장에서 요구되지 아니한 서류는 무시될 것이고 제시자에게 반환될 수 있다.

h. 조건과 일치함을 나타낼 서류를 명시함이 없이 신용장에 어떠한 조건이 담겨 있다면, 은행은 그러한 조건이 기재되지 아니한 것으로 간주하고 무시할 것이다.

i. 서류는 신용장 개설일 이전 일자에 작성된 것일 수 있으나 제시일자보다 늦은 일자에 작성된 것이어서는 안 된다.

j. When the addresses of the beneficiary and the applicant appear in any stipulated document, they need not be the same as those stated in the credit or in any other stipulated document, but must be within the same country as the respective addresses mentioned in the credit. Contact details (telefax, telephone, email and the like) stated as part of the beneficiary's and the applicant's address will be disregarded. However, when the address and contact details of the applicant appear as part of the consignee or notify party details on a transport document subject to articles 19, 20, 21, 22, 23, 24 or 25, they must be as stated in the credit.

k. The shipper or consignor of the goods indicated on any document need not be the beneficiary of the credit.

l. A transport document may be issued by any party other than a carrier, owner, master or charterer provided that the transport document meets the requirements of articles 19, 20, 21, 22, 23 or 24 of these rules.

j. 수익자와 개설의뢰인의 주소가 어떤 요구서류에 나타날 때, 그것은 신용장 또는 다른 요구서류상에 기재된 것과 동일할 필요는 없으나 신용장에 기재된 각각의 주소와 동일한 국가 내에 있어야 한다. 수익자 및 개설의뢰인의 주소의 일부로 기재된 세부 연락처(팩스, 전화, 이메일 및 이와 유사한 것)는 무시된다. 그러나 개설의뢰인의 주소와 세부 연락처가 제19조, 제20조, 제21조, 제22조, 제23조, 제24조 또는 제25조의 적용을 받는 운송서류상의 수하인 또는 통지처의 일부로서 나타날 때에는 신용장에 명시된 대로 기재되어야 한다.

k. 어떠한 서류상에 표시된 물품 선적인 또는 송하인은 신용장의 수익자일 필요가 없다.

l. 운송서류가 이 규칙 제19조, 제20조, 제21조, 제22조, 제23조 또는 제24조의 요건을 충족하는 한, 그 운송서류는 운송인, 소유자, 선장, 용선자 아닌 어느 누구에 의해서도 발행될 수 있다.

[Article 15] Complying Presentation

a. When an issuing bank determines that a presentation is complying, it must honour.

b. When a confirming bank determines that a presentation is complying, it must honour or negotiate and forward the documents to the issuing bank.

c. When a nominated bank determines that a presentation is complying and honours or negotiates, it must forward the documents to the confirming bank or issuing bank.

[제15조] 일치하는 제시

a. 개설은행은 제시가 일치한다고 판단할 경우 결제(honour)하여야 한다.

b. 확인은행은 제시가 일치한다고 판단할 경우 결제(honour) 또는 매입하고 그 서류들을 개설은행에 송부하여야 한다.

c. 지정은행은 제시가 일치한다고 판단하고 결제(honour) 또는 매입할 경우 그 서류들을 확인은행 또는 개설은행에 송부하여야 한다.

[Article 16] Discrepant Documents, Waiver and Notice

a. When a nominated bank acting on its nomination, a confirming bank, if any, or the issuing bank determines that a presentation does not comply, it may refuse to honour or negotiate.

b. When an issuing bank determines that a presentation does not comply, it may in its sole judgement approach the applicant for a waiver of the discrepancies. This does not, however, extend the period mentioned in sub-article 14 (b).

c. When a nominated bank acting on its nomination, a confirming bank, if any, or the issuing bank decides to refuse to honour or negotiate, it must give a single notice to that effect to the presenter.

[제16조] 하자 있는 서류, 권리포기(waiver) 및 통지

a. 지정에 따라 행동하는 지정은행, 확인은행이 있는 경우의 확인은행 또는 개설은행은 제시가 일치하지 않는다고 판단하는 때에는, 결제(honour) 또는 매입을 거절할 수 있다.

b. 개설은행은 제시가 일치하지 않는다고 판단하는 때에는, 자신의 독자적인 판단으로 하자에 대한 권리포기(waiver)를 위하여 개설의뢰인과 교섭할 수 있다. 그러나 이로 인하여 제14조 (b)항에 규정된 기간이 연장되지는 않는다.

c. 지정에 따라 행동하는 지정은행, 확인은행이 있는 경우의 확인은행 또는 개설은행이 결제(honour) 또는 매입을 거절하기로 결정하는 때에는, 제시자에게 그러한 취지로 한번에 통지하여야 한다.

The notice must state:

  i. that the bank is refusing to honour or negotiate; and

  ii. each discrepancy in respect of which the bank refuses to honour or negotiate; and

  iii. a) that the bank is holding the documents pending further instructions from the presenter; or

    b) that the issuing bank is holding the documents until it receives a waiver from the applicant and agrees to accept it, or receives further instructions from the presenter prior to agreeing to accept a waiver; or

    c) that the bank is returning the documents; or

    d) that the bank is acting in accordance with instructions previously received from the presenter.

d. The notice required in sub-article 16 (c) must be given by telecommunication or, if that is not possible, by other expeditious means no later than the close of the fifth banking day following the day of presentation.

e. A nominated bank acting on its nomination, a confirming bank, if any, or the issuing bank may, after providing notice required by sub-article 16 (c) (iii) (a) or (b), return the documents to the presenter at any time.

f. If an issuing bank or a confirming bank fails to act in accordance with the provisions of this article, it shall be precluded from claiming that the documents do not constitute a complying presentation.

g. When an issuing bank refuses to honour or a confirming bank refuses to honour or negotiate and has given notice to that effect in accordance with this article, it shall then be entitled to claim a refund, with interest, of any reimbursement made.

[Article 17] Original Documents and Copies

a. At least one original of each document stipulated in the credit must be presented.

b. A bank shall treat as an original any document bearing an apparently original signature, mark, stamp, or label of the issuer of the document, unless the document itself indicates that it is not an original.

통지에는 다음 사항을 기재하여야 한다.

  ⅰ. 은행이 결제(honour) 또는 매입을 거절한다는 사실 그리고

  ⅱ. 은행이 결제(honour) 또는 매입을 거절하는 각각의 하자 그리고

  ⅲ. a) 제시자의 추가지시가 있을 때까지 은행이 서류를 보관할 것이라는 사실 또는

    b) 개설의뢰인으로부터 권리포기를 받고 이를 받아들이기로 동의하거나, 또는 권리포기를 받아들이기로 동의하기 이전에 제시자로부터 추가지시를 받을 때까지, 개설은행이 서류를 보관할 것이라는 사실 또는

    c) 은행이 서류를 반환할 것이라는 사실 또는

    d) 은행이 사전에 제시자로부터 받은 지시에 따라 행동할 것이라는 사실

d. 제16조 (c)항에서 요구되는 통지는 전신(telecommunication)으로, 또는 그것의 이용이 불가능하다면 다른 신속한 수단으로, 제시일의 다음날로부터 기산하여 5 영업일의 종료 시보다 늦지 않게 이루어져야 한다.

e. 지정에 따라 행동하는 지정은행, 확인은행이 있는 경우의 확인은행 또는 개설은행은, 제16조 (c) (ⅲ) (a) 또는 (b)에서 요구되는 통지를 한 후라도, 언제든지 제시자에게 서류를 반환할 수 있다.

f. 개설은행 또는 확인은행이 이 조항의 규정에 따라 행동하지 못하면, 그 은행은 서류에 대한 일치하는 제시가 아니라는 주장을 할 수 없다.

g. 개설은행이 결제(honour)를 거절하거나 또는 확인은행이 결제(honour) 또는 매입을 거절하고 이 조항에 따라 그 취지의 통지를 한 때에는, 그 은행은 이미 지급된 상환 대금을 이자와 함께 반환 청구할 권리를 갖는다.

[제17조] 원본 서류와 사본

a. 적어도 신용장에서 명시된 각각의 서류의 원본 한 통은 제시되어야 한다.

b. 서류 자체가 원본이 아니라고 표시하고 있지 않은 한, 은행은 명백하게 원본성을 갖는 서류 발행자의 서명, 마크, 스탬프 또는 라벨이 담긴 서류를 원본으로 취급한다.

c. Unless a document indicates otherwise, a bank will also accept a document as original if it:

   i. appears to be written, typed, perforated or stamped by the document issuer's hand; or

   ii. appears to be on the document issuer's original stationery; or

   iii. states that it is original, unless the statement appears not to apply to the document presented.

d. If a credit requires presentation of copies of documents, presentation of either originals or copies is permitted.

e. If a credit requires presentation of multiple documents by using terms such as "in duplicate", "in two fold" or "in two copies", this will be satisfied by the presentation of at least one original and the remaining number in copies, except when the document itself indicates otherwise.

c. 서류가 달리 표시하지 않으면, 은행은 또한 다음과 같은 서류를 원본으로 수리한다.

   ⅰ. 서류 발행자의 손으로 작성, 타이핑, 천공서명 또는 스탬프된 것으로 보이는 것 또는

   ⅱ. 서류 발행자의 원본 서류용지 위에 작성된 것으로 보이는 것 또는

   ⅲ. 원본이라는 표시가 제시된 서류에는 적용되지 않는 것으로 보이지 않는 한, 원본이라는 표시가 있는 것

d. 신용장이 서류 사본의 제시를 요구하는 경우, 원본 또는 사본의 제시가 모두 허용된다.

e. 신용장이 "in duplicate", "in two folds" 또는 "in two copies"와 같은 용어를 사용하여 복수의 서류의 제시를 요구하는 경우, 이 조건은 그 서류 자체에 달리 정함이 없는 한 적어도 한 통의 원본과 나머지 수량의 사본을 제시함으로써 충족된다.

[Article 18] Commercial Invoice

a. A commercial invoice:

   i. must appear to have been issued by the beneficiary (except as provided in article 38);

   ii. must be made out in the name of the applicant (except as provided in sub-article 38 (g));

   iii. must be made out in the same currency as the credit; and

   iv. need not be signed.

b. A nominated bank acting on its nomination, a confirming bank, if any, or the issuing bank may accept a commercial invoice issued for an amount in excess of the amount permitted by the credit, and its decision will be binding upon all parties, provided the bank in question has not honoured or negotiated for an amount in excess of that permitted by the credit.

c. The description of the goods, services or performance in a commercial invoice must correspond with that appearing in the credit.

[제18조] 상업송장

a. 상업송장은,

   i. (제38조가 적용되는 경우를 제외하고는) 수익자가 발행한 것으로 보여야 한다.

   ⅱ. (제38조 (g)항이 적용되는 경우를 제외하고는) 개설의뢰인 앞으로 발행되어야 한다.

   ⅲ. 신용장과 같은 통화로 발행되어야 한다. 그리고

   ⅳ. 서명될 필요는 없다.

b. 지정에 따라 행동하는 지정은행, 확인은행이 있는 경우의 확인은행 또는 개설은행은 신용장에서 허용된 금액을 초과하여 발행된 상업송장을 수리할 수 있고, 이러한 결정은, 문제된 은행이 신용장에서 허용된 금액을 초과한 금액을 결제(honour) 또는 매입하지 않았던 경우에 한하여, 모든 당사자를 구속한다.

c. 상업송장상의 물품, 서비스 또는 의무이행의 명세는 신용장상의 그것과 일치하여야 한다.

[Article 19] Transport Document Covering at Least Two Different Modes of Transport

a. A transport document covering at least two different modes of transport (multimodal or combined transport document), however named, must appear to:

i. indicate the name of the carrier and be signed by:

- the carrier or a named agent for or on behalf of the carrier, or
- the master or a named agent for or on behalf of the master.

Any signature by the carrier, master or agent must be identified as that of the carrier, master or agent.

Any signature by an agent must indicate whether the agent has signed for or on behalf of the carrier or for or on behalf of the master.

ii. indicate that the goods have been dispatched, taken in charge or shipped on board at the place stated in the credit, by:

- pre-printed wording, or
- a stamp or notation indicating the date on which the goods have been dispatched, taken in charge or shipped on board.

The date of issuance of the transport document will be deemed to be the date of dispatch, taking in charge or shipped on board, and the date of shipment. However, if the transport document indicates, by stamp or notation, a date of dispatch, taking in charge or shipped on board, this date will be deemed to be the date of shipment.

iii. indicate the place of dispatch, taking in charge or shipment and the place of final destination stated in the credit, even if:

a) the transport document states, in addition, a different place of dispatch, taking in charge or shipment or place of final destination, or

b) the transport document contains the indication "intended" or similar qualification in relation to the vessel, port of loading or port of discharge.

iv. be the sole original transport document or, if issued in more than one original, be the full set as indicated on the transport document.

v. contain terms and conditions of carriage or make reference to another source containing the terms and conditions of carriage (short form or blank back transport document). Contents of terms and conditions of carriage will not be examined.

[제19조] 적어도 두 개 이상의 다른 운송방법을 포괄하는 운송서류

a. 적어도 두 개 이상의 다른 운송방법을 포괄하는 운송서류(복합운송서류)는 어떤 명칭을 사용하든 간에 다음과 같이 보여야 한다.

i. 운송인의 명칭을 표시하고 다음의 자에 의하여 서명되어야 한다.

- 운송인, 또는 운송인을 위한 또는 그를 대리하는 기명대리인
- 선장, 또는 선장을 위한 또는 그를 대리하는 기명대리인

운송인, 선장 또는 대리인의 서명은 운송인, 선장 또는 대리인의 서명으로서 특정되어야 한다.

대리인의 서명은 그가 운송인을 위하여 또는 대리하여 또는 선장을 위하여 또는 대리하여 서명한 것인지를 표시하여야 한다.

ii. 물품이 신용장에 명시된 장소에서 발송, 수탁 또는 본선적재 되었다는 것을 다음의 방법으로 표시하여야 한다.

- 미리 인쇄된 문구 또는
- 물품이 발송, 수탁 또는 본선적재된 일자를 표시하는 스탬프 또는 부기

운송서류의 발행일은 발송일, 수탁일 또는 본선적재일과 선적일로 본다. 그러나 운송서류가 스탬프 또는 부기에 의하여 발송일, 수탁일 또는 본선적재일을 표시하는 경우 그 일자를 선적일로 본다.

iii. 비록 다음의 경우라 할지라도 신용장에 기재된 발송지, 수탁지, 선적지와 최종목적지를 표시하여야 한다.

a) 운송서류가 추가적으로 다른 발송지, 수탁지 또는 선적지 또는 최종목적지를 기재하는 경우 또는

b) 운송서류가 선박, 선적항(port of loading) 또는 하역항(port of discharge)과 관련하여 "예정된"이라는 표시 또는 이와 유사한 제한을 포함하는 경우

iv. 유일한 운송서류 원본이거나 또는 원본이 한 통을 초과하여 발행되는 경우에는 운송서류에 표시된 전통(full set)이어야 한다.

v. 운송조건을 포함하거나 또는 운송조건을 포함하는 다른 출처를 언급하여야 한다(약식 또는 뒷면 백지 운송서류). 운송조건의 내용은 심사되지 않는다.

vi. contain no indication that it is subject to a charter party.

b. For the purpose of this article, transhipment means unloading from one means of conveyance and reloading to another means of conveyance (whether or not in different modes of transport) during the carriage from the place of dispatch, taking in charge or shipment to the place of final destination stated in the credit.

c. i. A transport document may indicate that the goods will or may be transhipped provided that the entire carriage is covered by one and the same transport document.

ii. A transport document indicating that transhipment will or may take place is acceptable, even if the credit prohibits transhipment.

vi. 용선계약에 따른다는 어떤 표시도 포함하지 않아야 한다.

b. 이 조항의 목적상, 환적은 신용장에 기재된 발송지, 수탁지 또는 선적지로부터 최종목적지까지의 운송 도중에 하나의 운송수단으로부터 양하되어 다른 운송수단으로 재적재되는 것을 의미한다(운송방법이 다른지 여부는 상관하지 않는다).

c. i. 운송서류는 전운송이 하나의 동일한 운송서류에 의하여 포괄된다면 물품이 환적될 것이라거나 환적될 수 있다는 것을 표시할 수 있다.

ii. 환적이 될 것이라거나 될 수 있다고 표시하는 운송서류는 비록 신용장이 환적을 금지하더라도 수리될 수 있다.

[Article 20] Bill of Lading

a. A bill of lading, however named, must appear to:

i. indicate the name of the carrier and be signed by:

- the carrier or a named agent for or on behalf of the carrier, or
- the master or a named agent for or on behalf of the master.

Any signature by the carrier, master or agent must be identified as that of the carrier, master or agent.

Any signature by an agent must indicate whether the agent has signed for or on behalf of the carrier or for or on behalf of the master.

ii. indicate that the goods have been shipped on board a named vessel at the port of loading stated in the credit by:

- pre-printed wording, or
- an on board notation indicating the date on which the goods have been shipped on board.

The date of issuance of the bill of lading will be deemed to be the date of shipment unless the bill of lading contains an on board notation indicating the date of shipment, in which case the date stated in the on board notation will be deemed to be the date of shipment.

If the bill of lading contains the indication "intended vessel" or similar qualification in relation to the name of the vessel, an on board notation indicating the date of shipment and the name of the actual vessel is required.

iii. indicate shipment from the port of loading to the port of discharge stated in the credit.

[제20조] 선하증권

a. 선하증권은 어떤 명칭을 사용하든 간에 다음과 같이 보여야 한다.

i. 운송인의 명칭이 표시되고 다음의 자에 의하여 서명되어야 한다.

- 운송인, 또는 운송인을 위한 또는 그를 대리하는 기명대리인
- 선장, 또는 선장을 위한 또는 그를 대리하는 기명대리인

운송인, 선장 또는 대리인의 서명은 운송인, 선장 또는 대리인의 서명으로서 특정되어야 한다.

대리인의 서명은 그가 운송인을 위하여 또는 대리하여 또는 선장을 위하여 또는 대리하여 서명한 것인지를 표시하여야 한다.

ii. 물품이 신용장에서 명시된 선적항에서 기명된 선박에 본선적재 되었다는 것을 다음의 방법으로 표시하여야 한다.

- 미리 인쇄된 문구 또는
- 물품이 본선적재된 일자를 표시하는 본선적재표기

선하증권이 선적일자를 표시하는 본선적재표기를 포함하지 않는 경우에는 선하증권 발행일을 선적일로 본다. 선하증권에 본선적재표기가 된 경우에는 본선적재표기에 기재된 일자를 선적일로 본다.

선하증권이 선박명과 관련하여 "예정선박" 또는 이와 유사한 표시를 포함하는 경우에는 선적일과 실제 선박명을 표시하는 본선적재표기가 요구된다.

iii. 신용장에 기재된 선적항으로부터 하역항까지의 선적을 표시하여야 한다.

If the bill of lading does not indicate the port of loading stated in the credit as the port of loading, or if it contains the indication "intended" or similar qualification in relation to the port of loading, an on board notation indicating the port of loading as stated in the credit, the date of shipment and the name of the vessel is required. This provision applies even when loading on board or shipment on a named vessel is indicated by pre-printed wording on the bill of lading.

iv. be the sole original bill of lading or, if issued in more than one original, be the full set as indicated on the bill of lading.

v. contain terms and conditions of carriage or make reference to another source containing the terms and conditions of carriage (short form or blank back bill of lading). Contents of terms and conditions of carriage will not be examined.

vi. contain no indication that it is subject to a charter party.

b. For the purpose of this article, transhipment means unloading from one vessel and reloading to another vessel during the carriage from the port of loading to the port of discharge stated in the credit.

c. i. A bill of lading may indicate that the goods will or may be transhipped provided that the entire carriage is covered by one and the same bill of lading.

ii. A bill of lading indicating that transhipment will or may take place is acceptable, even if the credit prohibits transhipment, if the goods have been shipped in a container, trailer or LASH barge as evidenced by the bill of lading.

d. Clauses in a bill of lading stating that the carrier reserves the right to tranship will be disregarded.

선하증권이 신용장에 기재된 선적항을 선적항으로 표시하지 않는 경우 또는 선적항과 관련하여 "예정된"이라는 표시 또는 이와 유사한 제한을 포함하는 경우에는, 신용장에 기재된 선적항과 선적일 및 선적선박명을 표시하는 본선적재표기가 요구된다. 이 조항은 기명된 선박에의 본선선적재 또는 선적이 미리 인쇄된 문구에 의하여 선하증권에 표시된 경우에도 적용된다.

iv. 유일한 선하증권 원본이거나 또는 원본이 한 통을 초과하여 발행되는 경우 선하증권에 표시된 전통(full set)이어야 한다.

v. 운송조건을 포함하거나 또는 운송조건을 포함하는 다른 출처를 언급하여야 한다(약식 또는 뒷면 백지 선하증권). 운송조건의 내용은 심사되지 않는다.

vi. 용선계약에 따른다는 어떤 표시도 포함하지 않아야 한다.

b. 이 조항의 목적상, 환적은 신용장에 기재된 선적항으로부터 하역항까지의 운송 도중에 하나의 선박으로부터 양하되어 다른 선박으로 재적재되는 것을 의미한다.

c. i. 선하증권은 전운송이 하나의 동일한 선하증권에 의하여 포괄된다면 물품이 환적될 것이라거나 환적될 수 있다는 것을 표시할 수 있다.

ii. 환적이 될 것이라거나 될 수 있다고 표시하는 선하증권은, 물품이 컨테이너, 트레일러, 래시 바지에 선적되었다는 것이 선하증권에 의하여 증명되는 경우에는 비록 신용장이 환적을 금지하더라도 수리될 수 있다.

d. 운송인이 환적할 권리를 갖고 있음을 기재한 선하증권의 조항은 무시된다.

[Article 21] Non-Negotiable Sea Waybill

a. A non-negotiable sea waybill, however named, must appear to:

i. indicate the name of the carrier and be signed by:
- the carrier or a named agent for or on behalf of the carrier, or
- the master or a named agent for or on behalf of the master.

Any signature by the carrier, master or agent must be identified as that of the carrier, master or agent.

Any signature by an agent must indicate whether the agent has signed for or on behalf of the carrier or for or on behalf of the master.

ii. indicate that the goods have been shipped on board a named vessel at the port of loading stated in the credit by:
- pre-printed wording, or
- an on board notation indicating the date on which the goods have been shipped on board.

The date of issuance of the non-negotiable sea waybill will be deemed to be the date of shipment unless the non-negotiable sea waybill contains an on board notation indicating the date of shipment, in which case the date stated in the on board notation will be deemed to be the date of shipment.

If the non-negotiable sea waybill contains the indication "intended vessel" or similar qualification in relation to the name of the vessel, an on board notation indicating the date of shipment and the name of the actual vessel is required.

iii. indicate shipment from the port of loading to the port of discharge stated in the credit.

If the non-negotiable sea waybill does not indicate the port of loading stated in the credit as the port of loading, or if it contains the indication "intended" or similar qualification in relation to the port of loading, an on board notation indicating the port of loading as stated in the credit, the date of shipment and the name of the vessel is required. This provision applies even when loading on board or shipment on a named vessel is indicated by pre-printed wording on the non-negotiable sea waybill.

[제21조] 비유통 해상화물운송장

a. 비유통 해상화물운송장은 어떤 명칭을 사용하든 간에 다음과 같이 보여야 한다.

ⅰ. 운송인의 명칭이 표시되고 다음의 자에 의해서 서명되어야 한다.
- 운송인, 또는 운송인을 위한 또는 그를 대리하는 기명대리인
- 선장, 또는 선장을 위한 또는 그를 대리하는 기명대리인

운송인, 선장 또는 대리인의 서명은 운송인, 선장 또는 대리인의 서명으로서 특정되어야 한다.

대리인의 서명은 그가 운송인을 위하여 또는 대리하여 또는 선장을 위하여 또는 대리하여 서명한 것인지를 표시하여야 한다.

ⅱ. 물품이 신용장에 기재된 선적항에서 기명된 선박에 본선적재 되었다는 것을 다음의 방법으로 표시하여야 한다.
- 미리 인쇄된 문구 또는
- 물품이 본선적재된 일자를 표시하는 본선적재표기

비유통 해상화물운송장이 선적일자를 표시하는 본선적재표기를 하지 않은 경우에는 비유통 해상화물운송장의 발행일을 선적일로 본다. 비유통 해상화물운송장에 본선적재표기가 된 경우에는 본선적재표기에 기재된 일자를 선적일로 본다.

비유통 해상화물운송장이 선박명과 관련하여 "예정선박"이라는 표시 또는 이와 유사한 제한을 포함하는 경우에는 선적일과 실제 선박명을 표시하는 본선적재표기가 요구된다.

ⅲ. 신용장에 기재된 선적항으로부터 하역항까지의 선적을 표시하여야 한다.

비유통 해상화물운송장이 신용장에 기재된 선적항을 선적항으로 표시하지 않는 경우 또는 선적항과 관련하여 "예정된"이라는 표시 또는 이와 유사한 제한을 포함하는 경우에는, 신용장에 기재된 선적항과 선적일 및 적재선박명을 표시하는 본선적재 표기가 요구된다. 이 조항은 기명된 선박에의 본선적재가 미리 인쇄된 문구에 의하여 비유통 해상화물운송장에 표시된 경우에도 적용된다.

iv. be the sole original non-negotiable sea waybill or, if issued in more than one original, be the full set as indicated on the non-negotiable sea waybill.

v. contain terms and conditions of carriage or make reference to another source containing the terms and conditions of carriage (short form or blank back non-negotiable sea waybill). Contents of terms and conditions of carriage will not be examined.

vi. contain no indication that it is subject to a charter party.

b. For the purpose of this article, transhipment means unloading from one vessel and reloading to another vessel during the carriage from the port of loading to the port of discharge stated in the credit.

c. i. A non-negotiable sea waybill may indicate that the goods will or may be transhipped provided that the entire carriage is covered by one and the same non-negotiable sea waybill.

ii. A non-negotiable sea waybill indicating that transhipment will or may take place is acceptable, even if the credit prohibits transhipment, if the goods have been shipped in a container, trailer or LASH barge as evidenced by the non-negotiable sea waybill.

d. Clauses in a non-negotiable sea waybill stating that the carrier reserves the right to tranship will be disregarded.

[Article 22] Charter Party Bill of Lading

a. A bill of lading, however named, containing an indication that it is subject to a charter party (charter party bill of lading), must appear to:

i. be signed by:

- the master or a named agent for or on behalf of the master, or
- the owner or a named agent for or on behalf of the owner, or
- the charterer or a named agent for or on behalf of the charterer.

Any signature by the master, owner, charterer or agent must be identified as that of the master, owner, charterer or agent.

Any signature by an agent must indicate whether the agent has signed for or on behalf of the master, owner or charterer.

---

iv. 유일한 비유통 해상화물운송장 원본이거나 또는 원본이 한 통을 초과하여 발행되는 경우 비유통 해상화물운송장에 표시된 전통(full set)이어야 한다.

v. 운송조건을 포함하거나 또는 운송조건을 포함하는 다른 출처를 언급하여야 한다(약식 또는 뒷면 백지 비유통 해상화물운송장). 운송조건의 내용은 심사되지 않는다.

vi. 용선계약에 따른다는 어떤 표시도 포함하지 않아야 한다.

b. 이 조항의 목적상, 환적은 신용장에 기재된 선적항으로부터 하역항까지의 운송도중에 한 선박으로부터 양하되어 다른 선박으로 재적재되는 것을 의미한다.

c. i. 비유통 해상화물운송장은 전운송이 하나의 동일한 비유통 해상화물운송장에 의하여 포괄된다면 물품이 환적될 것이라거나 환적될 수 있다는 것을 표시할 수 있다.

ii. 환적이 될 것이라거나 환적될 수 있다고 표시하는 비유통 해상화물운송장은, 물품이 컨테이너, 트레일러, 래시 바지에 선적되었다는 것이 비유통 해상화물운송장에 의하여 증명되는 경우에는 비록 신용장이 환적을 금지하더라도 수리될 수 있다.

d. 운송인이 환적할 권리를 갖고 있음을 기재한 비유통 해상화물운송장의 조항은 무시된다.

[제22조] 용선계약부 선하증권

a. 어떤 명칭을 사용하든 간에 용선계약에 따른다는 선하증권(용선계약부 선하증권)은 다음과 같이 보여야 한다.

i. 다음의 자에 의해서 서명되어야 한다.

- 선장, 또는 선장을 위한 또는 그를 대리하는 기명대리인
- 선주, 또는 선주를 위한 또는 그를 대리하는 기명대리인
- 용선자, 또는 용선자를 위한 또는 그를 대리하는 기명대리인

선장, 선주, 용선자 또는 대리인의 서명은 선장, 선주, 용선자 또는 대리인의 서명으로서 특정되어야 한다.

대리인의 서명은 그가 선장, 선주 또는 용선자를 위하여 또는 대리하여 서명한 것인지를 표시하여야 한다.

An agent signing for or on behalf of the owner or charterer must indicate the name of the owner or charterer.

ii. indicate that the goods have been shipped on board a named vessel at the port of loading stated in the credit by:

• pre-printed wording, or

• an on board notation indicating the date on which the goods have been shipped on board.

The date of issuance of the charter party bill of lading will be deemed to be the date of shipment unless the charter party bill of lading contains an on board notation indicating the date of shipment, in which case the date stated in the on board notation will be deemed to be the date of shipment.

iii. indicate shipment from the port of loading to the port of discharge stated in the credit. The port of discharge may also be shown as a range of ports or a geographical area, as stated in the credit.

iv. be the sole original charter party bill of lading or, if issued in more than one original, be the full set as indicated on the charter party bill of lading.

b. A bank will not examine charter party contracts, even if they are required to be presented by the terms of the credit.

[Article 23] Air Transport Document

a. An air transport document, however named, must appear to:

i. indicate the name of the carrier and be signed by:

• the carrier, or

• a named agent for or on behalf of the carrier.

Any signature by the carrier or agent must be identified as that of the carrier or agent.

Any signature by an agent must indicate that the agent has signed for or on behalf of the carrier.

ii. indicate that the goods have been accepted for carriage.

iii. indicate the date of issuance. This date will be deemed to be the date of shipment unless the air transport document contains a specific notation of the actual date of shipment, in which case the date stated in the notation will be deemed to be the date of shipment.

선주를 위하여 또는 대리하여 또는 용선자를 위하여 또는 대리하여 서명하는 대리인은 선주 또는 용선자의 명칭을 표시하여야 한다.

ii. 물품이 신용장에 기재된 선적항에서 기명된 선박에 본선적재되었다는 것을 다음의 방법으로 표시하여야 한다.

• 미리 인쇄된 문구 또는

• 물품이 본선적재된 일자를 표시하는 본선적재표기

용선계약부 선하증권이 선적일자를 표시하는 본선적재표기를 하지 않은 경우에는 용선계약부 선하증권의 발행일을 선적일로 본다. 용선계약부 선하증권에 본선적재표기가 된 경우에는 본선적재표기에 기재된 일자를 선적일로 본다.

iii. 신용장에 기재된 선적항으로부터 하역항까지의 선적을 표시하여야 한다. 하역항은 또한 신용장에 기재된 바에 따라 일정 범위의 항구들 또는 지리적 지역으로 표시될 수 있다.

iv. 유일한 용선계약부 선하증권 원본이거나 또는 원본이 한 통을 초과하여 발행되는 경우 용선계약부 선하증권에 표시된 전통(full set)이어야 한다.

b. 비록 신용장의 조건이 용선계약의 제시를 요구하더라도 은행은 용선계약을 심사하지 않는다.

[제23조] 항공운송서류

a. 항공운송서류는 어떤 명칭을 사용하든 간에 다음과 같이 보여야 한다.

i. 운송인의 명칭을 표시하고 다음의 자에 의하여 서명되어야 한다.

• 운송인 또는

• 운송인을 위한 또는 그를 대리하는 기명대리인

운송인 또는 그를 대리하는 기명대리인 운송인 또는 대리인의 서명은 운송인 또는 대리인의 서명으로서 특정되어야 한다.

대리인의 서명은 그 대리인이 운송인을 위하여 또는 운송인을 대리하여 서명한 것인지를 표시하여야 한다.

ii. 물품이 운송을 위하여 수리되었다는 것을 표시하여야 한다.

iii. 발행일을 표시하여야 한다. 항공운송서류가 실제 선적일에 대한 특정한 부기를 포함하지 않는 경우에는 이 일자를 선적일로 본다. 항공운송서류가 실제 선적일에 대한 특정한 부기를 포함하는 경우에는 부기에 기재된 일자를 선적일로 본다.

Any other information appearing on the air transport document relative to the flight number and date will not be considered in determining the date of shipment.

iv. indicate the airport of departure and the airport of destination stated in the credit.

v. be the original for consignor or shipper, even if the credit stipulates a full set of originals.

vi. contain terms and conditions of carriage or make reference to another source containing the terms and conditions of carriage. Contents of terms and conditions of carriage will not be examined.

b. For the purpose of this article, transhipment means unloading from one aircraft and reloading to another aircraft during the carriage from the airport of departure to the airport of destination stated in the credit.

c. i. An air transport document may indicate that the goods will or may be transhipped, provided that the entire carriage is covered by one and the same air transport document.

ii. An air transport document indicating that transhipment will or may take place is acceptable, even if the credit prohibits transhipment.

[Article 24] Road, Rail or Inland Waterway Transport Documents

a. A road, rail or inland waterway transport document, however named, must appear to:

i. indicate the name of the carrier and:

• be signed by the carrier or a named agent for or on behalf of the carrier, or

• indicate receipt of the goods by signature, stamp or notation by the carrier or a named agent for or on behalf of the carrier.

Any signature, stamp or notation of receipt of the goods by the carrier or agent must be identified as that of the carrier or agent.

Any signature, stamp or notation of receipt of the goods by the agent must indicate that the agent has signed or acted for or on behalf of the carrier.

If a rail transport document does not identify the carrier, any signature or stamp of the railway company will be accepted as evidence of the document being signed by the carrier.

운항번호와 일자와 관련하여 항공운송서류에 나타나는 그 밖의 모든 정보는 선적일을 결정할 때 고려되지 않는다.

iv. 신용장에 기재된 출발공항과 도착공항을 표시하여야 한다.

v. 비록 신용장이 원본 전통(full set)을 규정하더라도 송하인 또는 선적인용 원본이어야 한다.

vi. 운송조건을 포함하거나 또는 운송조건을 포함하는 다른 출처를 언급하여야 한다. 운송조건의 내용은 심사되지 않는다.

b. 이 조항의 목적상, 환적은 신용장에 기재된 출발공항으로부터 도착공항까지의 운송 도중 하나의 항공기로부터 양하되어 다른 항공기로 재적재되는 것을 의미한다.

c. i. 항공운송서류는 전운송이 하나의 동일한 항공운송서류에 의하여 포괄된다면 물품이 환적될 것이라거나 환적될 수 있다는 것을 표시할 수 있다.

ii. 환적이 될 것이라거나 환적될 수 있다고 표시하는 항공운송서류는 비록 신용장이 환적을 금지하더라도 수리될 수 있다.

[제24조] 도로, 철도 또는 내수로 운송서류

a. 도로, 철도 또는 내수로 운송서류는 어떤 명칭을 사용하든 간에 다음과 같이 보여야 한다.

i. 운송인의 명칭을 표시하고 또한

• 운송인, 또는 운송인을 위한 또는 그를 대리하는 대리인이 서명하거나 또는

• 운송인 또는 운송인을 위한 또는 대리하는 기명대리인이 서명, 스탬프 또는 부기에 의하여 물품의 수령을 표시하여야 한다.

운송인 또는 대리인에 의한 모든 서명, 스탬프 또는 물품수령 부기는 운송인 또는 대리인의 그것으로서 특정되어야 한다.

대리인에 의한 모든 서명, 스탬프 또는 물품수령 부기는 대리인이 운송인을 위하여 또는 운송인을 대리하여 서명하였거나 행위한 것을 표시하여야 한다.

철도운송서류가 운송인을 특정하지 않았다면, 철도회사의 서명 또는 스탬프가 문서가 운송인에 의하여 서명되었다는 점에 대한 증거로 승인된다.

ii. indicate the date of shipment or the date the goods have been received for shipment, dispatch or carriage at the place stated in the credit. Unless the transport document contains a dated reception stamp, an indication of the date of receipt or a date of shipment, the date of issuance of the transport document will be deemed to be the date of shipment.

iii. indicate the place of shipment and the place of destination stated in the credit.

b. i. A road transport document must appear to be the original for consignor or shipper or bear no marking indicating for whom the document has been prepared.

ii. A rail transport document marked "duplicate" will be accepted as an original.

iii. A rail or inland waterway transport document will be accepted as an original whether marked as an original or not.

c. In the absence of an indication on the transport document as to the number of originals issued, the number presented will be deemed to constitute a full set.

d. For the purpose of this article, transhipment means unloading from one means of conveyance and reloading to another means of conveyance, within the same mode of transport, during the carriage from the place of shipment, dispatch or carriage to the place of destination stated in the credit.

e. i. A road, rail or inland waterway transport document may indicate that the goods will or may be transhipped provided that the entire carriage is covered by one and the same transport document.

ii. A road, rail or inland waterway transport document indicating that transhipment will or may take place is acceptable, even if the credit prohibits transhipment.

ii. 신용장에 기재된 장소에서의 선적일 또는 물품이 선적, 발송, 운송을 위하여 수령된 일자를 표시하여야 한다. 운송서류에 일자가 표시된 수령스탬프, 수령일 또는 선적일의 표시가 없다면 운송서류의 발행일을 선적일로 본다.

iii. 신용장에 기재된 선적지와 목적지를 표시하여야 한다.

b. i. 도로운송서류는 송하인 또는 선적인용 원본으로 보이거나 또는 그 서류가 누구를 위하여 작성되었는지에 대한 표시가 없어야 한다.

ii. "duplicate"라고 표시된 도로운송서류는 원본으로 수리된다.

iii. 철도 또는 내수로 운송서류는 원본 표시 여부에 관계없이 원본으로 수리된다.

c. 운송서류에 발행된 원본 통수의 표시가 없는 경우 제시된 통수가 전통(full set)을 구성하는 것으로 본다.

d. 이 조항의 목적상 환적은 신용장에 기재된 선적, 발송 또는 운송지로부터 목적지까지의 운송 도중 동일한 운송방법 내에서 어떤 하나의 운송수단으로부터 양하되어 다른 운송수단으로 재적재되는 것을 의미한다.

e. i. 도로, 철도 또는 내수로 운송서류는 전운송이 하나의 동일한 운송서류에 의하여 포괄된다면 물품이 환적될 것이라거나 환적될 수 있다는 것을 표시할 수 있다.

ii. 비록 신용장이 환적을 금지하더라도 환적이 될 것이라거나 될 수 있다는 표시가 된 도로, 철도 또는 내수로 운송서류는 수리될 수 있다.

[Article 25] Courier Receipt, Post Receipt or Certificate of Posting

a. A courier receipt, however named, evidencing receipt of goods for transport, must appear to:

  i. indicate the name of the courier service and be stamped or signed by the named courier service at the place from which the credit states the goods are to be shipped; and

  ii. indicate a date of pick-up or of receipt or wording to this effect. This date will be deemed to be the date of shipment.

b. A requirement that courier charges are to be paid or prepaid may be satisfied by a transport document issued by a courier service evidencing that courier charges are for the account of a party other than the consignee.

c. A post receipt or certificate of posting, however named, evidencing receipt of goods for transport, must appear to be stamped or signed and dated at the place from which the credit states the goods are to be shipped. This date will be deemed to be the date of shipment.

[Article 26] "On Deck", "Shipper's Load and Count", "Said by Shipper to Contain" and Charges Additional to Freight

a. A transport document must not indicate that the goods are or will be loaded on deck. A clause on a transport document stating that the goods may be loaded on deck is acceptable.

b. A transport document bearing a clause such as "shipper's load and count" and said by shipper to contain is acceptable.

c. A transport document may bear a reference, by stamp or otherwise, to charges additional to the freight.

[Article 27] Clean Transport Document

A bank will only accept a clean transport document. A clean transport document is one bearing no clause or notation expressly declaring a defective condition of the goods or their packaging. The word "clean" need not appear on a transport document, even if a credit has a requirement for that transport document to be "clean on board".

[제25조] 특송배달영수증, 우편영수증 또는 우편증명서

a. 어떤 명칭을 사용하든 간에 운송을 위하여 물품을 수령하였음을 증명하는 특송배달영수증은 다음과 같이 보여야 한다.

  ⅰ. 특송배달업체의 명칭을 표시하고, 신용장에 물품이 선적되기로 기재된 장소에서 기명된 특송배달업체가 스탬프하거나 서명하여야 한다. 그리고

  ⅱ. 집배 또는 수령일자 또는 이러한 취지의 문구를 표시하여야 한다. 이 일자를 선적일로 본다.

b. 특송배달료가 지급 또는 선지급되어야 한다는 요건은, 특송배달료가 수하인 이외의 제3자의 부담임을 증명하는 특송배달 업체가 발행한 운송서류에 의하여 충족될 수 있다.

c. 어떤 명칭을 사용하든 간에 운송을 위하여 물품을 수령하였음을 증명하는 우편영수증 또는 우편증명서는 신용장에 물품이 선적되기로 기재된 장소에서 스탬프되거나 또는 서명되고 일자가 기재되는 것으로 보여야 한다. 이 일자를 선적일로 본다.

[제26조] "갑판적재", "내용물 부지약관"과 운임에 대한 추가비용

a. 운송서류는 물품이 갑판에 적재되거나 적재될 것이라는 표시를 하여서는 안 된다. 물품이 갑판에 적재될 수도 있다고 기재하는 운송서류상의 조항은 수리될 수 있다.

b. "선적인이 적재하고 검수하였음"(shipper's load and count)과 "선적인의 내용신고에 따름"(said by shipper to contain)과 같은 조항이 있는 운송서류는 수리될 수 있다.

c. 운송서류는 스탬프 또는 다른 방법으로 운임에 추가되는 요금을 언급할 수 있다.

[제27조] 무고장 운송서류

은행은 단지 무고장 운송서류만을 수리한다. 무고장 운송서류는 물품 또는 포장의 하자상태(defective conditions)를 명시적으로 선언하는 조항 또는 부기가 없는 운송서류를 말한다. "무고장"이라는 단어는 비록 신용장이 운송서류가 "무고장 본선적재"일 것이라는 요건을 포함하더라도 운송서류상에 나타날 필요가 없다.

[Article 28] Insurance Document and Coverage

a. An insurance document, such as an insurance policy, an insurance certificate or a declaration under an open cover, must appear to be issued and signed by an insurance company, an underwriter or their agents or their proxies. Any signature by an agent or proxy must indicate whether the agent or proxy has signed for or on behalf of the insurance company or underwriter.

b. When the insurance document indicates that it has been issued in more than one original, all originals must be presented.

c. Cover notes will not be accepted.

d. An insurance policy is acceptable in lieu of an insurance certificate or a declaration under an open cover.

e. The date of the insurance document must be no later than the date of shipment, unless it appears from the insurance document that the cover is effective from a date not later than the date of shipment.

f. i. The insurance document must indicate the amount of insurance coverage and be in the same currency as the credit.

   ii. A requirement in the credit for insurance coverage to be for a percentage of the value of the goods, of the invoice value or similar is deemed to be the minimum amount of coverage required. If there is no indication in the credit of the insurance coverage required, the amount of insurance coverage must be at least 110% of the CIF or CIP value of the goods. When the CIF or CIP value cannot be determined from the documents, the amount of insurance coverage must be calculated on the basis of the amount for which honour or negotiation is requested or the gross value of the goods as shown on the invoice, whichever is greater.

   iii. The insurance document must indicate that risks are covered at least between the place of taking in charge or shipment and the place of discharge or final destination as stated in the credit.

[제28조] 보험서류와 부보범위

a. 보험증권, 보험증서 또는 포괄보험에서의 확인서와 같은 보험서류는 보험회사, 보험인수인 또는 그들의 대리인 또는 수탁인(proxies)에 의하여 발행되고 서명된 것으로 보여야 한다. 대리인 또는 수탁인에 의한 서명은 보험회사 또는 보험중개인을 대리하여 서명했는지의 여부를 표시하여야 한다.

b. 보험서류가 한 통을 초과한 원본으로 발행되었다고 표시하는 경우, 모든 원본 서류가 제시되어야 한다.

c. 잠정적 보험영수증(cover notes)은 수리되지 않는다.

d. 보험증권은 보험증서나 포괄보험의 확인서를 대신하여 수리 가능하다.

e. 보험서류의 일자는 선적일보다 늦어서는 안 된다. 다만 보험서류에서 부보가 최소한 선적일자 이전에 효력이 발생함을 나타내고 있는 경우에는 그러하지 아니하다.

f. i . 보험서류는 부보금액을 표시하여야 하고 신용장과 동일한 통화로 표시되어야 한다.

   ii. 신용장에 부보금액이 물품의 가액, 송장가액 또는 그와 유사한 가액에 대한 백분율로 표시되어야 한다는 요건이 있는 경우, 이는 요구되는 부보금액의 최소한으로 본다. 신용장에 부보 범위에 부보금액에 대한 명시가 없는 경우, 부보금액은 최소한 물품의 CIF 또는 CIP 가액의 110%가 되어야 한다. 서류로부터 CIF 또는 CIP 가액을 결정할 수 없는 경우, 부보금액의 범위는 요구된 결제(honour) 또는 매입 금액 또는 송장에 나타난 물품에 대한 총가액 중 더 큰 금액을 기준으로 산출되어야 한다.

   iii. 보험서류는 최소한 신용장에 명시된 수탁지 또는 선적지로부터 양륙지 또는 최종 목적지 사이에 발생하는 위험에 대하여 부보가 되는 것이어야 한다.

g. A credit should state the type of insurance required and, if any, the additional risks to be covered. An insurance document will be accepted without regard to any risks that are not covered if the credit uses imprecise terms such as "usual risks" or "customary risks".

h. When a credit requires insurance against "all risks" and an insurance document is presented containing any "all risks" notation or clause, whether or not bearing the heading "all risks", the insurance document will be accepted without regard to any risks stated to be excluded.

i. An insurance document may contain reference to any exclusion clause.

j. An insurance document may indicate that the cover is subject to a franchise or excess (deductible).

[Article 29] Extension of Expiry Date or Last Day for Presentation

a. If the expiry date of a credit or the last day for presentation falls on a day when the bank to which presentation is to be made is closed for reasons other than those referred to in article 36, the expiry date or the last day for presentation, as the case may be, will be extended to the first following banking day.

b. If presentation is made on the first following banking day, a nominated bank must provide the issuing bank or confirming bank with a statement on its covering schedule that the presentation was made within the time limits extended in accordance with sub-article 29 (a).

c. The latest date for shipment will not be extended as a result of sub-article 29 (a).

[Article 30] Tolerance in Credit Amount, Quantity and Unit Prices

a. The words "about" or "approximately" used in connection with the amount of the credit or the quantity or the unit price stated in the credit are to be construed as allowing a tolerance not to exceed 10% more or 10% less than the amount, the quantity or the unit price to which they refer.

b. A tolerance not to exceed 5% more or 5% less than the quantity of the goods is allowed, provided the credit does not state the quantity in terms of a stipulated number of packing units or individual items and the total amount of the drawings does not exceed the amount of the credit.

---

g. 신용장은 요구되는 보험의 종류를 명시하여야 하고, 부보되어야 할 추가 위험이 있다면 그것도 명시하여야 한다. 만일 신용장이 "통상의 위험" 또는 "관습적인 위험"과 같이 부정확한 용어를 사용하는 경우 보험서류는 특정위험을 부보하지 않는지 여부와 관계없이 수리된다.

h. 신용장이 "전위험(all risks)"에 대한 부보를 요구하는 경우, 어떠한 "전위험(all risks)" 표시 또는 문구를 포함하는 보험서류가 제시되는 때에는, 제목에 "전위험(all risks)"이 포함되는가에 관계없이, 또한 어떠한 위험이 제외된다고 기재하는가에 관계없이 수리된다.

i. 보험서류는 어떠한 제외문구(exclusion clause)에 대한 언급을 포함할 수 있다.

j. 보험서류는 부보범위가 일정한도 본인부담이라는 조건 또는 일정한도 이상 보상 조건(a franchise or excess)(일정액 공제제도, deductible)의 적용을 받고 있음을 표시할 수 있다.

[제29조] 유효기일 또는 최종제시일의 연장

a. 신용장의 유효기일 또는 최종제시일이 제시가 되어야 하는 은행이 제36조에서 언급된 사유 외의 사유로 영업을 하지 않는 날인 경우, 유효기일 또는 경우에 따라 최종제시일은 그 다음 첫 은행영업일까지 연장된다.

b. 만일 제시가 그 다음 첫 은행영업일에 이루어지는 경우, 지정은행은 개설은행 또는 확인은행에 제시가 제29조(a)항에 따라 연장된 기한 내에 이루어졌음을 기재한 표지서류를 제공하여야 한다.

c. 최종선적일은 제29조 (a)항에 의하여 연장되지 않는다.

[제30조] 신용장 금액, 수량 그리고 단가의 허용치

a. 신용장 금액 또는 신용장에서 표시된 수량 또는 단가와 관련하여 사용된 "about" 또는 "approximately"라는 단어는, 그것이 언급하는 금액, 수량 또는 단가에 관하여 10%를 초과하지 않는 범위 내에서 많거나 적은 편차를 허용하는 것으로 해석된다.

b. 만일 신용장이 수량을 포장단위 또는 개별단위의 특정 숫자로 기재하지 않고 청구금액의 총액이 신용장의 금액을 초과하지 않는 경우에는, 물품의 수량에서 5%를 초과하지 않는 범위 내의 많거나 적은 편차는 허용된다.

c. Even when partial shipments are not allowed, a tolerance not to exceed 5% less than the amount of the credit is allowed, provided that the quantity of the goods, if stated in the credit, is shipped in full and a unit price, if stated in the credit, is not reduced or that sub-article 30 (b) is not applicable. This tolerance does not apply when the credit stipulates a specific tolerance or uses the expressions referred to in sub-article 30 (a).

c. 물품의 수량이 신용장에 기재된 경우 전량 선적되고 단가가 신용장에 기재된 경우 감액되지 않은 때, 또는 제30조(b)항이 적용되지 않는 때에는, 분할선적이 허용되지 않더라도 신용장 금액의 5% 이내의 편차는 허용된다. 이 편차는 신용장이 특정 편차를 명시하거나 제30조(a)항에서 언급된 표현을 사용하는 때에는 적용되지 않는다.

[Article 31] Partial Drawings or Shipments

a. Partial drawings or shipments are allowed.

b. A presentation consisting of more than one set of transport documents evidencing shipment commencing on the same means of conveyance and for the same journey, provided they indicate the same destination, will not be regarded as covering a partial shipment, even if they indicate different dates of shipment or different ports of loading, places of taking in charge or dispatch. If the presentation consists of more than one set of transport documents, the latest date of shipment as evidenced on any of the sets of transport documents will be regarded as the date of shipment. A presentation consisting of one or more sets of transport documents evidencing shipment on more than one means of conveyance within the same mode of transport will be regarded as covering a partial shipment, even if the means of conveyance leave on the same day for the same destination.

c. A presentation consisting of more than one courier receipt, post receipt or certificate of posting will not be regarded as a partial shipment if the courier receipts, post receipts or certificates of posting appear to have been stamped or signed by the same courier or postal service at the same place and date and for the same destination.

[제31조] 분할청구 또는 분할선적

a. 분할청구 또는 분할선적은 허용된다.

b. 같은 운송수단에서 개시되고 같은 운송구간을 위한 선적을 증명하는 두 세트 이상의 운송서류로 이루어진 제시는, 그 운송서류가 같은 목적지를 표시하고 있는 한 비록 다른 선적일자 또는 다른 선적항, 수탁지 또는 발송지를 표시하더라도 분할선적으로 보지 않는다. 제시가 두 세트 이상의 운송서류로 이루어지는 경우 어느 운송서류에 의하여 증명되는 가장 늦은 선적일을 선적일로 본다. 같은 운송방법 내에서 둘 이상의 운송수단 상의 선적을 증명하는 하나 또는 둘 이상의 세트의 운송서류로 이루어진 제시는, 비록 운송수단들이 같은 날짜에 같은 목적지로 향하더라도 분할선적으로 본다.

c. 둘 이상의 특송배달영수증, 우편영수증 또는 우송확인서로 이루어진 제시는 만일 특송배달영수증, 우편영수증 또는 우송확인서가 같은 특송배달용역 또는 우체국에 의하여 같은 장소, 같은 날짜 그리고 같은 목적지로 스탬프가 찍히거나 서명된 것으로 보이는 경우에는 분할선적으로 보지 않는다.

[Article 32] Instalment Drawings or Shipments

If a drawing or shipment by instalments within given periods is stipulated in the credit and any instalment is not drawn or shipped within the period allowed for that instalment, the credit ceases to be available for that and any subsequent instalment.

[제32조] 할부청구 또는 할부선적

신용장에서 할부청구 또는 할부선적이 일정한 기간 내에 이루어지도록 명시된 경우 동 할부 거래를 위하여 배정된 기간 내에 할부청구나 할부선적이 이루어지지 않으면 동 신용장은 해당 할부분과 향후 할부분에 대하여 더 이상 이용될 수 없다.

[Article 33] Hours of Presentation

A bank has no obligation to accept a presentation outside of its banking hours.

[제33조] 제시시간

은행은 자신의 영업시간 외의 제시를 수리할 의무가 없다.

[Article 34] Disclaimer on Effectiveness of Documents

A bank assumes no liability or responsibility for the form, sufficiency, accuracy, genuineness, falsification or legal effect of any document, or for the general or particular conditions stipulated in a document or superimposed thereon; nor does it assume any liability or responsibility for the description, quantity, weight, quality, condition, packing, delivery, value or existence of the goods, services or other performance represented by any document, or for the good faith or acts or omissions, solvency, performance or standing of the consignor, the carrier, the forwarder, the consignee or the insurer of the goods or any other person.

[Article 35] Disclaimer on Transmission and Translation

A bank assumes no liability or responsibility for the consequences arising out of delay, loss in transit, mutilation or other errors arising in the transmission of any messages or delivery of letters or documents, when such messages, letters or documents are transmitted or sent according to the requirements stated in the credit, or when the bank may have taken the initiative in the choice of the delivery service in the absence of such instructions in the credit. If a nominated bank determines that a presentation is complying and forwards the documents to the issuing bank or confirming bank, whether or not the nominated bank has honoured or negotiated, an issuing bank or confirming bank must honour or negotiate, or reimburse that nominated bank, even when the documents have been lost in transit between the nominated bank and the issuing bank or confirming bank, or between the confirming bank and the issuing bank. A bank assumes no liability or responsibility for errors in translation or interpretation of technical terms and may transmit credit terms without translating them.

[Article 36] Force Majeure

A bank assumes no liability or responsibility for the consequences arising out of the interruption of its business by Acts of God, riots, civil commotions, insurrections, wars, acts of terrorism, or by any strikes or lockouts or any other causes beyond its control. A bank will not, upon resumption of its business, honour or negotiate under a credit that expired during such interruption of its business.

[제34조] 서류의 효력에 대한 면책

은행은 어떤 서류의 방식, 충분성, 정확성, 진정성, 위조 여부 또는 법적 효력 또는 서류에 명시되거나 위에 추가된 일반 또는 특정조건에 대하여 어떠한 책임(liability or responsibility)도 지지 않는다. 또한 은행은 어떤 서류에 나타난 물품, 용역 또는 다른 이행의 기술, 수량, 무게, 품질, 상태, 포장, 인도, 가치 또는 존재 여부 또는 물품의 송하인, 운송인, 운송중개인, 수하인 또는 보험자 또는 다른 사람의 선의 또는 작위 또는 부작위, 지불 능력, 이행 또는 지위(standing)에 대하여 어떠한 책임도 지지 않는다.

[제35조] 전송과 번역에 대한 면책

신용장에 기재된 방법에 따라서 알림 말, 서신 또는 서류가 전송 또는 송부되는 때, 또는 신용장에 송달 서비스의 선택에 대한 지시 사항이 없어서 은행이 자체적인 판단하에 선정하였을 때, 알림 말의 전송 또는 서신이나 서류의 송부 과정에서 일어나는 지연, 전달 도중의 분실, 훼손 또는 다른 실수로 발생하는 결과에 대하여 은행은 어떠한 책임도 지지 않는다.

지정은행이 제시가 신용장 조건에 일치한다고 판단한 후 서류를 개설은행 또는 확인은행에 송부한 경우, 지정은행의 결제(honour) 또는 매입 여부와 무관하게, 비록 서류가 지정은행과 개설은행 또는 확인은행 사이 또는 확인은행과 개설은행 사이의 송부 도중 분실된 경우에도 개설은행 또는 확인은행은 결제(honour) 또는 매입을 하거나, 그 지정은행에게 상환하여야 한다.

은행은 기술적인 용어의 번역 또는 해석에서의 잘못에 대하여 어떠한 책임(liability or responsibility)도 지지 않고 그러한 용어를 번역하지 않고 신용장의 조건을 전송할 수 있다.

[제36조] 불가항력

은행은 천재지변, 폭동, 소요, 반란, 전쟁, 테러행위 또는 어떤 파업 또는 직장폐쇄 또는 자신의 통제 밖에 있는 원인에 의한 영업의 중단으로부터 발생하는 결과에 대하여 어떠한 책임도 지지 않는다. 은행은 자신의 영업이 중단된 동안에 만료된 신용장 하에서는 결제(honour) 또는 매입을 하지 않는다.

[Article 37] Disclaimer for Acts of an Instructed Party

a. A bank utilizing the services of another bank for the purpose of giving effect to the instructions of the applicant does so for the account and at the risk of the applicant.

b. An issuing bank or advising bank assumes no liability or responsibility should the instructions it transmits to another bank not be carried out, even if it has taken the initiative in the choice of that other bank.

c. A bank instructing another bank to perform services is liable for any commissions, fees, costs or expenses ("charges") incurred by that bank in connection with its instructions. If a credit states that charges are for the account of the beneficiary and charges cannot be collected or deducted from proceeds, the issuing bank remains liable for payment of charges. A credit or amendment should not stipulate that the advising to a beneficiary is conditional upon the receipt by the advising bank or second advising bank of its charges.

d. The applicant shall be bound by and liable to indemnify a bank against all obligations and responsibilities imposed by foreign laws and usages.

[Article 38] Transferable Credits

a. A bank is under no obligation to transfer a credit except to the extent and in the manner expressly consented to by that bank.

b. For the purpose of this article:

Transferable credit means a credit that specifically states it is "transferable". A transferable credit may be made available in whole or in part to another beneficiary ("second beneficiary") at the request of the beneficiary ("first beneficiary"). Transferring bank means a nominated bank that transfers the credit or, in a credit available with any bank, a bank that is specifically authorized by the issuing bank to transfer and that transfers the credit. An issuing bank may be a transferring bank. Transferred credit means a credit that has been made available by the transferring bank to a second beneficiary.

c. Unless otherwise agreed at the time of transfer, all charges (such as commissions, fees, costs or expenses) incurred in respect of a transfer must be paid by the first beneficiary.

[제37조] 지시받은 당사자의 행위에 대한 면책

a. 개설의뢰인의 지시를 이행하기 위하여 다른 은행의 용역을 이용하는 은행은 개설 의뢰인의 비용과 위험 하에 하는 것이다.

b. 개설은행이나 통지은행은 비록 자신의 판단 하에 다른 은행을 선정하였더라도 그가 다른 은행에 전달한 지시가 이행되지 않은 데 대하여 어떤 책임도 지지 않는다.

c. 다른 은행에게 용역의 이행을 요청하는 은행은 그러한 지시와 관련하여 발생하는 다른 은행의 요금, 보수, 경비 또는 비용(이하 "수수료"라 한다)에 대하여 책임이 있다. 신용장이 수수료가 수익자의 부담이라고 기재하고 있고 그 수수료가 신용장대금에서 징수되거나 공제될 수 없는 경우 개설은행은 그 수수료에 대하여 여전히 책임이 있다. 신용장 또는 조건변경은 수익자에 대한 통지가 통지은행 또는 둘째 통지은행이 자신의 수수료를 수령하는 것을 조건으로 하여서는 안 된다.

d. 개설의뢰인은 외국의 법과 관행이 부과하는 모든 의무와 책임에 대하여 은행에 보상할 의무와 책임이 있다.

[제38조] 양도가능신용장

a. 은행은 자신이 명시적으로 승낙하는 범위와 방법에 의한 경우를 제외하고는 신용장을 양도할 의무가 없다.

b. 이 조항에서는 다음과 같이 해석한다.

양도가능신용장이란 신용장 자체가 "양도가능"이라고 특정하여 기재하고 있는 신용장을 말한다. 양도가능신용장은 수익자(이하 "제1수익자"라 한다)의 요청에 의하여 전부 또는 부분적으로 다른 수익자(이하 "제2수익자"라 한다)에게 이용하게 할 수 있다. 양도은행이라 함은 신용장을 양도하는 지정은행, 또는 어느 은행에서나 이용할 수 있는 신용장의 경우에는 개설은행으로부터 양도할 수 있는 권한을 특정하여 받아 신용장을 양도하는 은행을 말한다. 개설은행은 양도은행이 될 수 있다. 양도된 신용장이라 함은 양도은행이 제2수익자가 이용할 수 있도록 한 신용장을 말한다.

c. 양도 시에 달리 합의된 경우를 제외하고, 양도와 관련하여 발생한 모든 수수료(요금, 보수, 경비 또는 비용 등)는 제1수익자가 지급해야 한다.

d. A credit may be transferred in part to more than one second beneficiary provided partial drawings or shipments are allowed. A transferred credit cannot be transferred at the request of a second beneficiary to any subsequent beneficiary. The first beneficiary is not considered to be a subsequent beneficiary.

e. Any request for transfer must indicate if and under what conditions amendments may be advised to the second beneficiary. The transferred credit must clearly indicate those conditions.

f. If a credit is transferred to more than one second beneficiary, rejection of an amendment by one or more second beneficiary does not invalidate the acceptance by any other second beneficiary, with respect to which the transferred credit will be amended accordingly. For any second beneficiary that rejected the amendment, the transferred credit will remain unamended.

g. The transferred credit must accurately reflect the terms and conditions of the credit, including confirmation, if any, with the exception of: - the amount of the credit, - any unit price stated therein, - the expiry date, - the period for presentation, or - the latest shipment date or given period for shipment, any or all of which may be reduced or curtailed. The percentage for which insurance cover must be effected may be increased to provide the amount of cover stipulated in the credit or these articles. The name of the first beneficiary may be substituted for that of the applicant in the credit. If the name of the applicant is specifically required by the credit to appear in any document other than the invoice, such requirement must be reflected in the transferred credit.

h. The first beneficiary has the right to substitute its own invoice and draft, if any, for those of a second beneficiary for an amount not in excess of that stipulated in the credit, and upon such substitution the first beneficiary can draw under the credit for the difference, if any, between its invoice and the invoice of a second beneficiary

d. 분할청구 또는 분할선적이 허용되는 경우에 신용장은 두 사람 이상의 제2수익자에게 분할양도될 수 있다. 양도된 신용장은 제2수익자의 요청에 의하여 그 다음 수익자에게 양도될 수 없다. 제1수익자는 그 다음 수익자로 간주되지 않는다.

e. 모든 양도 요청은 제2수익자에게 조건변경을 통지하여야 하는지 여부와 그리고 어떠한 조건 하에서 조건변경을 통지하여야 하는지 여부를 표시하여야 한다. 양도된 신용장은 그러한 조건을 명확하게 표시하여야 한다.

f. 신용장이 두 사람 이상의 제2수익자에게 양도되면, 하나 또는 둘 이상의 수익자가 조건변경을 거부하더라도 다른 제2수익자의 수락은 무효가 되지 않으며, 양도된 신용장은 그에 따라 변경된다. 조건변경을 거부한 제2수익자에 대하여는 양도된 신용장은 변경 되지 않은 상태로 남는다.

g. 양도된 신용장은 만일 있는 경우 확인을 포함하여 신용장의 조건을 정확히 반영하여야 한다. 다만 다음은 예외로 한다. – 신용장의 금액 – 그곳에 기재된 단가 – 유효기일 – 제시기간 또는 – 최종선적일 또는 주어진 선적기간 위의 내용은 일부 또는 전부 감액되거나 단축될 수 있다. 부보되어야 하는 백분율은 신용장 또는 이 규칙에서 명시된 부보금액을 규정하기 위하여 높일 수 있다. 신용장의 개설의뢰인의 이름을 제1수익자의 이름으로 대체할 수 있다. 만일 신용장이 송장을 제외한 다른 서류에 개설의뢰인의 이름이 보일 것을 특정하여 요구하는 경우, 그러한 요건은 양도된 신용장에도 반영되어야 한다.

h. 제1수익자는 신용장에서 명시된 금액을 초과하지 않는 한 만일 있다면 자신의 송장과 환어음을 제2수익자의 그것과 대체할 권리를 가지고, 그러한 대체를 하는 경우 제1수익자는 만일 있다면 자신의 송장과 제2수익자의 송장과의 차액에 대하여 신용장 하에서 청구할 수 있다.

i. If the first beneficiary is to present its own invoice and draft, if any, but fails to do so on first demand, or if the invoices presented by the first beneficiary create discrepancies that did not exist in the presentation made by the second beneficiary and the first beneficiary fails to correct them on first demand, the transferring bank has the right to present the documents as received from the second beneficiary to the issuing bank, without further responsibility to the first beneficiary.

j. The first beneficiary may, in its request for transfer, indicate that honour or negotiation is to be effected to a second beneficiary at the place to which the credit has been transferred, up to and including the expiry date of the credit. This is without prejudice to the right of the first beneficiary in accordance with sub-article 38 (h).

k. Presentation of documents by or on behalf of a second beneficiary must be made to the transferring bank.

i. 제1수익자가 만일 있다면 자신의 송장과 환어음을 제시하려고 하였으나 첫 번째 요구에서 그렇게 하지 못한 경우 또는 제1수익자가 제시한 송장이 제2수익자가 제시한 서류에서는 없었던 하자를 발생시키고 제1수익자가 첫 번째 요구에서 이를 정정하지 못한 경우, 양도은행은 제1수익자에 대하여 더 이상의 책임이 없이 제2수익자로부터 받은 그대로 서류를 개설은행에게 제시할 권리를 갖는다.

j. 제1수익자는 양도 요청에서, 신용장이 양도된 장소에서 신용장의 유효기일 이전에 제2수익자에게 결제 또는 매입이 이루어져야 한다는 것을 표시할 수 있다. 이는 제38조(h)항에 따른 제1수익자의 권리에 영향을 미치지 않는다.

k. 제2수익자에 의한 또는 그를 위한 제시는 양도은행에 대하여 이루어져야 한다.

[Article 39] Assignment of Proceeds

The fact that a credit is not stated to be transferable shall not affect the right of the beneficiary to assign any proceeds to which it may be or may become entitled under the credit, in accordance with the provisions of applicable law. This article relates only to the assignment of proceeds and not to the assignment of the right to perform under the credit.

[제39조] 대금의 양도

신용장이 양도가능하다고 기재되어 있지 않다는 사실은, 수익자가 신용장 하에서 받거나 받을 수 있는 어떤 대금을 준거법의 규정에 따라 양도할 수 있는 권리에 영향을 미치지 않는다. 이 조항은 오직 대금의 양도에 관한 것이고 신용장 하에서 이행할 수 있는 권리를 양도하는 것에 관한 것은 아니다.

PART 01

수출입실무

CONTENTS

수출입실무(문항수 35문항, 점수 50점)

■ 과정구성

1. 수출입실무 기초
    (1) 수출입거래 개요
    (2) 국제매매계약
    (3) 수출입거래의 형태 및 대금결제방식
    (4) 무역관리제도
    (5) 신용장에 관한 일반이론
2. 수입실무
    (1) 수입신용장의 개설
    (2) 신용장에 의한 선적서류 인도
    (3) D/P, D/A 방식에 의한 수입
    (4) 보증신용장과 청구보증
3. 수출실무
    (1) 신용장의 통지 · 확인 · 양도
    (2) 서류의 심사 및 매입
    (3) 수출대금의 사후관리 및 수출실적

■ 출제가이드

1. 수출입거래의 근거가 되는 국제무역거래 규칙 각 조문에 대한 이해를 기반으로 한 학습정리가 필요한 과목이다.
    (1) 신용장통일규칙(UCP600)
    (2) 국제표준은행관행(ISBP821)
    (3) 추심에관한통일규칙(URC522) 등
2. 기본서 내용이 방대하고 전분야에서 다양하게 출제되고 있으므로, 핵심포인트 위주의 학습 및 예상 출제문제의 정답 이외에 해설 내용에 대한 정확한 이해가 필요하다.

CHAPTER 01 | 수출입실무 기초(핵심요약)

1. 대외무역거래 구분(외국환거래법)

(1) **경상거래**
　① **무역거래** : 수출거래, 수입거래
　② **무역외거래** : 여행거래, 운수거래, 보험거래, 정부거래, 이전거래(증여 등), 기타서비스거래

(2) **자본거래** : 금전대차, 예금거래, 증권거래, 부동산거래, 해외직접투자 등

2. 수출입계약 서류

(1) **물품매매계약서(Sales Contract, Purchase Contract)** : 거래내용 및 제반 조건 등을 문서로 상세하게 작성하여 매도인과 매수인 양 당사자가 서명한 정식의 계약서

(2) **물품매도확약서(Offer Sheet)** : 매도인 또는 그의 대리인이 매수인 앞으로 작성한 매도의사 표시서류

(3) **구매주문서(Purchase Order)** : 물품의 구매수량과 각종 거래조건 등을 기재하여 매수인이 매도인 앞으로 작성한 주문서

3. 수출절차(신용장방식)

(1) **매매계약 체결**

(2) **신용장 수취**

(3) **수출승인** : 무역관리 목적상 관리가 필요한 일부 항목

(4) **수출 물품 확보**

(5) **운송 및 보험계약 체결**

(6) **수출통관 및 물품선적**

(7) **수출환어음 매입 및 사후관리**

4. 수입절차(신용장방식)

(1) **수입계약 체결**

(2) **수입승인** : 무역관리 목적상 관리가 필요한 일부 항목

(3) **수입신용장 개설** : 수입상(개설신청인)을 위한 신용장 개설은행의 대외지급보증 채무 부담행위

(4) **선적서류 인도 및 수입통관**

5. 국제매매계약의 성격

(1) 합의계약
① 매도인의 청약에 대한 매수인의 승낙 또는 매수인의 주문 청약에 대한 매도인의 승낙
② 요물계약의 반대 개념

(2) 쌍무계약
① 매도인은 상품 인도 의무, 매수인은 결제 의무 부담
② 편무계약의 반대 개념

(3) 유상계약
① 계약당사자가 상호 대가적 관계에 있는 급부를 목적으로 하는 계약
② 무상계약의 반대 개념

6. 무역계약 거래조건

(1) 품질조건
① 품질결정 방법 : 검사매매, 견본매매, 표준품매매, 상표매매, 명세서매매
② 품질결정 시기 : 선적품질조건(Shipped Quality Terms), 양륙품질조건(Landed Quality Terms)

(2) 해상보험
① 선박보험
② 적하보험 : 운송 중에 일어나는 사고로 인하여 보험목적물인 화물이 손상될 경우 그 손해를 담보하기 위한 보험
③ 희망이익보험 : 화물의 손상으로 인하여 이를 매매함으로써 얻을 수 있는 이익이 멸실되는 것을 담보하기 위한 보험(일반적으로 송장금액의 10%를 희망이익으로 간주)
④ 항해보험과 기간보험

(3) 해상손해
① 전손(Total Loss) : 현실전손과 추정전손
  ㉠ 현실전손 : 보험목적물이 완전히 멸실되었거나, 점유권을 박탈당했거나, 원래의 성질을 상실하여 상품가치가 전혀 없게 된 경우
  ㉡ 추정전손 : 보험목적물이 회복의 가망이 없거나, 회복 가능하더라도 보험목적물을 구조하기 위한 비용과 구조 후의 수리비용이 보험목적물의 가액을 초과하는 경우 등과 같이 현실적으로 화물이 존재하고 있어도 경제적으로 전손이라고 인정되는 경우
② 분손 : 단독해손과 공동해손
  ㉠ 단독해손 : 담보위험에 따른 보험목적물의 분손 가운데 공동해손이 아닌 손해(손해를 입은 자가 단독으로 부담해야 할 성격의 손해)
  ㉡ 공동해손 : 해상위험 발생 시 공동의 이익을 위하여 선장이 취한 조치로 말미암아 발생하는 손해

> **[참고] 포괄보험과 개별보험** [근거규칙 : 신용장통일규칙(UCP600) 제28조]
>
> - **포괄보험(Open Cover) 또는 예정보험 : 포괄예정보험증권(Open Policy)**
>   보험계약의 구체적인 요건이 확정되지 않은 상태에서 장래 일정기간 동안의 부보예정 화물 전체에 대하여 미리 포괄적 보험계약 체결 후 사후에 개별위험에 대한 보험요건이 확정될 때마다 그 사실을 보험회사에 통지함으로써 당해 계약 범위 내의 모든 개별위험을 자동적으로 커버하기로 하는 방식의 보험계약
>   ※ 보험증명서(Insurance Certificate) : 포괄예정보험증권에 근거하여 매 건별로 발행하는 보험서류
> - **개별보험 또는 확정보험 : 보험증권(Insurance Policy)**
>   개별 선적분에 대한 보험요건이 모두 확정된 상태에서 그 위험의 개시(선적) 직전에 매 건별로 체결하는 보험

7. 물품매매계약에서 널리 사용되는 정형거래조건을 규정하는 국제규칙(INCOTERMS® 2020)

(1) 의의
① 물품매매계약에서 널리 사용되는 정형거래조건을 규정하는 국제규칙
② 물품이 매도인으로부터 매수인에게 전달되기까지의 운송과 수출입통관을 비롯하여 비용과 위험부담의 당사자를 구분해주는 국제매매계약의 주요소(2020년 개정)
③ 모든 운송방식에 사용 가능한 규칙과 해상 및 내수로 운송방식에 사용 가능한 규칙으로 변경

(2) 모든 운송방식에 사용 가능한 조건 : 7가지 조건(EXW, FCA, CPT, CIP, DAP, DPU, DDP)
① EXW(Ex Works, 공장인도조건)
　매도인의 건물(작업장) 또는 적출지의 지정된 장소에서 약정된 기일에 매수인이 임의로 처분할 수 있는 상태에 적치함으로써 의무를 완수하게 되는 조건으로, 매도인의 위험과 비용부담이 가장 가벼운 조건
② FCA(Free Carrier, 운송장인도조건)
　매도인이 수출통관을 완료하고 지정 장소에서 매수인이 지정한 운송인에게 물품을 인도하는 조건
③ CPT(Carriage Paid To, 운송장비지급인도조건)
　매도인이 지정 목적지까지의 운임을 부담하되 물품의 위험과 추가적인 비용은 물품이 선적지에서 운송인에게 인도된 시점에서 매수인에게 이전되는 조건
④ CIP(Carriage & Insurance Paid To, 운송비보험료지급인도조건)
　매도인이 지정된 목적지까지 물품의 운송비와 보험료를 지급하되 물품에 대한 모든 위험과 추가적인 비용은 물품이 선적지에서 운송인에게 인도된 시점에 매수인에게 이전되는 조건
⑤ DAP(Delivered At Place, 도착지인도조건)
　물품이 수입 통관되지 아니하고 지정된 장소에서 양하하지 않은 상태로 매수인의 임의 처분하에 인도되는 조건
⑥ DPU(Delivered at Place Unloaded, 도착지양하인도조건)
　물품이 수입 통관되지 아니하고 지정된 터미널뿐만 아니라 어떤 목적지에서 양하된 이후 매수인의 임의 처분하에 인도되는 조건

⑦ DDP(Delivered Duty Paid, 관세지급인도조건)

매도인이 물품을 수입 통관하고 지정된 목적지에 도착하는 모든 운송구간으로부터 양하하지 않은 상태로 매수인에게 인도하는 조건(매도인의 비용부담이 가장 큰 조건)

(3) 해상 및 내수로 운송방식에 사용 가능한 조건 : 4가지 조건(FAS, FOB, CFR, CIF)

① FAS(Free Alongside Ship, 선측인도조건)

매도인이 수출통관을 하지 않고 지정 선적항의 본선 선측(부두 또는 부선)에서 인도하는 조건

② FOB(Free On Board, 본선인도조건)

물품이 지정선박에 선적(본선적재)된 때까지의 의무를 매도인이 부담하는 조건

③ CFR(Cost & Freight, 운임포함인도조건)

매도인이 지정된 목적항까지의 합의된 일자 또는 기간 내에 선적항에서 선박에 선적하는 시점까지 물품을 인도하며 운임을 부담하되, 본선에 적재하는 때에 통상의 비용과 위험이 이전되는 조건

④ CIF(Carriage Insurance and Freight, 운임보험료포함인도조건)

매도인이 목적항까지의 물품을 운반하는 데 필요한 운임과 보험료를 부담하되, 물품에 대한 모든 위험과 추가적인 비용은 물품이 선적항에서 본선에 적재한 때에 매수인에게 이전되는 조건

(4) 매도인의 운임 부담 종료지점 표시

① EXW(공장인도조건) : 지정 인도장소

② FCA(운송장인도조건) : 지정 인도장소

③ CPT(운송장비지급인도조건) : 지정 목적지

④ CIP(운송비보험료지급인도조건) : 지정 목적지

⑤ DAP(도착지인도조건) : 지정 목적지

⑥ DPU(도착지양하인도조건) : 지정 목적지

⑦ DDP(관세지급인도조건) : 지정 목적지

⑧ FAS(선측인도조건) : 지정 선적항

⑨ FOB(본선인도조건) : 지정 선적항

⑩ CFR(운임포함인도조건) : 지정 목적항

⑪ CIF(운임보험료포함인도조건) : 지정 목적항

(5) 해상운임 부담 주체

① 매수인(수입상) 부담 조건 : 'E그룹', 'F그룹'

EXW(공장인도조건), FCA(운송장인도조건), FAS(선측인도조건), FOB(본선인도조건)

② 매도인(수출상) 부담 조건 : 'C그룹', 'D그룹'

CFR(운임포함인도조건), CIF(운임보험료포함인도조건), CPT(운송장비지급인도조건), CIP(운송비보험료지급인도조건), DAP(도착지인도조건), DPU(도착지양하인도조건), DDP(관세지급인도조건)

(6) 적하보험 가입 주체

① 매수인(수입상) 부보 조건 : EXW, FCA, FAS, FOB, CFR, CPT

② 매도인(수출상) 부보 조건 : CIF, CIP, DAP, DPU, DDP

8. 특정거래형태의 수출입 [근거규정 : 대외무역관리규정 제1장 제2조]

(1) 위탁판매수출
물품 등을 무환으로 수출하여 해당 물품이 판매된 범위 내에서 대금을 결제하는 계약에 의한 수출

(2) 수탁판매수입
물품 등을 무환으로 수입하여 해당 물품이 판매된 범위 내에서 대금을 결제하는 계약에 의한 수입

(3) 위탁가공무역
① 가공임을 지급하는 조건으로 가공할 원료의 전부 또는 일부를 거래상대방에게 수출하거나 외국에서 조달, 공급하여 이를 가공한 후, 동 가공물품을 다시 국내로 수입하거나 또는 외국으로 판매(현지판매 포함)하는 방식의 거래
② 외국의 저렴한 노동력과 또는 국내에 전수되지 않은 고도기술 등을 활용할 목적으로 이용
③ 우리나라의 경우 인건비 절감 목적의 현지생산을 위하여 주로 활용

(4) 수탁가공무역
① 가득액을 영수하기 위하여 원자재의 전부 또는 일부를 거래상대방의 위탁에 의해 수입하여 이를 가공한 후, 위탁자 또는 그가 지정하는 자에게 해당 가공물품을 수출하는 방식의 거래
② 생산물품의 판매망을 확보하고 있는 외국기업이 우리나라의 숙련된 노동력 또는 고유의 기술을 이용하여 물품을 생산하고자 하는 경우 등에 주로 활용

(5) 임대수출
임대계약에 의하여 물품 등을 수출한 후 일정기간 경과 후에 다시 수입하거나, 임대계약기간 만료 전 또는 만료 후에 해당 물품의 소유권을 이전하는 방식의 수출(임대차 및 사용대차에 한함)

(6) 임차수입
임차계약에 의하여 물품 등을 수입하여 사용한 후 일정기간 후에 다시 수출하거나, 임차계약기간 만료 전 또는 만료 후에 해당 물품의 소유권을 이전받는 방식의 수입(임대차 및 사용대차에 한함)

(7) 외국인도수출
수출대금은 국내에서 영수하지만 국내로 통관되지 않은 수출 물품 등을 외국으로 인도하거나 제공하는 방식의 수출

(8) 외국인수수입
수입대금은 국내에서 지급되지만 수입 물품 등은 외국에서 인수하거나 제공받는 방식의 수입

(9) 무환수출입
외국환거래가 수반되지 아니하는 형태의 수출입 거래로, 물품 등의 이동만 있고 대금의 결제가 이루어지지 않는 수출입거래 방식

(10) 연계무역 : 수출과 수입이 상호 연계되어 이루어지는 방식의 무역거래
① 물물교환(Barter Trade), 제품환매(Buy Back)
② 구상무역(Compensation : 수출입 거래가 별도로 분리되지 않고 하나의 계약서를 통하여 포괄 약정
③ 대응구매(Counter Purchase) : 수출입 거래가 두 개의 계약서에 의하여 각각 별도로 약정
④ 동시개설신용장(Back-to-Back L/C) : 거래상대방이 대응신용장(Back-to-Back L/C)을 동시에 개설하는 경우에 한하여 해당 신용장이 유효해지도록 하는 조건의 신용장으로, 원 신용장을 견질로 하여 발행되는 제2의 신용장을 의미

⑤ 토마스신용장(Thomas L/C) : 거래상대방이 일정기일 이내에 일정금액의 대응신용장(Back-to-Back L/C)을 개설하겠다는 보증서를 발행해야지만 해당 신용장이 유효해 질 수 있도록 별도의 조건을 삽입하는 신용장

⑥ 기탁신용장(Escrow L/C) : 신용장 결제대금이 바로 수익자에게 지급되지 않고, 특정의 은행에 개설되어 있는 Escrow A/C에 예치되어, 수익자가 원 신용장의 개설의뢰인으로부터 수입하는 물품의 대금결제 시에만 인출이 가능하도록 대금사용을 제한하는 조건의 신용장

(11) 중계무역

수출할 것을 목적으로 물품 등을 수입하여, 이를 보세구역 또는 자유무역지역 등 이외의 국내로 반입하지 않고, 가공하지 않은 원형 그대로 다시 수출하는 방식의 거래

① 물품의 인수도가 모두 해외의 동일국 내에서 발생하는 경우에도 중계무역으로 인정

② 수출입 거래의 주체가 되지 않은 채 단순히 '중개수수료' 취득만을 목적으로 하는 '중개무역'은 무역외(용역)거래로 분류

[참고] 중계무역 관련 운송서류

(1) Third Party B/L
중계무역은 통상 물품이 최초 수출국에서 최종 수입국으로 직접 운송되는 것이 일반적이며, 이 경우 Master L/C상의 수익자(Beneficiary)가 동일하지 않게 되는데, 이와 같은 선하증권을 의미

(2) Switch B/L
수출상과 수입상의 어느 한쪽이 상대방에게 알려지지 않게 할 목적(특히 수입상에게 수출상의 신분을 노출시키지 않을 목적)으로 중계국에서 선하증권(B/L)을 변경, 재발급하는 경우와 같이 변경 가능한 선하증권(B/L)

(3) 신용장방식 중계무역 방법
① Back-to-Back L/C
수출물품 조달을 위하여 수출신용장을 근거로 별도의 수입신용장을 개설하는 방법
② 신용장 국외양도
별도의 신용장(Back-to-Back L/C)을 개설하지 않고 수출신용장을 해외의 수출상에게 양도함으로써 수출물품의 선적이 이루어지게 하는 방법

[참고] 중계무역방식 수출거래 시 수출실적 인정

(1) 대외무역법상의 수출실적 : 수출실적(가득액)=수출금액(FOB가격)-수입금액(CIF가격)

(2) 무역금융 융자대상 수출실적 : 수출실적 인정 불가

[참고] 임대차거래의 절차적 제한 [근거규칙 : 외국환거래규정 제7장 제8절 제7-45조, 제7-46조]

1. 신고등을 요하지 아니하는 거래
① 거주자가 물품 수출과 관련하여 외국에 있는 금융기관이 발행한 신용장을 비거주자에게 양도하는 경우
② 국내의 외항운송업자와 비거주자 간에 소유권을 이전하지 않는 조건으로 선박이나 항공기(항공기엔진 및 관련 주요부품 포함)의 외국통화 표시 임대차계약을 체결하는 경우로서, 임대차 계약기간이 1년 미만인 경우
③ 거주자가 비거주자로부터 부동산 이외의 물품을 무상으로 임차하는 경우 등

2. 외국환은행 신고 대상

① 거주자와 비거주자 간에 부동산 이외의 물품 임대차계약을 체결하는 경우로서, 계약 건당 금액이 미화 3천만불 상당액 이하인 경우(소유권 이전 포함)

② 국내의 외항운송업자와 비거주자 간에 소유권을 이전하지 않는 조건으로 선박이나 항공기의 외화 표시 임대차계약을 체결하는 경우로서, 임대차 계약기간이 1년 이상인 경우

3. 한국은행 신고 대상

① 계약 건당 미화 3천만불을 초과하는 물품의 임대차

② 미화 3천만불을 초과하는 선박이나 항공기의 소유권 이전부 임대차

③ 거주자가 비거주자에게 무상으로 물품을 임대하는 경우(사용대차를 의미)

9. 수출입 대금결제방식

(1) 신용장방식 : 은행의 조건부 지급보증에 근거한 거래

신용장방식 (Documentary Credit)	일람출급신용장 (At Sight L/C)	송금방식(Sight Remittance Base)	① 지급신용장 ② 매입신용장
		상환방식(Sight Reimbursement Base)	
	기한부신용장 (Usance L/C)	Shipper's Usance	① 인수신용장 ② 연지급신용장 ③ 매입신용장
		Banker's Usance	

(2) 무신용장방식 : 수출입 당사자 간의 신용에 근거한 거래

무신용장방식	추심방식 (Collection)	D/P : 지급인도조건	① D/P(Documents against Payment) ② D/P Usance	
		D/A(Documents against Acceptance) : 인수인도조건		
	송금방식 (Remittance)	사전송금방식(Advance Remittance, T/T in Advance)		
		사후송금방식 (Later Remittance)	동시결제방식	① COD(상품인도결제방식) ② CAD(서류인도결제방식) ③ European D/P
			OA(Open Account) : 선적통지조건 기한부 사후송금 결제방식	
기타	① Int'l Factoring : 수입팩터의 신용승인 추가로 무신용장방식 거래임에도 신용위험 제거 ② Forfaiting : 포페이터의 소구권을 행사하지 않는 조건의 매입			

10. 송금방식(Remittance Base)

① 수출입대금의 결제가 수출입 당사자 간 송금에 의한 방법으로 이루어지는 결제방식(사전송금방식, 사후송금방식)

② 선적서류 송부 : 거래은행을 통하지 않고 당사자 간에 직접 송부

(1) 사전송금방식 : 수출상에게 유리

① 수출상이 수입상으로부터 수출대금 전액을 미리 송금받은 후 물품선적

② 수출상 입장에서는 대금회수위험이 제거되므로 상대적으로 안전한 거래방식

(2) 사후송금방식 : 수입상에게 유리

① 수입상이 수출상으로부터 수입물품 또는 선적서류 영수 후 대금송금

② 수입상 입장에서는 상품의 인수와 관련된 불안이 제거되어 매우 안전한 거래방식

③ COD(Cash On Delivery, 상품인도결제방식) : 일종의 동시결제방식으로, 수출상이 물품 선적 후 수입국에 소재하는 본인의 대리인 앞으로 선적서류를 송부하면, 물품이 목적지에 도착하는 즉시 수입상이 대리인과 함께 물품의 품질 등을 검사한 후 이상이 없는 경우 물품과 상환하는 조건으로 대금을 결제하는 방식

④ CAD(Cash Against Documents, 서류인도결제방식) : 일종의 동시결제방식으로, 수출상이 물품을 선적한 후 수출국에 소재하는 수입상의 지사나 대리인 등에게 선적서류를 제시하면, 수입상은 당해 서류와 상환하는 조건으로 대금을 결제하는 방식(수입상이 자신의 대리인을 통하여 선적 전 검사 실시)

⑤ European D/P : 수출상이 물품을 선적한 후에 해외의 수입상 거래은행 앞으로 선적서류를 송부하여 수입상에게 제시하도록 하며, 수입상은 자신의 거래은행을 통하여 선적서류를 수령함과 동시에 결제대금을 송금하는 거래방식(환어음이 미발행된다는 점에서 D/P와 구별)

⑥ OA(Open Account, 선적통지조건의 기한부 사후송금방식)
  ㉠ 수출입상 간에 일정기간 동안의 수출입거래와 관련한 기본매매계약을 체결한 후, 매 건별로 구매주문서(Purchase Order) 등에 의거하여 수출상이 물품을 선적하고 선적서류 원본을 수입상에게 송부하면, 수입상은 기본매매계약서상의 결제조건에 따라 선적일을 기준으로 일정기간이 경과한 시점에 수출상이 지정한 계좌로 결제대금을 송금하는 거래방식
  ㉡ 일반 사후송금방식 수출의 경우 선적서류 또는 수출물품이 수입상에게 '인도'되어야만 수출채권이 성립하여 대금결제가 이루어지는 반면, OA방식은 수출기업이 물품을 선적한 후 해외의 수입상에게 '선적 사실을 통지'함과 동시에 수출채권 확정
  ㉢ OA 거래에 있어 수출상은 그 대금결제를 오로지 수입상의 신용에만 전적으로 의존(본지사 간, 신용이 확실한 고정거래처 등 대금회수 위험이 없는 경우 사용)

11. 추심방식(D/P, D/A, D/P Usance) [근거규칙 : 추심에관한통일규칙(URC522) 제2조, 제6조]
수출입 당사자 간의 계약에 근거하여 수출상이 물품을 선적한 후 수입상을 지급인으로 하는 환어음을 발행하여 선적서류와 함께 자신의 거래은행(추심의뢰은행)을 통하여 수입상 거래은행(추심은행)에 제시하면, 수입상은 동 환어음에 대한 지급(일람출급) 또는 인수(기한부) 조건으로 수입대금을 결제하는 무신용장방식 무역거래

(1) 특징
① 은행의 지급보증이 수반되지 않는 당사자 간의 신용을 기반으로 한 거래라는 점에서 신용장방식과 차이가 있음
② 추심에 관여하는 은행은 단지 위임사무의 처리를 위한 중개인 및 보조자의 역할만을 담당
③ 환어음이 발행되며, 당사자 각각의 거래은행을 통하여 대금을 추심한다는 점에서 송금방식과 차이가 있음

(2) D/P(Documents against Payment, 지급인도조건)
① 수입대금 지급을 조건으로 선적서류를 인도하는 즉, 서류의 인도와 동시에 대금의 결제가 이루어지는 일람출급 조건의 추심방식 거래
② 수입상 거래은행인 추심은행은 선적서류가 도착하는 즉시 수입상에게 도착 사실 통지와 함께 환어음을 제시하고, 수입상의 대금결제를 조건으로 서류를 인도

(3) **D/P Usance(기한부 D/P)** : D/P와 동일한 결제방식

① 수입상의 서류 인수 및 만기일 통보 없이 수입상 거래은행인 추심은행이 추심지시서에 명시된 기간 동안 서류를 보관한 후, 동 기간 경과 후에 수입상에게 서류를 제시하여 대금결제를 조건으로 서류를 교부하는 방식(수입상의 결제가 이루어지지 않은 상태에서 서류를 인도하면 안 됨)

② 선적서류의 배송기간과 화물의 수송기간 간의 불일치에서 오는 시간적 괴리를 해결하기 위해 주로 이용

③ D/A 거래에 따른 수출상의 신용위험부담 및 D/P 거래에 따른 수입상의 불필요한 자금부담을 동시에 커버할 수 있는 결제방식

(4) **D/A(Documents against Acceptance, 인수인도조건)**

① 수입상의 수입환어음 인수 조건으로 선적서류를 인도하는 즉, 수입상의 서류 인수 후 일정 기간이 경과한 시점인 만기일에 수입대금 결제가 이루어지는 기한부 조건의 추심방식 거래

② 수입상 거래은행인 추심은행은 선적서류가 도착하는 즉시 수입상에게 내도사실 통지와 함께 환어음을 제시하고, 수입상의 환어음 인수 조건으로 서류 인도

③ D/A 방식은 D/P와 달리 수입상이 환어음을 인수하는 즉시 선적서류가 교부되고 대금결제는 만기일에 이루어지므로, 수출상 입장에서는 거래의 안정성을 확보할 수 없음

12. 신용장방식

(1) **신용장(Letter of Credit)** [근거규칙 : 신용장통일규칙(UCP600) 제2조 제9항]

① 신용장의 제조건과 일치하는 서류가 제시되는 한 신용장 개설은행이 수입상과는 독립적으로 대금의 결제를 보장해 주는 일종의 조건부 지급확약서

② 신용장이란 그 명칭에 상관없이 개설은행이 일치하는 제시에 대하여 이를 결제하겠다는 확약으로서 취소가 불가능한 모든 약정으로 관계당사자 전원의 합의가 있는 경우에만 조건 변경 및 취소 가능

※ 관계당사자 : 개설은행, 수익자, 확인은행(확인신용장의 경우)

13. 국제팩터링(International Factoring)

국제팩터링 기구에 가입한 회원인 팩터의 신용을 바탕으로 이루어지는 무신용장방식 무역거래로, 팩터링회사가 수출상과 수입상 사이에서 신용조사 및 신용위험 인수(지급보증), 전도금융 제공 (NEGO 등), 외상채권의 기일관리 및 대금회수 대행 등의 서비스를 제공해주는 금융거래 기법

(1) **D/A(인수인도조건) 또는 OA(Open Account) 방식 무역거래에서 수입팩터의 신용승인이 추가된 거래**

(2) **신용승인** : 수입상이 자금부족, 파산 등의 사유로 수입채무를 이행하지 못하는 경우, 수입팩터가 해당 수입대금을 대신 지급하는 행위

14. 포페이팅(Forfaiting)

현금을 대가로 채권을 포기 또는 양도한다는 의미로, 무역거래에서 발생하는 지급청구권을 소구권을 행사하지 않는 조건으로 할인, 매매하는 금융기법

(1) **기한부(Usance) 신용장방식** : 수출환어음 매입, OA방식 외상수출채권 매입 등의 거래 시, 수입상의 대금 미결제 시에도, 수출상에게 상환청구권을 행사하지 않는 조건으로 할인 · 매입

(2) 기한부(Usance) : 수출채권을 고정금리부로 할인, 매입

(3) 포페이팅의 종류

① Direct Forfaiting

② Renego Forfating

③ Counter Forfating

15. 대외무역관리규정에 의한 관리 [대외무역관리규정 제4장 제70조]

(1) 플랜트수출

미화 50만불(본선인도조건, FOB) 상당액 이상인 특정의 기재·장치 및 동액 이상인 특정의 산업설비를 수출하고자 하는 자, 또는 일괄수주방식의 수출(산업설비, 기술용역 및 시공을 포괄적으로 행하는 수출)을 하고자 하는 자는 산업통상자원부장관 플랜트수출 승인 대상

(2) 특정거래형태의 수출입 : 대상 없음

① **무환수출** : 특정거래인정 신고 제도 폐지

② **중계무역** : 특정거래인정 신고 제도 폐지

16. 외국환거래규정에 의한 지급등의 방법 [근거규정 : 외국환거래규정 제5장 제4절 제5-10조]

(1) 제3자 지급등에 대한 제한 : 제3자와의 결제행위는 원칙적으로 한국은행 총재 또는 외국환은행의 장 신고사항임

① **별도의 신고등을 요하지 않는 경우(신고 불요)**

㉠ 미화 5천불 상당액 이하의 지급 또는 수령

㉡ 해당 거래의 당사자인 거주자가 거래의 당사자가 아닌 거주자 또는 비거주자로부터 수령하는 경우

㉢ 해당 거래의 당사자가 아닌 거주자가 거래의 당사자인 비거주자로부터 수령하는 경우

㉣ 거주자간 거래의 결제를 위하여 해당 거래의 당사자인 거주자가 거래의 당사자가 아닌 거주자와 지급등을 하는 경우

㉤ 수입대행업체(거주자)에 단순수입대행을 위탁한 거주자(납세의무자)가 수입대행 계약 시 미리 정한 바에 따라 수입대금을 수출자인 비거주자에게 지급하는 경우

㉥ 거주자가 인터넷으로 물품을 수입하고 수입대금은 국내 구매대행업체를 통하여 지급하는 경우 및 수입대금을 받은 구매대행업체가 수출자에게 지급하는 경우

㉦ 거주자가 외국환은행 또는 이에 상응하는 외국 금융기관 명의로 개설된 에스크로계좌를 통하여 비거주자에게 지급하는 경우

㉧ 거주자 또는 비거주자가 전자적 방법에 의하여 재화를 구입하거나 또는 용역을 이용함에 있어, 통신과금서비스 제공자가 그 대가의 정산을 대행하기 위하여 지급등을 하는 경우

② **외국환은행의 장 사전신고 대상** : 신고불요 사항을 제외하고, 거주자가 미화 5천불 상당액을 초과하면서 1만불 상당액 이하인 금액을 제3자와 지급 또는 수령하고자 하는 경우

③ **한국은행총재 사전신고 대상** : 신고불요 사항 및 외국환은행 신고사항을 제외한 모든 경우

(2) 외국환은행을 통하지 않는 지급등에 대한 제한

① 한국은행총재 신고대상 : 수입대금을 외화현찰로 직접 지급하는 행위(미화 1만불 상당액 이하인 경우 제외)

② 수출대금을 외화현찰로 직접 영수하는 행위 : 신고대상 아님

(3) 상계에 의한 지급등에 대한 제한 [근거규정 : 외국환거래규정 제5장 제2절 제5-4조]

① 별도의 신고등을 요하지 아니하는 경우

㉠ 일방의 금액이 미화 5천불 상당액 이하인 채권 또는 채무를 상계하고자 하는 경우

㉡ 연계무역, 위탁가공무역, 수탁가공무역에 의하여 수출대금과 관련 수입대금을 상계하고자 하는 경우

㉢ 물품의 수출입대금과 수출입거래에 직접 수반되는 중개 또는 대리점 수수료 등을 상계하고자 하는 경우

㉣ 거주자 간에 외화표시 채권 또는 채무를 상계하고자 하는 경우

② 외국환은행의 장 사전신고 대상 : 비거주자에 대한 채권, 채무를 비거주자에 대한 채무, 채권으로 상계하고자 하는 경우

③ 한국은행총재 사전신고 대상

㉠ 다국적 기업의 상계센터를 통하여 상계하고자 하는 경우

㉡ 다수의 당사자의 채권 또는 채무를 상계하고자 하는 경우

(4) 기한을 초과하는 지급등의 방법 중 한국은행총재 신고대상 [근거규정 : 외국환거래규정 제5장 제3절 제5-8조]

① 계약 건당 미화 5만불을 초과하는 다음의 수출대금 수령

㉠ 본지사 간 수출거래로 수출대금을 물품 선적 전에 수령하고자 하는 경우

㉡ 본지사 간의 추심방식(D/A) 또는 외상수출채권(OA) 매입 방식 수출거래로 결제기간이 물품 선적 후 3년을 초과하는 경우

㉢ 본지사 간이 아닌 수출거래로 수출대금을 물품 선적 전 1년을 초과하여 수령하고자 하는 경우

② 다음의 수입대금 지급

㉠ 계약 건당 미화 2만불을 초과하는 수입대금을 선적서류 또는 물품 수령 전 1년을 초과하여 송금방식에 의하여 지급하고자 하는 경우

㉡ 계약 건당 미화 5만불을 초과하는 미가공 재수출을 목적으로 금(GOLD)을 수입하는 경우로 수입대금을 선적서류 또는 물품 수령일부터 30일을 초과하여 지급하는 경우

㉢ 계약 건당 미화 5만불을 초과하는 30일 초과 지급조건의 연지급 방식으로 수입한 내수용 금의 미가공 재수출

(5) 대응수출입 이행의무 [근거규정 : 외국환거래규정 제5장 제3절 제5-9조]

① 대응수입 이행의무 : 선적서류 또는 물품의 수령 전에 송금방식에 의하여 건당 미화 2만불을 초과하는 수입대금을 지급한 자는, 1년 이내에 대응수입을 이행하거나 또는 동 대금을 반환받아야 함(미이행 시 한국은행총재 신고)

② 대응수출 이행의무 : 건당 미화 5만불 상당액을 초과하는 수출대금을 물품의 선적 전에 수령한 자는, 1년 이내에 대응수출을 이행하거나 또는 동 대금을 반환하여야 함(미이행 시 한국은행총재 신고)

(6) 대외채권회수의무 관련 인정 및 신고 제도 폐지

거주자가 비거주자에게 보유한 건당 미화 50만불 상당액을 초과하는 대외채권은 해당 채권의 만기일 또는 조건성취일로부터 3년 이내에 이를 국내로 회수하여야 하며, 기한 내에 회수할 수 없거나 또는 회수가 불가능한 경우에는 해당 사유를 입증하는 서류를 첨부하여 외국환은행의 '인정'을 받거나 한국은행총재에게 '신고'하여야 했으나, 2017년 폐지됨

(7) OFAC(Office of Foreign Assets Controls)

① 미국의 제재대상국, 테러주의자, 국제마약조직 등에 대한 경제 및 무역제재조치를 수행하는 미국 재무성 산하기관

② OFAC의 SANCTION(제재규정)에 반하는 국제거래는 미국 법규에 의한 처벌대상이 되므로 현실적으로 거래가 불가능

(8) 원산지관리제도

공정한 거래질서의 확립과 생산자 및 소비자 보호를 위하여 수출입물품 등에 원사지를 표시하도록 하거나, 무역관리 목적으로 수입물품에 대한 원산지를 명확히 하고자 원산지증명서를 제출하도록 하는 등의 제도

① 원산지표시제도

② 원산지확인제도

17. 신용장의 효용

(1) 수출상이 갖는 효용

① 개설은행이 독립적으로 대금의 지급을 확약하고 있으므로, 수입상의 신용과는 관계 없이 대금회수의 안정성 확보

② 취소불능신용장의 경우 수출상의 동의 없이 일방적으로 취소 또는 변경 불가하므로 안심하고 생산 착수

③ 신용장을 근거로 무역금융 융자수혜를 받는 등 선적 전 필요자금 조달 가능

④ 물품 선적 후 신용장 조건과 일치하는 서류와 환어음을 거래은행에 제시하여 즉시 수출대금 회수 가능(NEGO)

(2) 수입상이 갖는 효용

① 본인의 취약한 신용도를 개설은행의 공신력으로 대체함으로써 보다 유리한 위치에서 무역협상 가능(신규거래처와도 외상거래 가능)

② 수출상이 일람불 거래를 고집하는 경우라도, BANKER'S USANCE 방식 기한부 신용장을 활용하여 외상거래와 동일한 효과를 얻을 수 있음

③ 대금결제 이전에 계약물품이 정확히 선적되었는지 여부에 대한 서류상의 확인이 가능하며, 제시된 서류가 신용장 조건과 불일치하는 경우 대금지급 거절 가능

④ 신용장 조건에 유효기일, 선적기일, 서류제시기간 등을 명시하며, 이를 통하여 자신이 원하는 일자에 물품 입수 가능

18. 신용장과 원인계약 [근거규칙 : 신용장통일규칙(UCP600) 제4조, 제5조]

(1) 독립성의 원칙 : 기초계약으로부터의 독립

　　신용장은 본질상 기초가 되는 매매 또는 다른 계약과는 별개의 거래이며, 신용장에 그러한 계약에 대한 언급이 있더라도 은행은 그 계약과 아무런 관련이 없으며, 계약내용에 구속되지 않음

(2) 추상성의 원칙 : 서류에 의한 거래

　　신용장의 모든 당사자는 계약물품과는 상관없이 계약물품을 상징하는 서류에 의하여 거래한다는 의미로, 비록 선적된 물품이 신용장 조건과 불일치하거나, 심지어 물품이 선적되지 않았다 하더라도 제시된 서류가 신용장 조건과 일치한다면 개설은행은 대금을 지급하여야 함(서류만을 근거로 심사)

(3) 엄밀일치의 원칙과 상당일치의 원칙

　① **엄밀일치의 원칙** : 신용장 대금의 청구를 위하여 제시되는 모든 서류는 신용장 제조건과 문면상 매우 엄격하고 세밀하게 일치하여야 함

　② **상당일치의 원칙** : 제시된 서류상의 정보가 비록 신용장과 엄밀하게 일치하지는 않는다 하더라도, 그 내용이 신용장상의 정보와 충돌하지 않으며 또한 신용장 조건을 전혀 해하는 사항이 아니라면, 신용장 조건에 일치하는 것으로 보아야 한다는 의미

(4) 사기거래배제의 원칙(Fraud Rule) : 제시된 서류가 신용장 조건에 엄격히 일치한다 하더라도 위조 또는 사기로 작성되었음이 밝혀지는 경우 해당 신용장의 대금지급이 중단될 수 있다고 하는 사법상의 이론(신용장 거래와 관련된 독립성, 추상성의 원칙에 대한 예외 인정)

　① 개설은행의 판단에 의한 지급거절

　② 법원의 명령(Injunction)에 의한 지급거절

(5) 신용장의 비서류적 조건(Non-documentary Condition) [근거규칙 : 국제표준은행관행(ISBP821), 비서류적 조건과 정보의 저촉]

　① 제시되어야 할 서류는 명시하지 않은 채, 어떠한 행위만을 준수하도록 요구하고 있는 신용장 조건

　② 비서류적 조건은 기재되지 않는 것으로 간주하여 무시

　③ 유효기일, 선적기일, 서류제시기일 등은 비서류적 조건에 해당되지 않음

　④ 비서류적 조건이라고 하여 무조건 무시할 것이 아니라, 제시된 모든 서류상의 내용이 해당 조건과 충돌하지 않는가에 대한 점검이 필요함(제시된 내용이 신용장 내용과 충돌하는 경우 하자 사유에 해당됨)

(6) 신용장 이용은행 [근거규칙 : 신용장통일규칙(UCP600) 제6조]

　① **지정신용장** : 지정된 은행에서만 이용할 수 있는 신용장

　　※ 일람출급조건 : 지급신용장
　　※ 기한부조건 : 연지급신용장, 인수신용장

　② **매입신용장** : 어느 은행에서나 이용이 가능한 신용장(자유매입신용장)

　③ **매입제한신용장** : 특정의 은행으로 매입이 제한되어 있는 신용장

19. 신용장조건 [근거규칙 : 신용장통일규칙(UCP600) 제6조, 제14조]

(1) 취소가능 또는 취소불능 표시
① 신용장은 당해 신용장이 취소 가능한 것인지, 취소 불능한 것인지 표시해 주어야 함
② **취소불능신용장** : 관계당사자[개설은행, 확인은행(확인신용장인 경우), 수익자] 전원의 합의 없이는 취소 불가
③ 취소 가능 여부에 대한 별도의 언급이 없는 경우 취소불능신용장으로 간주

(2) 유효기일(Expiry Date)
① 신용장의 지급, 인수, 매입이 이루어져야 하는 최종일자가 아니라, 지급·인수·매입을 위하여 신용장에 명시된 서류 및 환어음을 제시하여야 하는 최종일자(수익자가 일치하는 제시를 하기 위한 최종일)
② 유효기일이 통상적인 은행휴무일인 경우 다음 영업일로 자동 연장
③ 수익자가 신용장 조건에 일치하는 서류를 제시하고 신용장 대금을 청구할 수 있는 최종일자
④ 신용장은 유효기일을 명시하여야 하나, 별도의 명시가 없는 경우 신용장을 이용 가능한 은행의 장소가 곧 제시를 위한 장소이며, 자유이용신용장의 경우 모든 은행의 장소가 곧 제시를 위한 장소이며, 유효기일의 종료장소가 됨

(3) 서류제시기간(Presentation Period)
① 신용장 조건에 따라 지급·인수·매입을 위하여 서류를 제시하여야 할 '선적일 이후의 일정 기간'
② 서류제시기일에 대한 명시가 없는 경우 선적 후 21일 이내에 제시되어야 하는 것으로 간주
③ 서류제시기간이 통상적인 은행휴무일인 경우 다음 영업일로 자동 연장
④ 어떠한 경우에도 신용장 유효기일 이내에 제시되어야 함

(4) 선적기일(Latest Date of Shipment)
① 수출화물이 선적되어야 하는 최종기일
② 선적기일이 통상적인 은행휴무일인 경우 자동연장되지 않음
③ 선적기일이 표시되어 있지 않은 경우 유효기일을 선적기일로 간주

20. 신용장 거래당사자 : 기본당사자와 기타당사자로 구분 [근거규칙 : 신용장통일규칙(UCP600) 제2조, 제8조]

(1) 기본당사자
① **개설은행(Issuing Bank)**
  ㉠ 개설의뢰인의 요청 또는 그 자신을 위하여 신용장을 개설하는 은행
  ㉡ 수익자의 일치하는 제시에 대하여 그 대금을 지급 또는 연지급하거나, 수익자가 발행한 환어음 인수 후 만기일에 지급하거나, 다른 은행에게 그러한 지급·연지급·인수·매입을 수권한 후 최종적인 결제의무 부담
② **수익자(Beneficiary)** : 매도인, 수출상
  ㉠ 신용장 개설을 통하여 이익을 받는 당사자
  ㉡ 신용장 조건에 일치하는 서류와 상환으로 개설은행이나 기타 지정된 지급·연지급·인수·매입은행 등에 대하여 청구권을 갖는 자

ⓒ 환어음 발행인, 신용수령인, 신용장의 통지처인 수신인, 수취인, 선적인, 송하인
③ 확인은행(Confirming Bank)
　　⊙ 취소불능신용장에 대하여 개설은행의 수권이나 요청에 의하여 수익자에게 지급 · 연지급 · 인수 · 매입을 확약하는 은행
　　ⓒ 일치하는 제시에 대하여 결제 또는 소구권 없이 매입한다는 조항 외에 <u>개설은행과 동일한 결제의무 부담(개설은행이 결제하지 못할 경우 2차적인 책임을 부담하는 것이 아님)</u>

(2) 기타당사자
① 개설의뢰인(Applicant)
　　⊙ 신용장의 개설을 신청한 당사자
　　ⓒ 수입상, 매수인, 지급인, 채무자, 수하인(Consignee)
② 통지은행(Advising Bank)
　　⊙ 개설은행의 지시에 의하여 수익자에게 신용장 개설사실과 신용장 내용을 통지하는 주체
　　ⓒ 확인신용장 하에서 통지은행이 확인은행이 되거나, 매입은행 등의 지정은행이 되는 것이 일반적
③ 지급은행(Paying Bank)
　　⊙ 신용장 조건에 일치하는 서류의 제시에 대하여 그 대금을 지급하도록 수권받은 은행(개설은행의 해외본지점 또는 예치환거래은행)
　　ⓒ 일람 후 즉시 지급이 이루어지는 '일람지급'과 미래의 특정일자에 지급할 것을 확약하는 '연지급'으로 구분
④ 인수은행(Accepting Bank)
　　⊙ 신용장 조건에 일치하는 서류 및 환어음의 제시에 대하여 당해 환어음을 인수한 후 만기일에 지급하도록 수권받은 은행
　　ⓒ 인수은행은 일단 수익자의 기한부 환어음을 인수하게 되면 해당 만기일에 무조건적인 지급의무 부담
　　ⓒ 인수은행은 자행에 대한 'Credit Line(신용공여한도)'이 설정되어 있는 해외의 예치환거래은행 중에서 선정하며, 동 인수은행에서 부여한 'BA Line' 범위 내에서 인수 및 할인을 요청함
⑤ 매입은행(Negotiating Bank)
　　⊙ 매입신용장 하에서 자행이 아닌 다른 은행 앞으로 발행된 환어음 또는 서류를 매입하도록 수권받은 은행
　　ⓒ 신용장에서 매입은행에 대한 특별한 지정이 없는 경우 모든 은행이 매입은행이 될 수 있음
⑥ 연지급은행(Defered Payment Undertaking Bank) : 신용장의 제조건에 일치하는 서류의 제시에 대하여 연지급확약서를 발급한 후 만기일에 대금을 지급하도록 수권받은 은행
⑦ 상환은행(Reimbursing Bank)
　　⊙ 개설은행을 대신하여 신용장 대금의 상환업무를 수행하는 은행(개설은행의 해외본지점 또는 예치환거래은행)
　　ⓒ 개설은행은 상환은행 앞으로 미리 상환수권(RA ; Reimbursement Authorization)을 주어야 함
　　ⓒ 개설은행은 지정은행이 상황은행 앞으로 상환청구를 할 때 선적서류가 신용장 조건과 일치

한다는 일치증명서(Certificate of Compliance)를 제출하도록 요구하면 안 됨

⑧ 양도은행(Transferring Bank)

㉠ 양도가능신용장 하에서 개설은행의 수권에 의하여 원수익자의 요청에 따라 제3자에게 신용장 양도업무를 수행하는 은행

㉡ 신용장에서 지급·연지급·인수·매입이 특정은행에 수권된 경우 동 지정은행이 양도은행이 됨

㉢ 자유매입신용장의 경우 신용장에서 양도은행으로 지정받은 은행만이 양도업무 취급 가능

21. 신용장 당사자 간의 법률관계 [근거규칙 : 신용장통일규칙(UCP600) 제7조]

(1) 개설은행의 의무

① 일치하는 제시에 대한 결제 의무 : 신용장 개설시점부터 취소 불가능한 결제의무 부담

② 개설의뢰인의 지시에 따른 신용장 개설 및 통지 의무

③ 서류심사 의무 : 제시된 서류가 문면상 신용장 조건과 일치하는지의 여부에 대하여 상당한 주의를 가지고 심사

④ 일치하는 제시에 대하여 결제 또는 매입을 하고 서류를 송부한 지정은행에 대한 상환의무 부담

(2) 개설의뢰인의 의무

① 대금상환 의무 : 개설은행이 신용장 조건에 따라 대금을 지급한 경우 개설은행에게 그 대금의 보상 의무

② 상환수수료 등의 보상 의무 및 외국법률 및 관습의 준수 의무

22. 개설은행과 수익자의 법률관계 [근거규칙 : 신용장통일규칙(UCP600) 제7조]

(1) 수익자는 개설은행에 대하여 조건부 지급청구권을 가지며, 개설은행은 수익자에 대하여 조건부 지급확약에 따른 결제 의무 부담

(2) 개설은행은 제시된 서류가 신용장 조건에 일치하는 한 매매계약상의 분쟁과는 관계 없이 대금 결제

(3) 신용장이 통지되면 개설은행은 수익자에 대하여 반드시 지급확약 문언에 따른 지급 이행(매매계약과는 독립된 절대적인 약속)

23. 통지은행(Advising Bank) [근거규칙 : 신용장통일규칙(UCP600) 제2조, 제9조]

(1) 의의

① 개설은행의 요청에 따라 수익자에게 신용장 개설사실 등을 통지하는 은행(통상 개설은행의 해외지점 또는 환거래은행)

② 통지 시 신용장의 외견상 진정성 확인 의무(외견상 진정성으로 확인할 수 없는 경우 통지요청 은행에게 동 사실을 반드시 통보해야 함)

(2) 개설은행에 대한 의무

① 개설은행의 지시를 수익자에게 안전하고 정확하게 전달해야 할 의무

② 신용장 통지를 요청받았으나, 통지하기 않기로 결정한 경우 지체없이 개설은행 앞으로 그 사실을 통보해야 함

(3) 수익자에 대한 의무

① 개설은행의 지시에 따라 그 대리인 자격으로 수익자에게 신용장을 통지하는 것일 뿐, 신용장 상의 채무부담 없음

② 통지 시 신용장의 외견상 진정성을 확인하기 위하여 상당한 주의를 다하여야 할 의무 부담

(4) 개설의뢰인과의 관계 : 개설의뢰인과 통지은행 사이에는 직접적인 아무런 법률관계가 없음

(5) 매입은행과의 관계 : 통지은행이 신용장에 확인을 추가하지 않았다면, 통지은행은 매입은행에 대하여 아무런 책임을 부담하지 않음

24. 지급 · 연지급 · 인수 · 매입은행의 지위

(1) 개설은행과의 관계

지급 · 연지급 · 인수 · 매입은행이 신용장 조건과 일치하는 환어음 및 서류를 지급 · 연지급 · 인수 · 매입한 때에는 개설은행에 대하여 당해 대금의 상환을 청구할 권리 보유

(2) 수익자와의 관계

수익자가 발행한 환어음을 정당하게 매입한 은행은 만일 개설은행으로부터 결제가 거절되는 경우, 어음법상의 소구권에 따라 수익자에 대하여 그 대금의 반환을 청구할 수 있음

25. 신용장 종류 [근거규칙 : 신용장통일규칙(UCP600) 제1조]

(1) 상업신용장(Commercial L/C) : 화환신용장(Documentary L/C)과 동일한 의미

① 일반적으로 물품의 이동을 수반하는 무역거래의 결제수단으로 사용되는 신용장

② 지급이행 청구 시 요구서류 : 환어음 및 선적서류 등

(2) 보증신용장(Standby L/C) [근거규칙 : 보증신용장통일규칙(ISP98) 제1 · 01조]

① 여행, 운수, 보험, 건설, 용역, 금융, 투자 등과 관련한 무역외거래의 결제 또는 각종 채무의 보증수단으로 사용되는 신용장

② 지급이행 청구 시 요구서류 : 채무불이행증명서 또는 청구사유진술서 등

[참고] 보증신용장(Standby L/C) vs 상업신용장(Commercial L/C)		
구분	보증신용장	상업신용장
지급이행 청구 시 요구서류	채무불이행진술서 또는 청구사유진술서	환어음 및 선하증권 등 선적서류
발행목적	계약의 불이행에 대한 지급청구에 대응할 목적으로 발행	계약의 이행에 대한 지급청구에 대응할 목적으로 발행
발행용도	이행성보증뿐만 아니라 금융보증 등 다양한 용도로 사용	주로 물품 거래에 한정
준거규칙	신용장통일규칙(UCP600), 보증신용장통일규칙(ISP98)	신용장통일규칙(UCP600)

(3) 클린신용장(Clean L/C) : 환어음 이외의 어떠한 보조서류도 요구하지 않는 신용장

(4) 무화환신용장(Non-Documentary L/C)

① 환어음을 담보하는 운송서류의 제시를 요구하지 않는 모든 신용장

② 클린신용장, 보증신용장, 운송서류를 요구하지 않거나 그 사본만을 요구하는 상업신용장

(5) 일람출급신용장(Sight L/C) [근거규칙 : 신용장통일규칙(UCP600) 제6조]

① 신용장 조건과의 불일치 사항이 없는 선적서류가 개설은행 앞으로 내도되는 경우 개설의뢰인 (수입상)으로부터 신용장 대금을 결제받아 지정 또는 매입은행 등에 즉시 대금을 지급하는 조건의 신용장

② 대금결제 기간 : 개설은행 본점 선적서류 접수일 다음날로부터 5영업일 이내의 기간

③ 종류 : 지급신용장(환어음 미발행), 매입신용장(환어음 발행)

(6) 기한부신용장(Usance L/C) [근거규칙 : 신용장통일규칙(UCP600) 제6조]

① 신용장 개설의뢰인(수입상)에게 약정된 기한부(Usance) 기간 동안 수입 대금결제의 유예를 허용하는 신용장

② 수익자가 신용장에 명시된 선적서류 및 기한부 환어음 등을 제시하면 당해 환어음 인수 후 기한부 기간 경과 후인 만기일에 대금 지급

③ 종류 : 연지급신용장(환어음 미발행), 인수신용장(환어음 발행), 매입신용장(환어음 발행)

[참고] **신용장 이용방법** [근거규칙 : 신용장통일규칙(UCP600) 제6조]

구분	일람출급(At sight)		기한부(Usance)	
	지급신용장	매입신용장	연지급신용장	인수신용장
은행 선정	수출국 은행이 개설은행의 국외본지점 또는 예치환거래은행일 경우 사용	수출국 은행이 개설은행의 무예치환거래은행일 경우 사용	수출국 은행이 개설은행의 국외본지점 또는 예치환거래은행일 경우 사용	개설은행이 예치환거래은행으로부터 인수편의를 제공받을 경우 사용
환어음	환어음 미발행	환어음 발행	환어음 미발행	환어음 발행
대금 결제조건	일람출급	일람출급/기한부	기한부	기한부
배서	비배서	배서	비배서	비배서
업무취급 범위	지급은행으로 지정된 은행만이 지급업무 취급 가능	원칙적으로 어느 은행이나 매입업무 취급 가능	연지급은행으로 지정된 은행만이 연지급 업무 취급 가능	인수은행으로 지정된 은행만이 인수업무 취급 가능

(7) 확인신용장(Confirmed L/C) [근거규칙 : 신용장통일규칙(UCP600) 제8조]

① 개설은행이 결제를 확약하고 있는 취소불능신용장에 대하여 개설은행의 요청을 받은 제3의 은행이 지급 · 연지급 · 인수 · 매입 또는 상환청구권을 행사하지 않는 조건으로 매입할 것을 추가 확약하고 있는 신용장

② 개설은행의 확약에 대한 단순한 보증이 아니라 개설은행의 결제 확약과는 독립된 별도의 결제 확약

(8) 상환신용장(Reimbursement Base L/C) [근거규칙 : 신용장통일규칙(UCP600) 제13조]

신용장의 지정은행이 개설은행의 무예치환거래은행인 경우, 개설은행이 자기의 거래은행(개설은행의 예치환거래은행)을 상환은행으로 지정하고 동 상환은행으로 하여금 지정은행의 상환청구 시

개설은행 계좌에서 지급하도록 수권을 부여하는 신용장

(9) 송금신용장(Remittance Base L/C) [근거규칙 : 신용장통일규칙(UCP600) 제13조]

① 지정은행이 신용장 상의 요구서류를 개설은행 앞으로 송부하면, 개설은행은 서류 일치 여부 심사 후 지정은행이 요청한 계좌로 대금을 송금해 주는 방식의 신용장

② 상환은행을 통한 선자금지급이 이루어지지 않음

(10) 선대신용장(Advance Payment L/C)

① 신용장 금액의 전부 또는 일부에 대하여 물품 선적 전에 미리 환어음을 발행할 수 있도록 허용함으로써, 수익자가 대금의 선지급을 받을 수 있도록 약정하고 있는 신용장

② 선대문언을 붉은 글씨로 표기하던 관례에 따라, 'Red Clause L/C'라고도 칭함

(11) 회전신용장(Revolving L/C)

① 최초 개설한 신용장이 일정한 조건하에 자동적으로 갱신되어 사용할 수 있도록 약정된 신용장

② 종류 : 누적적 회전신용장, 비누적적 회전신용장

(12) 양도가능신용장(Transferable L/C) [근거규칙 : 신용장통일규칙(UCP600) 제38조]

① 수익자 이외의 제3자(제2수익자)가 신용장의 전부 또는 일부를 사용할 수 있도록, 수익자가 지정된 양도은행에 대하여 신용장의 양도를 요청할 수 있는 신용장

② 양도가능 문구는 'Transferable'만 사용 가능

③ 양도금액에 따른 분류 : 전액양도, 분할양도

④ 양도지역에 따른 분류 : 국내양도, 국외양도

(13) 차기신용장(Debit Base Credit)

개설은행의 당좌예금 계좌를 관리하고 있는 지정은행이, 수익자에게 신용장 대금을 지급할 때 개설은행 계좌에서 차기(인출)하여 지급하는, 별도의 복잡한 대금상환 절차를 거치 않는 단순한 형태의 신용장

(14) 백투백 신용장(Bck-to-Back L/C)

① 중계무역과 관련하여 사용되는 견질신용장으로, 원신용장(Master L/C)의 수익자가 동 원신용장을 견질로 하여, 해당 물품의 공급자를 수익자로하여 개설하는 제2의 신용장(Baby L/C, Sub L/C)

② 연계무역과 관련하여 사용되는 동시개설신용장으로, 연계무역하에서 수입상이 수입신용장을 개설할 때, 외국의 수출상이 자신의 상품 또는 자국의 상품에 대하여 일정 금액 이상의 대응수입신용장을 개설하는 경우에 한하여 해당 수입신용장이 유효해진다는 조건을 삽입한 신용장

(15) 에스크로 신용장(Escrow L/C)

수입상이 신용장 개설 시 조건으로 해당 신용장의 결제대금을 특정은행에 개설되어 있는 제3자 명의의 Escorw Account에 기탁하여 두었다가, 수익자가 원신용장의 개설의뢰인 또는 개설국 으로부터 수입하는 물품의 결제 시에만 인출이 가능하도록 대금사용에 관한 특수한 제약을 가하고 있는 신용장

(16) 토마스 신용장(Thomas L/C)

신용장 효력발생 요건으로 대응신용장을 요구하지 않고, 대신 신용장을 개설하겠다는 '보증서'의 제출을 조건부로 요구하는 신용장

> **SECTION 1** ○ × **문제**

01 수출을 통한 외화획득에 기하여지는 물품 거래 시 부가가치세 영세율 적용 혜택이 부여되지만, 관세 환급 대상에서는 제외된다. (○/×)

정답 | ×
해설 | **수출기업에 대한 혜택**
　　　(1) 수출에 기하여지는 물품 거래 시 부가가치세 영세율 적용
　　　(2) 수출용 원자재 수입 후 제조 · 가공을 통한 수출용 완제품 수출 시 관세 환급
　　　(3) 무역금융 융자수혜(한국은행 금융중개지원대출 관련 무역금융지원 프로그램 운용세칙 및 동 운용절차)
　　　(4) 무역보험제도(수출보험, 수출신용보증 등), 대금결제상 편의(수출환어음 추심전매입 등)

02 대량의 산적화물(Bulk Cargo)과 관련하여 신용장상에 수량 과부족 금지조건이 없고, 상품수량이 포장단위나 개개품목의 개수로 명시되어 있지 않으며, 청구금액 총액이 신용장금액을 초과하지 않는 경우 10% 범위 이내의 수량 과부족을 허용하는 것으로 해석한다. (○/×)

정답 | ×
해설 | 대량의 산적화물(Bulk Cargo)의 과부족 허용범위 : 5% 범위 이내의 수량 과부족 허용

03 보험증권(Insurance Policy)이란 포괄보험(Open Cover) 하의 개별 선적분에 대한 부보사실을 증명할 목적으로 매 건별로 발행하는 보험서류이다. (○/×)

정답 | ×
해설 | (1) 보험증권(Insurance Policy) : 개별 선적분에 대한 보험요건이 모두 확정된 상태 하에서 그 위험의 개시(선적) 직전에 매 건별로 체결하는 보험계약을 개별보험 또는 확정보험이라고 하며, 이 보험계약 하에서 발행되는 보험서류
　　　(2) 보험증명서(Insurance Certificate) : 포괄보험(Open Cover) 하의 개별 선적분에 대한 부보사실을 증명할 목적으로 매 건별로 발행하는 보험서류

04 해상손해의 종류 중 보험사고로 말미암은 희망이익(Expected Profit)의 상실은 직접손해에 해당된다. (O / X)

정답 | ×
해설 | (1) 직접손해 : 보험사고로 말미암아 피보험이익 자체에 발생하는 손실(화물의 멸실, 손상 등)
　　　　(2) 간접손해 : 피보험이익에 대한 직접손해 이외의 손실로 인한 희망이익의 상실
　　　　(3) 물적손해 : 보험목적물의 멸실 또는 손상으로 인한 손해(직접손해)
　　　　(4) 비용손해 : 해상위험 발생에 따라 지출되거나 위험방지를 위하여 지출된 비용관련 손해(간접손해)

05 공동해손이란 해상위험 발생 시 공동의 이익을 위하여 선장이 취한 조치로 말미암아 발생한 손해이다. (O / X)

정답 | ○
해설 | 해상손해의 종류
　　　　(1) 전손 : 현실전손(ATL), 추정전손(CTL)
　　　　(2) 분손 : 단독해손, 공동해손
　　　　　① 단독해손 : 담보위험에 따른 보험목적물의 분손 중 공동해손이 아닌 손해(손해를 입은 자가 단독으로 부담해야 하는 성격의 손해)
　　　　　② 공동해손 : 해상위험 발생 시 공동의 이익을 위하여 선장이 취한 조치로 인하여 발생한 손해로 선박침몰 위기에 화물의 일부를 선상 밖으로 투하하는 행위 또는 좌초 상황에서 예인선을 사용함에 따라 발생하는 비용손해 등이 해당

06 본선인도조건(FOB)이란 지정된 목적항까지의 물품을 운반하는 데 소요되는 운임은 매도인이 부담하되, 물품이 선적항에서 본선 상에 적재되는 시점부터 물품에 대한 모든 위험과 추가적인 비용부담이 매수인에게 이전되는 조건이다. (O / X)

정답 | ×
해설 | (1) EXW(공장인도조건) : 매도인이 약정된 물품을 자신의 영업장 구내 또는 적출지의 지정된 장소에 적치함으로써 의무가 종료되는 조건(수출상의 비용부담이 가장 적은 조건)
　　　　(2) FCA(운송인인도조건) : 매도인이 물품 수출통관 절차를 마친 후 적출지의 지정된 장소에서 약정된 기일에 매수인이 지정한 운송인에게 물품을 인도함으로써 의무가 종료되는 조건
　　　　(3) FAS(선측인도조건) : 매도인이 물품 수출통관 절차를 마친 후 지정된 선적항에서 약정된 기일에 매수인이 지정한 선박의 선측에 물품을 인도함으로써 의무가 종료되는 조건
　　　　(4) FOB(본선인도조건) : 매도인이 물품 수출통관을 마친 후 지정된 선적항에서 약정된 기일에 매수인이 지정한 선박의 본선에 물품을 인도(적재)함으로써 의무가 종료되는 조건
　　　　(5) CFR(운임포함인도조건) : 지정된 목적항까지의 운임은 매도인이 부담하되, 물품이 선적항에서 본선에 적재되는 시점부터 물품에 대한 모든 위험과 추가적인 비용부담이 매수인에게 이전되는 조건
　　　　(6) CIF(운임보험료포함인도조건) : 지정된 목적항까지의 운임과 적하보험료는 매도인이 부담하되, 물품이 선적항에서 본선에 적재되는 시점부터 물품에 대한 모든 위험과 추가적인 비용부담이 매수인에게 이전되는 조건

07 수탁가공무역이란 가공임을 지급하는 조건으로 가공할 원료의 일부 또는 전부를 거래상대방에게 유·무상으로 수출하거나 외국에서 조달·공급하여 이를 가공한 후, 가공물품을 다시 국내로 수입하거나 외국으로 판매하는 방식의 무역거래이다. (○ / ×)

정답 | ×
해설 | 위탁가공무역 : 가공임을 지급하는 조건으로 가공할 원료의 일부 또는 전부를 거래상대방에게 유·무상으로 수출하거나 외국에서 조달·공급하여 이를 가공한 후, 가공물품을 다시 국내로 수입하거나 외국으로 판매하는 방식의 무역거래

08 위탁판매수출이란 수출과 수입이 상호 연계되어 이루어지는 연계무역 거래형태에 포함되는 무역 거래 방식이다. (○ / ×)

정답 | ×
해설 | (1) 위탁판매수출 : 물품 등을 무환으로 수출하여 해당 물품이 판매된 범위 내에서 대금을 결제하는 계약에 의한 수출
(2) 연계무역 : 물물교환(Barter Trade), 구상무역(Compensation Trade), 대응구매(Counter Purchase), 제품환매 (Buy Back), 동시개설신용장(Back-to-Back L/C), 토마스신용장(Thomas L/C), 기탁신용장(Escrow L/C)
(3) 구상무역(Compensation Trade) : 수출입거래가 별도로 분리되지 않고 '하나의 계약서'를 통하여 포괄 약정되며, 수출상은 계약서에 명시된 바에 따라 거래상대방에 대하여 일정 기간 이내에 일정 비율에 해당하는 대응수입 의무 이행(대응구매는 두 개의 계약서에 의하여 각각 별도의 수출입거래가 이루어진다는 점에서 차이)

09 기탁신용장(Escrow L/C)이란 거래상대방이 일정기일 이내에 일정액의 대응신용장(Counter L/C)을 개설하겠다는 보증서를 발행해야만 당해 신용장이 유효할 수 있도록 별도의 조건이 삽입된 신용장이다. (○ / ×)

정답 | ×
해설 | (1) 기탁신용장(Escrow L/C) : 신용장 대금이 수익자에게 바로 지급되지 않고, 특정은행에 개설되어 있는 'Escrow Account'에 예치되어 수익자가 원 신용장의 개설국 또는 개설의뢰인으로부터 수입하는 물품의 대금 결제 시에만 인출이 가능하도록 대금사용을 제한하는 조건의 신용장
(2) 토마스신용장(Thomas L/C) : 거래상대방이 일정기일 이내에 일정금액의 대응신용장(Counter L/C)을 개설하겠다는 보증서를 발행해야만 당해 신용장이 유효할 수 있도록 별도의 조건이 삽입된 신용장

10 사후송금방식(Later Remittance) 수출입 거래는 상대적으로 수출상에게 유리한 대금결제방식이다. (○/×)

정답 | ×
해설 | (1) 사전송금방식 : 수출상은 수입상으로부터 수출대금 전액을 송금받은 후 물품 선적(수출상에 유리)
    (2) 사후송금방식 : 수입상이 물품 또는 선적서류 수령 후 대금 지급(수입상에 유리)
    (3) 수출상에게 유리한 대금결제방식 순서
      ① 사전송금방식 : 대금영수 후 물품선적
      ② 포페이팅 : 포페이터의 소구권을 행사하지 않는 조건의 매입
      ③ 신용장방식 : 개설은행의 조건부 지급보증
      ④ 팩터링방식 : 수입팩터의 신용승인 및 매입으로 무신용장방식 거래의 신용위험 제거
      ⑤ D/P : 수입상의 대금결제 조건으로 선적서류 인도(수입상의 미결제 시 수입화물처분 관련 리스크 부담)
      ⑥ D/A : 수입상의 환어음 인수 및 선적서류 인도 후 일정기간 경과 후인 만기일에 수입대금 결제(만기일 미결제 시 대금미회수 위험 부담)

11 사후송금방식 수출입 거래의 유형 중 CAD(Cash Against Documents, 서류인도결제방식)란 수출상이 물품 선적 후 수출지에 소재하는 수입상의 지사나 대리인 등에게 선적서류를 제시하면, 수입상의 당해 서류와 상환으로 대금을 결제하는 방식이다. (○/×)

정답 | ○
해설 | (1) 수입상은 대금결제 이전에 자신의 대리인으로 하여금 '선적전 검사' 실시
    (2) 선적서류 인도와 동시에 대금결제가 이루어지는 동시결제방식의 일종
    (3) COD(Cash On Delivery, 상품인도결제방식) : 수출상이 물품 선적 후 수입국에 소재하는 자신의 대리인 앞으로 선적서류를 송부하면, 물품이 목적지에 도착하는 즉시 수입상이 직접 물품의 품질 검사 후 이상이 없는 경우 서류인수 조건으로 물품대금을 결제하는 방식

12 D/P(Documents against Payment)란 수입상의 환어음 인수를 조건으로 선적서류를 인도하는 기한부 추심방식 거래이다. (○/×)

정답 | ×
해설 | (1) D/A(인수인도조건) : 수입상의 환어음 '인수'를 조건으로 선적서류를 인도하는 기한부 추심방식 거래
    (2) D/P(지급인도조건) : 수입상의 대금 '지급'을 조건으로 선적서류를 인도하는 일람출급 추심방식 거래

13 신용장이란 계약위반 또는 채무불이행 사실에 대한 조사 또는 증명을 필요로 하지 않고 채권자의 단순한 진술서만으로 채권자에게 일정금액을 지급하여야 하는 무조건적이고 절대적인 지급보증이다. (O/×)

정답 | ×
해설 | (1) 신용장(Letter of Credit) : 신용장의 제조건과 일치하는 서류가 제시되는 한 개설은행이 수입상과는 독립적으로 대금의 결제를 보장하는 일종의 '조건부 지급확약서'
　　　(2) 은행보증(Bank Guarantee) : 계약위반 또는 채무불이행 사실에 대한 조사 또는 증명을 필요로 하지 않고 채권자의 단순한 진술서만으로 채권자에게 일정금액을 지급하여야 하는 무조건적이고 절대적인 보증

14 무역관리 방법 중 직접통제란 금융정책, 조세정책, 보조금정책 등을 통한 관리 · 감독 제도이다. (O/×)

정답 | ×
해설 | (1) 직접통제 : 국민의 권리 제한 또는 의무 부과 등을 통한 직접적인 관리방법
　　　(2) 간접통제 : 금융정책, 조세정책, 보조금정책 등을 통한 간접적인 관리방법

15 우리나라의 수출입 품목에 대한 무역관리방식은 'Positive System'을 적용하고 있다. (O/×)

정답 | ×
해설 | (1) Positive System : 원칙금지, 예외허용방식
　　　(2) Negative System : 원칙자유, 예외금지방식

16 가공하지 않은 상태로 재수출할 목적으로 수입대금 지급을 선적서류 또는 물품 인수일로부터 30일 초과하여 지급하는 조건의 금(GOLD)을 수입하는 경우(단, 계약 건당 미화 5만불 상당액 초과) 한국은행총재 신고 대상이다. (O/×)

정답 | ○
해설 | 한국은행총재 신고대상 수입대금 지급
　　　(1) 계약 건당 미화 2만불 상당액을 초과하는 선적서류 또는 물품 수령 전 1년 초과 지급조건의 사전송금방식 수입
　　　(2) 미가공 재수출을 목적으로 하는 선적서류 또는 물품 수령 후 30일 초과 지급조건의 기한부방식 금(GOLD) 수입(계약 건당 미화 5만불 상당액 초과)
　　　(3) 30일 초과 지급조건의 기한부 방식으로 수입한 내수용 금(GOLD)의 미가공 재수출(계약 건당 미화 5만불 상당액 초과)

17 신용장 조건 중 비서류적 조건(Non-documentary Conditions)이란 제시되어야 할 서류는 명시하지 않은 채, 어떠한 행위만을 준수하도록 요구하고 있는 신용장 조건으로, 유효기일, 선적기일, 서류제시기간도 비서류적 조건에 해당한다. (O / X)

정답 | X
해설 | **비서류적 조건**
　　(1) 비서류적 조건은 기재되지 않은 것으로 간주하여 무시함
　　(2) 유효기일, 선적기일, 서류제시기간 등의 조건은 서류를 제시하지 않아도 효력을 판별할 수 있는 사항이므로 비서류적 조건에 해당되지 않음

18 신용장거래의 관계당사자 중 수익자(Beneficiary)란 개설은행에 신용장의 개설을 신청하는 주체이다. (O / X)

정답 | X
해설 | **수익자**
　　(1) 신용장거래 시 신용장에 의한 편익을 누리는 자(수출상)
　　(2) 신용장 조건에 일치하는 서류와 상환으로 개설은행 또는 기타 지정은행 등에 대하여 지급 · 인수 · 매입에 관한 청구권을 갖는 자
　　(3) 환어음 발행인(Drawer), 신용수령인(Accreditee), 신용장 수신인(Addressee), 대금수취인(Payee), 사용자(User), 선적인(Shipper), 송하인(Consignor)

19 신용장거래의 관계당사자 중 확인은행(Confirming Bank)은 개설은행이 결제하지 못할 경우 2차적인 지급보증 의무를 부담한다. (O / X)

정답 | X
해설 | **확인은행**
　　(1) 취소불능신용장에 대하여 개설은행의 수권이나 요청에 의하여 추가로 수익자에게 지급 · 연지급 · 인수 · 매입을 확약하는 은행
　　(2) 개설은행이 결제하지 못하는 경우 2차적인 책임을 부담하는 것이 아니라, 개설은행과 동일한 최종적인 책임 부담

20 보증신용장(Standby L/C)이란 일반적으로 물품의 이동을 수반하는 무역거래의 결제수단으로 사용되는 신용장 종류이다. (O / X)

정답 | X
해설 | **보증신용장(Standby L/C)**
　　(1) 여행, 운수, 보험, 건설, 용역 등과 관련된 무역외거래의 결제 또는 각종 채무의 보증수단으로 사용되는 신용장
　　(2) 지급이행 청구 시 환어음 또는 청구서와 함께 지급청구의 근거가 되는 채무불이행증명서 또는 청구사유진술서 등을 요구

21 클린신용장(Clean Credit)이란 환어음과 함께 보조서류(선하증권, 상업송장, 증명서, 진술서)를 요구하는 신용장이다. (O / ×)

정답 ┃ ×
해설 ┃ 클린신용장 : 환어음(또는 지급청구서) 이외의 어떤 보조서류도 요구하지 않는 신용장

SECTION 2 **빈칸넣기**

01 (　　　　)이란 상대방의 무조건적인 승낙이 있으면 계약을 성립시킬 것을 목적으로 하는 청약자의 일 방적이고 확정적인 의사표시이다.

정답 ┃ 청약
해설 ┃ 승낙 : 청약의 모든 조항에 대하여 무조건적으로 동의하는 것이어야 하며, 오퍼 내용에 어떤 변경을 가하는 조건 부 승낙은 오퍼에 대한 사실상의 거절이며 새로운 오퍼가 제시되는 것임

02 (　　　　)란 피보험자가 보험목적물에 대한 모든 권리를 보험자에게 이전하는 행위로, 해상손해의 종 류 중 추정전손(CTL)의 경우, 피보험자가 보험목적물을 보험회사에 (　　　)하는 것이 보험청구의 전제가 된다.

정답 ┃ 위부
해설 ┃ (1) 현실전손(ATL) : 보험목적물의 완전한 멸실, 점유권 박탈, 원래의 성질 상실로 상품가치가 전혀 없게 되는 손해
　　　(2) 추정전손(CTL) : 보험목적물이 회복 가망이 없거나, 회복 가능하더라도 보험목적물 구조에 따른 비용 및 수리 비용이 보험목적물 가액을 초과하는 경우 등 화물은 존재하고 있어도 경제적으로 전손이라고 인정되는 손해

03 (　　　　　　　)이란 상품의 품질이 약정품질과 일치하는지 여부를 상품 선적 시 품질에 의하여 결정하는 품질결정 시기에 대한 무역계약 거래조건이다.

정답 ┃ 선적품질조건(Shipped Quality Terms)
해설 ┃ (1) 선적품질조건 : 상품의 품질이 약정품질과 일치하는지 여부를 선적 시 품질에 의하여 결정하는 방법(공산품 등)
　　　(2) 양륙품질조건 : 상품의 품질이 약정품질과 일치하는지 여부를 양륙 시 품질에 의하여 결정하는 방법(농산물, 광산물 등에 주로 이용)

04 무역거래조건 중 해상 및 내수로 운송에만 사용 가능한 조건에는 FAS(선측인도조건), FOB(본선 인도조건), CFR(운임포함인도조건), (   )이 해당된다.

> **정답** ┃ CIF(운임보험료포함인도조건)
> **해설** ┃ (1) 모든 운송구간에 사용 가능한 조건 : EXW, FCA, CPT, CIP, DAP, DPU, DDP(7가지 조건)
>   (2) 해상 및 내수로 운송에 사용 가능한 조건 : FAS, FOB, CFR, CIF(4가지 조건)

05 (   )란 다른 조건들과 달리 매도인이 수입통관 의무를 부담하는 가격 조건이다.

> **정답** ┃ DDP(관세지급인도조건)
> **해설** ┃ DDP(관세지급인도조건) : 매도인의 위험 및 비용부담이 가장 큰 거래조건

06 신용장상에 금액, 수량, 단가와 관련하여 About, Approximately라는 용어가 사용된 경우 해당 금액, 수량, 단가에서 (   )% 범위 이내의 과부족을 허용하는 것으로 해석한다.

> **정답** ┃ 10

07 (   )이란 수입대금은 국내에서 지급되지만 수입물품 등은 외국에서 인수하거나 제공받는 특정거래형태의 수출입 거래방식이다.

> **정답** ┃ 외국인수수입
> **해설** ┃ 외국인도수출 : 국내에서 통관되지 아니한 수출물품 등을 외국으로 인도하거나 제공하고 대금은 국내에서 영수하는 방식

08 (   )이란 중계무역 거래 시 수출상이 수입상에게 자신의 신분을 노출하지 않을 목적으로 중계국에서 변경, 재발급하는 선하증권이다.

> **정답** ┃ SWITCH B/L

09 (   )란 수출입상 간에 일정기간 동안의 수출입거래와 관련하여 기본매매계약을 체결한 후, 매 건별로 구매주문서에 의거 수출상이 물품을 선적하고 선적서류 원본을 수입상에게 송부하면, 수입상은 매매계약서 상의 결제조건에 따라 선적일을 기준으로 일정기간이 경과한 시점에 수출상이 지정한 계좌로 대금을 송금하여 결제하는 대금결제방식이다.

정답 ┃ OA, Open Account(외상채권매출)
해설 ┃ (1) 선적통지조건의 기한부(Usance) 사후송금 결제방식
      (2) 수출상이 물품 선적 후 수입상에게 '선적사실을 통지' 함과 동시에 수출채권 성립
      (3) 수출상은 대금결제를 오로지 수입상의 신용에만 의존

10 (   )란 수입상 거래은행인 추심은행이 제시된 선적서류를 기한부(Usance) 기간 동안 보관하고, 동 기간 경과 후 수입상에게 제시하여 대금결제를 받는 조건으로 선적서류를 교부하는 추심방식 거래이다.

정답 ┃ D/P Usance(기한부 D/P)
해설 ┃ D/P Usance
      (1) 선적서류의 인도와 동시에 대금결제가 이루어지기는 하지만, 특정 기간이 경과한 후에 서류를 제시하기로 하는 형태의 추심방식 거래
      (2) 수입상의 대금결제 조건으로 선적서류를 인도한다는 점에서 일종의 D/P와 동일한 방식임
      (3) 해상운송의 경우 선적서류가 물품보다 먼저 도착함에 따라 발생할 수 있는 수입상의 불필요한 자금부담을 배제하기 위하여 활용됨
      (4) 표시문구 : D/P 60 days after sight 등

11 (   )란 조약 및 국제법규에 따른 의무의 이행, 생물자원의 보호, 교역 상대국과의 경제협력 증진, 국방상 원활한 물자수급, 과학기술의 발전, 항공 관련 품목의 안전관리 등과 그 외 통상, 산업정책상의 목적으로 수출입을 제한하거나 금지하여야 할 필요성이 있는 물품 등에 대하여 그 품목 및 수출입요령 등에 관한 사항을 구체적으로 정하여 산업통상자원부 장관이 고시한 규정이다.

정답 ┃ 수출입공고
해설 ┃ 통합공고 : 대외무역법 이외의 다른 법률에 산재되어 있는 물품의 수출입 요건 및 절차 등에 관한 사항을 무역업자가 쉽게 파악할 수 있도록 산업통상자원부 장관이 하나의 공고에 제반사항을 조정, 통합하여 별도로 고시한 규정

12 미화 (   )불 상당액 이상인 특정의 기재, 장치 및 동 액 이상인 특정의 산업설비를 수출하고자 하는 자, 또는 일괄수주방식의 수출을 하고자 하는 자는 사전에 산업통상자원부 장관에게 플랜트 수출 승인을 받아야 한다.

정답 ┃ 50만
해설 ┃ 대외무역관리규정에 의한 플랜트수출 승인

13 외국환거래규정상 외국환은행을 통하지 않는 지급등에 대한 제한사항 중 거주자가 건당 미화 (   )불 상당액 이하의 경상거래대금을 대외지급수단(외화현찰 등)으로 직접 지급하고자 하는 경우 신고를 요하지 않는다.

정답 | 1만

14 (   )이란 거래가 빈번한 양 당사자가 매 건별로 결제를 행하지 않고 미래에 발생하는 채권, 채무를 상호계산 계정에 기록하여 두었다가, 미리 정한 결산주기별로 그동안의 채권·채무를 일괄 상쇄하고 그 차액만을 정기적으로 결제하는 방식이다.

정답 | 상호계산
해설 | 상호계산
    ① 지정거래 외국환은행의 장 사전신고 대상임
    ② 상호계산 계정의 기장은 거래에 따른 채권·채무 확정일 다음날로부터 30일 이내에 이행하여야 함

15 선적서류 또는 물품 영수 전에 송금방식에 의하여 건당 미화 (   )불 상당액을 초과하는 수입대금을 지급한 자는 (   )년 이내에 대응수입을 이행하거나 동 대금을 반환받아야 한다.

정답 | 2만, 1
해설 | (1) 대응수입 이행의무 : 선적서류 또는 물품 영수 전에 송금방식에 의하여 건당 미화 2만불 상당액을 초과하는 수입대금을 지급한 자는 1년 이내에 대응수입을 이행하거나 동 대금을 반환받아야 함
    (2) 대응수출 이행의무 : 건당 미화 5만불 상당액을 초과하는 수출대금을 선적 전에 영수한 자는 1년 이내에 대응수출을 이행하거나 동 대금을 반환하여야 함

16 신용장의 (   )의 원칙이란 신용장은 그 성격상 수출입상 간의 매매계약은 물론 개설은행과 개설의뢰인 간의 개설계약 등에 근거를 두고 발행되기는 하지만 신용장이 개설되고 나면 기초계약으로부터 완전히 독립되어 자체적으로 별도의 법률관계를 형성하게 된다는 원칙이다.

정답 | 독립성
해설 | 추상성의 원칙 : 신용장의 거래당사자는 계약물품과는 관계 없이 계약물품을 상징하는 서류에 의하여 거래한다는 원칙(선적된 물품이 신용장 조건과 불일치하더라도 제시된 서류가 신용장 조건과 일치한다면 개설은행은 대금지급에 응해야 한다는 의미)

17 (   )이란 제시된 서류가 신용장 조건에 엄격히 일치한다 하더라도 그것이 위조 또는 사기로 작성되었음이 밝혀지는 경우 해당 신용장의 대금지급이 중단될 수 있다고 하는 사법 상의 이론이다.

> **정답** ┃ 사기거래배제의 원칙(Fraud Rule)
> **해설** ┃ **Fraud Rule(사기거래배제의 원칙)**
>   (1) 신용장거래 관련 독립성, 추상성 원칙의 예외 인정
>   (2) 사기거래의 지급거절 인정조건
>   ① 사기사실이 있어야 함
>   ② 사기사실에 의한 피해가 발생하여야 함
>   ③ 사기사실에 대한 명백한 입증이 있는 경우에 한하여 제한적으로 적용되어야 함

18 아래 〈보기〉의 신용장거래 시 순차적인 거래단계 중 빈칸을 채우시오.

> 〈보기〉
> 신용장 개설계약 체결 → 신용장 개설 → 신용장 통지, 확인, 양도 → 선적서류 제시(Nego의뢰) → 선적 서류 송부 및 상환청구 → (   ) → 수입대금 대외결제

> **정답** ┃ 선적서류 인도

19 (   )이란 개설은행이 예치환거래은행으로부터 인수편의를 제공받을 때 사용되는 신용장으로, 인수은행이 개설은행을 위하여 기한부 신용장의 환어음을 인수하고 만기일에 개설은 행으로부터 대금을 회수한다.

> **정답** ┃ 인수신용장(Acceptance Credit)
> **해설** ┃ **인수신용장**
>   (1) 반드시 환어음이 발행되어야 함
>   (2) 신용장 취급사실에 대한 배서를 요구하지 않는 비배서 신용장
>   (3) 환어음 발행 여부
>   ① 환어음 발행 : 매입신용장, 인수신용장
>   ② 환어음 미발행 : 지급신용장, 연지급신용장

20 (   )이란 수출입상 간에 동일상품을 지속적으로 거래하고자 하는 경우 매 거래 시마다 신용장을 개설하는 불편함을 없애기 위하여, 일정기간이 경과하는 시점에 자동적으로 동 액의 신용장 금액이 갱신되도록 조건이 부여된 신용장이다.

> **정답** ┃ 회전신용장(Revolving L/C)

21 외국환거래규정상 제3자 지급등에 대한 제한사항 중 거주자가 미화 (　　)불 상당액을 초과하면서, (　　)불 상당액 이하인 금액을 제3자와 지급 또는 수령하고자 하는 경우 외국환은행의 장 신고대상이다.

정답 ┃ 5천, 1만

해설 ┃ 제3자 지급등에 대한 제한사항 중 신고 불요 대상
(1) 미화 5천불 상당액 이하의 금액을 지급 또는 수령하는 경우
(2) 당해 거래의 당사자인 거주자가 거래의 당사자가 아닌 거주자 또는 비거주자로부터 수령하는 경우
(3) 당해 거래의 당사자가 아닌 거주자가 거래의 당사자인 비거주자로부터 수령하는 경우
(4) 수입대행업체(거주자)에 단순수입대행을 위탁한 거주자(납세의무자)가 수입대행 계약 시 미리 정한 바에 따라 수입대금을 수출자인 비거주자에게 지급하는 경우
(5) 거주자가 인터넷으로 물품을 수입하고 수입대금은 국내 구매대행업체를 통하여 지급하는 경우 및 수입대금을 받은 구매대행업체가 수출자에게 지급하는 경우
(6) 거주자가 외국환은행 또는 이에 상응하는 금융기관에 개설된 에스크로 계좌를 통하여 비거주자와 지급등을 하는 경우
(7) 거주자 또는 비거주자가 전자적 방법에 의하여 재화를 구입하거나 또는 용역을 이용함에 있어, 통신과금서비스 제공자가 그 대가의 정산을 대행하기 위하여 지급하는 경우 등

01 대외무역법상 수출의 정의에 대한 설명으로 틀린 것은?

① 매매, 교환, 임대차, 사용대차, 증여 등을 원인으로 국내에서 외국으로 물품이 이동하는 행위
② 보세판매장에서 외국인에게 국내에서 생산된 물품을 매도하는 행위
③ 무상으로 외국에서 외국으로 물품을 인도하는 행위로 산업통상부 장관이 정하여 고시하는 기준에 해당하는 행위
④ 거주자가 비거주자에게 산업통상자원부 장관이 정하여 고시하는 방법으로 특정의 용역을 제공하는 행위

정답 | ③
해설 | **수출(대외무역법시행령)**
　　　(1) 유상으로 외국에서 외국으로 물품을 인도하는 행위로 산업통상부 장관이 정하여 고시하는 기준에 해당하는 행위
　　　(2) 거주자가 비거주자에게 전자적 형태의 무체물을 정보통신망을 통하여 전송하는 행위

02 국제매매계약의 성격에 대한 설명으로 틀린 것은?

① 합의계약　　　　　　　　　　　② 요물계약
③ 쌍무계약　　　　　　　　　　　④ 유상계약

정답 | ②
해설 | (1) 요물계약 : 합의계약과 대치되는 의미로 당사자 간 의사가 일치하는 것 이외에 일방이 물건의 인도와 기타 급부를 해야만 성립하는 계약
　　　(2) 합의계약 : 매도인의 청약에 대한 매수인의 승낙 또는 매수인의 청약에 대한 매도인의 주문 수락
　　　(3) 쌍무계약 : 매도인 – 상품인도 의무, 매수인 – 대금지급 의무
　　　(4) 국제매매계약 절차 : 해외시장조사 → 거래선 발굴 → 신용조사 및 거래제의 → 청약과 승낙 → 계약서 작성

03 무역거래 관련 문서 중 거래내용 및 제반 조건 등을 문서로 상세하게 작성하여 매도인(Seller)과 매수인(Buyer) 양 당사자가 서명한 정식의 계약서를 의미하는 용어는?

① 물품매도확약서(Offer Sheet)
② 물품매매계약서(Sales Contract)
③ 구매주문서(Purchase Order)
④ 견적송장(Pro Forma Invoice)

정답 | ②
해설 | (1) 물품매도확약서(Offer Sheet) : 매도인 또는 그의 대리인이 매수인 앞으로 작성한 특정물품을 소정의 가격, 품질, 결제조건 등으로 매도하겠다는 의사표시를 담고 있는 문서
　　　(2) 구매주문서(Purchase Order) : 물품의 구매수량과 각종 거래조건 등을 기재하여 매수인이 매도인 앞으로 작성한 주문서

04 무역거래계약의 품질결정 방법 중 상품의 규격, 구조, 성능 등을 미리 상대방에게 전달하고 목적 상품이 동 명세서와 일치할 것을 조건으로 거래하는 방법은?

① 검사매매(Sales by Inspection)

② 견본매매(Sales by Sample or Pattern)

③ 표준품매매(Sales by Standard or Type)

④ 명세서매매(Sales by Specification)

정답 | ④

해설 | (1) 명세서매매 : 설명매매 또는 기술매매라고도 하며, 기계, 선박 등 정밀도를 요하는 상품매매 시 사용
  (2) 표준품매매 : 일반적으로 인정받고 있는 표준품에 의해 품질결정(미수확 농산물 또는 임산물 등)
  (3) 상표매매 : 상품의 상표 또는 브랜드가 구체적으로 널리 알려져 있는 경우 견본 등의 사용 없이 상표에 의하여 품질결정

05 무역거래조건 중 용적 표시 조건이 아닌 것은?

① 입방미터(CBM ; Cubic Meter)

② 입방피트(CFT ; Cubic Feet)

③ 톤(Ton)

④ 배럴(BBL ; Barrel)

정답 | ③

해설 | (1) 수량 : Piece(Pcs), Dozen(Doz), Gross, Carton(CTN), Pallet(PLT), Container(CNTR)
  (2) 중량 : 톤(Ton), 파운드(Pound), 킬로그램(KG ; Kilogram) 등

06 신용장조건 중 선적방법에 대한 설명으로 틀린 것은?

① 분할선적을 금지한다는 별도의 명시가 없는 경우 분할선적이 불가한 것으로 해석한다.

② 환적 허용 여부에 대한 별도의 명시가 없고 선적지에서 도착지까지 전체의 운송구간이 하나의 동일한 운송서류에 의하여 커버되는 경우 환적이 가능한 것으로 해석한다.

③ 할부선적 조건이 명시된 경우 반드시 지정된 기간 내에 지정된 물량을 선적하여야 하며, 서로 다른 회차분을 묶어서 선적하거나 또는 전체를 일괄하여 선적할 수 없다.

④ 할부선적 관련하여 어느 한 기간의 할부선적을 이행하지 못하는 경우 해당 할부분을 포함하여 그 이후의 모든 할부 선적분에 대하여 무효가 된다.

정답 | ①

해설 | 신용장 상에 분할선적을 금지한다는 별도의 명시가 없는 경우 분할선적을 허용하는 것으로 해석

07 매도인(수출상)의 비용부담이 가장 큰 무역거래조건은?

① EXW(공장인도조건)

② FOB(본선인도조건)

③ CFR(운임포함인도조건)

④ CIF(운임보험료포함인도조건)

정답 | ④

해설 | (1) EXW(공장인도조건) : 매도인의 영업장 구내 또는 적출지의 지정된 장소에 적치함으로써 매도인의 의무 종료 (매도인의 비용부담이 가장 가벼운 조건)

(2) FOB(본선인도조건) : 매수인이 지정한 선박 본선에 적치함으로써 매도인의 의무 종료

(3) CFR(운임포함인도조건) : 지정된 목적항까지의 <u>운임</u>은 매도인이 부담하되, 물품의 본선 적재시점에 매도인의 의무 종료

(4) CIF(운임보험료포함인도조건) : 지정된 목적항까지의 <u>운임 및 보험료</u>는 매도인이 부담하되, 물품의 본선 적재시점에 매도인의 의무 종료

08 매수인(수입상)이 적하보험에 부보하여야 하는 무역거래조건이 아닌 것은?

① FCA(운송장인도조건)

② FOB(본선인도조건)

③ CIF(운임보험료포함인도조건)

④ CFR(운임포함인도조건)

정답 | ③

해설 | 적하보험 부보주체

(1) 매도인(수출상) 부보 : CIF, CIP, DAP, DPU, DDP

(2) 매수인(수입상) 부보 : EXW, FCA, FAS, FOB, CFR, CPT

09 매도인(수출상)이 해상운임을 부담하여야 하는 무역거래조건이 아닌 것은?

① CFR(운임포함인도조건)

② CIF(운임보험료포함인도조건)

③ CPT(운송장비지급인도조건)

④ FAS(선측인도조건)

정답 | ④

해설 | 해상운임 부담주체

(1) 매도인(수출상) 부담 : 'C그룹'과 'D그룹'(CFR, CPT, CIF, CIP, DAP, DPU, DDP)

(2) 매수인(수입상) 부담 : 'E그룹'과 'F그룹'(EXW, FCA, FAS, FOB)

10 무역거래조건 중 매도인(수출상)의 운임부담 종료지점 표시방법이 틀린 것은?

① FAS(선측인도조건) : 지정 선적항

② FOB(본선인도조건) : 지정 목적항

③ CFR(운임포함인도조건) : 지정 목적항

④ CIF(운임보험료포함인도조건) : 지정 목적항

정답 | ②

해설 | FOB(본선인도조건) : 매수인이 지정한 선박의 본선에 물품을 인도(적재)함으로써 매도인의 비용부담 의무가 종료되는 조건으로, 매도인의 운임부담 종료지점은 '지정 선적항'으로 표시되는 조건

11 임대차거래 중 한국은행총재 신고대상 거래가 아닌 것은?

① 계약 건당 미화 3천만불을 초과하는 물품의 임대차

② 거주자가 비거주자로부터 부동산 이외의 물품을 무상으로 임차하는 경우

③ 거주자가 비거주자에게 무상으로 물품을 임대하는 경우

④ 미화 3천만불을 초과하는 선박이나 항공기의 소유권 이전부 임대차

정답 | ②

해설 | (1) 신고등을 요하지 않는 임대차 거래
　　① 국내의 외항운송업자와 비거주자 간에 소유권을 이전하지 않는 조건으로 선박이나 항공기(항공기엔진 및 주요부품 포함)의 외화표시 임대차계약을 체결하는 경우로, 임대차 기간이 1년 미만인 경우
　　② 거주자가 비거주자로부터 부동산 이외의 물품을 무상으로 임차하는 경우(사용대차)
(2) 외국환은행 장 신고대상
　　① 거주자와 비거주자 간에 부동산 이외의 물품 임대차계약을 체결하는 경우로 계약 건당 금액이 미화 3천만불 이하인 경우(소유권이 이전되는 경우 포함)
　　② 국내의 외항운송업자와 비거주자 간에 소유권을 이전하지 않는 조건으로 선박이나 항공기의 외화표시 임대차계약을 체결하는 경우로 임대차 계약 기간이 1년 이상인 경우

12 특정거래형태의 수출입 방식 중 중계무역에 대한 설명으로 틀린 것은?

① 수출할 것을 목적으로 물품 등을 수입하여 이를 보세구역 또는 자유무역지역 등 이외의 국내로 반입하지 않고 원형 그대로 다시 수출하는 방식의 무역거래를 의미한다.

② 물품의 인수도가 모두 해외의 동일국 내에서 이루어지는 경우에는 중계무역으로 인정하지 않는다.

③ 수출입 거래의 주체가 되지 않은 채 단순히 중개수수료 취득을 목적으로 거래를 중개하는 경우에는 중계무역으로 간주하지 않는다.

④ 중계무역방식 수출 거래 시 대외무역법상의 수출실적 인정금액은 수출금액(FOB 가격기준)에서 수입금액(CIF 가격기준)을 차감한 금액이다.

정답 | ②

해설 | (1) 물품의 인수도가 모두 해외의 동일국 내에서 이루어지는 경우도 중계무역으로 인정
(2) 중계무역방식 수출 거래 시 무역금융 융자대상 수출실적 인정 여부 : 중계무역방식 수출실적은 <u>무역금융 융자대상 수출실적으로 인정 불가</u>

13 수출입 거래 유형 중 사후송금방식 대금결제방식이 아닌 것은?

① COD(Cash on Delivery)

② CAD(Cash against Documents)

③ D/P(Documents against Payment)

④ OA(Open Account)

정답 | ③

해설 | (1) 사후송금방식 : COD(상품인도결제방식), CAD(서류인도결제방식), European D/P, OA(Open Account)
　　　　(2) 추심방식 : D/P(Documents against Payment), D/A(Documents against Acceptance)
　　　　(3) European D/P : D/P 조건과 동일한 결제방식이나, 환어음이 미발행된다는 점에서 차이

14 수출입 대금결제방식 중 추심방식에 대한 설명으로 틀린 것은?

① 수출상이 수입상에게 물품 송부 후 수입상을 지급인으로 하는 환어음과 계약서에 명시된 선적서류를 자신의 거래은행을 통하여 수입상 거래은행 앞으로 추심하여 대금을 회수하는 방식이다.

② 추심결제방식은 D/P, D/A, D/P Usance 등으로 구분된다.

③ 수입상 거래은행인 추심은행의 지급보증이 수반되는 거래로 상대적으로 수출상 입장에서는 대금회수의 안정성을 기대할 수 있다.

④ 추심방식 거래에서 발행되는 환어음의 지급인은 수입상이어야 한다.

정답 | ③

해설 | (1) 추심방식 거래는 은행의 지급보증이 수반되지 않고 수출입 당사자 간의 신용을 기반으로 하는 무역거래 방식임(신용장방식과 구별)
　　　　(2) 추심에 관여하는 은행은 단지 위임사무 처리를 위한 중개인 또는 보조자의 역할만을 담당
　　　　(3) 환어음이 발행되며, 환어음의 지급인은 수입상이어야 함(신용장방식과 차이)

15 국제팩터링(International Factoring) 거래 시 수출상 입장에서의 장점이 아닌 것은?

① 무신용장방식 거래임에도 신용거래에 따른 위험을 부담하지 않으므로 안전한 거래가 가능하다.

② 수출팩터는 소구권을 행사하지 않는 조건으로 수출팩터링 채권을 매입하므로, 수출상은 소구권 행사에 따른 우발채무 부담으로부터 벗어나 재무건전성 유지가 가능하다.

③ 신용장 거래와 달리 별도의 수수료 부담이 없으므로 거래비용 절감이 가능하다.

④ 신용장 거래와 달리 서류작성에 대한 과도한 부담 없이 간편하게 실무처리가 가능하다.

정답 | ③

해설 | 국제팩터링 거래
　　　　(1) 국제팩터링 기구에 가입한 회원(팩터)의 신용을 바탕으로 이루어지는 무신용장방식 무역거래로, 팩터링회사가 수출상과 수입상 사이에서 신용조사 및 신용위험의 인수(신용승인), 전도금융 제공(Nego, 외상채권매입), 외상채권 기일관리, 대금회수 등의 서비스를 제공하는 금융서비스(D/A, OA 거래에 수입팩터의 신용승인이 추가된 거래)

(2) 수출상 입장에서의 장점

　① 추심방식 및 송금방식(OA)과는 달리 외상채권 양도 시 별도의 담보제공이 없음

　② 신용장 거래보다 수입상에게 유리한 거래조건 제시가 가능하여 대외교섭력 향상

(3) 수출상 입장에서의 단점

　① 금융비용 증가 : 외상채권 할인료(환가료), 수출팩터링수수료 등

　② 수출팩터의 무분별한 담보요구 관행 및 소구권 인정 관행

16 포페이팅(Forfaiting) 거래의 특징에 대한 설명으로 틀린 것은?

① 포페이터는 소구권을 행사하지 않는 조건으로 채권(환어음 등)을 매입하므로, 의뢰인은 채무자(수입상 또는 개설은행)가 만기에 대금을 결제하지 못하는 경우라도 부도상환의 의무를 부담하지 않는다.

② 포페이터는 수출상에게는 별도의 보증이나 담보를 요구하지 않는다.

③ 포페이팅은 주로 신용장대금 채권이나 환어음 및 약속어음 등의 어음채권을 할인 대상으로 한다.

④ 포페이팅 거래는 통상 변동금리부 할인이 이루어지므로, 수출상은 중장기 예약의 경우 이자율 변동위험에 노출될 가능성이 있다.

정답 | ④

해설 | 포페이팅(Forfaiting)

(1) 현금을 대가로 채권을 포기 또는 양도한다는 의미로, 기초 상거래(신용장, D/A, OA 등)에서 발생하는 지급청구권을 '소구권을 행사하지 않는 조건'으로 할인 매매하는 금융기법

(2) 수출상 입장에서 소구조건 없이 외상채권을 양도하여 즉시 자금화 가능(기한부 신용장 및 D/A 거래의 환어음 매입과 구별되는 차이점)

(3) 화환신용장, 보증신용장, 은행지급보증, 수출보험, Aval(어음보증) 등을 담보로 활용(수출상에 대한 별도의 담보 요구치 않음)

(4) 통상 고정금리부 할인(수출상 입장에서 이자율변동 위험 제거)

(5) 일람출급(At Sight) 신용장은 포페이팅 대상에서 제외(기한부 신용장 중 자유매입신용장에 한해서 취급 가능)

(6) 리네고(Renego) 포페이팅 : 수출기업이 포페이터와 포페이팅 거래약정을 체결한 뒤, 본인의 거래은행을 경유하여 리네고 형태로 포페이터에게 서류를 송부하는 방식

(7) 카운터(Counter) 포페이팅 : 은행이 특정 포페이터와 사전에 포페이팅 중계거래 관련 포괄적인 협약을 체결하고, 수출기업으로부터 개설은행의 인수, 연지급 확약을 전제로 하는 유보부 비소구조건으로 수출환어음 매입 후 이를 2차 포페이터에게 다시 매각하는 방식

17 외국환거래규정상 상계에 의한 지급 등에 대한 제한사항 중 별도의 신고 등을 요하지 않는 사항이 아닌 것은?

① 일방의 금액이 미화 5천불 상당액 이하의 채권 또는 채무를 상계하고자 하는 경우

② 비거주자에 대한 채권, 채무를 비거주자에 대한 채무, 채권으로 상계하고자 하는 경우

③ 연계무역, 위탁가공무역, 수탁가공무역에 의하여 수출대금과 관련된 수입대금을 상계하고자 하는 경우

④ 물품의 수출입대금과 당해 수출입거래에 직접 수반되는 중개 또는 대리점 수수료 등을 상계하고자 하는 경우

정답 | ②
해설 | (1) 외국환은행의 장 신고사항 : 비거주자에 대한 채권, 채무를 비거주자에 대한 채무, 채권으로 상계하고자 하는 경우
(2) 한국은행총재 사전 신고사항
① 다국적 기업의 상계센터를 통하여 상계하고자 하는 경우
② 다수의 당사자의 채권 또는 채무를 상계하고자 하는 경우

18 신용장거래 시 수출상이 갖는 효용이 아닌 것은?

① 개설은행의 독립적인 대금지급 확약이 수반되므로 수입상의 신용과 관계 없이 대금회수의 안정성 확보가 가능하다.

② 신용장을 근거로 무역금융 융자수혜를 받을 수 있어 수출물품 선적 전에 물품 제조에 필요한 자금조달이 가능하다.

③ Banker's Usance 방식 기한부 신용장을 개설하여 외상거래와 동일한 효과를 얻을 수 있다.

④ 물품 선적 후 신용장 조건과 일치하는 선적서류 및 환어음을 거래은행에 제시하여 수출대금 조기회수가 가능하다(수출환어음 추심전매입, Nego).

정답 | ③
해설 | **신용장거래 시 수입상이 갖는 효용**
(1) 본인의 취약한 신용도를 개설은행의 공신력으로 대체하여 유리한 지위에서 무역거래 협상 가능
(2) 수출상이 일람출급 조건의 거래를 원하는 경우, Banker's Usance 방식 신용장 개설을 통하여 수출상에게는 일람출급 조건으로 대금을 지급하고, 수입상은 외상거래의 효과를 기할 수 있음
(3) 대금결제 이전에 계약물품이 정확히 선적되었는지에 대한 서류상의 확인 가능 등

19 신용장의 종류 중 지정된 은행에서만 이용 가능한 지정신용장(Straight Credit)이 아닌 것은?

① 지급신용장(Payment Credit)

② 연지급신용장(Deferred Payment Credit)

③ 매입신용장(Negotiation Credit)

④ 인수신용장(Acceptance Credit)

정답 | ③

해설 | 매입신용장 : 어느 은행에서나 매입에 의하여 이용이 가능한 신용장 종류

20 아래의 〈보기〉와 같은 조건에서 선적서류가 제시되어야 하는 기일로 맞는 것은?

> 〈보기〉
> • 신용장 개설일 : 2025년 5월 10일
> • 유효기일 : 2025년 7월 30일
> • 선적기일 : 2025년 7월 20일
> • 서류제시기간 : 10일
> • 실제 선적일 : 2025년 6월 20일

① 2025년 5월 20일   ② 2025년 6월 30일

③ 2025년 7월 20일   ④ 2025년 7월 30일

정답 | ②

해설 | 서류제시기간

    (1) 신용장 조건에 따라 지급 · 인수 · 매입을 위하여 서류를 제시하여야 할 선적일 이후의 일정 기간

    (2) 기간이 명시되어 있지 않은 경우 선적 후 21일 이내에 제시되어야 하는 것으로 해석

    (3) 어떠한 경우에도 신용장 유효기일 이전에 제시되어야 함

21 신용장거래의 관계당사자 중 기본당사자가 아닌 것은?

① 개설은행(Issuing Bank)

② 매입은행(Negotiating Bank)

③ 수익자(Beneficiary)

④ 확인신용장인 경우 확인은행(Confirming Bank)

정답 | ②

해설 | 신용장거래의 기본당사자 : 개설은행, 수익자, 확인은행(확인신용장인 경우)

22 신용장 조건에 일치하는 서류 및 기한부 환어음의 제시에 대하여 당해 환어음 인수 후 기한부 기간 경과 후인 만기일에 지급하도록 수권된 은행으로, 수익자의 기한부 환어음을 인수하게 되면 만기일에 무조건적인 지급 책임을 부담하여야 하는 신용장 관계당사자는?

① 매입은행(Negotiating Bank)
② 지급은행(Paying Bank)
③ 상환은행(Reimbursing Bank)
④ 인수은행(Accepting Bank)

정답 | ④
해설 | (1) 매입은행 : 매입신용장 조건하에서 자행이 아닌 다른 은행 앞으로 발행된 환어음 및 선적서류를 매입하도록 수권된 은행(매입은행에 대한 명시가 없는 경우 모든 은행이 매입은행이 될 수 있음)
(2) 지급은행 : 신용장 조건에 일치하는 서류의 제시에 대하여 대금을 지급하도록 수권된 은행(개설은행의 해외본지점 또는 예치환거래은행)
(3) 상환은행 : 개설은행을 대신하여 신용장 대금의 상환업무를 수행하는 은행으로, 개설은행은 상환은행 앞으로 미리 상환수권(RA ; Reimbursement Authorization)을 주어야 함

23 신용장 개설은행과 개설의뢰인의 법률관계에 있어서 개설은행의 의무사항이 아닌 것은?

① 개설의뢰인의 지시에 따른 신용장 개설의무
② 신용장 통지의무
③ 상환수수료 등의 보상의무
④ 서류심사 의무

정답 | ③
해설 | 개설의뢰인의 의무
(1) 대금상환 의무 : 개설은행이 신용장 조건에 따라 대금을 지급한 경우 개설은행에 대하여 대금을 보상할 의무 부담
(2) 상환수수료 등의 보상의무
(3) 외국법률 및 관습의 준수의무

24 신용장 통지은행(Advising Bank)의 지위에 대한 설명으로 틀린 것은?

① 개설은행으로부터 신용장 통지를 요청받았으나 통지하지 않기로 결정한 경우 지체없이 개설은행 앞으로 그 사실을 통보해주어야 한다.
② 통지은행이 신용장에 확인(Confirmation)을 추가하지 않았다면, 매입은행에 대하여 아무런 책임을 부담하지 않는다.
③ 통지은행은 신용장 통지 시 외견상 진정성을 확인하기 위하여 상당한 주의를 다하여야 할 의무가 있다.
④ 통지은행은 개설은행과 지급에 관한 위탁관계가 성립되므로, 수익자에 대하여 신용장 상의 채무를 부담해야 한다.

정답 | ④
해설 | 통지은행은 개설은행과 '통지'에 관한 위탁관계가 성립되는 것이며, 신용장 상의 채무를 부담할 책임이 없음

25 신용장 종류 중 지급신용장(Payment Credit)의 특징에 대한 설명으로 틀린 것은?

① 신용장 취급사실에 대한 배서를 요구하지 않는 비배서 신용장(Non-Notation Credit)이다.
② 일람출급신용장이다.
③ 환어음의 발행을 요구하는 신용장이다.
④ 지급은행으로 지정된 특정의 은행만이 지급업무 취급이 가능하다.

정답 | ③
해설 | 지급신용장과 연지급신용장 : 환어음이 발행되지 않는 '무어음부 신용장'임

26 신용장 금액의 전부 또는 일부에 대하여 물품 선적 전에 미리 환어음을 발행할 수 있도록 허용함으로써, 수익자가 대금을 선지급 받을 수 있도록 약정하고 있는 신용장 종류는?

① 차기신용장(Debit Base Credit)
② 선대신용장(Advance Payment Credit, Red Clause Credit)
③ 상환신용장(Reimbursement Base Credit)
④ 송금신용장(Remittance Base Credit)

정답 | ②
해설 | (1) 차기신용장 : 개설은행의 당좌계좌를 관리하고 있는 지정은행이 수익자의 대금청구 시 개설은행 계좌에서 차기하여 지급하도록 수권된 신용장
(2) 송금신용장 : 대금지급 수권 없이 지정은행으로 하여금 자신의 결제계좌를 명기하여 서류를 송부하도록 지시한 후 개설은행 당해 계좌로 대금을 송금하여 줌으로써 결제가 이루어지는 방식의 신용장
(3) 상환신용장 : 신용장의 지정은행이 개설은행의 무예치환거래은행인 경우, 개설은행이 자기의 거래은행(개설은행의 예치환거래은행)을 상환은행으로 지정하고 동 상환은행으로 하여금 지정은행의 상환청구 시 개설은행 계좌에서 지급하도록 수권을 부여하는 신용장

1. 신용장 개설 [근거규칙 : 신용장통일규칙(UCP600) 제3조]

(1) 용어의 해석

① 신용장 개설을 위한 지시는 완전하고 정확해야 하며, 불명확한 용어 사용은 억제해야 함

② 서류발행자 자격 : well known(저명한), first class(일류의), qualified(자격 있는), independent (독립적인), official(공적인), competent(유능한) 등의 모호한 용어를 사용해서는 안 됨

③ 행위의 시한

  ㉠ prompt, immediately, as soon as possible 등의 용어를 사용해서는 안 됨

  ㉡ on or about : 특정일자의 전 5일부터 후 5일까지, 총 11일 이내에 해당 행위가 발생하여야 하는 것으로 해석

④ 선적기간

  ㉠ to, until, till, from, between : 명시된 일자 포함

  ㉡ before, after : 명시된 일자 제외

⑤ 만기산정 : from, after는 언급된 날짜 제외

⑥ 신용장 양도가능 문구

  ㉠ 'Transferable'만 사용 가능

  ㉡ 'Divisible', 'Fractionable', 'Assignable', 'Transmissible' 등의 용어는 사용 불가

⑦ 운임 선지급 문구

  ㉠ 'Freight Prepaid'만 사용 가능

  ㉡ 'Freight Prepayable', 'Freight to be Paid' 등의 용어 사용 불가

⑧ 적하보험에 의하여 담보되어야 할 위험과 관련하여 'Usual Risk', 'Customary Risk' 등의 모호한 용어를 사용하지 말아야 함

(2) 신용장 개설 시 사용되는 SWIFT Message Type : MT700(신용장 개설)

> **[참고] SWIFT 통신 네트워크**
> (1) 금융기관 간 국제 자금거래, 증권거래 등에 필요한 Message 송수신을 위하여 설립된 통신 네트워크
> (2) 외국환은행별로 고유코드 부여(BIC ; Bank Identification Code) : 8자리
>   ※ (예시) CITI BANK N.Y USA : CI TI US 33

2. 일람출급신용장(Sight L/C) [근거규칙 : 신용장통일규칙(UCP600) 제6조]

(1) 의의

① 신용장 조건과의 불일치 사항이 없는 선적서류가 개설은행 앞으로 내도되는 경우 개설의뢰인

(수입상)으로부터 신용장 대금을 결제받아 지정 또는 매입은행 등에게 즉시 대금을 지급하는 조건의 신용장

② 수입대금 결제를 조건으로 선적서류 또는 환어음 인도

③ 종류 : 매입신용장, 지급신용장

구분	매입신용장	지급신용장
지정은행	지정은행이 무예치환거래은행일 경우 사용	지정은행이 예치환거래은행일 경우 사용
환어음	환어음 발행 요구	환어음 발행을 요구하지 않음
이용방법	매입(Negotiation)	지급(Payment)
지급확약문언	어음발행인은 물론 선의의 소지인 모두에 대하여 결제 확약	어음에 관한 별도 내용 없이, 서류만 제시되면 지급하겠다는 문언 기재

(2) 지정은행 표시방법

① 지급신용장 : Credit available with (지정은행) by Payment

② 매입제한신용장 : Negotiation under this credit is restricted to the XXX Bank

③ 자유매입신용장 : Credit available with any bank by negotiation

(3) 유효기일 및 장소표시

유효기일은 수익자가 일치하는 제시를 하기 위한 최종일로 지정은행이 매입 또는 결제를 실행하는 최종일이 아님. 개설은행은 천재지변, 폭동, 소요, 반란, 전쟁, 테러행위, 파업, 직장폐쇄 또는 자신의 통제 밖에 있는 원인에 의하여 은행영업이 중단되는 경우 하등의 의무나 책임을 부담하지 않으며, 이런 사유로는 유효기일 연장 불가

① 지정신용장

　㉠ 서류의 제시를 위한 유효기일과 그 제시장소를 명시하여야 하며, 제시장소(유효기일 종료장소)에 대한 별도의 명시가 없으면 신용장이 이용 가능한 은행의 장소가 곧 제시를 위한 장소가 됨

　㉡ 'at the counter of (지정은행명 및 소재지 또는 개설은행명 및 소재지)'

② 자유매입신용장

　㉠ 유효기일과 어떤 특정 도시명 또는 어떤 특정 국가명 등으로 표시

　㉡ 'September 20, 2020 in New York' 등

(4) 서류제시기간 [근거규칙 : 신용장통일규칙 (UCP600)제14조]

① 지급, 인수, 매입을 위하여 서류가 제시되어야 하는 선적일 이후의 특정기간

② 서류제시기간의 명시가 없는 경우 선적 후 21일 이내에 제시되어야 하는 것으로 간주

③ 단, 어떠한 경우라도 유효기일 이내에 제시되어야 함

(5) 해상선하증권의 운임표시방법

① 운임후지급(Freight Collect) 조건 : EXW(공장인도조건), FOB(본선인도조건), FAS(선측인도조건), FCA(운송장인도조건) 등

② 운임선지급(Freight Prepaid) 조건 : CFR(운임포함인도조건), CPT(운송장비지급인도조건), CIF(운임보험료포함인도조건), CIP(운송비보험료지급인도조건) 등

(6) 보험서류

① 보험서류 제시 요구조건(적하보험 부보 의무자가 수출상인 경우) : CIF(운임보험료포함인도조건),

CIP(운송비보험료지급인도조건), DAP(도착지인도조건) 등

② 보험증서 표시통화 : 신용장 통화와 동일한 통화로 지정

(7) 신용장 개설은행의 담보권(수입화물처분권)을 저해하는 특수 조건

① Non-negotiable documents acceptable

② Copy B/L acceptable

③ 2/3 B/L acceptable

④ One original B/L shall be dispatched directly to applicant by courier

⑤ Surrendered B/L acceptable

⑥ All discrepancies are acceptable 등

(8) 상환지시(매입은행 등의 지정은행에 대한 대금결제방법) [근거규칙 : 신용장통일규칙(UCP600) 제13조]

① 상환방식(Reimbursement Base) : 신용장 개설과 동시에 미리 상환은행을 지정하여 상환수권서
(RA)를 보내고, 매입은행 등으로 하여금 동 상환은행 앞으로 대금을 청구하도록 지시함으로써
상환은행을 통한 신용장 대금결제가 이루어지도록 하는 방식

② 개설의뢰인(수입상)의 대금결제 이전에 상환은행에 개설되어 있는 개설은행 계좌에서 대금이
인출되어 매입은행 등으로 지급(상환은행을 통한 선지급)

③ 매입은행 등의 지정은행이 개설은행의 '무예치환거래은행'일 경우에 사용

④ 상환은행은 청구은행으로부터 자금청구가 접수되면 청구접수 후 3은행영업일 이내에 자금을
상환해야 함

[참고] 상환방식의 장점

(1) 신용장 대금의 결제업무를 상환은행에 위임함으로써 업무량 절감

(2) 과실로 인한 송금지연 및 오류송금 등의 개연성 제거로 업무리스크 절감

(3) 신용장의 대외신인도 제고

(4) 환가료 및 수입어음결제지연이자(Graceday Charge) 징수로 수익기회 확대

[참고] 상환방식의 단점

(1) 수입상의 대금결제 이전에 신용장 대금상환이 상환은행을 통하여 이루어지므로, 서류상의 하자를 이유
로 대금지급을 거절하고자 하는 경우 매입은행 등으로부터 다시 그 대금을 상환받아야 하는 번거로움

(2) 이때 매입은행 등이 비협조적인 경우 'Refund' 과정에 많은 시간과 비용이 소요될 수 있음

---

④ 차기방식(Debit Base)

㉠ 지정은행이 개설은행의 국외본지점 또는 예치환거래은행일 경우, 자행 지정은행이 관리하고
있는 개설은행 계좌에서 대금을 인출(차기)하여 지급하도록 하는 방식

㉡ 수익자는 'Payment Commission'만을 지불하고 별도의 환가료 부담 없음

⑤ 송금방식(Remittance Base)

㉠ 개설은행 앞으로 서류가 내도되어 일치하는 제시임이 확인되면, 매입은행 등이 지시한
계좌로 대금을 송금하여 줌으로써 대금결제가 이루어지는 방식

㉡ 개설의뢰인으로부터 수입대금을 결제받은 후에 매입은행 등에 대금상환이 이루어진다는
특징(이용가능 은행을 제한하지 않는 매입신용장에 사용되는 지급 방식)

3. 기한부신용장(Usance L/C) [근거규칙 : 신용장통일규칙(UCP600) 제7조]

(1) 의의
① 일치하는 제시에 대하여 환어음 인수 또는 연지급 확약 후 일정기간이 경과한 시점인 만기일에 대금을 결제하는 조건의 신용장
② 종류(신용공여 주체에 따른 분류) : Shipper's Usance vs Banker's Usance
③ 인수은행 소재국에 따른 Banker's Usance 구분
ⓐ Overseas Banker's Usance(해외은행인수)
ⓑ Domestic Banker's Usance(국내은행인수)

(2) Shipper's Usance
① 수출상(Shipper)이 직접 수입상에게 기한부 기간 동안의 신용을 공여하여 일정기간 대금결제를 유예해 주는 방식
② 수입상 : 신용장에서 정한 일정기간이 경과한 후에 수입대금 지급
③ 수출상 : 신용장 상의 기간에 따라 결정되는 만기일에 수출대금 회수
④ 수출상의 금융비용 부담
ⓐ 표면적으로는 수출상이 수입대금의 결제 유예에 따라 발생되는 추가적인 금융비용을 부담하나, 이 비용을 수입상에게 전가함으로써 궁극적으로는 수입상이 모든 금융비용 부담(단가 조정을 통해 상품가격에 반영)
ⓑ 금융비용 : 기한부 환어음 매입에 소요되는 환가료(Exchange Commission) 등

(3) Overseas Banker's Usance(해외은행인수)
① 해외은행의 인수편의에 의거하여 수출상에게는 일람출급 조건으로 즉시 수출대금을 지급하고, 수입상에게는 일정기간 수입대금의 결제를 유예해 주는 방식
② 수출상에게는 일람출급 거래의 효과를 주고, 수입상에게는 기한부 거래의 효과를 주는 방식
③ 기한부 신용장임에도 수출상은 별도의 금융비용 부담 없이 일람불 조건으로 수출대금을 회수하고, 수입상은 인수은행의 신용공여를 통하여 일정기간 대금지급을 유예받은 후 환어음 만기일에 결제
④ 수입상은 본인을 위하여 인수 및 할인 편의를 제공한 인수은행에 대하여 신용공여 기간 동안의 이자에 해당하는 ACDC(Acceptance Commission & Discount Charge ; AD Change) 부담
ⓐ 인수은행의 기간 할인료(이자)
ⓑ 금리 : Libor + 가산금리(Spread)

[참고] Banker's Usance 방식 신용장임을 지시하는 문구

- Usance Draft must be negotiated at sight basis and acceptance commission and discount charge are for buyer's account[기한부 환어음은 일람출급 조건으로 매입하고, 인수은행의 이자(ACDC)는 수입상(매수인) 부담으로 함]
- You may negotiate the drafts on a sight basis. Acceptance commission and discount charge are for buyer's account 등

---

(4) Domestic Banker's Usance(국내은행인수)

① 수출상이 발행한 환어음을 국내의 은행(개설은행)이 인수하여 이를 할인함으로써, 수출상에게는 일람출급 조건으로 대금을 지급하고 수입상에게는 일정기간 수입대금의 결제를 유예해 주는 조건의 신용장

② 개설은행이 기한부 환어음을 인수하여 금융을 제공하는 것이 일반적이며, 어음지급인은 개설은행으로 기재

[참고] **수입신용장 번호체계(Ref No)** [근거규칙 : 외국환은행 외국환업무 취급지침 및 외환업무매뉴얼 참고]

(예시) M D1 01 25 04 NS 00018
① M : 수입신용장 표시
② D1 : 신용장 개설은행
③ 01 : 개설지점
④ 25 : 개설년도(2025년)
⑤ 04 : 개설월(4월)
⑥ NS : 수입물품 사용용도 및 대금결제조건
⑦ 0001 : 일련번호
⑧ 8 : Check Digit(검증번호)

[참고] **수입물품 사용용도 구분**

구분	기호	비고
내수용 일반재	N(Normal)	수출산업용 시설기자재 포함
수출용 원자재	E(Export)	
정부용	G(Government)	
위탁가공무역용	B(Bonded)	
군납용 원자재	A(Army)	
기타 외화획득용	S(Sightseeing)	
특수거래	X(Extra)	외국인수수입 등
중계무역용	R(Relay)	

[참고] **대금결제조건**

구분	기호	비고
일람출급 신용장	S(Sight)	
기한부 신용장	U(Usance)	
기타 신용장	D	분할지급수입, 보증신용장 포함
D/P	P	
D/A	A	
송금방식	R	

4. 신용장 조건변경 및 취소 [근거규칙 : 신용장통일규칙(UCP600) 제10조, 제38조]

(1) 의의
① 이미 개설된 신용장 조건 중 일부를 관계당사자 간의 합의에 따라 변경하거나 취소하는 업무
② 관계당사자[개설은행, 수익자, 확인은행(확인신용장의 경우)] 전원의 합의 필요
③ 개설은행은 조건변경서 발급시점부터 취소 불가능한 결제의무 부담
④ 확인은행은 조건변경서 확인시점부터 취소 불가능한 의무를 부담하며, 임의로 취소 불가(단, 조건변경서에 확인을 추가하지 않고 통지할 수 있으며 만일 그렇게 하기로 결정한 경우 개설은행 및 수익자에게 지체 없이 그러한 사실 통보)

(2) 조건변경 시 유의사항
① 조건변경의 효력은 수익자가 그러한 조건변경을 수락하고 이를 통지은행에 통지한 때부터 유효
② 수익자의 침묵을 조건변경에 대한 수락으로 간주할 수 없음
③ 조건변경서 상에 '일정한 기간 내에 조건변경을 거절하지 않는다면 당해 조건변경이 효력을 가지게 된다' 등의 문구를 삽입하는 행위는 무효
④ 수익자가 조건변경의 수락통보를 하지 않은 채 변경된 신용장의 제조건에 일치하는 서류를 지정은행 또는 개설은행에 제시하는 경우 수익자가 조건변경을 수락하는 것으로 간주
⑤ 조건변경은 전체적으로 동의 또는 거절되어야 하며, 하나의 동일한 조건변경에 대한 부분적인 수락은 허용되지 않음
⑥ 다만, 다수에게 분할양도된 신용장의 조건변경은 각각의 제2수익자별로 조건변경을 동의 또는 거절할 수 있으며, 조건변경에 동의한 제2수익자에 대하여만 조건변경 유효

5. 신용장거래 관련 이자 및 수수료 [근거규칙 : 외국환은행 외국환업무 취급지침 및 외환업무 매뉴얼 참고]

[참고] 일람출급신용장 거래 단계별 징수이자 및 수수료

거래단계	대금결제방식	
	송금방식(Remittance Base)	상환방식(Reimbursement Base)
신용장개설	개설수수료	개설수수료
수입화물선취보증서 (L/G) 발급	1. 수입화물선취보증서 발급수수료 2. 수입화물선취보증료(L/G보증료)	1. 수입화물선취보증서 발급수수료 2. 수입화물선취보증료(L/G보증료)
결제	수입어음 결제수수료	1. 수입환어음 결제 환가료 2. 수입어음 결제지연이자(Graceday Charge)

[참고] 기한부신용장 거래 단계별 징수이자 및 수수료

거래단계	대금결제방식	
	Banker's Usance	Shipper's Usance
신용장개설	개설수수료	개설수수료
수입화물선취보증서 (L/G) 발급	1. 수입화물선취보증서 발급수수료 2. 수입화물선취보증료(L/G보증료)	1. 수입화물선취보증서 발급수수료 2. 수입화물선취보증료(L/G보증료)
인수	인수수수료	인수수수료
결제	ACDC(A/D Charge) ※ ACDC : 선취/후취 선택 가능	-

(1) 개설수수료

① 신용장개설이라는 대외 지급보증채무 부담에 대한 보상조로 징수하는 수수료

　※ 신용장발행 : 외화재무상태표 난외 미확정외화지급보증(우발채무) 계정

② 징수기간 : 개설일로부터 수입환어음 결제일(또는 인수일) 전일까지 징수가 원칙

③ 일람출급 신용장 : 유효기일까지 일 단위 징수 후 초과하는 기간에 대해서는 결제시점에 추가 징수

④ 기한부 신용장 : 유효기일까지 일 단위 징수 후, 인수수수료 징수 시점에 인수일 이후의 중복 징수기간에 해당하는 개설수수료 환급

(2) 인수수수료

① 기한부 수입신용장 개설 후 개설의뢰인(수입상)의 환어음 인수 시 동 인수시점부터 만기일까지 기간에 대하여 일정 수수료율을 적용하여 징수하는 수수료

　※ 인수 : 외화재무상태표 난외 확정외화지급보증(확정채무) 계정

② 기한부 신용장의 환어음 인수행위는 신용장 개설 시 '미확정외화지급보증(우발채무)'에서 주채무가 확정된 '확정외화지급보증(확정채무)'으로 전환되는 것을 의미하며, 개설은행은 그에 따른 추가적인 비용 및 리스크 부담에 대한 보상조로 인수수수료 징수

③ 주채무 확정에 따라 개설수수료보다 높은 수수료 요율 적용

④ 인수수수료의 징수기간이 이미 징수한 개설수수료의 징수기간과 중복되는 경우 당해 중복기간에 해당하는 개설수수료는 환급

(3) ACDC(Acceptance Commission and Discount Charge ; A/D Charge)

Banker's Usance 방식 신용장 거래 시 개설은행의 요청에 의하여 인수은행(신용공여은행)이 매입은행 등에게 일람출급(At Sight) 조건으로 대금을 지급하기 위하여 수익자가 발행한 기한부 환어음을 인수·할인함에 따라 발생되는 인수은행의 기간 할인료(이자)

(4) 코레스비용(Corres Charge)

신용장의 개설, 통지, 매입, 상환 등과 관련하여 해외의 거래은행이 청구하여 오는 모든 수수료

① 통지수수료(Advising Commission) : 해외의 통지은행이 신용장 통지 시 징수하는 수수료

② 매입수수료(Negotiation Commission) : 매입신용장 하에서 매입을 수권받은 은행이 수출환어음 매입 시 징수하는 수수료

③ 상환수수료(Reimbursement Commission) : 상환은행의 신용장 대금 상환업무 처리 시 징수하는 수수료

> **[참고] 수출 관련 미입금액(Less Charge)**
> - 수출환어음 추심전매입 대금이 해외 외화타점예치금 계정에 입금되었으나, 부족입금액이 발생한 경우 동 부족입금액을 의미(개설은행의 결제수수료 등)
> - 개설은행, 상환은행, 추심은행, 결제은행 등이 관련 수수료를 공제하고 입금함으로써 발생

(5) 수입화물선취보증서 발급 관련 수수료

① 수입화물선취보증서(L/G) 발급수수료 : 수입화물선취보증서 발급에 따른 취급수수료(정액수수료)

② 수입화물선취보증료(L/G보증료) : 정률수수료

수입화물선취보증서 발급에 따라 개설은행이 추가적으로 부담해야 하는 신용위험부담에 대한

보상조로 징수하는 수수료(수입화물 반출에 따른 수입화물처분권 상실 및 선박회사에 대한 보증채무 발생)

> **[참고] 수입화물선취보증료(L/G보증료) 징수기간**
> - 일람출급 신용장 : 수입화물선취보증서 발급일로부터 당해 수입환어음 결제 전일까지
> - 기한부 신용장 : 수입화물선취보증서 발급일로부터 환어음 인수 전일까지

(6) 일람출급 상환방식(Sight Reimbursement Base) 신용장 관련 수수료

① <u>수입환어음 결제 환가료</u> : 일람불 상환방식 신용장 거래 시 개설의뢰인의 대금결제 이전에 개설은행의 예치환계정(상환은행이 보유하고 있는 개설은행 계좌)에서 대금 선지급이 이루어지게 되며, 이러한 개설은행의 자금부담비용을 보전할 목적으로 일정기간에 대하여 징수하는 이자(수수료)

② <u>수입어음 결제지연이자(Graceday Charge)</u>

ㄱ 일람출급 상환방식 신용장 거래 시 개설의뢰인의 대금결제 시점은 통상 개설은행 본점 앞 선적서류 도착일 다음날로부터 5영업일 이내인데 이 경우 수입환어음 결제 환가료만으로는 개설은행의 자금부담 비용을 보전할 수 없어 그 초과일수에 해당하는 기간에 대하여 별도로 징수하는 이자(수수료)

ㄴ 개설은행 본점 앞 선적서류 내도일 다음날로부터 <u>3영업일을 초과</u>하여 결제가 이루어지는 경우 그 초과일수에 대하여 징수

③ <u>일람출급 송금방식(Sight Remittance Base) 신용장의 경우 개설은행의 자금부담이 없으므로 수입환어음 결제 환가료 및 수입어음 결제지연이자(Graceday Charge)가 발생하지 않음</u>

(7) 수입환어음 대지급금 이자

① 대지급 처리시점

ㄱ 일람출급 신용장 : 선적서류 도착일 다음날로부터 5영업일 이내에 대금결제가 이루어지지 않은 경우 그 다음 영업일

ㄴ 기한부 신용장 : 수입환어음 만기일 그 다음 영업일

② 징수기간 : 대지급 처리일로부터 회수일까지(외화여신 연체이율 적용)

6. 선적서류 인도

(1) 선적서류 인도

매입은행 등이 신용장 조건에 따라 선적서류 및 환어음을 개설은행 앞으로 송부하면, 개설은행은 내도된 서류가 신용장 조건과 일치하는지 여부를 심사하고, 개설의뢰인의 수입대금 결제(일람출급) 또는 수입환어음 인수 · 연지급(기한부) 조건으로 개설의뢰인에게 선적서류를 인도하는 업무

(2) 선적서류 심사

① 제시된 서류에 대하여 그 제시가 '일치하는 제시'인지의 여부를 오로지 서류만으로 심사

② 제시된 서류 중 신용장에서 요구하지 않은 서류는 심사하지 않아도 됨

③ 개설은행은 오로지 서류 문면상으로만 심사

> **[참고] 결제(일람출급) 및 인수(기한부)** [근거규칙 : 신용장통일규칙(UCP600) 제14조]
> • 일람출급 : 선적서류 개설은행 본점접수일 다음날로부터 5영업일 이내 결제
> • 기한부 : 선적서류 개설은행 본점접수일 다음날로부터 5영업일 이내 인수 및 만기일 통보

7. 하자(Discrepancy) [근거규칙 : 신용장통일규칙(UCP600) 제15조, 제16조]

(1) 하자 있는 선적서류 처리

내도된 선적서류가 신용장 조건과 불일치하는 경우 개설의뢰인에게 동 불일치 내용을 통보하고 선적서류 수리 여부를 확인하는 업무

(2) 선적서류 인도

① 불일치 사유에도 불구하고 개설의뢰인이 수리에 동의하는 경우 선적서류 인도 가능
② **일람출급 신용장** : 개설의뢰인의 수입대금 결제 후 선적서류 인도
③ **기한부 신용장** : 개설의뢰인의 수입환어음 인수 후 선적서류 인도

(3) 지급거절 통보

① 선적서류 개설은행 본점 접수일 다음날로부터 <u>5영업일</u> 이내 지급거절 통보
  ※ 지급거절 통보 전문 : MT734(Advice of Refusal)
② 지급거절 통보 시 유의사항
  ㉠ 개설은행은 선적서류 접수일 익일로부터 <u>5영업일</u> 이내에 전신 또는 기타 신속한 방법으로 결제 거절사실 통보
  ㉡ 지급거절 시 거절의 사유가 되는 모든 불일치 사항을 명시하여 한 번에 통보해야 함
  ㉢ 지급거절 통보는 1회에 한하여 유효하며, 추후 다른 하자를 이유로 지급거절 통보 불가
  ㉣ 지급거절 통보 시 반드시 해당 서류의 행방에 대해서도 명시해 주어야 함
  ㉤ 수입화물선취보증서(L/G)가 발급된 건은 원칙적으로 지급거절 통보 불가(이유는 이미 수입화물이 반출된 상태이기 때문)

8. 수입화물선취보증(L/G ; Letter of Guarantee) : 해상운송

(1) 의의

① 수입신용장 개설 후 선적서류 원본보다 수입화물이 먼저 도착한 경우 신용장 개설의뢰인의 요청에 의하여 선하증권(B/L) 원본 없이 사본만으로 개설의뢰인이 수입화물을 인도받을 수 있도록 신용장 개설은행이 선박회사 앞으로 발행하는 보증서
② 선박회사가 선하증권 원본 회수 없이 화물을 인도함에 따라 발생할 수 있는 모든 문제에 대하여 개설은행이 보증하는 것이며, 추후 선하증권 원본이 도착하는 즉시 이를 선박회사에 제출할 것을 약속하는 증서
③ 수입화물선취보증서가 발급된 경우 추후 내도된 선적서류에 하자가 있더라도 대금지급 거절 불가가 원칙
④ 개설은행 입장에서 수입화물선취보증서를 발급하는 것은 수입화물을 인도받을 수 있는 유가증권인 선하증권 원본을 교부하는 것과 동일한 효력이 있으므로, 동 보증서 발급 시 <u>수입어음</u>

결제 담보목적의 수입보증금(L/G보증금) 적립이 원칙

> **[참고] 수입화물선취보증서 발급 효과**
> • 선박회사에 대한 의무부담 : 선하증권 원본 없이 개설의뢰인에게 수입화물을 인도함에 따라 발생되는 선박회사에 대한 모든 책임을 개설은행이 부담
> • 지급거절(일람출급) 및 인수거절(기한부) 불가 : 수입화물선취보증서 발급 후 내도된 선적서류 심사 시 하자가 있는 경우라도, 이를 이유로 지급거절 및 인수거절 통보 불가

(2) 수입화물선취보증서 회수(L/G Redemption)
① 수입화물선취보증서를 발급한 개설은행은 선적서류 원본이 내도하는 즉시 선하증권 원본을 선박회사로 송부하고, 수입화물선취보증서를 회수하는 행위
② 수입화물선취보증서 발급에 따라 개설은행이 부담하여야 하는 보증채무는 해당 선박회사가 관련 선하증권 원본을 회수하는 시점에 종료

9. 항공화물운송장에 의한 수입화물인도승낙서 [근거규칙 : 신용장통일규칙(UCP600) 제23조]

(1) 의의
① 화물을 항공기로 운송하는 경우 발급되는 서류
② 수입화물선취보증서와 달리 개설은행 앞 선적서류 도착 전은 물론이고, 이미 도착되어 결제가 이루어진 경우에도 발급해 주어야 함(항공화물운송장 상의 수하인이 개설은행으로 표시되어 있는 경우 개설의뢰인의 수입화물 인수를 위하여 반드시 필요하기 때문)

(2) 특징
① 선하증권(B/L)과 달리 물품을 수령하였음을 표시하는 단순수취증(영수증)으로 배서에 의한 권리양도 불가(비유통서류이므로 수하인을 기명식으로만 기재해야 함)
② 항공화물운송장의 수하인인 개설은행이 권리양도의 사실을 증명하기 위해서는 별도의 요식행위가 필요한데 이 경우 '수입화물인도승낙서'가 그 역할을 대신해 줌

10. 수입화물대도(TR ; Trust Receipt)

(1) 의의
① 개설은행이 수입화물에 대한 담보권과 소유권을 유지하면서 개설의뢰인의 수입대금 결제 이전에 화물을 처분할 수 있도록 허용하는 제도
② 개설은행과 개설의뢰인 간의 계약으로 이 사실을 인지하지 못하는 제3자에게 대항 불가(개설의뢰인이 수입대금을 결제하지 않고 화물을 매도하는 경우 화물을 매입한 제3자에게 소유권 주장 불가)

(2) 수입화물대도(TR)의 법적 성질
① 대리관계설 : 수탁자(개설의뢰인)는 개설은행의 대리인 자격으로 화물을 매각 · 처분하는 것이며, 그것의 법률효과는 소유자인 개설은행에 귀속
② 기탁설 : 수탁자는 개설은행으로부터 화물을 매각할 목적으로 기탁받아 보관하고 판매하는 것 이외에는 화물에 관하여 아무런 권리가 없음

③ 질권존속설 : 수탁자는 개설은행이 질권자로서 점유하고 있는 수입화물을 이전받는 것이며, 화물인도 후에도 은행의 질권이 존속

④ 조건부 매매설 : 개설은행이 소유하고 있는 화물을 일정기간 후에 대금을 지급받는 조건으로 개설의뢰인에게 매각하는 것으로서 수탁자가 대금을 지급하기 전에는 화물의 소유권이 개설은행에 있으며 수탁자는 단지 화물의 점유권만을 취득

⑤ 양도담보, 기탁, 대리의 3자결합설 : 수입화물대도는 수탁자가 수입화물을 기탁받아 은행의 대리인으로서 화물을 매각·처분하는 면을 가지고 있을 뿐만 아니라 양도담보의 법률적 요건을 구비하고 있으므로, 이는 양도담보, 기탁, 대리의 3가지 법률적 특성이 모두 결합되어 있는 행위

(3) 수입화물대도(TR) 발급대상 거래

① 일람출급신용장에 의한 수출용 원자재 수입대금의 무역금융 결제

② 일람출급신용장에 의한 내수용 일반재 수입대금의 TR Loan 결제

③ 기한부 수입신용장에 의한 수입화물 인도

④ 수입화물선취보증서(L/G)에 의한 수입화물 인도

11. 인수(Acceptance)

(1) 의의

① 기한부 환어음의 지급인이 만기일에 대금을 정히 지급할 것을 약속하는 행위

② 인수행위에 의하여 지급인(인수인)은 어음소지인에 대한 주된 채무자로서 만기일에 환어음 대금을 지급해야 할 법적 의무 부담

③ 인수은행(환어음 지급인)

㉠ Overseas Banker's Usance(해외은행인수) : 제3의 은행(인수은행)

㉡ Shipper's Usance, Domestic Banker's Usance(국내은행인수) : 개설은행

※ 신용장 거래 시 개설의뢰인(수입상)은 어음 지급인(인수인)이 될 수 없음

(2) 인수 방법

① 어음 지급인이 당해 어음에 '인수의 뜻을 기재'하고 '기명날인 또는 서명'하는 것이 원칙

② 어음 표면에 지급인이 단순히 기명날인 또는 서명만 하는 경우도 인수로 간주

③ 일람후정기출급(after sight) 어음의 경우 당해 어음에 인수일자를 함께 기재해야 함

④ 어음의 인수는 어음 앞면에 표시하는 것이 관습

⑤ 실무적으로는 매입은행 앞으로 '인수통지서'를 송신하는 것으로 인수의 의사표시를 대신함

> [참고] 기한부 추심방식(D/A) 거래 시 인수
> - 신용장 거래와 달리 수입상이 환어음의 지급인(인수인)이 됨
> - 추심은행(수입상 거래은행)은 수입상의 '인수'를 조건으로 선적서류를 교부해야 함
> - 만기일에 수입상의 대금 결제가 이루어지지 않은 경우, 추심은행은 인수된 환어음을 추심의뢰은행(수출상 거래은행) 앞으로 송부해야 하는데, 이때 환어음의 인수가 이루어지지 않았다면 추심은행이 손해배상 책임 부담

(3) 기한부 환어음 만기일 산정방법 [근거규칙 : 국제표준은행관행(ISBP821) 환어음과 만기일의 산정]

① 일람후정기출급 : At 60 days after sight

⊙ 지급인이 어음을 인수한 날짜를 기준으로 하여 만기일 산정

　　　ⓛ '일'로 정하는 방법과 '월'로 정하는 방법

　　　ⓒ 일수에 의할 경우 초일 불산입(그 다음날로부터 계산)

　　　ⓔ 월에 의할 경우 월의 대소에 불구하고 지급할 달의 대응일을 만기일로 하며, 대응일이 없을 경우 해당 월의 말일을 만기일로 함

　② 일자후정기출급 : At 60 days after B/L date

　　　⊙ 선적일 또는 환어음이나 상업송장의 발행일 등과 같이 특정일자를 기준으로 만기일 산정

　　　ⓛ 지급인의 인수일자와 관계 없이 지정일자의 다음날이 환어음 만기산정을 위한 기산일이 됨

　　　ⓒ 환어음 기한과 관련하여 'From'이라는 용어가 사용된 경우, 이를 'After'와 동일한 의미로 해석하여, 해당일자를 제외한 그 다음날부터 만기 산정

　　　ⓔ 환어음 기한과 관련하여 사용되는 'B/L date'란 선하증권의 발행일자가 아니라 '본선적재일자'를 의미하는 것으로 해석

　　　ⓜ 하나의 환어음에 선적일자가 다른 2세트 이상의 선하증권이 첨부되어 있거나 또는 하나의 선하증권에 여러 개의 본선적재부기가 있는 경우 그들 중 가장 늦은 일자를 기준으로 만기 산정

　③ 확정일출급 : 만기일이 특정일자로 확정되어 있는 어음

(4) 인수 사실의 통지

　① Shipper's Usance

　　　⊙ 일람후정기출급 어음의 경우 개설은행이 선적서류를 접수한 그 익일을 환어음 만기산정의 기산일로 하여 만기산정

　　　ⓛ 만기일이 확정되면 개설은행은 제시인(매입은행 등) 앞으로 '인수통지서'를 송부하여야 하며, 이 통지서에는 인수일자, 만기일, 대금지급에 관한 사항 등을 포함해야 함

　② Overseas Banker's Usance

　　　⊙ 인수편의를 제공한 해외의 은행(인수은행)이 어음지급인이 되며, 동 은행이 인수한 날짜가 만기 기산일

　　　ⓛ 인수은행은 어음 만기일, ACDC(A/D Charge)의 내용이 담긴 인수통지서를 개설은행 앞으로 송부

　　　ⓒ 수출상과 매입은행 등은 어음 만기일과 관계 없이 일람출급 조건으로 대금을 영수하므로, 매입은행 등에 대한 별도의 인수통지는 없음

　③ Domestic Banker's Usance

　　　⊙ 환어음 인수가 개설은행에 의해 이루어지므로 Shipper's Usance와 동일한 방식으로 어음 만기 산정

　　　ⓛ 단, 수출상과 매입은행 등은 어음 만기일과 관계 없이 일람출급 조건으로 대금을 영수하므로, 매입은행 등에 대한 별도의 인수통지는 없음

12. 수입대금 결제 [근거규칙 : ICC 은행 간 화환신용장 대금상환에 관한 통일규칙(URR725) 제2조~제11조]

(1) 상환수권서(RA ; Reimbursement Authorization)
　① 상환은행으로 하여금 매입은행 등의 상환청구 요청에 대하여 그 대금을 지급하라는 개설은행의 지시서
　② 신용장과는 독립된 별도의 지시이므로 신용장 상의 각종 조건을 포함하고 있어도 안 되고, 신용장의 제조건과 일치한다는 증명서를 요구해서도 안 됨
　③ 상환방식 신용장 개설 시 개설과 동시에 상환은행 앞으로 상환수권서 발송
　④ 상환수권은 취소 불능이 아니므로, 개설은행은 상환은행에 통보함으로써 언제라도 상환수권의 취소 또는 조건변경 가능

(2) 상환확약서(Reimbursement Undertaking)
　① 개설은행의 수권 또는 요청에 의하여 상환은행이 상환수권서에 지정된 상환청구은행(매입은행 등) 앞으로 발행하는 서류
　② 상환은행으로 하여금 상환확약서를 발행하도록 지시하는 개설은행의 '상환확약수권서'는 상환은행의 동의 없이 일방적으로 조건변경 또는 취소 불가

(3) 상환청구서(Reimnursement Claim) : 매입은행 등이 지정된 상환은행 앞으로 대금청구 시 발송하는 서류
　① 전신에 의한 상환청구 시 우편확인서 송부 불가
　② 한 통의 전신 또는 서신에 복수의 상환청구 삽입 불가
　③ 상환청구은행이 개설은행에 송부하는 지급 · 연지급 · 인수 · 매입통지서의 사본은 상환청구서를 대신할 수 없으며, 이에 의한 상환청구는 불인정
　④ 상환청구은행은 상환청구서에 신용장 조건과의 불일치로 인하여 지급 · 연지급 · 인수 · 매입 등이 '유보조건' 또는 '손해보상조건'으로 이루어졌다는 등의 내용 표시 불가

(4) 상환청구 대금결제 [근거규칙 : 신용장통일규칙(UCP600) 제13조]
　① 상환청구 접수 다음날로부터 3영업일을 초과하지 않는 범위 내에서 지급
　② 은행 영업시간을 경과하여 상환청구가 접수된 경우 다음 영업일에 접수된 것으로 간주

(5) 상환은행의 비용 부담
　① 상환은행의 비용은 원칙적으로 개설은행 부담이 원칙
　② 개설은행이 상환은행에 대하여 비용부담의 당사자에 관한 지시를 하지 않은 경우 모든 비용은 개설은행이 부담

13. 추심방식(D/P, D/A) 수입 [근거규칙 : 추심에관한통일규칙(URC522) 제2조]

(1) 의의

① 수출입 당사자 간의 계약에 근거하여 수출상이 물품을 선적한 후 수입상을 지급인으로 하는 환어음을 발행하여 선적서류와 함께 자신의 거래은행(추심의뢰은행)을 통하여 수입상 거래은행(추심은행)에 제시하면, 수입상은 동 환어음에 대한 지급(일람출급) 또는 인수(기한부) 조건으로 선적서류를 인도하고 수입대금을 결제하는 무신용장방식 거래

② 수출입 당사자 간의 거래은행(추심의뢰은행과 추심은행)을 통하여 서류인도 및 대금결제가 이루어진다는 점에서 당사자 간에 서류의 인수도가 이루어지는 송금방식과 차이

③ 은행의 지급보증이 선행되지 않는다는 점에서 신용장방식과 차이

(2) 종류 [근거규칙 : 추심에관한통일규칙(URC522) 제6조]

① D/P(Documents against Payment, 서류지급인도조건)

② D/A(Documents against Acceptance, 서류인수인도조건)

③ D/P Usance

(3) 특징

① 수출입당사자 간의 매매계약에 근거한 거래이므로 은행의 지급보증이 없음

② 대금의 지급유무는 전적으로 수입상의 신용에 의존

③ 은행(추심의뢰은행, 추심은행)은 위임에 의한 처리를 하는 것일 뿐 대금지급에 관한 의무가 없음

④ 준거규칙 : 추심에관한통일규칙(URC522)

(4) 거래 필요성

① 신용장 거래 시 발생되는 비용(개설수수료, 인수수수료 등) 부담이 없음

② 국제무역시장이 경쟁격화로 판매자 시장에서 구매자 시장으로 전환됨에 따라 수출상이 대금결제상의 불리함을 감수하고 동 거래방식 이용

③ 현지법인 및 해외지점 등을 활용한 본지사 간 거래 증가

(5) 추심당사자 [근거규칙 : 추심에관한통일규칙(URC522) 제3조]

① **추심의뢰인(Principal)** : 자신의 거래은행에 추심을 의뢰하는 당사자(수출상)

② **추심의뢰은행(Remitting Bank)** : 추심의뢰인의 요청에 의하여 수입국 은행에 추심을 의뢰하는 수출국 은행

③ **추심은행(Collecting Bank)** : 수출국의 추심의뢰은행으로부터 서류를 받아 수입상에게 전달하는 수입국 은행

④ **제시은행(Presenting Bank)** : 추심은행으로부터 서류를 송부받아 지급인에게 제시하는 은행 (통상 추심은행과 동일)

⑤ **지급인(Drawee)** : 추심서류의 제시를 받아야 할 자로 환어음의 지급인이 되는 <u>수입상</u>

(6) 추심 관련 은행의 의무와 면책 [근거규칙 : 추심에관한통일규칙(URC522) 제8조, 제14조]

① 추심에 관여하는 은행은 선량한 수임자로서 신의성실의 원칙에 따라 행동하고 업무취급에 있어 상당한 주의를 기울여야 함

② 물품은 추심은행의 사전동의 없이 추심은행 앞으로 탁송되어서는 안 됨(탁송당사자가 위험과 책임부담)

③ 추심의뢰은행이 추심의뢰인의 지시사항을 이행하기 위하여 타은행의 서비스를 이용한 경우 그 비용과 위험은 추심의뢰인이 부담

④ 추심은행은 접수된 서류가 외관상 추심지시서에 기재된 것과 일치하는지 여부를 확인해야 하며, 누락된 서류가 있거나 추심지시서의 내용과 상이한 경우 지체 없이 전신 등에 의한 신속한 방법으로 추심의뢰은행에 통지

⑤ 추심은행은 <u>서류의 내용</u>에 대해서는 심사할 의무가 없음(추심지시서에 기재된 서류의 종류, 통수의 일치 여부만 확인)

⑥ 은행은 서류의 형식, 충분성, 정확성, 진정성, 위조여부, 법적효력, 서류상의 일반조건 등에 대하여 어떠한 의무나 책임을 부담하지 않음

⑦ 은행은 송달 중 서류의 지연, 멸실로 인하여 발생되는 결과에 대하여 책임을 부담하지 않음

[참고] **추심지시서(Collection Instruction)** [근거규칙 : 추심에관한통일규칙(URC522) 제4조, 제24조, 제25조]

• 의의
 – 추심거래에 관여하는 당사자들의 서류처리 기준을 제시하는 서류
 – 추심은행은 추심지시서 이외의 다른 서류를 검토할 필요가 없으며, 만약 어떤 지시사항이 다른 서류에 표시되어 있더라도 무시

• 거절증서
 – 인수거절 또는 지급거절을 입증하는 서류
 – 추심지시서에 거절증서의 작성에 대한 명시가 없으면 거절증서 작성에 대한 의무를 부담하지 않음 (작성면제)

• 예비지급인
 – 어음 지급인이 인수 또는 지급을 거절할 경우를 대비하여 추심의뢰인이 지정한 대리인
 – 인수거절 또는 지급거절 시 추심은행은 추심지시서에 명시된 예비지급인의 지시에 따라 행동
 – 예비지급인의 권한에 대한 명확한 지시가 없으면 예비지급인으로부터의 어떠한 지시에도 응하지 않음

• D/P와 D/A를 의미하는 문구 : D/P와 D/A의 명시가 따로 없을 경우 'D/P'로 간주

[참고] D/P, D/A 표시문구

• D/P 조건임을 의미하는 문구
 – deliver documents against payment
 – D/P at sight
 – Sight
 – at sight on arrival of vessel
 – D/P, at 30 days after B/L date(<u>D/P Usance</u>임을 표시하는 문구) 등

• D/A 조건임을 의미하는 문구
 – deliver documents against acceptance
 – 60 days after arrival of cargo
 – at 60 days after arrival of vessel
 – 30 days after sight
 – 60 days after B/L date 등

14. 추심서류 [근거규칙 : 추심에관한통일규칙(URC522) 제2조]

(1) 금융서류 : 대금결제에 사용되는 수단으로 환어음, 약속어음, 수표 또는 기타 금전의 지급을 받기 위하여 사용되는 이와 유사한 증서(통상 환어음)

(2) 상업서류 : 운송서류, 상업송장, 보험서류, 포장명세서, 권리서류 등 금융서류 이외의 모든 서류

(3) 추심서류의 제시와 인도

① 추심은행은 지체 없이 인수를 위한 제시를 하여야 하고, 만기일에는 지급을 위한 제시를 하여야 함

② 추심서류는 추심지시서에 표시된 주소에 제시되어야 함

③ 추심서류는 접수된 원형 그대로 지급인에게 제시되어야 함

④ 일반적으로 추심지시서에는 지급인이 행위를 취하여야 하는 시한을 기재하게 되는데, 서류제시 시에는 이러한 명시된 행위기한을 확인하여야 하며, 아울러 지급인이 제한된 시일 내에 어떠한 조치도 취하지 않는다면 그러한 사실은 지체 없이 추심의뢰은행에 통지되어야 함

⑤ 추심은행은 환어음의 인수 형식이 외견상 완전하고 정확한가를 확인할 책임이 있음. 하지만 서명의 진정성이나 서명인의 권한에 대해서는 책임을 지지 않음

⑥ D/A 서류는 반드시 환어음이 인수된 후에 인도되어야 하며, 신용장방식과는 달리 환어음 인수에 관한 요식행위가 반드시 이루어져야 함

15. 거절증서 [근거규칙 : 추심에관한통일규칙(URC522) 제24조]

(1) 의의

① 어음의 형식적 소구요건인 지급거절(일람출급) 또는 인수거절(기한부) 사실을 증명하는 공정증서 (공증인이나 집달관에 의해 작성)

② 추심지시서에 작성을 지시하고 있는 경우에만 작성

③ 거절증서 작성에 따른 비용은 추심지시서에 별도의 명시가 없는 한 추심의뢰인(수출상) 부담

④ 종류 : 지급거절증서(D/P, D/A), 인수거절증서(D/A)

(2) 거절증서 작성

① 어음 지급제시기한

  ㉠ D/P : 발행일로부터 1년 이내

  ㉡ D/A : 만기일 또는 그에 이은 2영업일 이내

② 지급거절증서는 반드시 지급제시기간 내에 작성되어야 하며, 지급거절 즉시 작성하는 것이 원칙

③ D/P 어음의 지급거절증서는 지급거절 즉시 작성, D/A 어음의 지급거절증서는 만기일에 이은 2영업일 이내에 작성

④ 거절증서는 어음 또는 이에 결합된 부전에 기재하여 작성

⑤ 거절증서를 어음 자체에 작성하는 경우 뒤쪽 배서에 이어 작성하여야 하며, 부전에 작성하는 경우 공증인 또는 집달관이 그 접목에 간인

⑥ 거절증서 작성일에 이은 4영업일 이내에 배서인과 발행인에 대하여 동 사실 통지

16. 보증신용장(Standby L/C) [근거규칙 : 신용장통일규칙(UCP600) 제1조, 보증신용장통일규칙(ISP98) 제1·01조]

(1) 의의
① 수출입물품 대금을 결제할 목적으로 개설되는 상업신용장(Commercial Credit)이 아닌 금융의 담보 또는 채무보증의 목적 등 주로 무역외거래에 사용되는 외화지급보증 신용장
② 단순한 은행보증의 기능을 넘어 이행보증신용장 및 금융보증신용장 등 다양한 용도로 사용
③ 주 채무에 종속되는 채무가 아니라, 신용장의 조건과 문면상 일치하는 서류의 제시에 대하여 원인계약과는 관계 없이 그 대금을 지급해야 하는 1차적이고 독립적인 채무
④ 준거규칙 : 신용장통일규칙(UCP600), 보증신용장통일규칙(ISP98)

(2) 이행보증신용장
① 입찰보증신용장(Bid Standby L/C) : 입찰참가자가 입찰을 중도에 포기하거나 낙찰받은 후 본계약을 체결하지 않는 경우 수익자(발주자)에게 보증금액의 환급을 보장할 목적으로 발행
② 계약이행보증신용장(Performance Standby L/C) : 기초계약상의 채무자가 계약을 이행하지 않는 경우 수익자에게 보증금액의 지급을 보장할 목적으로 발행(기초계약의 의무이행 보장)
③ 선수금환급보증신용장(Advance Payment Standby L/C) : 기초계약상 주채무자가 계약을 불이행하는 경우 수익자에게 이미 지급한 선수금의 환급을 보장할 목적으로 발행
④ 유보금환급보증신용장(Retention Standby L/C) : 기성고방식의 건설용역, 플랜트수출 등에서 발주자는 각 기성 단계별로 대금 중의 일부를 시공자의 완공불능위험에 대비하여 유보금으로 적립하는데, 이 유보금을 공제하지 않고 기성대금 전액의 지급을 보장받을 목적으로 발행
⑤ 하자보증신용장(Warranty Standby L/C) : 해외건설공사에서 발주자가 공사완공 후 잔금 지급 시 일정 하자보수기간에 발생할 수 있는 하자보수비용을 공제한 후 지급하는데, 이 하자비용 공제 없이 수주금액 전액을 지급받을 목적으로 하자보수비용에 해당하는 금액을 보증대상으로 하여 발행

(3) 금융보증신용장
① 금융보증신용장(Financial Standby L/C) : 대출계약 또는 소비대차계약에서 채무자에 의한 채무불이행이 있을 경우 채권자에게 동 차입금의 상환을 보장할 목적으로 발행
② 상업보증신용장(Commercial Standby L/C)
　㉠ 물품 수출입과 관련하여 개설의뢰인(수입상)이 무역계약에서 정한 결제방식에 따라 대금 지급을 이행하지 않을 경우 수익자(수출상)에게 동 대금의 지급을 2차적으로 보장할 목적으로 발행
　㉡ OA(Open Account)와 같은 사후송금방식 무역거래 시 개설의뢰인이 물품만 인도받고 수입대금을 결제하지 않을 경우 동 대금의 지급이행을 보장할 목적으로 활용
③ 보험보증신용장(Insurance Standby L/C) : 개설의뢰인의 보험 또는 재보험 의무를 보장할 목적으로 발행되는 보증신용장
④ 직불보증신용장(Direct Pay Standby L/C) : 채무불이행 여부와 관계 없이 기초계약에 따른 지급기일이 도래하는 경우 지급될 것임을 약정한 1차적인 지급수단

17. 청구보증(Demand Guarantee) [근거규칙 : 청구보증통일규칙(URDG758) 제1조, 제5조]

(1) 의의

① 독립적 은행보증이며, 계약위반 또는 채무불이행 사실에 대한 조사 또는 증명을 필요로 하지 않고 채권자의 단순한 진술서만으로 채권자에게 일정금액을 지급하여야 하는 무조건적이며, 절대적인 보증(주채무자의 채무불이행 시 2차적 책임을 지는 것이 아니고 주채무자와는 독립된 1차적인 책임을 부담)

② 채무에 대한 부종성을 지니는 통상의 보증이 아니며, 기초계약에 따른 사유로는 수익자에게 대항하지 못하고 수익자의 지급청구가 있으면 무조건적인 지급의무가 발생

③ 요구불보증, 독립은행보증이라고도 함

④ 준거규칙 : 청구보증통일규칙(URDG758)

(2) 청구보증 종류(이행성보증)

① 입찰보증(Bid Guarantee, Tender Guarantee) : 입찰참가자가 입찰을 중도에 포기하거나 낙찰 받은 후 본계약을 체결하지 않는 경우 수익자(발주자)에게 보증금액의 환급을 보장할 목적으로 발행

② 계약이행보증(Performance Guarantee) : 기초계약상의 채무자가 계약을 이행하지 않는 경우 수익자에게 보증금액의 지급을 보장할 목적으로 발행(기초계약의 의무이행 보장)

③ 선수금환급보증(Advance Payment Guarantee) : 기초계약상 주채무자가 계약을 불이행하는 경우 수익자에게 이미 지급한 선수금의 환급을 보장할 목적으로 발행

④ 유보금환급보증(Retention Guarantee) : 기성고방식의 건설용역, 플랜트수출 등에서 발주자는 각 기성 단계별로 대금 중의 일부를 시공자의 완공불능위험에 대비하여 유보금으로 적립하는데, 이 유보금을 공제하지 않고 기성대금 전액의 지급을 보장받을 목적으로 발행

⑤ 하자보증(Maintenance Guarantee, Warranty Guarantee) : 해외건설공사에서 발주자가 공사완공 후 잔금 지급 시 일정 하자보수기간에 발생할 수 있는 하자보수비용을 공제한 후 지급하는데, 이 하자비용을 공제 없이 수주금액 전액을 지급받을 목적으로 하자보수비용에 해당하는 금액을 보증대상으로 하여 발행

18. 보증방법

(1) 직접보증

① 지시당사자의 의뢰에 따라 보증인에 의하여 수익자에게 발행하는 보증방법

② 3당사자(지시당사자, 보증인, 수익자)가 개입되므로 '3자보증'이라 칭함

> **[참고] 보증의 관계당사자** [근거규칙 : 청구보증통일규칙(URDG758) 제2조]
>
> - 지시당사자(Instructing Party)
>   - 보증인에게 보증서의 발행을 지시하고 그 배상책임을 지는 자로, 통상 기초계약상의 주채무자인 보증의뢰인이 곧 지시당사자가 되는 것이 일반적이지만 양자가 동일인이 아닐 수도 있음
>   - 해외의 자회사(현지법인)의 현지금융 수혜 시 국내의 본사가 보증인에게 보증서 발행을 지시하는 경우 보증서상 기초계약 채무자는 자회사(현지법인), 지시당사자는 국내 본사가 됨
> - 보증인(Guarantor) : 지시당사자의 요청에 의하거나 자신의 계산으로 보증서를 발행하는 자
> - 수익자 : 보증의 혜택을 받는 자로 기초계약상의 채권자

(2) 간접보증

① 지시당사자(또는 보증의뢰인)의 요청에 의하여 그 거래은행이 수익자 소재지의 은행 앞으로 구상보증서(Counter Guarantee)를 발행하면, 수익자 소재지의 은행이 이 구상보증서를 근거로 스스로 보증인이 되어 수익자에게 최종 보증서(Demand Guarantee)를 발행하는 방법

② 4당사자(보증인, 구상보증인, 지시당사자, 수익자)가 개입되는 구조를 취하므로 '4자보증'이라 칭함

③ 구상보증, 역보증, 재보증, 복보증 등으로 칭함

> **[참고] 간접보증하의 구상보증인(Counter Guarantor)과 보증인(Guarantor)** [근거규칙 : 청구보증통일규칙(URDG758) 제2조]
>
> - 구상보증인 : 다른 은행(보증인)이 기초계약상의 채권자를 수익자로 하는 보증서를 발행할 수 있도록, 동 은행을 수익자로 하는 구상보증서를 발행하는 은행
> - 보증인 : 자신을 수익자로 하여 발행된 구상보증서에 근거하여 자신 스스로가 보증인이 되어 최종수익자 앞으로 보증서를 발행하는 수익자 거래은행

19. 지급청구에 대한 지급거절

(1) 일치하는 제시인지 여부를 심사하여, 제시일의 익일로부터 5영업일 이내에 일치하는 지급청구인지 여부를 결정

(2) 지급청구 거절 시 제시일 다음날로부터 5영업일 이내에 전신 또는 기타 신속한 방법으로 지체 없이 지급청구를 거절한다는 사실과 함께 지급청구 거절 사유가 되는 각각의 불일치 사항을 명시하여 단 한 번의 통지로 모든 것을 통보

(3) 지급거절 사유

① 불일치하는 지급청구

② 사기적 청구

③ 권리남용적 청구

SECTION 1 ○✕ 문제

01 수입신용장 개설은행은 신용장 개설시점부터 수익자(Beneficiary)에 대한 확정채무(확정외화지급보증)를 부담한다. (○/✕)

정답 | ✕
해설 | (1) 수입신용장 개설은 수익자가 미래 신용장 조건과 일치하는 서류를 제시하면 결제를 확약하겠다는 지급보증채무 부담행위
　　　(2) 신용장 개설시점 : 주채무 미확정 상태인 우발채무(미확정외화지급보증) 부담
　　　(3) 수익자의 일치하는 제시에 의하여 확정채무(확정외화지급보증)로 전환됨

02 계약 건당 미화 5만불을 초과하는 사전송금방식 수입거래로, 선적서류 또는 물품 영수일을 기준으로 1년 이전에 수입대금을 사전 지급하고자 하는 경우 한국은행총재 사전신고 대상이다. (○/✕)

정답 | ✕
해설 | 한국은행총재 사전신고 대상 수입거래
　　　(1) 계약 건당 미화 2만불을 초과하는 사전송금방식 수입거래로, 선적서류 또는 물품 영수일을 기준으로 1년 이전에 수입대금을 사전 지급하고자 하는 경우
　　　(2) 가공하지 않고 재수출할 목적으로 계약 건당 미화 5만불을 초과하는 금(Gold)을 수입하는 경우로, 수입대금을 선적서류 또는 물품 영수일로부터 30일을 초과하여 지급하고자 하는 경우

03 항공화물운송장(Air Waybill)은 유가증권으로 수하인(Consignee)은 반드시 개설의뢰인(Applicant)으로 표시되어야 한다. (○/✕)

정답 | ✕
해설 | 항공화물운송장 : 권리증권이 아닌 단순한 화물수취증서로, 수하인은 반드시 개설은행으로 지정하여야 함

04 양도가능신용장에서 Transferable, Divisible, Fractionable 등의 문구가 사용된 경우 양도를 허용하는 것으로 간주한다. (○ / ×)

정답 | ×
해설 | 양도가능 문구 : Transferable만 사용 가능

05 무역거래조건 중 본선인도조건(FOB)은 운임후지급 조건에 해당된다. (○ / ×)

정답 | ○
해설 | (1) 운임후지급 조건 : E그룹, F그룹(EXW, FCA, FAS, FOB)
　　　(2) 운임선지급 조건 : C그룹, D그룹(CFR, CPT, CIF, CIP, DAP, DPU, DDP)

06 텔렉스(Telex)에 의한 신용장 개설 시 내용전달의 오류확인을 위하여 우편확인서를 추가로 송부하는 경우 통지은행은 텔렉스 전문과 우편확인서의 내용을 대조 및 점검한 후 통지하여야 할 의무가 있다. (○ / ×)

정답 | ×
해설 | (1) 통지은행은 텔렉스 전문과 우편확인서의 내용에 대한 대조, 점검의 의무가 없음
　　　(2) 신용장통일규칙(제11조)에서는 우편확인서 추가 송부를 금지하도록 규정

07 SWIFT 통신네트워크를 이용한 신용장 개설 시 발송되는 전신문의 SWIFT Message Type은 MT103이다. (○ / ×)

정답 | ×
해설 | (1) MT700 : 신용장 개설(Issue of a Documentary Credit)
　　　(2) MT707 : 신용장 조건변경(Amendment to a Documentary Credit)
　　　(3) MT734 : 지급거절통지(Advice of Refusal)
　　　(4) MT740 : 상환수권(Authorization to Reimburse) 등

08 신용장 개설은행은 지정은행의 상환은행 앞 상환청구 시 제시된 선적서류가 신용장 조건과 일치한다는 일치증명서를 제출하도록 요구하여야 한다. (○ / ×)

정답 | ×
해설 | (1) 개설은행은 지정은행의 상환은행 앞 상환청구 시 제시된 선적서류가 신용장 조건과 일치한다는 일치증명서를 제출하도록 요구할 수 없음(신용장통일규칙 제13조 b항)
　　　(2) 상환은행 수수료는 개설은행 부담

09 일람출급신용장의 종류 중 하나인 매입신용장은 통상 환어음이 미발행되며, 신용장 이용방법을 매입(Negotiation)이라고 명시한다. (O / ×)

정답 | ×
해설 | (1) 일람출급신용장 : 매입신용장, 지급신용장
  (2) 매입신용장(Negotiation L/C)
    ① 통상 환어음 발행을 요구하며, 신용장 이용방법을 '매입(Negotiation)'이라고 명시
    ② 지급확약문언 : 어음발행인은 물론 선의의 소지인 모두에 대하여 결제 확약
  (3) 지급신용장(Payment L/C)
    ① 환어음 발행을 요구하지 않으며, 신용장 이용방법을 '지급(Payment)'이라고 명시
    ② 어음에 관한 별도 언급 없이, 서류가 제시되면 바로 지급하겠다는 문언 기재

10 'Negotiation under this credit is restricted to the XXX Bank'라는 표현은 자유매입신용장임을 의미하는 문구이다. (O / ×)

정답 | ×
해설 | (1) 매입제한신용장 : 'Negotiation under this credit is restricted to the XXX Bank'
  (2) 자유매입신용장 : 'Credit available with any bank by negotiation'

11 신용장 유효기일(Expiry Date)이 은행휴무일인 경우 그 다음 은행영업일로 자동 연장된다. (O / ×)

정답 | ○
해설 | (1) 유효기일, 서류제시기간 : 해당일자가 은행휴무일인 경우 그 다음 영업일까지 자동 연장
  (2) 선적기일 : 해당일자가 은행휴무일인 경우라도 자동 연장되지 않음

12 인수수수료란 기한부(Usance) 신용장 개설 후 환어음 인수 시 개설은행의 지급보증 채무가 우발채무(미확정외화지급보증)에서 확정채무(확정외화지급보증)로 전환됨에 따라 개설의뢰인(수입상)으로부터 징수하는 수수료이다. (O / ×)

정답 | ○
해설 | 인수수수료
  (1) 기한부(Usance) 신용장 개설 후 환어음 인수 시 개설은행의 지급보증 채무가 우발채무(미확정외화지급보증)에서 확정채무(확정외화지급보증)로 전환됨에 따라 개설의뢰인(수입상)으로부터 징수하는 수수료
  (2) 확정채무 부담에 따른 대손충당금 적립, BIS 자기자본비율 저하 등에 따른 기회비용 증가 보전 목적
  (3) 개설수수료율(우발채무)보다 상대적으로 높은 수수료율 적용(확정채무)

13 수입환어음 결제 환가료와 수입환어음 결제지연이자(Graceday Charge)는 상환방식(Reimbursement Base) 일람출급 수입신용장 거래 시 상환은행을 통한 결제대금 선지급에 따른 개설은행의 자금부담비용을 보전할 목적으로 개설의뢰인(수입상)으로부터 징수하는 이자성 수수료 항목이다. (O / ×)

정답 ┃ ○
해설 ┃ **수입환어음 결제 환가료 및 수입환어음 결제지연이자(Graceday Charge)**
  (1) 상환방식 수입신용장 거래 시 상환은행에 개설되어 있는 개설은행의 예치환계좌에서 수입대금 선지급이 발생함에 따른 개설은행의 자금부담비용을 보전할 목적으로 징수하는 이자(수수료)
  (2) 송금방식의 경우 개설은행의 자금부담이 없으므로 발생하지 않음

14 수입화물선취보증서(L/G)가 발급된 경우 추후에 내도된 서류에 하자가 있다면 그 사유를 이유로 지급거절 통보가 가능하다. (O / ×)

정답 ┃ ×
해설 ┃ (1) 수입화물선취보증서(L/G)가 발급된 경우 추후에 내도된 서류에 하자가 있더라도 원칙적으로 그 사유를 이유로 지급거절 통보 불가
  (2) 개설은행은 수입화물선취보증서 발급 후 선적서류 내도 시 선하증권 원본 1부를 선박회사 앞으로 송부해야 하는데, 지급거절 통보 후 매입은행이 서류 일체의 반환 및 화물 반송을 요구하는 경우 이에 응할 수 없음(수입화물처분권 훼손)
  (3) 일람출급 신용장의 경우 수입화물선취보증서 발급 시 수입대금 결제를 담보할 목적으로 수입보증금(L/G보증금)을 적립하도록 하는 것이 원칙

15 항공화물운송장에 의한 수입화물인도승낙서는 개설은행 앞으로 선적서류 원본이 도착한 경우에도 발급해 주어야 하는 서류이다. (O / ×)

정답 ┃ ○
해설 ┃ **수입화물인도승낙서**
  (1) 개설은행 앞으로 선적서류가 도착하여 결제가 이루어진 경우에도 발급해 주어야 하는 서류
  (2) 항공화물운송장 상의 수하인이 개설은행으로 되어 있는 경우 개설의뢰인이 화물을 수령하기 위하여 반드시 필요한 서류
  (3) 선하증권과 달리 기명식으로만 발행이 가능한 항공화물운송장의 성격상 수하인인 개설은행이 권리양도의 사실을 증명하기 위해서 별도의 요식행위가 필요하며, 수입화물인도승낙서가 그 서류임

16 기한부(Usance) 신용장의 일자후정기출급 조건 환어음 만기일 산정 시 'From'이라는 용어가 사용된 경우 해당일자를 포함하여 만기일을 산정한다. (○ / ×)

정답 | ×
해설 | 환어음 기한과 관련하여 'From'이라는 용어가 사용된 경우, 'After'와 동일한 의미로 해석하여 해당일자를 제외하고 그 다음날로부터 만기일을 산정해야 함

17 기한부(Usance) 신용장의 환어음 기한과 관련하여 'At 60 days after B/L date'라는 문구가 기재된 경우의 'B/L date'는 선하증권의 발행일자를 의미한다. (○ / ×)

정답 | ×
해설 | 환어음 기한과 관련하여 'At 60 days after B/L date'라는 문구가 기재된 경우의 B/L date는 선하증권의 본선적재일자를 의미

18 추심은행(Collecting Bank)이란 추심방식(D/P, D/A) 거래에서 추심의뢰인의 요청에 의하여 수입국 은행에 추심을 의뢰하는 수출상 거래은행이다. (○ / ×)

정답 | ×
해설 | (1) 추심의뢰은행 : 추심의뢰인의 요청에 의하여 수입국 은행에 추심을 의뢰하는 수출상 거래은행
　　　(2) 추심은행 : 수출국의 추심의뢰은행으로부터 선적서류를 받은 수입국의 수입상 거래은행

19 금융보증신용장(Financial Standby L/C)이란 사후송금방식 또는 OA(Open Account) 방식 등의 무역거래 시 계약에 의하여 미리 정해진 방법으로 대금지급이 이루어지지 않았을 경우를 대비하여 2차적인 지급의무를 보장할 목적으로 발행되는 보증신용장 종류이다. (○ / ×)

정답 | ×
해설 | (1) 금융보증신용장 : 차입금의 상환을 보장하기 위한 수단으로 사용되는 보증신용장 종류
　　　(2) 상업보증신용장 : 사후송금방식 또는 OA(Open Account) 방식 등의 무역거래 시 계약에 의하여 미리 정해진 방법으로 대금지급이 이루어지지 않았을 경우를 대비하여 2차적인 지급의무를 보장할 목적으로 발행되는 보증신용장 종류

20 신용장에서 요구하는 선적서류의 종류 중 포장명세서(Packing List)는 기본서류에 해당한다. (O / ×)

정답 | ×
해설 | (1) 기본서류 : 상업송장(Commercial Invoice), 운송서류(Transport Documents), 보험서류(Insurance Documents)
　　 (2) 기타서류 : 포장명세서, 원산지증명서, 검사증명서 등

21 청구보증(Demand Guarantee)이란 주채무자가 채무를 이행하지 못하는 경우에 한하여 2차적인 보증채무를 부담하는 보증이다. (O / ×)

정답 | ×
해설 | **청구보증**
　　 (1) 주채무와는 독립된 1차적인 책임을 부담하는 무조건적이며, 절대적인 보증
　　 (2) 요구불보증, 독립보증
　　 (3) 지급이행 청구 시 요구서류(수익자의 진술서) : 채무불이행진술서, 청구사유진술서
　　 (4) 준거규칙 : 청구보증통일규칙(URDG758)

22 직접보증이란 지시당사자의 요청에 의하여 그 거래은행이 수익자 소재국의 은행 앞으로 구상보증서를 발행하면, 수익자 소재국의 은행이 이를 담보로 스스로 보증인이 되어 수익자에게 최종 보증서를 발행하는 보증방법이다. (O / ×)

정답 | ×
해설 | (1) 직접보증 : 지시당사자의 의뢰에 의하여 보증인이 수익자에게 발행하는 보증방법으로, 지시당사자, 보증인, 수익자 3당사자가 개입되므로 '3자보증'이라고도 칭함
　　 (2) 간접보증 : 지시당사자의 요청에 의하여 그 거래은행이 수익자 소재국의 은행 앞으로 구상보증서를 발행하면, 수익자 소재국의 은행이 이를 담보로 스스로 보증인이 되어 수익자에게 최종 보증서를 발행하는 보증방법(4자보증, 재보증, 복보증, 역보증)

01 신용장 대금결제조건 중 (   )이란 신용장 발행과 동시에 미리 상환은행을 지정하여 해당 은행 앞으로 상환수권서를 발송하고, 매입은행 등으로 하여금 상환은행 앞으로 자금을 청구하도록 지시함으로써 신용장 대금결제가 이루어지도록 하는 방식을 의미한다.

정답 │ 상환방식(Reimbursement Base)
해설 │ **상환방식**
　　(1) 신용장 발행과 동시에 미리 상환은행을 지정하여 해당 은행 앞으로 상환수권서를 발송하고, 매입은행 등으로 하여금 상환은행 앞으로 자금을 청구하도록 지시함으로써 신용장 대금결제가 이루어지도록 하는 방식
　　(2) 일람불 상환방식 신용장의 경우 개설의뢰인의 대금결제 이전에 상환은행에 개설되어 있는 개설은행 계좌에서 대금이 인출되어 매입은행 등으로 지급됨
　　(3) 매입은행 등의 지정은행이 개설은행의 무예치환거래은행인 경우 사용

02 (   )란 수출상이 직접 개설의뢰인(수입상)에게 기한부 기간 동안의 신용을 공여하여 일정기간 대금결제를 유예하여 주는 방식의 기한부 신용장이다.

정답 │ Shipper's Usance
해설 │ (1) Shipper's Usance
　　　　① 수출상이 직접 개설의뢰인(수입상)에게 기한부 기간 동안의 신용을 공여하여 일정기간 대금결제를 유예하여 주는 방식의 기한부 신용장
　　　　② 개설의뢰인(수입상)은 신용장에서 정한 일정기간 경과 후인 만기일에 수입대금을 지급하며, 수출상은 신용 공여 후 만기일에 대금 회수
　　(2) Banker's Usance
　　　　① 신용장 개설은행이 정한 제3의 은행(인수은행)이 기한부 기간 동안의 신용을 공여해주는 방식
　　　　② 수출상 입장에서는 대금회수조건이 일람출급 조건과 동일함

03 (   )란 신용장 개설로 인하여 발생되는 개설은행의 신용위험부담(우발채무부담)에 대한 보상조로 개설의뢰인(수입상)으로부터 징수하는 수수료이다.

정답 │ 개설수수료
해설 │ **개설수수료**
　　(1) 신용장 개설로 인하여 발생되는 개설은행의 신용위험부담(우발채무부담)에 대한 보상조로 개설의뢰인(수입상)으로부터 징수하는 수수료
　　(2) 징수기간 : 개설일로부터 수입환어음 결제일(또는 인수일)까지

04 수입신용장 개설 후 내도된 선적서류의 결제(일람출급) 또는 인수(기한부)는 선적서류 도착일 다음 영업일로부터 (   )은행영업일 이내에 이루어져야 한다.

정답 | 5
해설 | **선적서류 결제 및 인도**
    (1) 선적서류의 결제(일람출급) 또는 인수(기한부)는 선적서류 도착일 다음 영업일로부터 5은행영업일 이내에 이루어져야 함
    (2) 대지급 처리일자
       ① 선적서류 도착일 다음 영업일로부터 6영업일째 되는 날
       ② 수입환어음 만기일 다음 영업일

05 (   )이란 선적서류보다 수입화물이 먼저 도착한 경우 선하증권 원본 없이 수입상이 수입화물을 인도받을 수 있도록 신용장 개설은행이 선박회사 앞으로 발행하는 일종의 보증서이다.

정답 | 수입화물선취보증(L/G ; Letter of Guarantee)
해설 | **수입화물선취보증(L/G)**
    (1) 선적서류보다 수입화물이 먼저 도착한 경우 선하증권 원본 없이 수입상이 수입화물을 인도받을 수 있도록 신용장 개설은행이 선박회사 앞으로 발행하는 일종의 보증서
    (2) 선박회사가 선하증권 원본을 회수하지 않은 채 수입상에게 화물을 인도함에 따라 발생되는 모든 문제에 대하여 개설은행이 책임 부담
    (3) 추후 선하증권 원본 도착 시 선박회사에 선하증권 원본을 송부하고 수입화물선취보증서 회수(L/G Redemption)

06 (   )이란 수입화물선취보증서 발급 후 선적서류가 내도하는 경우 선하증권 원본 1통을 선박회사 앞으로 송부하고 동 보증서를 회수하는 업무이다.

정답 | L/G Redemption
해설 | (1) 수입화물선취보증서에 의하여 개설은행이 부담해야 하는 보증채무는 해당 선박회사가 선하증권 원본을 회수하는 시점에 종료
    (2) 항공운송의 경우에는 '항공화물운송장에 의한 수입화물인도승낙서' 회수를 위한 별도의 Redemption 절차가 필요 없음(항공화물운송장이 배서양도가 가능한 유가증권이 아니기 때문)

07 (   )란 개설은행이 수입화물에 대한 소유권을 유지하면서, 개설의뢰인(수입상)이 수입대금을 결제하기 전에 미리 화물을 처분할 수 있도록 허용하는 제도이다.

정답 | 수입화물대도(TR ; Trust Receipt)
해설 | (1) 수입화물대도는 개설은행과 개설의뢰인 간의 계약이므로, 이를 인지하지 못하는 선의의 제3자에게 대항할 수 없음
    (2) 개설의뢰인이 물품을 매각하고 수입대금을 결제하지 않는 경우, 그 화물을 매입한 선의의 제3자에게 소유권 주장 불가

08 (   )란 추심에 관한 제조건을 나열한 추심거래에 관여하는 당사자들의 서류처리에 관한 기준을 제시하는 매우 중요한 서류로, 신용장 거래의 Covering Letter에 해당되는 서류이다.

정답 | 추심지시서(Collection Instruction)

09 (   )이란 추심방식(D/P, D/A) 거래에서 어음지급인의 지급거절(D/P) 또는 인수거절(D/A)에 대비하여 추심의뢰인이 지정한 대리인으로, 지급 또는 인수 거절 시 추심은행은 추심지시서에 명시된 (   )의 지시에 따라 행동해야 한다.

정답 | 예비지급인

10 외화지급보증(청구보증) 거래에 따른 지급청구 시 '일치하는 제시'인지의 여부 심사 후, 제시일의 익일로부터 (   )은행영업일 이내에 지급청구 이행 여부를 결정하여야 한다.

정답 | 5

SECTION 3 **기본문제**

01 수입신용장 개설 시 수입상이 적하보험에 부보하여야 하는 무역거래조건이 아닌 것은?

① FOB(본선인도조건)
② FAS(선측인도조건)
③ CIF(운임보험료포함인도조건)
④ CFR(운임포함인도조건)

정답 | ③
해설 | (1) 수입상 부보조건 : EXW(공장인도조건), FOB(본선인도조건), FAS(선측인도조건), FCA(운송장인도조건), CFR(운임포함인도조건), CPT(운송장비지급인도조건)
　　　　(2) 수출상 부보조건 : CIF(운임보험료포함인도조건), CIP(운송비보험료지급인도조건) 외 'D그룹'

02 신용장 조건 중 선적기일, 유효기일, 서류제시기간에 대한 설명으로 틀린 것은?

① 선적기일이 별도로 표시되어 있지 않은 경우 유효기일을 선적기일로 간주한다.

② 유효기일이란 환어음 및 선적서류가 지급·연지급·인수·매입을 위하여 지정은행 또는 개설은행에 제시되어야 하는 최종일자를 의미한다.

③ 서류제시기간이란 지급·연지급·인수·매입을 위하여 환어음 및 선적서류가 지정은행 또는 개설은행 앞으로 제시되어야 하는 선적일 이후의 일정기간을 의미한다.

④ 신용장 상에 서류제시기간이 명시되지 않은 경우 선적 후 10일 이내에 제시되어야 하는 것으로 간주한다.

정답 | ④

해설 | 서류제시기간

(1) 지급·연지급·인수·매입을 위하여 환어음 및 선적서류가 지정은행 또는 개설은행 앞으로 제시되어야 하는 <u>선적일 이후의 일정기간</u>

(2) 서류제시기간이 명시되지 않은 경우 <u>선적후 21일 이내</u>에 제시되어야 하는 것으로 간주하며, 유효기일 이내이어야 함

03 신용장 개설 시 사용되지 말아야 할 불명확한 용어에 대한 설명으로 틀린 것은?

① 서류 발행인을 표시하는 용어로 저명한(well known), 일류의(first class), 유능한(competent) 등의 용어는 사용하지 말아야 한다.

② 운임선지급 문구로 Freight Prepaid는 사용하지 말아야 한다.

③ 행위의 시한과 관련하여 prompt, immediately, as soon as possible 등의 용어는 가급적 사용하지 말아야 한다.

④ 행위의 시한과 관련하여 on or about이라는 용어는 가급적 사용하지 말아야 하며, 만약 사용된 경우 지정된 날짜의 전 5일부터 후 5일, 총 11일 이내에 어떤 그 행위가 발생하여야 하는 것으로 간주한다.

정답 | ②

해설 | (1) 운임선지급을 의미하는 문구 : Freight Prepaid만 사용 가능하며, Freight Prepayable, Freight to be Paid 등의 문구는 허용하지 않음

(2) 적하보험 부보 대상 위험 : Usual Risk, Customaty Risk 등의 용어는 사용하지 않아야 함

04 다음 〈보기〉의 신용장 개설 시 채번되는 번호(Ref No.)에 대한 설명으로 틀린 것은?

> 〈보기〉
> M D1 01 25 04 RS 00018

① D1은 개설은행 고유번호이다.

② 2025년에 개설된 신용장이다.

③ 수입물품의 사용용도는 내수용 일반재이다.

④ 일람출급(Sight) 신용장이다.

정답 | ③

해설 | (1) M : 수입신용장 표시

　　　(2) D1 : 개설은행 고유번호, 01 : 개설지점 고유번호

　　　(3) 25 : 개설연도, 04 : 개설월

　　　(4) 수입물품 사용용도 : N(Normal : 내수용 일반재), E(Export : 수출용 원자재), R(Relay : 중계무역용)

　　　(5) 대금결제조건 : S(Sight : 일람출급), U(Usance : 기한부), P(D/P), A(D/A) 등

05 무역거래조건 다음에 표시되는 매도인의 운임부담 종료지점으로 최종선적지명이 표시되는 무역거래조건이 아닌 것은?

① FOB(본선인도조건)　　　　　　② FAS(선측인도조건)

③ CFR(운임포함인도조건)　　　　④ FCA(운송장인도조건)

정답 | ③

해설 | 매도인의 운임부담 종료지점 표시

　　　(1) 선적지(F그룹) : FOB(본선인도조건), FAS(선측인도조건), FCA(운송장인도조건)

　　　(2) 도착지(C그룹) : CFR(운임포함인도조건), CIF(운임보험료포함인도조건), CIP(운송비보험료지급인도조건), CPT(운송장비지급인도조건) 등

06 상환방식(Reimbursement Base) 신용장 거래의 특징에 대한 설명으로 틀린 것은?

① 개설의뢰인(수입상)의 대금결제 이전에 상환은행을 통한 대금상환이 이루어지는 대금결제 조건이다.

② 신규거래처 등 개설의뢰인(수입상)의 신용위험이 높은 경우 상환방식 신용장 개설을 가급적 억제해야 한다.

③ 개설의뢰인(수입상)의 수입대금 결제 시 환가료 및 수입어음 결제지연이자(Graceday Charge)가 발생된다.

④ 개설의뢰인(수입상)으로부터 수입대금을 먼저 결제받은 후 매입은행 등에 대한 대금상환이 이루어진다.

정답 | ④

해설 | 송금방식(Remittance Base)
(1) 개설은행 앞으로 선적서류가 내도되어 일치하는 제시임이 확인되면 개설의뢰인으로부터 수입대금을 결제받아 매입은행 등에게 대금을 송금하는 방식
(2) 개설의뢰인으로부터 수입대금을 결제받은 이후에 매입은행 등에 대한 상환이 이루어짐

07 기한부 신용장의 대금결제조건 중 Overseas Banker's Usance에 대한 설명으로 틀린 것은?

① 해외은행이 기한부 기간 동안의 인수 및 할인편의를 제공해 주는 방식이다.

② 개설의뢰인(수입상)이 인수 및 할인편의를 제공해 준 인수은행에 대하여 지불하는 기간 이자를 환가료(Exchange Commission)라 한다.

③ 인수은행은 수출상에게 일람출급 조건으로 대금을 지급해 준다.

④ 기한부 기간 동안의 모든 금융비용은 개설의뢰인(수입상)이 부담한다.

정답 | ②

해설 | Overseas Banker's Usance
(1) 해외은행이 기한부 기간 동안의 인수 및 할인편의를 제공해 주는 방식으로, 수출상에게는 일람출급 조건으로 대금을 지급하고, 개설의뢰인(수입상)에게는 일정기간 동안의 수입대금의 결제를 유예해 주는 대금결제조건 (수출상 입장에서는 대금회수 조건이 일람출급과 동일함)
(2) 수입상이 인수 및 할인편의를 제공한 인수은행에 대하여 지불해야 하는 기간 이자 : ACDC(AD Charge ; Acceptance Commission & Discount Charge)
(3) ACDC(AD Charge) : 선취 또는 후취 선택 가능

08 신용장 조건변경에 대한 설명으로 틀린 것은?

① 신용장 조건 중 일부를 관계당사자 간의 합의에 의하여 변경하는 것을 말한다.

② 개설은행은 조건변경서 발급시점부터 자신이 발행한 조건변경서를 임의로 취소할 수 없다.

③ 수익자에 대한 조건변경의 효력은 수익자가 해당 조건변경을 수락하고 이를 통지은행에 통보한 때부터 유효하다.

④ 하나의 동일한 조건변경에 대한 부분적인 수락도 가능하다.

정답 | ④

해설 | 조건변경
  (1) 수익자에 대한 조건변경의 효력은 수익자가 해당 조건변경을 수락하고 이를 통지은행에 통보한 때부터 유효 (수익자의 침묵을 조건변경에 대한 동의로 간주할 수 없음)
  (2) 수익자가 조건변경에 대한 수락통보를 하지 않은 채 신용장 제조건에 일치하는 서류를 지정은행 또는 개설은행에 제시하는 경우 조건변경을 수락한 것으로 간주
  (3) 조건변경은 전체적으로 동의 또는 거절되어야 함(하나의 동일한 조건변경에 대한 부분적인 수락 불가)
  (4) 조건변경 통지는 원신용장 통지은행을 통하여 이루어져야 함

09 수입신용장 거래 시 발생되는 비용 중 코레스비용(Corress Charge) 항목이 아닌 것은?

① Advising Commission(통지수수료)

② ACDC(A/D Charge)

③ Negotiation Commission(매입수수료)

④ Reimbursement Commission(상환수수료)

정답 | ②

해설 | ACDC(A/D Charge)
  Banker's Usance 방식 기한부 신용장 거래 시 수입상에게 기한부 기간 동안의 신용공여를 제공한 인수은행에 지급해야 하는 기간 할인료(이자)

10 수입신용장 개설 후 개설은행 앞으로 하자(Discrepancy) 있는 선적서류가 내도하는 경우 지급거절 통보에 대한 설명으로 틀린 것은?

① 지급거절 통보는 선적서류 접수 다음날로부터 5은행영업일 이내에 이루어져야 한다.

② 지급거절 시 반드시 해당 서류의 행방에 대해서도 명시해 주어야 한다.

③ 지급거절 통보 후 다른 하자사항이 발견되는 경우 이를 이유로 한 추가 지급거절 통보가 가능하다.

④ 지급거절 통보 시에는 거절의 사유가 되는 모든 불일치 사항을 명시하여야 한다.

정답 | ③

해설 | (1) 지급거절 통보는 1회에 한하며, 이후 다른 하자사항을 이유로 추가적인 지급거절 통보를 할 수 없음
  (2) 수입화물선취보증서(L/G)가 발급된 건은 지급거절 통보 불가가 원칙

11 신용장 개설은행이 개설의뢰인(수입상)으로부터 수입화물대도(TR)신청서를 받아야 하는 거래유형이 아닌 것은?

① 일람출급 신용장에 의한 수출용 원자재 수입대금의 무역금융(무역어음대출) 지원을 통한 결제
② 기한부 신용장에 의한 수입화물 인도
③ 일람출급 신용장 개설 후 내도된 선적서류에 대한 개설의뢰인(수입상)의 자기자금 수입대금 결제
④ 수입보증금 적립 면제 조건의 수입화물선취보증서(L/G) 발급에 의한 수입화물 인도

정답 | ③

해설 | 수입화물대도(TR)
    (1) 개설은행이 수입화물에 대한 소유권을 유지하면서, 개설의뢰인의 수입대금 결제 전에 미리 화물을 처분할 수 있도록 허용하는 제도
    (2) 일람출급 신용장의 개설의뢰인 자기자금 결제는 수입대금 결제 조건으로 선하증권 즉, 화물을 인도하는 거래로 수입화물대도 대상이 아님

12 기한부(Usance) 신용장 개설 후 수입환어음 인수시점에 발생되는 인수(Acceptance) 거래에 대한 설명으로 틀린 것은?

① 인수란 기한부 환어음의 지급인이 동 어음의 만기일에 대금을 지급할 것을 약속하는 행위이다.
② 인수행위에 대하여 지급인(인수인)은 어음소지인에 대한 주채무자로서 만기일에 어음대금을 지급하여야 할 법적인 의무를 부담한다.
③ Overseas Banker's Usance(해외은행인수) 신용장의 경우 제3의 은행이 지급인(인수인)이 된다.
④ Shipper's Usance 신용장의 경우 개설의뢰인(수입상)이 지급인(인수인)이 된다.

정답 | ④

해설 | (1) Shipper's Usance 및 Domestic Banker's Usance(국내은행인수) 신용장의 지급인(인수인) : 개설은행
    (2) 신용장 거래에서 개설의뢰인(수입상)은 환어음의 지급인이 될 수 없음
    (3) 신용장과 다르게 추심방식(D/A) 거래에서는 수입상이 환어음의 지급인(인수인)이 됨

13 기한부(Usance) 신용장의 일람후정기출급 조건 환어음 만기일 산정에 대한 설명으로 틀린 것은?

① 선적일 또는 환어음이나 상업송장의 발행일자 등과 같이 특정한 일자를 기준으로 만기일을 산정하는 방법이다.

② 만기일 산정방법은 '일'로 정하는 방법과 '월'로 정하는 방법이 있다.

③ '일'로 만기일을 산정하는 경우 초일은 산입하지 않고 그 다음날로부터 계산한다.

④ '월'로 만기일을 산정하는 경우 월의 대소에 불구하고 지급할 달의 대응일을 만기일로 하며, 대응일이 없을 경우 해당 월의 말일을 만기일로 한다.

정답 | ①

해설 | (1) 일람후정기출급 : 지급인(인수인)이 환어음을 인수한 날짜를 기준으로 만기일을 산정하는 방법

(2) 일자후정기출급 : 선적일 또는 환어음이나 상업송장의 발행일자 등과 같이 특정한 일자를 기준으로 만기일을 산정하는 방법(지정일자의 다음날이 환어음 만기산정의 기산일)

14 상환은행으로 하여금 매입은행 등의 상환청구 요청에 대하여 그 대금을 지급하라는 개설은행의 상환은행 앞 지시서를 의미하는 용어는?

① 상환확약서(Reimnursement Undertaking)

② 상환청구서(Reimbursement Claim)

③ 상환수권서(RA ; Reimbursement Authorization)

④ 인수통지서(Acceptance Advice)

정답 | ③

해설 | (1) 상환수권서는 신용장과 독립된 별도의 지시이므로 신용장 조건을 포함하고 있지 말아야 하며, 신용장 제조건의 일치증명서를 요구해도 안 됨

(2) 상환확약서 : 개설은행의 수권 또는 요청에 의하여 상환은행이 상환수권서에 지정된 상환청구은행(매입은행 등) 앞으로 발행하는, 상환확약의 제조건이 충족되면 상환청구에 대해 지급하겠다는 취소불능 확약서

(3) 상환청구서 : 매입은행 등이 지정된 상환은행 앞으로 대금청구 시 발송되는 서류

15 상환방식 신용장 거래에서 대금청구를 받은 상환은행의 업무처리에 대한 설명으로 틀린 것은?

① 상환은행은 서류에 대한 심사의무가 없으며, 하자있는 서류에 대한 지급책임을 부담하지 않는다.

② 상환은행의 비용은 원칙적으로 개설은행(또는 개설의뢰인)이 부담한다.

③ 상환은행은 상환청구은행의 자금결제일 소급요청(Back Value)을 처리하지 않는다.

④ 상환은행은 상환청구 접수 다음날로부터 5은행영업일 이내에 대금을 지급하여야 한다.

정답 | ④

해설 | 상환은행은 상환청구 접수 다음날로부터 3은행영업일 이내에 대금을 지급하여야 하며, 은행 영업시간을 경과하여 접수된 상환청구는 다음 영업일에 접수된 것으로 간주

16 추심방식(D/P, D/A) 거래의 특징에 대한 설명으로 틀린 것은?

① 수출상이 자기의 거래은행인 추심의뢰은행을 통하여 수입상 거래은행인 추심은행에 추심을 의뢰하여 수입상으로부터 대금을 회수하는 방식이다.

② 수입상 거래은행인 개설은행의 지급보증에 근거한 무역거래 방식이다.

③ 현지법인 및 해외지점 등의 본지사 간 무역거래 시 주로 이용된다.

③ 준거규칙은 추심에관한통일규칙(URC522)이다.

정답 | ②
해설 | 추심방식(D/P, D/A, D/P Usance)
　　　(1) 은행의 지급보증이 수반되지 않는 수출입상 간의 매매계약에 근거한 거래(대금결제는 전적으로 수입상의 신용에 의존)
　　　(2) D/P : 수입상의 대금결제를 조건으로 동시에 선적서류를 인도하는 일람출급 거래방식
　　　(3) D/A : 수입상의 환어음 인수를 조건으로 선적서류를 인도하고, 일정기간 경과 후인 만기일에 대금결제가 이루어지는 기한부 거래방식

17 추심방식(D/P, D/A) 거래 시 대금결제조건 표시방법 중 D/P(Documents against Payment, 지급인도조건)를 의미하는 문구가 아닌 것은?

① D/P at sight

② Sight

③ 30 days after sight

④ deliver documents against payment

정답 | ③
해설 | D/A(Documents against Acceptamce, 인수인도조건)임을 의미하는 대금결제조건
　　　(1) 30 days after sight
　　　(2) deliver documents against acceptance
　　　(3) 60 days after arrival of cargo
　　　(4) 30 days from B/L date 등

18 추심방식(D/P, D/A) 거래 시 추심서류에 첨부되는 추심지시서에 대한 설명으로 틀린 것은?

① 추심에관한통일규칙(URC522)의 적용을 받는다는 문구를 명시하여야 한다.

② 대금결제조건에 대하여 D/P 조건인지 D/A 조건인지의 표시가 없으면 D/A 조건의 기한부 추심거래로 간주한다.

③ 거절증서 작성에 대한 명시가 없으면 작성이 면제되는 것으로 해석한다.

④ 추심에 관련된 수수료 등 제비용의 부담주체에 관하여 명시하여야 한다.

정답 | ②
해설 | (1) 대금결제조건에 대하여 D/P 조건인지 D/A 조건인지의 표시가 없는 경우 D/P 조건의 일람출급 추심거래로 간주
　　　(2) 추심지시서에 특별히 수권되지 않는 한 분할결제 허용 불가

19 추심방식(D/P, D/A) 거래 시 사용되는 거절증서에 대한 설명으로 틀린 것은?

① 어음의 형식적 소구요건인 인수거절 또는 지급거절의 사실을 증명하는 공정증서이다.

② 거절증서는 추심지시서에 작성에 대하여 명시하고 있지 않더라도 지급 또는 인수거절 시 반드시 작성되어야 하는 서류이다.

③ 거절증서의 종류에는 인수거절증서와 지급거절증서가 있다.

④ 지급거절증서는 반드시 지급제시기간 이내에 작성되어야 하며, 지급거절 즉시 작성하는 것이 원칙이다.

정답 | ②

해설 | 거절증서
  (1) 거절증서는 추심지시서에 작성을 명시하고 있는 경우에만 작성
  (2) 환어음 지급제시기간(지급거절증서는 반드시 지급제시기간 이내에 작성되어야 함)
    ① D/P : 어음 발행일로부터 1년 이내
    ② D/A : 만기일 또는 그에 이은 2거래일 이내
  (3) D/P는 지급거절 즉시 작성, D/A는 만기일에 이은 2영업일 이내에 작성
  (4) 거절증서 작성일에 이은 4거래일 이내에 배서인과 발행인에 대하여 동 작성사실 통지
  (5) 지급거절 통지를 받은 추심의뢰은행은 서류처분에 대한 지시를 해야 하며, 지급거절 통지일로부터 60일 이내에 지시가 없는 경우, 추심은행은 추심의뢰은행 앞으로 서류반송 가능

20 보증신용장(Standby L/C)의 특징에 대한 설명으로 맞는 것은?

① 상품대금의 결제를 주된 목적으로 하여 발행되는 신용장 종류이다.

② 준거규칙은 청구보증통일규칙(URDG758)이다.

③ 보증신용장의 보증채무의 성격은 주채무자가 채무를 이행하지 못하는 경우에 한하여 2차적인 보증책임을 부담하는 주채무에 종속된 채무이다.

④ 국내기업의 해외 현지법인의 현지금융 수혜 시 담보용으로 이용되거나, 계약이행보증, 선수금환급보증 등 이행성보증 등의 용도로 폭넓게 이용된다.

정답 | ④

해설 | 보증신용장
  (1) 무역외거래의 결제, 금융의 담보 또는 각종 채무이행의 보증을 주된 목적으로 하여 발행되는 신용장
  (2) 화환신용장이 상품대금 결제를 주된 목적으로 하는 지급수단임에 비하여, 보증신용장은 무역외거래 및 자본거래 등에 대한 보증수단으로 주로 활용된다는 차이점이 있음
  (3) 보증신용장의 보증채무는 주채무에 종속된 채무가 아니며, 신용장 조건과 문면상 일치하는 서류의 제시에 대하여 원인계약과 관계 없이 대금지급을 확약하는 1차적이고 독립적인 채무임(주채무의 이행여부와 관계 없이 보증서 조건과 일치하는 수익자의 청구에 대한 무조건적인 지급확약)
  (4) 준거규칙 : 신용장통일규칙(UCP600), 보증신용장통일규칙(ISP98)

21 수익자가 해당 신용장 상의 지시에 따라 제2차의 다른 신용장(또는 보증서)을 발행함에 있어 부담하여야 할 채무를 담보할 목적으로 발행되는 보증신용장을 의미하는 용어는?

① 계약이행보증신용장(Performance Standby L/C)
② 선수금환급보증신용장(Advance Payment Standby L/C)
③ 구상보증신용장(Counter Standby L/C)
④ 유보금환급보증신용장(Retention Standby L/C)

정답 | ③
해설 | (1) 계약이행보증신용장 : 기초계약상의 채무자가 계약을 이행하지 않는 경우 수익자에게 보증금액의 지급을 보장할 목적으로 발행(기초계약의 의무이행 보장)
 (2) 선수금환급보증신용장 : 기초계약상 주채무자가 계약을 불이행하는 경우 수익자에게 이미 지급한 선수금의 환급을 보장할 목적으로 발행
 (3) 유보금환급보증신용장 : 기성고방식의 건설용역, 플랜트수출 등에서 발주자는 각 기성 단계별로 대금 중의 일부를 시공자의 완공불능위험에 대비하여 유보금으로 적립하는데 이 유보금을 공제하지 않고 기성대금 전액의 지급을 보장할 목적으로 발행

22 다른 은행(보증인)이 원인계약상의 채권자를 수익자로 하는 보증서를 발행할 수 있도록, 동 은행을 수익자로 하는 구상보증서(Counter Guarantee)를 발행하는 은행을 의미하는 용어는?

① 수익자(Beneficiary)
② 통지당사자(Advising Party)
③ 구상보증인(Counter Guarantor)
④ 보증의뢰인(Applicant)

정답 | ③
해설 | **구상보증인(Counter Guarantor)**
 (1) 다른 은행(보증인)이 원인계약상의 채권자를 수익자로 하는 보증서를 발행할 수 있도록, 동 은행을 수익자로 하는 구상보증서(Counter Guarantee)를 발행하는 은행
 (2) 구상보증인이 발행하는 구상보증서는 보증인이 수익자에게 청구보증을 발행함에 따른 보증채무 및 상환청구권을 담보
 (3) 간접보증(4자보증) 구조하에서 발행되는 보증서

23 기초계약상의 채무자가 계약을 이행하지 않는 경우 수익자에게 보증금액의 지급을 보장할 목적으로 발행되는 청구보증(Demand Guarantee)의 종류는?

① 입찰보증(Bid Guarantee, Tender Guarantee)

② 유보금환급보증(Retention Guarantee)

③ 계약이행보증(Performance Guarantee)

④ 하자보증(Maintenance Guarantee, Warranty Guarantee)

정답 | ③

해설 | (1) 입찰보증(Bid Guarantee, Tender Guarantee)

입찰참가자가 입찰을 중도에 포기하거나 낙찰받은 후 본계약을 체결하지 않는 경우 수익자(발주자)에게 보증금액의 환급을 보장할 목적으로 발행

(2) 선수금환급보증(Advance Payment Guarantee)

기초계약상 주채무자가 계약을 불이행하는 경우 수익자에게 이미 지급한 선수금의 환급을 보장할 목적으로 발행

(3) 유보금환급보증(Retention Guarantee)

기성고방식의 건설용역, 플랜트수출 등에서 발주자는 각 기성 단계별로 대금 중의 일부를 시공자의 완공불능 위험에 대비하여 유보금으로 적립하는데, 이 유보금을 공제하지 않고 기성대금 전액의 지급을 보장받을 목적으로 발행

(4) 하자보증(Maintenance Guarantee, Warranty Guarantee)

해외건설공사에서 발주자가 공사완공 후 잔금 지급 시 일정 하자보수기간에 발생할 수 있는 하자보수비용을 공제한 후 지급하는데, 이 하자비용 공제 없이 수주금액 전액을 지급받을 목적으로 하자보수비용에 해당하는 금액을 보증대상으로 하여 발행

24 외화지급보증의 종류 중 이행성보증이 아닌 것은?

① 선수금환급보증　　　　　　　　　② 계약이행보증

③ 하자보증　　　　　　　　　　　　④ 지급보증

정답 | ④

해설 | (1) 이행성보증 : 입찰보증, 계약이행보증, 선수금환급보증, 유보금환급보증, 하자보증

(2) 금융보증 : 지급보증, 보험보증 등

25 외화지급보증 거래 시 보증인에게 보증서의 발행을 지시하고 그 배상책임을 부담하는 자를 의미하는 용어는?

① 보증인(Guarantor)　　　　　　　　② 통지당사자(Advising Party)

③ 지시당사자(Instructing Party)　　　④ 수익자(Beneficiary)

정답 | ③

해설 | 지시당사자

(1) 보증인에게 보증서의 발행을 지시하고 그 배상책임을 부담하는 자

(2) 기초계약상의 보증의뢰인과 동일인인 것이 일반적이지만, 해외 현지법인의 현지금융 수혜를 위하여 국내의 본사가 보증서 발행을 지시하는 경우 등과 같이 보증의뢰인과 동일인이 아닌 경우도 있음

(3) 청구보증통일규칙(URDG758)에서 사용하는 용어임

1. 신용장 통지 [근거규칙 : 신용장통일규칙(UCP600) 제2조, 제9조]

수입국 개설은행의 요청에 의하여 개설된 신용장을 수출국 은행(통지은행)이 수익자에게 내도사실을 통지하고 교부하는 업무

※ 통지은행 : 통상 개설은행의 해외지점 또는 환거래은행

(1) 통지은행의 의무

① 통지를 결정한 경우 해당 신용장의 외견상 진정성을 확인하기 위하여 상당한 주의를 기울여야 함

② 통지하지 않기로 결정한 경우 그 뜻을 지체 없이 개설은행에게 통보해야 함

③ 외견상 진정성을 확인할 수 없는 경우 그 사실을 지체 없이 개설은행에 통보하여야 하며, 진정성을 확인할 수 없음에도 통지하기로 결정한 경우 외견상 진정성을 확인하지 못하였다는 사실을 수익자에게 반드시 안내해야 함

(2) 통지은행의 지위

① 개설은행과의 관계

　㉠ 통지은행은 개설은행의 선택에 의하여 결정되며, 통지은행과 개설은행은 환거래계약에 의한 대리 또는 위임관계 성립

　㉡ 통지은행이 확인은행으로서의 역할을 수행하지 않는 한, 신용장의 외견상 진정성만을 확인한 후 신속히 전달하기만 하면 됨

② 수익자와의 관계

　㉠ 신용장 통지는 수익자에 대한 의무가 아니라 개설은행에 대한 의무임

　㉡ 통지과정 중 발생 가능한 송달지연, 분실 등에 대한 책임이 없음

(3) 전신신용장(Teletransmission Creit)의 통지방법

① 정식전문(Full Cable)에 의한 통지

신용장의 모든 내용이 처음부터 끝까지 텔렉스(Telex) 또는 전보 등에 의해 전송되어 개설된 신용장으로, 통지은행은 소정의 통지서식에 동 전문내용을 이기하거나 또는 전문용지 그 자체를 통지서식에 부착하여 수익자에게 통지

② 전신약호(Cypher Code)에 의한 통지

신용장의 모든 내용을 전신으로 송신함에 따른 비용의 절약을 위하여, 환거래은행 간에 신용장의 약정내용에 따른 양식을 미리 정하고 'Private Code Word'를 교환한 후 필요한 내용만을 송신하는 방법

③ 유사신용장(Similar Credit)에 의한 통지

이전에 개설된 적이 있는 유사한 조건의 신용장을 참고하도록 하는 매우 간단한 지시에 의한 통지방법

④ SWIFT에 의한 통지

　㉠ 전세계 은행간 전신문 통신네트워크인 SWIFT System을 통하여 전송되어 온 Message를 통지은행이 소정의 통지서식을 출력하여 수익자에게 교부하거나, EDI를 통하여 수익자에게 재전송함으로써 통지하는 방법

　㉡ 신용장 개설 Message Type : <u>MT700(신용장 개설)</u>

(4) 불완전, 불명료한 지시가 있는 신용장의 통지

신용장의 통지 또는 조건변경과 관련하여 불완전하거나 불명료한 지시를 받은 경우 통지은행은 그러한 신용장에 대하여 아무런 책임 없이 수익자에게 단순한 참고를 위하여 사전통지를 할 수 있으며, 단순한 참고의 목적으로 전달된 사전통지는 신용장으로서의 효력을 갖지 못함

(5) 신용장의 조건변경 및 취소 통지[근거규칙 : 신용장통일규칙(UCP600) 제10조]

① 개설은행으로부터 조건변경 통보가 있는 경우 이를 즉시 수익자에게 통지하고, 만약 수익자가 이에 동의하지 않는 경우 반드시 그 뜻을 서면으로 받아 즉시 개설은행에 통보해 주어야 함

② 조건변경 및 취소는 당사자(개설은행, 수익자, 확인은행) 전원의 합의가 있어야만 가능

③ 수익자는 조건변경 전체에 대해서만 수락 또는 거절 가능(부분적인 수락 불가)

④ 개설은행은 조건변경서 발급시점부터 이를 임의로 취소할 수 없으며, 확인은행은 조건변경서 확인통지 시점부터 이를 임의로 취소할 수 없음

⑤ 수익자가 조건변경의 수락의사를 밝히지 않은 경우 조건변경은 수락되지 않은 것으로 간주

⑥ 수익자가 조건변경서의 동의 여부에 대한 아무런 통보도 하지 않은 상태에서 조건변경서의 내용과 일치하는 서류를 제시하는 경우 조건변경에 대한 수락으로 간주

2. 신용장 확인 [근거규칙 : 신용장통일규칙(UCP600) 제8조]

개설은행이 1차로 지급 · 연지급 · 인수 · 매입을 확약하고 있는 취소불능신용장에 대하여 제3의 은행(확인은행)이 개설은행의 그러한 확약에 대하여 추가하여 지급 · 연지급 · 인수 · 매입을 확약하는 행위(신용장거래 시 개설은행의 신용상태가 불확실한 경우 대금지급의 불확실성을 제거하기 위한 수단으로 활용)

(1) 특징

① 확인은 개설은행의 요청 또는 수권에 의하여 이루어지며, 확인을 요청받은 은행은 확인을 추가할 수도 있고 추가하지 않을 수도 있음(확인을 추가할 용의가 없는 경우 동 사실을 지체 없이 개설은행에게 통보)

② 확인은 개설은행의 확약에 추가하여 지급 · 연지급 · 인수 · 매입을 확약하거나, 수익자가 발행한 환어음 및 서류를 어음발행인에게 '<u>상환청구권을 행사하지 않는 조건(Without Recourse)</u>'으로 매입할 것을 확약하는 행위(확인은행의 상환청구권 배제)

(2) 확인은행의 권리와 의무

① 확인은행은 일치하는 제시에 대하여 결제 또는 매입을 행한 경우, 개설은행에 대하여 대금 상환에 관한 청구의 권리를 보유

② 확인은행은 일치하는 제시에 대하여 결제 또는 매입을 하고 서류를 송부한 지정은행에 대하여 신용장 대금 상환 의무 부담

(3) 확인신용장의 조건변경 및 취소
① 확인신용장의 조건변경 및 취소는 관계당사자(개설은행, 수익자, 확인은행) 전원의 합의 필요
② 조건변경에 대한 확인을 추가할지 하지 않을지는 확인은행의 권한
③ 조건변경서에 확인을 추가하지 않더라도 원신용장에 대한 확인은 유효

3. 신용장 양도 [근거규칙 : 신용장통일규칙(UCP600) 제38조]
신용장의 원 수익자(제1수익자)의 요청에 의하여 신용장상의 권리의 전부 또는 일부를 다른 수익자(제2
수익자)에게 양도하는 업무

(1) 양도요건
① 해당 신용장이 양도가능신용장이어야 함
② 양도가능 문구로는 Transferable만 사용 가능
③ divisible, fractionable, assignable, transmissible 등의 용어는 양도가능 문구로 사용 불가

(2) 양도 시 유의사항
① 분할청구 또는 분할선적을 금지하지 않은 경우 다수의 제2수익자에게 분할양도 가능
② 양도된 신용장을 제2수익자의 요청에 의하여 다른 제3자에게 양도하는 것은 불가
③ 제2수익자가 제1수익자에게 재양도하는 것은 허용

(3) 원신용장 조건 중 변경이 가능한 항목
양도는 원신용장 조건 그대로 양도되어야 하는 것이 원칙이나, 양도차익의 추구를 목적으로
양도되는 경우 양도의뢰인(제1수익자)의 권리보호를 위하여 예외 인정
① 신용장 금액 및 단가 감액
② 유효기일, 서류제시기간, 선적기일 단축
③ 원신용장 보험금액을 담보하기 위한 부보비율 증가
④ 제1수익자의 성명을 신용장 개설의뢰인의 성명으로 대체 가능

(4) 제1수익자의 권리와 의무
① 송장대체 및 어음대체의 권리
제1수익자는 제2수익자가 작성한 송장 및 어음을 원신용장의 단가대로 작성한 자신의 송장 및
어음으로 교체시킬 수 있는 권리를 가짐(제1수익자는 그 차액을 양도차익으로 취득)
② 제1수익자의 의무
㉠ 신용장 양도에 소요되는 제 비용은 원칙적으로 제1수익자 부담
㉡ 제1수익자는 신용장 양도 요청 시에 양도은행이 장차 내도하는 조건변경으로 제2수익자에게
통지하여야 하는 지의 여부와 어떠한 조건하에서 조건변경으로 통지하여야 하는 지에 대하여
명확하게 지시해 주어야 함
㉢ 제1수익자의 송장 및 어음에 대한 대체권리는 이를 대체하라는 양도은행의 최초 요구 시에
즉시 행사하여야 함

(5) 양도의 종류
① 양도금액 : 전액양도와 분할양도
② 양도지역 : 국내양도와 국외양도
③ 양도조건 : 단순양도와 조건부양도

(6) 양도신용장의 조건변경

① 신용장 양도 후 내도되는 조건변경서의 통지방법은 제1수익자의 지시에 따라 결정됨(제1수익자는 신용장 양도 요청 시에 그러한 조건변경서의 통지방법에 대하여 양도은행에 명확히 지시하여야 함)

② 신용장이 다수의 제2수익자에게 양도된 경우로서 당해 신용장에 대한 조건변경이 이루어지는 경우, 그러한 조건변경을 수락한 양수인에 대해서만 조건변경의 효력이 발생하며, 조건변경을 수락하지 아니한 양수인에 대하여는 기존 신용장의 조건이 그대로 적용됨

(7) 양도 시 유의사항

① 양도신용장하에서 작성된 환어음 및 선적서류는 신용장상에 별도의 명시가 없는 한 반드시 양도은행으로 제시되어야 함

② 신용장 조건변경부 양도 시 서류의 송부처(제시장소)는 반드시 양도은행으로 지정되어야 함

4. 수출환어음 매입

(1) 매입(Nego)의 의의

① 수출상이 신용장 또는 수출계약서(D/P, D/A 등) 등의 수출계약에 따라 선적을 완료하고 발행한 환어음 및 선적서류에 대하여, 매입은행이 수출상에게 미리 대금을 지급한 후 개설은행에 상환청구하거나 환거래은행을 통하여 수입상에게 추심함으로써 매입대금을 회수하는 업무

② 매입은행의 수출상에 대한 여신행위

(2) 독립성과 추상성 [신용장통일규칙(UCP600) 제4조, 제5조]

① 독립성

신용장은 그 성질상 매매계약 또는 기타 계약에 근거를 두고 있다 하더라도 이들 계약과는 하등의 관계가 없는 독립된 거래로, 은행은 신용장에 그러한 계약에 관한 어떠한 참조사항이 포함되어 있더라도 그러한 계약과는 아무런 관계가 없고 또한 그러한 계약에 의하여 구속받지 않음

② 추상성

신용장거래에 있어서 모든 당사자는 서류에 의한 거래를 하는 것이지, 그러한 서류와 관련된 물품, 서비스 또는 기타 의무이행을 취급하는 것이 아님

(3) 신용장 심사원칙

① 신용장통일규칙(UCP600) 준거문언 기재 여부 확인

② 취소가능신용장이 아닌지 여부 확인

ㄱ 수출환어음 추심전매입을 위한 신용장은 반드시 취소불능신용장이어야 함

ㄴ 취소가능 여부에 대한 별도의 언급이 없는 경우 취소불능신용장으로 간주

③ 사전예고통지서가 아닌 지 여부 점검

'Full details to follow' 등의 문구가 있는 Short Cable이거나, 'Preliminary Notification' 등의 고무인이 찍혀있는 경우 별도의 '우편확인서'가 첨부되어 있지 않은 경우 매입 불가

④ 통지은행을 통하여 그 진정성이 확인된 신용장인지의 여부 점검

⑤ 개설은행 소재국의 Country Risk 및 개설은행의 신용상태 점검

⑥ 유효기일 경과여부 점검
⑦ 매입은행의 대금회수를 저해하는 독소조항이 포함된 신용장인지 여부 점검

> **[참고] 독소조항(Poison Clause)**
> (1) 신용장의 유효성을 제약하는 Conditional L/C
>   ① This credit will be operative upon condition that ~ blah blah blah.
>   ② Sample must be approved by the applicant prior to shipment and the approval is required.
>   ③ Shipment is subject to our further instruction and the shipping instruction must be submitted.
> (2) 개설은행의 결제책임을 면탈시키는 조항
>   ① In case final buyer fails to pay merchandise referred to under this L/C within 60 days from the on board date of the B/L, the draft and documents shall not be paid on maturity date.
>   ② Payment will be effected on maturity under condition that we must receive the proceeds under L/C no. XXX1234 issued by XXX Bank.
>   ③ This creidt is available by negotiation on sight basis for 70% of invoice value, and the remainder will be paid upon receipt of notice from applicant that they are satisfied with the merchandise.
> (3) 개설의뢰인이 발행 또는 부서하여야 하는 서류를 요구하는 신용장
>   ① Inspection certificate issued and signed by applicant.
>   ② Commercial invoice countersigned by the applicant.
> (4) 실무관행 등으로 미루어 이행이 불가능한 조건이 삽입된 신용장
>   ① Bill of Lading bearing a claused such as 'shipper's load and count' is not acceptable.
>   ② Bill of Lading showing 'said by shipper to contain' or similar is not acceptable.

(4) 기타 점검사항

① 개설은행에 지나치게 불리한 조건의 신용장 여부 확인
  ㉠ All discrepancy are acceptable(모든 하자 수용) 또는 L/C expired and over drawing shall not be considered as a discrepancy(유효기일 경과 및 금액 초과는 하자로 간주하지 않음)
  ㉡ 개설은행에 지나치게 불리한 조건의 신용장은 변칙적인 목적 또는 사기에 악용될 가능성이 있음

② 수출입 당사자가 본지사 간인 신용장 여부 확인 : 본지사간 거래에 신용장방식이 이용되었다면, 변칙적인 목적 또는 사기의 수단으로 악용될 가능성

③ 조건변경부 국외양도신용장 여부 확인 : 신용장 양도은행은 양도신용장에 대하여 별도의 지급확약을 하는 것이 아니며, 원신용장이 정상적으로 결제된 이후에 비로소 당해 양도신용장의 대금을 지급받게 되므로, 만일 제1수익자가 제시하는 서류상에 하자가 있는 경우 결제를 보장받을 수 없음

④ 일부어음발행신용장(Partial Draft L/C) 여부 확인 : 송장금액의 일부에 대해서만 환어음을 발행하도록 지시하고 있는 일부어음발행신용장에 대해서는 송장금액 전체에 대해서 매입이 이루어지지 않도록 유의

⑤ 송금방식(Remittance Base) 신용장 여부 확인 : 송금방식은 상환방식신용장에 비하여 입금지연 또는 부당한 지급거절 등의 가능성이 높음

⑥ 수출화물에 대한 양도담보권을 저해하는 조항 여부 확인 : 매입은행은 개설은행의 지급거절 시

운송서류를 반환 받아 화물에 대한 권리 확보(양도담보권)

⑦ 재매입(Renego) 대상 신용장 여부 확인

⑧ Banker's Usance 방식 신용장 여부 확인 : Banker's Usance 방식 기한부 신용장은 <u>일람출급</u> <u>조건으로 매입</u>하여야 함

※ 양도담보권을 저해하는 문구

(1) 선하증권(B/L)의 원본 전통(Original Full Set)을 개설은행으로 송부하도록 지시하지 않은 신용장)

(2) 선하증권(B/L)의 사본제시를 허용하는 신용장

(3) Surrenderd B/L을 요구하는 신용장

(4) 항공화물운송장(AWB)의 수하인을 개설은행으로 지정하지 않는 신용장

5. 신용장조건

(1) 유효기일 [근거규칙 : 신용장통일규칙(UCP600) 제6조, 제29조]

① 수익자가 일치하는 <u>제시</u>를 해야 하는 최종일자로, 지정은행에 의하여 매입, 결제가 이루어져야 하는 하는 최종일자를 의미하는 것이 아님

② **종료장소** : 지급 · 연지급 · 인수 · 매입은행 또는 개설은행 소재지(지정은행 소재지에서 종료되는 경우가 대부분)

③ **유효기일 연장**

㉠ 천재지변, 폭동, 소요, 전쟁, 파업, 기타 불가항력적인 사태 등으로 은행업무가 중단되는 경우 동 기간중에 유효기일이 경과된 신용장에 대하여 지급, 인수, 매입을 이행하지 않음

㉡ 통상적인 은행휴무일에 유효기일이 경과된 경우 해당 휴무일에 이은 다음 최초영업일까지 자동 연장

④ **기간으로 표시된 유효기일**

개설은행이 신용장 유효기일을 'for six month' 등의 기간으로 표시하고 기산일을 별도로 명시하지 않은 당해 신용장 개설일을 기산일로 간주하여 유효기일 산정

(2) 제시장소

① 지정신용장 또는 매입제한신용장 : 해당 지정은행의 창구

② 자유매입신용장 : 모든 은행이 서류의 제시장소

(3) 서류제시기간 [근거규칙 : 신용장통일규칙(UCP600) 제6조, 제29조]

① 선적일 이후의 서류제시를 위한 특정기간

② 서류제시기간에 대한 명시가 없는 경우 선적후 21일 이내에 제시되어야 하는 것으로 간주(단, 신용장 유효기일 이내에 제시되어야 함)

③ 단일 건에 대하여 2세트 이상의 운송서류가 제시되는 경우 운송서류 중 가장 늦은 선적일을 선적일자로 간주

④ 서류제시기일 산정과 관련하여 <u>'From'</u>이라는 용어가 사용된 경우 해당일자를 제외하고 그 다음날로부터 기일 산정

⑤ **서류제시기간의 연장** : 서류제시기간의 최종일이 은행휴무일인 경우 휴무일에 이은 최초영업일 까지 자동 연장

⑥ 서류제시기간의 기산 기준이 되는 선적일
  ㉠ 복합운송서류
    ⓐ 운송서류상에 스탬프 또는 부기에 의하여 발송일, 수탁일 또는 본선적재일이 별도로
      표시되어 있는 경우 해당 표기일자
    ⓑ 표시가 없는 경우 : 운송서류 발행일
  ㉡ 해상운송서류 : 본선적재부기가 있는 경우 본선적재부기 일자를 없는 경우 운송서류
    발행일을 선적일로 간주
  ㉢ 항공운송서류 : 실제 선적일에 대한 특정한 부기가 있는 경우 그 부기일자를 없는 경우
    운송서류 발행일을 선적일로 간주

(4) 금액 및 수량의 과부족 [근거규칙 : 신용장통일규칙(UCP600) 제30조]
  ① About, Approximately : 해당 금액, 수량, 단가에 한하여 10%의 과부족을 허용하는 것으로 해석
  ② Bulk Cargo(광산물, 곡물, Oil) 등 수량을 정확하게 선적하기 곤란한 물품의 수량 과부족 예외
    ㉠ 신용장상에 수량 과부족을 금지하는 조건이 없고,
    ㉡ 신용장상의 상품 수량이 포장단위나 개개품목의 개수로 명시되어 있지 않으며,
    ㉢ 청구금액 또는 환어음금액이 신용장 금액을 초과하지 않는다면,
    ㉣ 신용장상에 별도의 명시가 없더라도 상품수량에 대한 5% 범위 이내의 과부족을 허용하는
      것으로 간주
  ③ 신용장 금액에 대한 하한편차의 허용 : 분할선적을 금지하는 신용장이라 하더라도 신용장상에
    명시된 상품의 수량이 전량 선적되고 단가가 일치하는 경우라면, 신용장 금액에 대한 5% 범위
    이내의 하한편차 허용(분할선적으로 간주하지 않는다는 의미)

(5) 일자와 관련된 용어의 해석 [근거규칙 : 신용장통일규칙(UCP600) 제3조]
  ① Prompt, Immediately, As soon as Possible : 가급적 사용하지 말아야 하며, 서류상에 기재
    되도록 요구된 경우가 아니라면 이를 무시
  ② On or about : 시기와 종기를 포함하여 명시된 일자의 전 5일부터 후 5일 사이, 총 11일 이내에
    해당되는 행위가 발생되어야 하는 것으로 해석
  ③ 선적기간에 사용된 용어
    ㉠ To, Till, Until, From, Between : 명시된 일자를 포함하는 것으로 해석
    ㉡ Before, After : 명시된 일자를 제외하는 것으로 해석
  ④ 만기일을 정하기 위하여 사용된 용어
    From, After : 언급된 날짜를 제외하는 것으로 해석
  ⑤ 월을 구분하는 용어
    ㉠ First Half(전반) : 해당 월의 1일부터 15일
    ㉡ Second Half(후반) : 해당 월의 16일부터 말일
    ㉢ Beginning(상순) : 해당 월의 1일부터 10일
    ㉣ Middle(중순) : 해당 월의 11일부터 20일
    ㉤ End(하순) : 해당 월의 21일부터 말일

(6) 선적기일 [근거규칙 : 신용장통일규칙(UCP600) 제29조]

① Shipment와 Shipped on board, Loading on Board, Dispatch, Taking in charge, Accepted for carriage, Receipt of goods, Pick-up for transport 등의 용어는 선적을 의미하는 동일한 용어로 해석

② 선적기일이 통상적인 은행휴무일인 경우라도 자동 연장되지 않음

(7) 분할선적(Partial Shipment) [근거규칙 : 신용장통일규칙(UCP600) 제31조]

① 신용장에서 요구하는 화물을 두 개 이상의 단위로 나누어 서로 다른 운송수단에 적재하거나, 서로 다른 항해일정에 따라 2회 이상으로 나누어 선적하는 방법

② 신용장상에 분할선적 또는 분할청구에 관한 별도의 언급이 없으면 분할선적을 허용하는 것으로 간주

③ 신용장에서 요구하는 화물은 두 대 이상의 운송수단에 나누어 선적하는 것은 예외 없이 모두 분할선적으로 간주

④ 같은 운송수단에 여러 번 선적하는 것은 선적일 또는 선적항이 다르더라도 목적지가 동일하면 분할선적으로 간주하지 않음

(8) 할부선적(Instalment Shipment) [근거규칙 : 신용장통일규칙(UCP600) 제32조]

① 요구된 상품의 수회차 분할선적과 관련하여 각 회차분의 선적기간 및 선적수량 등에 대하여 신용장이 별도의 할부일정(Instalment Schedule)을 명시하고 있는 경우 이 조건에 따라 화물은 나누어 선적하는 방법

② 할부선적을 요구하는 경우 할부일정(Instalment Schedule)에 따라 반드시 지정기간 내에 지정된 물량만을 선적하여야 하며, 임의로 전체를 일괄 선적하거나 서로 다른 회차분을 묶어서 선적할 수 없음

③ 어느 한 기간의 할부선적을 이행하지 못하면 해당 할부분을 포함하여 그 이후의 잔여 할부분에 대하여 신용장 효력이 상실됨

(9) 환적(Transhipment) [근거규칙 : 신용장통일규칙(UCP600) 제19조, 제24조]

① 신용장에 명시된 발송, 수탁, 선적지로부터 최종목적지까지의 운송과정 중 하나의 운송수단에서 물품을 양하하여 다른 운송수단으로 재적재하는 행위

② 신용장에 명시된 선적지에서 도착지까지의 구간이 아닌 기타의 지역에서 화물을 다른 운송수단으로 옮겨 싣는 것은 환적으로 간주하지 않음

③ 해상선하증권

　ⓐ 신용장에서 환적에 대한 언급이 없는 경우

　　환적을 허용하지 않는 것으로 간주하나, 선적항에서 양륙항까지 전체의 해상운송 구간이 하나의 동일한 선하증권에 의해 커버되는 경우 수리할 수 있음

　ⓑ 신용장에서 환적을 금지하는 경우

　　선적항에서 양륙항까지 전체의 해상운송 구간이 하나의 동일한 선하증권에 의해 커버되는 경우로서 관련화물이 컨테이너, 트레일러, 래쉬바지에 선적되었다는 것이 선하증권에 의하여 증명되는 경우 예외적으로 수리 가능

　ⓒ 환적이 절대 불가능한 경우

신용장에서 UCP600 제20조 c항을 배제하면서 환적을 금지한다는 문구가 명시되어 있는 경우라면 어떠한 경우에도 환적 금지

④ 항공운송서류
  ㉠ 항공운송의 특성상 직항 노선이 많지 않은 관계로 기본적으로 환적을 전제로 함
  ㉡ 신용장 환적을 금지하고 있더라도 전체의 항공운송 구간이 하나의 동일한 항공운송장에 의해 커버되는 경우 예외적으로 수리 가능

⑤ 복합운송서류
  ㉠ 운송방식 특성상 기본적으로 환적을 전제로 함
  ㉡ 신용장이 환적을 금지하고 있더라도 전체의 운송구간이 하나의 동일한 복합운송서류에 의해 커버되는 경우 예외적으로 수리 가능

6. 환어음(Bill of Exchange) [근거규칙 : 국제표준은행관행(ISBP821), 환어음과 만기일의 산정]

(1) 의의
① 채권자인 어음 발행인(Drawer)이 채무자인 지급인(Drawee)에 대하여 어음상에 기재된 금액을 일정 기일에 일정한 장소에서 어음상의 권리자 또는 소지인에게 무조건 지급하여 줄 것을 위탁하는 요식 유가증권
② 환어음에 관한 사항은 행위지(서명지) 법률에 의하여 처리되는 것이 원칙
③ 통상 2통으로 발행되는 것이 일반적인 관례이며, 그중 한 통이 결제되면 나머지는 자동적으로 효력을 잃게 됨
④ 명칭
  ㉠ 신용장 거래 시 선적서류에 근거하여 발행되는 경우 '화환어음', 선적서류가 첨부되지 않은 경우 '무화환어음'
  ㉡ 추심(D/P, D/A) 거래에서 대금추심용으로 발행되는 경우 '추심어음'

(2) 당사자
① 발행인(Drawer) : 환어음을 발행하고 서명하는 자(수출상)
② 지급인(Drawee)
  ㉠ 환어음 금액을 지급하도록 어음상에 기재된 자로, 통상 신용장 개설은행이나 개설은행으로부터 지급 · 연지급 · 인수 · 매입을 수권받은 은행 또는 상환은행으로 지정된 은행
  ㉡ 신용장 거래에서 개설의뢰인을 지급인으로 하는 환어음을 요구하였다면, 그러한 환어음은 금융서류로 보지 않고 기타 요구서류로 간주
  ㉢ 다만, 추심방식(D/P, D/A) 거래의 경우에는 수입상이 환어음의 지급인이어야 함
③ 수취인(Payee) : 환어음 금액을 지급받을 자로 어음의 발행인 또는 그가 지정하는 제3자

(3) 환어음 기재사항

환어음은 요식증권으로 필수기재사항과 임의기재사항으로 구분하며, 필수기재사항 중 하나라도 누락되는 경우 어음으로서의 법적효력이나 구속력 상실

> **[참고] 만기표시방법**
> - 만기를 기재하지 않은 경우 일람출급 환어음으로 간주
> - 일람출급 : 지급인에게 어음을 제시하는 날이 만기일
> - 일람후정기출급 : 지급인에게 어음을 제시하여 지급인의 어음인수 후 그 다음날로부터 XX일째 되는 날이 만기일
> - 일자후정기출급 : 선적일 등 특정한 일자를 기준으로 그 특정일자의 다음날로부터 XX일째 되는 날이 만기일
> - 확정일출급 : 어음상에 기재된 특정일자가 곧 만기일

> **[참고] 수취인 표시방법**
> - 기명식 : Pay to XXX
> - 지시식 : Pay to the order of XXX, Pay to XXX or order

(4) 환어음 심사

① 신용장에서 환어음을 요구하지 않는 경우에는 발행하지 않음
② 신용장에서 특별히 허용하지 않는 한 다른 신용장과 통합하여 환어음을 발행할 수 없음
③ 환어음은 반드시 '수익자'에 의하여 발행되어야 하며, 신용장에 명시된 '지급인' 앞으로 발행되어야 함(단, 양도된 경우 제2수익자가 발행인이 될 수 있음)
④ 환어음 발행통화는 신용장에 명시된 통화이어야 하며, 숫자금액과 문자금액이 일치하여야 함(숫자와 문자가 상이한 경우 문자로 기재된 금액으로 간주)
⑤ 신용장금액을 초과하지 말아야 함
⑥ 환어음 금액은 상업송장 금액과 일치하여야 함
⑦ 환어음 발행일은 반드시 신용장 유효기일 이내이어야 하며, 화환어음의 경우 선적일 이후의 일자로 발행되어야 함
⑧ 어음기한은 반드시 신용장과 일치하여야 함
⑨ 확인신용장(Confirmed L/C)의 매입서류를 확인은행으로 송부하는 경우 또는 포페이팅(Forfaiting) 거래 건의 경우 반드시 '무소구조건(Without Recourse)'이라는 문구를 삽입하여 무담보배서하여야 함
⑩ 개설은행의 명칭, 신용장번호, 개설일자, 개설의뢰인의 명칭 등이 올바로 기재되었는지 확인
⑪ 발행인의 기명날인 또는 서명이 미리 제출된 인감(서명)신고서와 일치하는지 확인

7. 상업송장(Commercial Invoice) [근거규칙 : 신용장통일규칙(UCP600) 제18조, 국제표준 은행관행(ISBP821), 송장(INVOICE)]

(1) 의의
① 수출상이 수입상 앞으로 작성하는 선적화물의 내용명세서, 매매계산서, 대금청구서의 역할을 담당하는 서류
② 선하증권과 같은 유가증권은 아니지만 무역거래 대금 청구 시 필수적으로 요구되는 서류

(2) 송장의 종류 및 명칭
① 종류 : 상업송장(Commercial Invoice), 견적송장(Proforma Invoice), 공용송장(Official Invoice)
② 신용장에서 추가적인 설명 없이 송장(Invoice)의 제시를 요구하는 경우, 상업송장(Commercial Invoice), 세관송장(Custom Invoice), 세금송장(Tax Invoice), 영사송장(Consular Invoice), 최종송장(Final Invoice) 등의 송장은 수리 가능
③ 단, 임시송장(Provisional Invoice)과 견적송장(Proforma Invoice)은 신용장에서 특별히 허용하지 않는 한 수리 거절(가격이 확정되지 않은 가송장)
④ 신용장에서 상업송장(Commercial Invoice)을 요구한 경우 상업이라는 단어 없이 송장(Invoice)이라 표시된 서류가 제시되어도 수리 가능

(3) 발행 및 서명
① 상업송장은 반드시 수익자(Beneficiary)가 발행하고 개설의뢰인(수입상, Applicant) 앞으로 발행되어야 함(양도가능신용장의 경우 제2수익자가 발행)
② 신용장에서 특별히 요구하지 않았다면 수익자 및 개설의뢰인의 주소를 기재할 필요가 없으며, 기재한 경우라도 수익자 및 개설의뢰인의 주소는 신용장에 기재된 주소와 정확히 일치할 필요는 없으며, 동일한 국가 내에 위치하고 있으면 수리 가능
③ 신용장에서 명시적으로 요구하지 않는 한 '서명'이나 '일자'를 필요로 하지 않음(단, 신용장에서 'Signed Commercial Invoice'를 요구하였다면 반드시 서명 필요)
④ 신용장에서 수기서명(Manually Signed)을 요구하였다면, 반드시 수기서명 필요

(4) 상품명세
① 상업송장의 상품명세는 신용자의 상품명세와 반드시 일치하여야 함
② 신용장의 물품명세에 무역거래조건(Incoterms)이 기재되어 있는 경우 상업송장에도 반드시 이를 동일하게 기재해 주어야 함
③ 분할선적의 경우 상업송장의 상품명세는 실제 선적된 부분만을 표시하여야 함

(5) 신용장금액을 초과하여 작성된 상업송장 수리 여부
① 상업송장이 금액은 신용장에서 허용된 금액을 초과하지 않아야 하는 것이 원칙임
② 단, 신용장금액을 초과하여 작성된 상업송장이 제시되는 경우, 지정은행은 그 수리여부에 대하여 선택권을 행사할 수 있으며, 만약 지정은행이 이를 수리하였다면 개설은행은 반드시 대금을 지급하여야 함
③ 이 경우 상업송장에만 초과금액이 반영되어야 하며, 환어음에는 그 초과금액을 반영시키지 않아야 함

(6) 상업송장 심사

① 반드시 선적된 상품의 가액을 표시하고 있어야 하며, 통화 및 단가는 반드시 신용장과 일치하여야 함

② 신용장에서 할인(Discount), 공제(Deduction)를 요구하는 경우 상업송장은 반드시 이를 표시하고 있어야 함

③ 상업송장에 표시된 수량(Quantity), 중량(Weight), 용적(Measurement) 등은 운송서류 및 포장명세서 등을 포함한 기타의 서류들과 일치하여야 함

④ 신용장에서 허용하지 않는 한 초과선적(Over Shipment)을 표시해서는 안 됨

⑤ 상업송장은 무료라고 할지라도 신용장에서 요구하지 않은 물품상품(샘플, 광고물 등)을 표시해서는 안 됨

⑥ 신용장에서 할부선적을 요구하는 경우 신용장에 명시된 할부일정에 따라 선적이 이루어졌음을 표시해야 하며, 상업송장은 당해 할부일정에 따른 선적수량과 금액을 정확하게 반영하고 있어야 함

8. 운송서류 : 선하증권(Bill of Lading) [근거규칙 : 신용장통일규칙(UCP600) 제20조, 국제표준은행관행(ISBP821), 선하증권]

(1) 의의

① 화주와 운송인(선박회사) 간의 해상운송계약에 의거 해상운송인 또는 그 대리인이 화물이 수취 또는 본선적재되었음을 증명하고 그 인도청구권을 표시하여 발행하는 서류

② 정당한 소지인에게 운송물품을 인도할 것을 약속하는 유가증권으로, 배서양도에 의하여 권리이전이 가능한 유통증권

③ 선하증권을 소지하고 있다는 것은 곧 물품 자체를 소유하고 있다는 의미

(2) 선하증권에 대한 신용장 지시문언

'Full set of clean on board ocean bills of lading made out to the order of XXX Bank marked freight prepaid and notify applicant'

① Full set of

㉠ 선하증권 원본이 복수로 발행된 경우 발행된 원본 전부를 제시하여야 한다는 의미(통상 원본 3통)

㉡ 원본 어느 한 통이 사용되면 나머지는 자동적으로 무효

② Clean

㉠ 물품 또는 포장에 결함이 있다는 등의 문구가 기재되어 있지 않아야 한다는 의미

㉡ Clean B/L, Foul B/L

③ On board

㉠ 화물이 본선에 적재되었음을 표시하고 있는 선하증권을 제시하여야 한다는 의미

㉡ 종류 : 선적선하증권(Shipped B/L), 수취선하증권(Received B/L), 본선적재선하증권(On board B/L)

㉢ 선적선하증권 및 본선적재선하증권에 한해 수리 가능

④ Ocean Bill of Lading

해상운송과 관련하여 항대항(Port-to-Port Shipment)을 커버하는 선하증권을 제시하여야 한다는 의미

⑤ Made out to the order of XXX Bank

㉠ 화물의 수하인(Consignee)을 XXX Bank의 지시식으로 발행된 선하증권을 제시하여야 한다는 의미

㉡ 통상 개설은행을 수하인으로 지정하는 것이 일반적임

⑥ Marked Freight Prepaid

㉠ 해상화물 운임이 이미 지급되었다는 즉, 운임선지급 조건의 선하증권을 제시하여야 한다는 의미

㉡ Freight prepayable, Freight to be prepaid 등의 용어는 운임선지급을 표시하는 문구로 인정하지 않음

⑦ Notify accountee(applicant)

    ○ 착하통지처(Notify Party)란 화물이 도착지에 도착하였을 때 운송인이 도착사실을 통지해 주어야 하는 당사자

    ○ 착하통지처가 개설의뢰인으로 표시된 선하증권을 발행하여야 한다는 의미

(3) 선하증권 심사

① 선하증권 앞면에는 운송인의 명칭(Name, 상호)을 표시하고 있어야 하며, 아울러 그가 운송인 (Carrier)임을 표시하고 있어야 함(XXX Lines, Carrier)

② 신용장에서 선하증권을 요구하고 있다면 운송인(Carrier) 또는 선장(Master, Captain) 또는 그들의 대리인(Agent)에 의해 서명되어야 함

③ 선하증권 서명란에는 서명 당사자가 누구인지 식별 가능하도록 표시되어 있어야 함

④ 대리인에 의해 서명되는 경우 반드시 대리인의 명칭과 자격에 대해서도 표시해 주어야 함 : As agent for the carrier, As agent on behalf of the carrier 등

⑤ 신용장의 'Shipment from (선적항) to (양륙항)'에 명시된 항구의 명칭은 선하증권 상의 'Port of Loading'과 'Port of Discharge' 란에 각각 표시되어 있어야 함

> **[참고] Forwarder's B/L(FBL) : 운송중개인이 발행한 선하증권**
> - 운송중개인이 발행한 선하증권이라 하더라도, 운송인 자격(Acting as carrier) 또는 운송인의 대리인 자격(As agent for the carrier)으로 서명하고 발행한 경우 신용장에서 특별히 금지하지 않는 한 수리 가능
> - 운송인 또는 대리인 자격을 명시하지 않은 채 단순 운송중개인 자격으로 발행한 경우 신용장에서 별도로 허용하지 않는 한 수리 불가

(4) 선하증권 요구 시 자동수리가 인정되지 않는 서류

① 범선선하증권(Sailing Boat Shipment B/L) : 바람에 의해 추진되는 운송선

② 갑판적재선하증권(On Deck Shipment B/L) : 선창이 아닌 갑판에 적재되었거나 적재될 예정 표시가 있는 선하증권

③ 고장부선하증권(Foul B/L) : 포장상태에 결함이 있음을 표시하고 있는 선하증권

④ 제시지연선하증권(Stale B/L) : 선적일로부터 21일을 초과하여 제시된 선하증권

⑤ 수취선하증권(Received B/L) : 화물 수령 후 본선에 적재되지 않은 상태로 발행된 선하증권(본선 적재부기가 표시된 경우 수리 가능)

⑥ 운송중개인선하증권(Forwarder's B/L) : 운송인 또는 선장 대리인 자격으로 발행하지 않고 단순히 운송중개인 본인의 명의로 발행한 경우 수리 불가

⑦ 화물인수증(FCR), 운송증명서(FCT), 선적증명서(FCS)

⑧ 예정표시선하증권(Intended Clause B/L) : 발행 당시 선박 또는 선적항 등이 아직 확정되지 않은 채, 'Intended' 또는 이와 유사한 예정성 문구를 병기하고 있는 선하증권

⑨ 권리포기선하증권(Surrendered B/L)

    ○ 운송인이 수출상과의 'Surrender' 약정에 의하여 선하증권 원본의 발급을 생략하거나, 이미 발급한 선하증권 원본의 전통(Full Set)을 반환받은 후 해당 선하증권의 유가증권적인 성질 및 유통가능성이 소멸되었음을 증거할 목적으로 특별히 'Surrendered'라는 문구의 스탬프를 날인하여 교부한 'Non-Negotiable B/L'

ⓛ 'Surrender'된 선하증권은 더 이상 배서양도에 의하여 유통가능한 유가증권이 아니며, 화물의 운송계약이 체결되었음을 입증하는 단순 화물운송증서에 불과

ⓒ 수출상이 미리 운송인에게 선하증권 원본 전통을 양도하고 그 권리를 반환한다는 의미로, 이에 따라 수입상은 선하증권 원본을 제시하지 않고도 선하증권 상의 수하인임이 확인되면 즉시 화물을 인도받을 수 있음

(5) 해상운송 요구 시 자동수리가 인정되는 선하증권

① 부지약관선하증권(Unknown Clause B/L)

컨테이너 또는 포장박스 내에 적입되어 있는 화물의 내용(종류, 수량 등) 및 그 상태에 관하여 운송인은 알지 못하며 또는 그 책임을 지지 않는다는 문언이나 약관이 기재된 선하증권

② 약식선하증권(Short Form B/L)

선하증권 뒷면에 기재되는 상세한 운송약관이 생략된 채, 그 일부 또는 전부에 대하여 다른 서류를 참조하도록 표시하고 있는 선하증권

③ 제3자선하증권(Third Party B/L)

선하증권에 기재되어 있는 선적인(Shipper) 또는 송하인(Consignor)이 신용장상의 수익자(Beneficiary)가 아닌 제3자로 기재되어 있는 선하증권(중계무역이나 양도신용장인 경우 수익자 이외의 제3자가 송하인이 되는 경우가 있음)

9. 운송서류 : 비유통성 해상화물운송장(Non-Negotiable Sea Waybill) [근거규칙 : 신용장통일규칙(UCP600) 제21조, 국제표준은행관행(ISBP821), 비유통성 해상화물운송장]

(1) 의의

① 해상운송서류 또는 해상운송을 포함한 복합운송서류로 사용할 수 있는 발행되는 비유통 운송서류

② 해상운송인이 화물의 수취, 선적 및 운송계약의 체결을 증빙할 목적으로 발행하는 일종의 화물운송증서

③ 기명식으로만 발행되며, 유가증권으로서의 성질이 없는 비유통(Non-Negotiable)증서

④ 운송서류상에 표시된 수하인이 목적지의 선박회사 대리점에서 자신의 신분만 입증되면 원본을 제시하지 않고도 화물을 인도받을 수 있음

⑤ 발행인에 대한 제한이 없음

(2) 선하증권과 해상화물운송장의 차이

구분	내용
선하증권	• 운송화물의 인도청구권을 표창하는 유가증권 • 수하인을 지시식으로 표시할 수 있어 배서에 의한 양도가 가능
해상화물운송장	• 화물의 운송계약이 체결되었다는 사실과 화물이 운송을 위하여 수취, 선적되었음을 증명하는 단순한 운송증서 • 수하인을 기명식으로만 기재하여야 하며, 배서에 의한 권리양도 불가

10. 운송서류 : 용선계약부 선하증권(Charter Party B/L) [근거규칙 : 신용장통일규칙(UCP600) 제22조, 국제표준은행관행(ISBP821), 용선계약부 선하증권]

(1) 의의

① 화주가 선박의 소유주(선주)와 항해용선계약을 체결하고 일정 구간의 항해에 대하여 선복의 전부 또는 일부를 빌려 본인의 화물을 운송하는 경우 당해 선박의 선주, 선장 또는 그들의 대리인으로부터 발급받는 선하증권(하주용선)

② 선박의 소유주(선주)와 정기용선계약을 체결하고 선박을 빌린 용선자(운송인)가 제3의 화물을 운송하면서 개별 화주 앞으로 발급하는 선하증권(운송인용선)

③ 신용장에서 특별히 허용하지 않는 한 수리 불가

④ 정기선이 취항하지 않는 부정기 항로로 화물을 운송해야 하거나, 일반화물선이 아닌 특수 선박(Bulk Cargo 등)을 이용하여 화물을 운송해야 하는 경우 등에 활용

(2) 용선계약 종류

① 항해용선(Voyage Charter) : 선원이 동승한 선박을 일정구간의 항해 단위로 빌리는 용선계약 으로, 용선자는 주로 화주가 되며 해당 항로의 용선료 지급

② 정기용선(Time Charter) : 선원이 동승한 선박을 일정기간 단위로 빌리는 용선계약으로, 용선자는 주로 해운업자가 되며 당해 선박을 이용하여 제3자의 화물을 운송하는 것이 일반적

③ 나용선(Bare Boat Charter) : 승무원이 동승하지 않은 선박 자체만을 빌리는 용선계약

11. 운송서류 : 복합운송서류(Multimodal Transport Document) [근거규칙 : 신용장통일규칙 (UCP600) 제19조, 국제표준은행관행(ISBP821), 적어도 두 가지 이상의 다른 운송방법을 포괄하는 운송서류(복합운송서류)]

(1) 의의

① 화물의 수탁된 장소로부터 인도하기로 약정된 장소까지 선박, 항공기, 철도 등 두 가지 이상의 서로 다른 운송방법에 의하여 운송되는 경우 발급하는 운송서류

② 배서양도에 의하여 유통이 가능한 권리증권의 형태로 발급될 수도 있고, 기명식의 비유통성 운송서류로 발급될 수도 있음

(2) 복합운송서류 심사

① 미리 인쇄된 문구 또는 스탬프 또는 부기에 의하여 상품이 수탁 또는 발송 또는 본선적재 되었다는 것을 표시하고 있어야 함

② 신용장에 명시된 수탁지 또는 선적지와 최종목적지가 표시되어 있어야 함

③ 제시된 운송서류가 복합운송서류로 인정받기 위해서는 수탁지와 다른 선적항 및 최종목적지와 다른 양륙항이 기재되어 있어야 함

④ 운송서류상의 선박, 선적항, 양륙항과 관련하여 예정된(Intended)이라는 문구가 있는 경우 또는 선적항 및 양륙항을 아예 기재하지 않은 경우에도 수리 가능

⑤ 화물의 수탁 시점에 발행하는 것을 원칙으로 하기 때문에 신용장에서 명시한 선적항에서 육상운송이 되었다면 본선적재부기를 필수 요건으로 하지는 않음. 단, 운송의 첫 번째 구간이 해상인 경우에는 본선적재부기가 필요

12. 운송서류 : 항공운송서류(Air Transport Document) [근거규칙 : 신용장통일규칙(UCP600) 제23조, 국제표준은행관행(ISBP821), 항공운송서류]

(1) 의의
① 운송인이 항공기로 화물을 운송하는 경우 발급되는 항공화물운송장(Air Waybill)
② 선하증권과 같은 유가증권이 아니며, 단지 항공화물의 운송계약이 체결되었다는 사실과 화물이 운송을 위하여 수탁되었음을 증명하는 일종의 화물운송증서에 불과
③ 배서양도에 의하여 권리이전이 가능한 유통증권이 아님

(2) 항공운송서류 심사
① 발행 형식
유가증권이 아니므로 수하인(Consignee)은 항상 기명식으로만 발행되며, 신용장에서 지시식 발행을 요구해서도 안됨(신용장에서 지시식 발행을 요구하더라도 기명식으로 발행된 경우 수리 가능)
② 원본과 부본
㉠ 신용장에서 원본을 요구하였다면, 항공화물운송장 앞면에 'Oroginal 3(For Shipper/Consignor)' 등과 같이 기재된 '송하인용 원본'이 제시되어야 함
㉡ 신용장에서 항공화물운송장의 'Full Set'을 요구하는 경우라 하더라도, 송하인용 원본 1통이 제시되면 요구조건을 충족하는 것으로 간주
③ 운송인의 명칭과 서명
항공화물운송장 앞면에는 반드시 운송인의 명칭과 그가 운송인(Carrier)임을 나타내고 있어야 하며, 운송인 또는 그 대리인에 의한 서명 필요

13. 보험서류(Insurance Documents) [근거규칙 : 신용장통일규칙(UCP600) 제28조, 국제표준은행관행(ISBP821), 보험서류와 부보범위]

(1) 종류
① 보험증권(Insurance Policy)
개개의 확정 보험사실에 대한 개별보험계약의 체결을 증명하고, 당해 선적분이 권면에 기재된 내용대로 부보가 이루어졌음을 증명하는 증권
② 보험증명서(Insurance Certificate)
포괄보험계약하에서 발행된 포괄예정보험증권에 근거하여, 개개의 선적분에 대한 부보사실을 증명하기 위하여 매 건별로 발급되는 증명서
③ 보험확인서(Insurance Declaration)
포괄보험계약하의 개별 선적분에 대한 부보확인 요청에 대하여 보험회사가 당해 선적분에 대한 부보사실을 선언한 확인서
④ 부보각서(Cover Note, 보험인수증)
보험중개업자가 발행한 보험 예약각서로, 부보사실을 인정받지 못할 뿐만 아니라 보험금에 대한 직접적인 청구권도 없음

(2) 보험서류 수리요건

① 신용장에서 보험증권을 요구한 경우 반드시 보험증권이 제시되어야 함

② 신용장에서 보험증명서 또는 보험확인서를 요구한 경우 보험증권으로 대체 제시 가능

③ 신용장에서 보험서류의 종류를 명시하지 않은 채 단순히 'Insurance Documents(보험서류)'를 요구한 경우 보험증권, 보험증명서, 보험확인서에 한하여 수리 가능

④ 신용장에서 특별히 허용하지 않는 한 부보각서(Cover Note)는 수리 불가

(3) 보험서류의 서명과 배서

① 보험서류는 보험회사 또는 보험인수업자 또는 그들의 대리인에 의해 서명되고 발행되어야 함

② 배서란 보험서류상의 권리자인 보험금수령인(Assured)이 제3자에게 보험금 청구권을 양도하는 요식절차로, 보험금수령인(Assured)이 수출상으로 지정된 보험서류는 반드시 수출상에 의해 배서되어야 함(수출상이 본인을 보험금수령인으로 지정하는 것이 일반적)

(4) 부보금액

① 보험금액은 반드시 신용장의 통화와 동일한 통화로 표시되어야 함

② 보험금액은 반드시 신용장에 명시된 부보비율 이상이어야 함

③ 신용장이 보험금액을 백분율로 명시하고 있는 경우 그러한 비율은 부보되어야 할 최소한도의 금액을 의미하는 것으로 간주하며, 이를 초과하여 부보하는 것은 하자로 간주하지 않음

④ 신용장이 보험금액을 별도로 명시하지 않고 있다면, 물품의 CIF 또는 CIP 가격의 110%를 최저 부보금액으로 간주

⑤ 대금할인, 선지급, 지급유예 등으로 상업송장 금액이 물품가액의 전체를 반영하고 있지 않은 경우 부보금액은 송장금액이 아닌 총 물품가액을 기준으로 계산해야 함

(5) 부보일자

① 보험서류의 발행일자는 최소한 선적일 또는 그 이전의 날짜로 표시되어 있어야 함

② 신용장에서 보험서류의 일자가 선적일보다 늦어도 된다는 표시가 있으면 수리 가능

③ 보험의 효력이 선적일 또는 그 이전의 날짜로부터 유효하다는 소급적용의 표시가 있는 경우 수리 가능

14. 기타서류 [근거규칙 : 국제표준은행관행(ISBP821) 원산지증명서, 포장명세서, 수익자의 증명서]

(1) 포장명세서

상업송장만으로는 포장단위의 내용이나 중량, 용적 등에 대하여 정확히 파악할 수가 없기 때문에 상업송장을 보조하기 위하여 요청하는 서류(기본서류는 아니지만 관례적으로 요구)

(2) 원산지증명서(Certificate of Origin)

① 물품의 제조, 생산 등이 이루어진 국가를 증명하는 서류

② 특정 상대국으로부터 수입된 물품에 대하여 관세를 감면받고자 하는 경우 또는 수입국 정부의 무역관리 및 소비자보호 등의 목적상 필요에 의하여 요구되는 서류

(3) 검사증명서(Inspection Certificate)

① 선적된 물품의 품질, 수량, 상태 등을 검사하거나 테스트한 내용에 관한 증명서
② 신용장에서 지시한 자에 의하여 발행 및 서명된 서류이어야 함
③ 신용장에서 특별히 금지하지 않는 한 상품의 샘플만을 조사한 검사증명서도 수리 가능

15. 하자(Discrepancy) [근거규칙 : 신용장통일규칙(UCP600) 제16조]

(1) 의의

제시된 서류가 신용장 제 조건과 일치하지 않는 경우를 하자라 하며, 서류상의 하자는 곧 지급거절(Unpaid) 사유가 됨

(2) 하자있는 서류의 처리방법

① 보증부 매입(L/G Negotiation)
② 유보부 매입(Negotiation under Reserve)
③ 추심후 매입전환(Post Negotiation)
④ 조건변경후 매입(Amend Negotiation)
⑤ 전신조회후 매입(Cable Negotiation)
⑥ 추심후 지급(Approval Basis, Collection Basis)

> ※ 매입외환
> 외국환은행이 고객으로부터 수출환어음이나 외화수표 등을 매입하여 추심하는 경우 동 매입대금의 추심이 완료되어 자금화될 때까지 일시적으로 처리하는 외화재무상태표 자산 경과계정 과목으로, 자금화되지 않은 미추심잔액을 표시

16. 외환손익

(1) 외환매매손익

① 원화를 대가로 한 포지션(Position) 거래 시 발생되는 손익
② 매매손익 : 대고객매매율과 본지점매매율(집중환율)과의 차액(스프레드)에 의하여 결정

(2) 대체료(외화대체료)

① 대고객 외국환 거래 시 원화 대가 수반 없이 동종의 다른 외국환으로 대체되는 경우 징수하는 수수료
② 외환매매손익이 발생되지 않는 거래유형으로 외국환은행의 손익보전을 목적으로 징수
③ 외화대체거래 : 원화를 대가로 한 교환거래 없이 동종의 외국환으로 입·지급이 발생되는 거래로, 거래 시 환율이 개입되지 않고 회계처리를 위해 기준환율 부기
④ 거래유형 : 해외로부터 내도된 타발송금 대금을 고객의 외화보통예금 계좌에 입금하는 경우 등

(3) 외화현찰수수료

① 대고객 외국환거래 시 외화현찰을 취급하지만 원화를 대가로 한 포지션이 발생하지 않는 경우 외국환은행의 외화현찰 보관, 수출 및 수입에 따른 비용보전을 목적으로 징수하는 수수료
② 외화현찰이 수반되는 대체거래 : 외화현찰을 대가로 동종의 외국환으로 입·지급이 발생되는 거래
③ 거래유형 : 외국통화 현찰 매입대금을 고객의 외화보통예금 계좌에 입금하는 경우 등

(4) 이자(Interest Charge)

① 대고객 외국환 거래 시 은행이 외화자금을 미리 부담함에 따라 발생되는 이자

② 환가료(수출환어음 추심전매입, 외화수표 추심전매입), Less(부족입금액) 환가료, 수입환어음 결제 환가료, ACDC(A/D Charge)

(5) 신용위험부담 보상조 수수료(Credit Risk Commission)

수입신용장 개설(증액, 기간연장)수수료, 수입신용장 인수수수료, 수입화물선취보증료, 수입신용장 확인수수료

(6) 환가료(Exchange Commission)

① 외국환업무 처리 과정에서 발행하는 은행의 자금부담에 따른 이자조의 수수료

② 수출환어음 추심전매입 시 추심소요기간에 해당하는 일종의 이자

③ 신용장방식 일람출급 수출환어음 추심전매입 시 환가료 징수일수 : 8일

17. 재매입(Renego)

(1) 의의

신용장상에 매입·지급·연지급·인수은행이 특정은행으로 지정된 경우 해당 지정은행만이 매입·지급·연지급·인수가 가능하므로 지정은행이 아닌 다른 은행으로 매입 제시된 수출환어음 및 선적서류를 해당 지정은행 앞으로 다시 매입 제시하는 업무

(2) 재매입 대상 신용장

① 지정신용장(Straight L/C) : 지급신용장, 연지급신용장, 인수신용장

② 매입제한신용장 및 상환제한신용장

[참고] 재매입 대상 문구

- Negotiation under this credit is restricted to XXX Bank
- This credit is available only through XXX Bank by negotiation
- Drafts drawn under this L/C must be presented to Advising Bank for negotiation
- Drafts drawn under this credit must be presented for negotiation at XXX Bank
- XXX Bank holds special instruction regarding document disposal and reimbursement of this credit 등

---

18. 추심방식(D/P, D/A) 수출환어음 추심전매입

(1) 의의

① 수출입 당사자 간의 계약서에 근거하여 수출상이 물품을 선적한 후 수출환어음 및 선적서류를 자신의 위험과 비용부담으로 거래은행(추심의뢰은행)을 통하여 대금을 추심하는 거래로 은행의 지급확약이 없는 무신용장방식 수출환어음 매입 거래

② D/P, D/A 방식 수출환어음 매입은 매입은행 입장에서는 추심의뢰인(수출상)에 대한 여신지원 행위임

③ 준거규칙 : 추심에관한통일규칙(URC522)

(2) **추심지시서의 지시사항** [근거규칙 : 추심에관한통일규칙(URC522) 제4조]

추심의뢰은행(매입은행)은 추심의뢰인(수출상)이 추심은행을 지정하였을 경우 지정된 추심은행, 지정하지 아니한 경우 추심의뢰은행이 임의로 선정한 은행 앞으로 추심서류를 발송하며, 이때 추심지시서를 첨부함

① **서류인도조건** : D/P 조건인지 D/A 조건인지에 대한 명시가 없는 경우 D/P 조건으로 간주

② **추심결과의 통지**

추심서류가 지급, 인수 또는 지급거절, 인수거절된 경우 그러한 사실을 어떻게 통지하여야 하는지에 대한 통지방법 지시

③ **추심대금 송금방법에 대한 지시** : 전신송금(T/T), 우편송금(M/T), 송금수표(D/D)

④ **거절증서에 관한 지시** : 지급거절 또는 인수거절 시 거절증서 작성 여부에 대한 지시(작성여부에 대한 지시가 없는 경우 추심은행은 거절증서 작성의 의무를 부담하지 않음)

⑤ **상품보관에 관한 지시**

어음이 지급거절 또는 인수거절되는 경우를 대비하여 상품보전에 관한 특별지시를 하는 경우가 있음. 이 경우 추심은행(수입상 거래은행)은 이를 이행하여야 할 하등의 의무를 부담하지 않음

⑥ **지급거절 또는 인수거절에 대비한 예비지급인에 관한 지시**

지급거절 또는 인수거절에 대비하여 어음발행인의 대리인으로서 행동할 자를 지정할 수 있음. 단, 이에 관한 특별한 명시가 없는 경우 추심은행은 예비지급인의 어떠한 지시에도 응할 의무가 없음

⑦ **수수료 및 제비용 부담자 표시**

⑧ **이자징수에 관한 지시**

19. 외상수출채권(OA ; Open Account) 매입

(1) **Open Account(OA)**

① 수출입상 간에 일정기간 동안의 수출입거래와 관련한 기본매매계약을 체결한 후 수입상이 매건별로 구매주문서에 의하여 선적을 지시하면, 수출상은 그 지시에 따라 물품을 선적한 후 선적서류 원본을 수입상에게 직접 송부하고, 수입상은 수입화물 인수 후 선적일을 기준으로 일정기간이 경과한 시점에 수출상이 지정한 계좌로 대금을 송금하여 결제하는 방식

② 수출상이 물품 선적을 완료하고 수입상에게 동 '선적사실을 통지'함과 동시에 수출채권이 발생하는 '선적통지부 기한부 사후송금 결제방식'(일반적인 사후송금방식 수출거래는 선적서류 또는 물품이 수입상에게 '인도'되어야 수출채권이 성립하여 대금결제가 이루어지는 것과 차이가 있음)

③ 수출상은 선적완료 후 해당 외상채권을 거래은행(매입은행)에 매각함으로써 수출대금 조기 현금화 가능(OA방식 수출채권 매입 ; OA Nego)

(2) **외상수출채권(OA) 매입거래**

① 선적통지조건 기한부 사후송금방식 수출거래에 의한 외상채권 매입 거래

② 추심수단인 환어음 미발행

③ 선적서류 원본은 수출상에 의해 수입상 앞으로 직접 송부

④ 환어음이나 선적서류를 매입하는 거래가 아니며, 신용장이나 선하증권 등에 의해 담보되지 않는

순수한 외상수출채권만을 매입하는 거래

⑤ 신용장거래와 같이 개설은행을 통한 대금결제를 보장받는 것도 아니고, 추심거래(D/P, D/A)와 같이 추심은행을 통하여 물품 및 운송서류에 대한 통제가 가능한 것도 아니며, <u>오로지 수입상의 신용에만 대금결제 의존</u>

⑥ **수출상 입장에서의 장점** : 금융서류 작성이 필요 없으며, 은행수수료 등 비용 절감

⑦ **수입상 입장에서의 장점** : 대금결제 이전에 수입화물의 품질 점검 및 대금결제 유예를 통한 기한 이익 향유

(3) Paperless OA NEGO

수출상이 별도의 서류를 제출하지 않고 전자문서(EDI)로 신청한 매입의뢰서만으로 해당 외상수출 채권을 매입하는 업무를 의미하며, 동 거래 시 매입은행은 관세청의 통관 관련 정보를 이용하여 해당 수출채권의 존재 여부 확인

20. 수출실적 인정 [근거규정 : 대외무역관리규정 제6절 제25조, 제26조]

(1) 인정금액

① 수출통관액(FOB, 본선인도가격)을 기준으로 하는 것이 원칙

② **중계무역 방식 수출** : 수출금액(FOB)에서 수입금액(CIF) 금액을 공제한 가득액 기준

③ **외국인도수출** : 외국환은행 입금액 기준

④ **위탁가공무역 방식에 의한 수출** : 판매액에서 위탁가공을 위한 원자재 수출액 및 가공임을 제외한 금액 기준

⑤ **원양어로에 의한 수출 중 현지경비 사용분** : 외국환은행 확인액

⑥ **용역 수출** : 외국환은행을 통해 입금 확인한 금액

⑦ **전자적형태의 무체물 수출** : 외국환은행을 통해 입금 확인한 금액

⑧ **내국신용장 또는 구매확인서에 의한 공급 등** : 외국환은행의 결제액 또는 확인액 등

(2) 인정시점

① 수출신고수리일로 하는 것이 원칙

② **입금일** : 중계무역, 외국인도수출, 용역수출, 전자적 형태의 무체물 수출 등

③ 내국신용장에 의한 공급, 구매확인서에 의한 공급, 산업통상자원부장관이 지정하는 생산자의 수출물품 포장용 골판지상자의 공급

  ㉠ 외국환은행을 통하여 대금을 결제한 경우 : 결제일

  ㉡ 외국환은행을 통하여 대금을 결제하지 않은 경우 : 당사자 간의 대금결제일

(3) 무역금융 융자대상 수출실적 [근거규정 : 한국은행 금융중개지원 대출관련 무역금융지원 프로그램 운용절차 제6조(융자대상)]

① 수출신용장 또는 수출계약서(D/P, D/A 등)에 의하여 물품 등(건설, 용역, 전자적 형태의 무체물 포함)을 수출하거나 국내에 공급한 실적(중계무역방식 수출은 제외)

② 다음에 해당하는 외화 또는 원화표시 물품공급계약서에 의하여 물품, 건설 및 용역을 수출 하거나 국내에 공급한 실적

  ㉠ 외국정부, 외국공공기관 또는 국제기구와 체결된 물품, 건설 및 용역공급계약서

    ⓒ 선박건조공급(개조 포함) 및 대외무역법에서 정한 산업설비의 수출을 위한 계약서

    ⓒ 정부, 지방자치단체, 정부투자기관이 외국으로부터 받은 차관자금에 의한 국제경쟁입찰에 따라 국내에서 유상으로 물품, 건설 및 용역을 공급하기 위하여 체결된 계약서

  ③ 내국신용장 또는 구매확인서에 의하여 수출용 완제품 또는 원자재를 공급(수탁가공 포함)한 실적

  ④ 관세법에 따라 설치된 보세판매장에 자가생산품을 외국인에게 외화로 판매한 실적 또는 외항항공, 외항해상운송, 선박수리업체의 외화입금실적

(4) 무역금융 융자대상 수출실적 인정금액 [근거규정 : 한국은행 금융중개지원 대출관련 무역금융지원 프로그램 운용절차 제7조(융자대상 수출실적)]

  ① 본선인도가격(FOB) 기준

  ② 무역어음인수 취급된 수출신용장 등에 의한 수출실적은 해당 인수취급액을 제외한 금액

  ③ 위탁가공무역 수출실적 : 위탁가공무역에 소요되는 국산 원자재를 무상으로 수출한 실적

  ④ 중계무역방식에 의한 수출실적은 융자대상 수출실적에서 제외

  ⑤ **구매확인서** : 구매확인서 및 세금계산서상의 금액

(5) 무역금융 융자대상 수출실적 인정시점 [근거규정 : 한국은행 금융중개지원 대출관련 무역금융지원 프로그램 운용절차 제10조(수출실적의 인정시점)]

  ① 수출신용장 및 내국신용장 : 수출환어음 또는 판매대금추심의뢰서(내국신용장) 매입(추심) 시점

  ② 수출계약서 및 외화표시 물품공급계약서 : 대금 입금 시점

  ③ 구매확인서 : 세금계산서 발급 시점

Certified Foreign Exchange Specialist **PART 01**

SECTION 1   **○× 문제**

01 신용장 통지 시 지급 · 연지급 · 인수 · 매입은행으로 지정받은 은행은 개설은행과의 합의 없이 지정취소를 할 수 없다. (○/×)

정답 | ×
해설 | (1) 특정은행(통상 통지은행)을 지급 · 연지급 · 인수 · 매입은행으로 지정하는 것은 개설은행의 의사일 뿐 지정받은 은행의 자발적인 의사가 아님
(2) 지정받은 은행이 확인은행이 아닌 한 지급 · 연지급 · 인수 · 매입의 의무를 부담하지 않음
(3) 지정에 대하여 수락할 의사가 없는 경우, 신용장 통지문상에 그러한 뜻을 표시하거나 별도의 제한해제서를 발급할 수 있음

02 확인은행이 원신용장에 확인을 추가한 경우 조건변경에 대하여도 반드시 확인을 추가하여야 한다. (○/×)

정답 | ×
해설 | (1) 신용장 조건변경 시 확인 추가는 확인은행의 권리임
(2) 조건변경서에 확인을 추가하지 않는 경우에도 원신용장에 대한 확인은 유효

03 중계무역 관련 신용장 조건변경부 양도 시 선적서류 및 어음은 제2수익자에 의하여 개설은행 앞으로 제시되어야 한다. (○/×)

정답 | ×
해설 | (1) 양도신용장하에서 작성된 선적서류 및 어음은 신용장상에 별도의 지시가 없는 경우 반드시 양도은행으로 제시되어야 함
(2) 중계무역 관련 신용장 조건변경부 양도 시 선적서류 및 어음의 제시장소는 반드시 양도은행이어야 함

04 신용장 양도의 종류 중 조건변경부 양도란 신용장 금액을 분할하여 다수의 제2수익자에게 양도하는 것을 의미한다. (○ / ×)

정답 | ×
해설 | (1) 분할양도 : 신용장 금액을 분할하여 다수의 제2수익자에게 양도하는 것
       (2) 조건변경부양도 : 신용장의 양도에 따른 중계차익을 확보할 목적으로 신용장 금액, 단가, 유효기일, 선적기일 등을 감액하는 등 원신용장 조건을 일부 변경하여 양도하는 것
       (3) 단순양도 : 원신용장 조건변경 없이 양도하는 것

05 신용장이 다수의 제2수익자에게 양도된 이후에 해당 신용장의 조건변경이 이루어진 경우에는 각각의 양수인의 동의 없이 모든 양수인에게 조건변경의 효력이 미친다. (○ / ×)

정답 | ×
해설 | 다수의 제2수익자에게 양도된 이후 해당 신용장의 조건변경이 이루어진 경우, 조건변경의 효력은 해당 조건변경을 수락한 양수인에 대해서만 적용(미수락 양수인의 경우 기존 신용장 조건을 그대로 적용)

06 신용장 거래는 수출입 당사자 간의 매매계약에 근거하고 있으며, 신용장 조건은 그 매매계약조건과 반드시 일치하여야 한다. (○ / ×)

정답 | ×
해설 | **신용장 거래의 특성**
       (1) 독립성 : 신용장은 수출입 당사자 간의 매매계약 또는 기타의 계약에 근거를 두고 있다 하더라도 이들 계약과는 별개의 독립된 거래로, 신용장에 그러한 계약에 관한 어떠한 참고사항이 포함되어 있더라도 그러한 계약과는 아무런 관계가 없고 구속받지 않음
       (2) 추상성 : 신용장 거래에 있어서 모든 당사자는 서류에 의하여 거래하는 것이지 그러한 서류와 관련된 물품, 서비스 기타 의무이행을 취급하는 것이 아님

07 신용장상에 취소가능 여부에 대한 별도의 언급이 없는 경우 취소가능신용장으로 간주한다. (○ / ×)

정답 | ×
해설 | (1) 취소가능 여부에 대한 별도의 언급이 없는 경우 취소불능신용장으로 간주
       (2) 수출환어음 추심전매입은 매입은행의 수출상에 대한 여신행위이므로 반드시 취소불능신용장이어야 함

08 개설은행에게 지나치게 불리한 조건이 삽입된 신용장은 상대적으로 매입은행에게 유리한 조건이 므로 제한 없이 수출환어음 추심전매입이 가능하다. (○/×)

정답 ┃ ×
해설 ┃ (1) 개설은행에게 지나치게 불리한 조건이 삽입된 신용장은, 변칙적인 목적 내지는 사기의 수단으로 악용될 가능성이 높으므로 매입 시 주의 필요
　　　 (2) 문구
　　　　 ① All discrepancies are acceptable(모든 하자 수용)
　　　　 ② L/C expired and over drawing shall not be considered as a discrepancy(신용장 유효기일과 금액초과는 하자로 간주하지 않음)

09 서류제시기간(Presentation Period) 산정과 관련하여 'From'이라는 용어가 사용된 경우 해당일자 를 포함하여 기일을 산정한다. (○/×)

정답 ┃ ×
해설 ┃ (1) 서류제시기간(Presentation Period) 산정과 관련하여 'From'이라는 용어가 사용된 경우 'After'와 동일한 의미로 해석하여 해당일자를 제외하고 그 다음날로부터 기간 산정
　　　 (2) 서류제시기간이 은행휴무일인 경우 휴무일에 이은 최초영업일까지 자동 연장

10 신용장 조건 중 선적기일(Latest date of Shipment)이 통상적인 은행휴무일인 경우 휴무일에 이 은 최초영업일까지 자동연장된다. (○/×)

정답 ┃ ×
해설 ┃ (1) 선적기일(Latest date of Shipment)이 통상적인 은행휴무일인 경우 자동연장 불가
　　　 (2) 신용장상에 유효기일만 명시되어 있고 선적기일이 별도로 명시되지 않은 경우로, 유효기일 연장 조건변경이 이루어진 경우 연장된 유효기일까지 선적기일도 함께 연장되는 것으로 간주
　　　 (3) 하나의 매입건에 대하여 두 세트 이상의 운송서류가 제시되는 경우 제시된 운송서류 중 가장 늦은 선적일을 선적일자로 간주

11 신용장에서 할부선적(Installment Shipment)을 지시하고 있는 경우 할부일정에 따라 반드시 지정 된 기간 내에 지정된 물량만을 선적하여야 하며, 어느 한 기간의 할부선적을 이행하지 못하면 해 당 할부분의 효력만 상실되고 잔여 할부분의 선적은 유효하다. (○/×)

정답 ┃ ×
해설 ┃ 할부선적 조건에서 할부일정에 따른 어느 한 기간의 할부선적을 이행하지 못하는 경우 해당 할부분을 포함하여 이후의 모든 잔여 할부분에 대하여 신용장 효력 상실

12 신용장에서 화물이 본선에 적재되었음을 표시하고 있는 선하증권(On board B/L)을 요구하는 경우 본선적재부기가 없는 수취선하증권(Received B/L)이 제시되는 경우라도 수리 가능하다. (○ / ×)

정답 | ×
해설 | **본선적재 요구 시 수리 가능한 선하증권**
    (1) Shipped B/L(선적선하증권), On board B/L(본선적재선하증권)
    (2) Received B/L(수취선하증권)의 경우 본선적재부기(On board notation)가 있는 경우에만 수리 가능

13 운송서류의 종류 중 운송중개인(Freight Forwarder)이 발행한 Forwarder's B/L은 어떠한 경우에도 수리 불가하다. (○ / ×)

정답 | ×
해설 | (1) 운송중개인이 발행한 Forwarder's B/L(FBL)은 <u>운송인 자격</u> 또는 <u>운송인의 대리인</u> 자격으로 서명하고 발행한 경우 신용장에서 특별히 금지하지 않는 한 수리 가능
    (2) 단, 운송인 또는 대리인 자격을 명시하지 않은 채 단순히 운송중개인 자격으로 서명하고 발행한 경우에는 신용장에서 특별히 허용하지 않는 한 수리 불가

14 제3자선하증권(Third Party B/L)이란 선하증권 뒷면에 기재되는 상세한 운송약관이 생략된 채, 그 일부 또는 전부에 대하여 다른 서류를 참조하도록 표시하고 있는 선하증권이다. (○ / ×)

정답 | ×
해설 | (1) 약식선하증권(Short Form B/L)
        선하증권 뒷면에 기재되는 상세한 운송약관이 생략된 채, 그 일부 또는 전부에 대하여 다른 서류를 참조하도록 표시하고 있는 선하증권
    (2) 제3자선하증권(Third Party B/L)
        선하증권상에 기재되어 있는 선적인(Shipper) 또는 송하인(Consignor)이 신용장상의 수익자(Beneficiary)가 아닌 제3자로 표시되어 있는 선하증권(중계무역 또는 양도신용장 등의 경우 송하인이 수익자가 아닌 제3자로 표시됨)
    (3) 부지약관선하증권(Unknown Clause B/L)
        컨테이너 또는 포장박스 내에 적재되어 있는 화물의 내용 및 상태에 관하여 운송인은 알지 못하며, 책임을 지지 않는다는 문언이나 약관이 기재된 선하증권

15 보험서류의 부보일자는 반드시 신용장 유효기일 이내이어야 한다. (○ / ×)

정답 | ×
해설 | (1) 보험서류의 발행일자(부보일자)는 최소한 선적기일과 같거나 그 이전의 일자이어야 함
    (2) 단, 신용장상에 보험서류 일자가 선적일보다 늦어도 된다는 표시가 있는 경우 선적일 이후 발행도 수리 가능

16 신용장 양도(Transfer)란 신용장상에 지급 · 연지급 · 인수 · 매입은행이 특정은행으로 지정된 경우 동 지정은행 이외의 은행 앞으로 제시된 선적서류를 당해 지정은행 앞으로 다시 매입 제시하는 행위이다. (O / ×)

정답 | ×

해설 | 재매입(Renego) : 신용장상에 지급 · 연지급 · 인수 · 매입은행이 특정은행으로 지정된 경우 동 지정은행 이외의 은행 앞으로 제시된 선적서류를 당해 지정은행 앞으로 다시 매입 제시하는 행위

17 D/P Usance란 수출상이 물품선적을 완료하고 해외의 수입상에게 선적사실을 통지함과 동시에 채권이 발생하는 선적통지조건의 기한부 사후송금 결제방식 무역거래이다. (O / ×)

정답 | ×

해설 | OA(Open Account)(외상수출채권)

(1) 수출입상 간에 일정기간 동안의 계속 거래와 관련한 기본매매계약을 체결하고, 수입상이 매 건별로 구매주문서에 의하여 선적을 지시하면 수출상은 그 지시에 따라 물품 선적 후 선적서류 원본을 수입상에게 송부하고, 수입상은 선적일을 기준으로 일정기간이 경과한 시점에 수출상이 지정한 계좌로 대금을 송금하는 방식

(2) 수출상이 물품선적을 완료하고 해외의 수입상에게 선적사실을 통지함과 동시에 채권이 발생하는 선적통지조건의 기한부 사후송금 결제방식 무역거래

(3) 일반적인 사후송금방식 거래의 경우 선적서류 또는 물품이 수입상에게 '인도'된 후에야 수출채권이 성립하여 대금결제가 이루어지는 반면, OA 거래는 수입상에게 선적사실 '통지'와 동시에 채권발생

SECTION 2 **빈칸넣기**

01 신용장 (   )이란 개설은행이 1차로 지급 · 연지급 · 인수 · 매입을 확약하고 있는 취소불능신용장에 대하여 제3의 은행이 개설은행과 동일한 확약을 추가하는 행위이다.

정답 | 확인(Confirmation)

해설 | (1) 신용장 확인은 개설은행의 신용상태가 불확실한 경우 그 불확실성을 제거하기 위한 수단으로 활용

(2) 확인은행은 '일치하는 제시'에 대하여 결제 또는 매입을 행한 경우, 개설은행에 대하여 그 대금상환에 대한 청구의 권리를 보유하며, '일치하는 제시'에 대하여 매입 또는 결제를 하고 그 서류를 확인은행에 송부한 지정은행에 대하여 대금상환의 의무 부담

02 수출환어음 (   )이란 수출상이 신용장 또는 수출계약서(D/P, D/A) 등의 무역거래 계약에 따라 선적을 완료하고 발행한 수출환어음에 대하여, 거래은행이 할인, 구매하는 방식으로 대금을 수출상에게 선지급하고 개설은행에 상환청구하거나 환거래은행을 통하여 수입상에게 추심함으로써 대금을 회수하는 금융기법이다.

정답 ┃ 매입(Negotiation, Nego)
해설 ┃ 매입(Nego) : 상대은행(개설은행, 상환은행 등)으로부터 대금을 결제받기 전에 매입신청인(수출상)에게 매입대금을 선지급하는 수출상에 대한 매입은행의 여신행위

03 신용장 조건 중 서류제시기간(Presentation Period)은 지급 · 연지급 · 인수 · 매입을 위하여 서류가 제시되어야 하는 (   ) 이후의 특정기간을 의미하며, 동 기간에 대한 명시가 없는 경우 선적후 (   )일 이내에 제시되어야 하는 것으로 간주한다.

정답 ┃ 선적일, 21
해설 ┃ 신용장상에 서류제시기간에 대한 명시가 없는 경우 선적 후 21일 이내에 제시되어야 하는 것으로 간주하며, 신용장 유효기일 이내이어야 함

04 (   )이란 신용장에서 요구하는 화물을 두 개 이상의 단위로 나누어 서로 다른 운송수단에 적재하거나, 서로 다른 항해일정에 따라 2회 이상으로 나누어 선적하는 선적조건이다.

정답 ┃ 분할선적
해설 ┃ (1) 신용장상에 분할선적에 관한 별도의 언급이 없으면 분할선적을 허용하는 것으로 간주
　　　(2) 신용장상에 분할선적을 지시하고 있는 경우 한번에 일괄하여 선적하는 것은 하자가 아님
　　　(3) 신용장에서 요구하는 화물을 두 대 이상의 운송수단에 나누어 선적하는 것은 예외 없이 분할선적으로 간주
　　　(4) 분할선적으로 간주하지 않는 경우(세 가지 요건 모두 충족 시)
　　　　　① 운송수단이 동일할 것
　　　　　② 운송구간이 동일할 것
　　　　　③ 목적지가 동일할 것

05 (   )이란 신용장에 명시된 선적지로부터 도착지까지의 운송 도중에 기존 운송수단에서 화물을 양하하여 다른 운송수단으로 재적재하는 선적조건이다.

정답 ┃ 환적(Transhipment)
해설 ┃ 신용장에 명시된 선적지에서 도착지까지의 구간이 아닌 기타의 지역에서 화물을 다른 운송수단으로 옮겨 싣는 것은 환적으로 간주하지 않음

06 (   )이란 수출상이 수입상 앞으로 작성하는 선적화물의 상품명세서, 매매계산서 및 대금청구서의 역할을 담당하는 서류로, 유가증권은 아니지만 무역거래 대금청구 시 반드시 요구되는 서류이다.

정답 ┃ 상업송장(Commercial Invoice)

07 (   )이란 선박회사가 화물을 수령한 상태에서 아직 본선에 적재하지 않은 상태로 발행하는 선하증권으로, 별도의 본선적재부기에 의한 선적일자가 표시되어 있는 경우에만 수리 가능하다.

정답 ┃ 수취선하증권(Received B/L)

08 (   )이란 운송인이 수출상(Shipper)과의 'Surrender' 약정에 의하여 선하증권 원본의 발급을 생략하거나, 이미 발급한 선하증권 원본 전통(Full Set)을 반환받은 후 해당 선하증권의 유가증권적인 성질 및 유통가능성이 소멸되었음을 증거할 목적으로 'Surrendered'라는 문구의 스탬프를 날인하여 교부하는 매입 불가능한 선하증권이다.

정답 ┃ 권리포기선하증권, Surrendered B/L
해설 ┃ **권리포기선하증권(Surrendered B/L)**
    (1) 수출상이 미리 운송인에게 선하증권 원본 전통을 양도하고 그 권리를 반환한다는 의미가 있으며, 이에 따라 수입상은 선하증권 원본을 제시하지 않고도 해당 선하증권상의 수하인임이 확인되면 화물을 인도받을 수 있음
    (2) 배서양도에 의하여 유통가능한 유가증권이 아니며, 이는 화물의 운송계약이 체결되었음을 입증하는 단순한 화물운송증서에 불과
    (3) 매입은행의 개설은행의 지급거절 시 화물에 대한 양도담보권 확보 불가

09 (   )이란 화주가 선박의 소유주(선주)와 항해용선계약을 체결하고 일정 구간의 항해에 대하여 선복의 전부 또는 일부를 빌려 본인의 화물을 운송하는 경우 당해 선박의 선주, 선장 또는 그들의 대리인으로부터 발급받는 선하증권(하주용선) 또는 선박의 소유주(선주)와 정기용선계약을 체결하고 선박을 빌린 용선자(운송인)가 제3자의 화물을 운송하면서 개별 화주 앞으로 발행하는 선하증권(운송인용선)이다.

정답 ┃ 용선계약부 선하증권(Charter Party B/L)
해설 ┃ (1) 정기선이 취항하지 않는 부정기 항로로 화물을 운송해야 하거나, 일반화물선이 아닌 특수선박(Bulk Cargo 등)을 이용하여 운송해야 하는 경우 등에 활용
    (2) 신용장에서 특별히 허용하지 않는 한 수리 불가

10 (　　　　　　　)이란 개개의 확정 보험사실에 대한 개별보험계약의 체결을 증명하고 당해 선적분이 권면에 기재된 내용대로 부보가 이루어졌음을 증명하는 서류이다.

정답 ┃ 보험증권(Insurance Policy)
해설 ┃ (1) 보험증명서(Insurance Certificate) : 포괄보험계약(Open Cover)하에서 포괄예정보험증권에 근거하여 개개의 선적분에 대한 부보사실을 증명하기 위하여 매 건별로 발행하는 증명서
(2) 부보각서(Cover Note) : 보험중개업자가 발행한 보험 예약각서(부보의 사실을 인정받지 못하며, 보험금에 대한 청구권도 없음)

11 (　　　　　　)란 상업송장만으로는 포장단위의 내용이나 중량, 용적 등에 대하여 정확히 파악하기 곤란하기 때문에 상업송장을 보조하기 위하여 요구하는 서류이다.

정답 ┃ 포장명세서(Packing List)
해설 ┃ 포장명세서 : 기본서류는 아니지만 신용장 거래 시 관례적으로 요구

12 (　　　　)이란 외국환은행이 매입신청인으로부터 수출환어음이나 외화수표를 추심전매입한 후 추심하는 경우, 매입대금의 추심이 완료되어 외화타점예치금 계정에 입금될 때까지의 기간 동안 일시적으로 처리하는 외화재무상태표 경과계정 과목이다.

정답 ┃ 매입외환
해설 ┃ (1) 매입외환 : 대고객 외국환 거래 시 해당 거래가 종료될 때까지 일시적으로 처리하는 가계정과목
(2) 자산계정 : 매입외환, 미결제외환
(3) 부채계정 : 매도외환, 미지급외환

13 (　　　　　　　)란 대고객 외국환 거래 시 발생되는 은행이 미리 외화자금을 부담함에 따라 징수하는 이자조의 수수료이다.

정답 ┃ 환가료(Exchange Commission)
해설 ┃ 환가료 종류 : 환가료(수출환어음 추심전매입, 외화수표 추심전매입), Less, 수입환어음 결제 환가료, A/D Charge 등

14 (　　　　)란 대고객 외국환 거래 시 원화대가 매매를 수반하지 않고 동종 통화표시 다른 외국환으로 대체되는 거래에 대하여 적용하는 수수료이다.

정답 ┃ 대체료(외화대체료)

15 계약 건당 미화 (　　)만불 상당액을 초과하는 본지사 간의 D/A(또는 OA) 수출거래로 어음기한 연장으로 인하여 결제기간이 (　　)년을 초과하게 되는 경우 사전에 한국은행총재에게 '지급등의 방법 신고' 후 신고필증을 교부받아야 한다.

정답 ┃ 5, 3

━━ SECTION 3　**기본문제**

01 신용장 통지에 대한 설명으로 틀린 것은?

① 신용장 통지란 개설은행이 발행하여 송부해 온 신용장을 수출국의 은행이 수익자에게 그 내도사실을 알리고 교부하는 일련의 업무이다.

② 통지업무는 수익자 소재지에 있는 신용장 개설은행의 국외본지점이나 환거래은행을 통하여 이루어지는 것이 일반적이다.

③ 개설은행으로부터 통지은행으로 지정받은 은행은 반드시 개설은행의 지시에 따라 통지의무를 이행하여야 한다.

④ 통지은행은 개설 및 통지 과정에서 발생할 수 있는 송달지연 및 분실 등에 대한 책임을 부담하지 않는다.

정답 ┃ ③
해설 ┃ (1) 통지를 할지 안 할지의 권한은 통지은행에 있음
　　　 (2) 통지은행이 신용장 통지를 결정한 경우 당해 신용장의 '외견상 진정성'을 확인하기 위하여 '상당한 주의'를 기울여야 함
　　　 (3) 통지하지 않기로 결정한 경우 그러한 뜻을 지체 없이 개설은행에 통보해야 함
　　　 (4) 신용장의 외견상 진정성을 확인할 수 없는 경우에도 그러한 사실을 지체 없이 개설은행에 통보해야 함
　　　 (5) 외견상 진정성을 확인할 수 없음에도 통지하기로 결정한 경우 그러한 사실을 반드시 수익자에게 안내해야 함

02 신용장의 조건변경 및 취소 통지업무에 대한 설명으로 틀린 것은?

① 신용장 조건변경이나 취소는 당사자[개설은행, 수익자, 확인은행(확인신용장의 경우)]전원의 합의가 있어야 가능하다.

② 하나의 동일한 조건변경통지서에 대한 부분적인 수락이 가능하다.

③ 개설은행은 조건변경서 발급시점부터 이를 임의로 취소할 수 없다.

④ 수익자가 조건변경에 대한 수락 통보 없이 조건변경서의 내용과 일치하는 서류를 제시하는 경우 조건변경에 대한 수락으로 간주한다.

정답 ┃ ②
해설 ┃ (1) 하나의 동일한 조건변경통지서에 대한 부분적인 수락 불가
　　　 (2) 수익자가 조건변경의 수락 여부에 대하여 결정을 유보하는 경우 조건변경이 수락되지 않은 것으로 간주

03 신용장 확인(Confirmation) 제도에 대한 설명으로 틀린 것은?

① 확인은 개설은행과는 독립적으로 개설은행과 동일한 신용장의 의무를 부담하는 행위이다.

② 취소가능신용장인 경우에도 신용장 확인이 가능하다.

③ 확인을 요청받은 은행은 자신의 의지로 확인을 추가할 수도 있고 추가하지 않을 수도 있다.

④ 확인은 수익자가 발행한 환어음 및 선적서류를 어음발행인(또는 선의의 제3자)에게 상환청구권(소구권)을 행사하지 않는 조건으로 매입할 것을 확약하는 행위이다.

정답 | ②

해설 | 확인은 관계당사자 전원의 합의를 조건으로 하는 취소불능신용장을 대상으로 하며, 개설은행이 일방적으로 취소할 수 있는 취소가능신용장은 확인대상이 될 수 없음

04 신용장 양도요건에 대한 설명으로 틀린 것은?

① 양도대상 신용장이 양도가능신용장이어야 한다.

② 양도가능 신용장임을 표시하는 문구로는 divisible, fractionable, assignable 등의 용어가 사용 가능하다.

③ 분할선적 및 분할청구가 허용되는 경우 두 사람 이상의 제2수익자에게 분할양도할 수 있다.

④ 양도된 신용장은 제2수익자의 요청에 의하여 그 다음 수익자에 재양도할 수 없다. 단, 제2수익자가 제1수익자에게 재양도하는 것은 가능하다.

정답 | ②

해설 | 양도가능 문구

(1) Transferable만 사용 가능

(2) Divisible, Assignable, Fractionable, Transmissible 등의 용어는 양도가능 문구로 사용 불가

05 원신용장 조건 중 예외적으로 양도가 가능한 항목이 아닌 것은?

① 양도차익 취득 목적의 신용장금액 및 단가의 감액

② 송장 및 어음의 교체에 필요한 시간확보를 위한 신용장 유효기일, 선적기일, 서류제시기간의 단축

③ 제1수익자의 이해관계를 보호하기 위한 신용장 개설의뢰인의 성명 대체

④ 원신용장의 보험금액을 담보하기 위한 부보비율의 감액

정답 | ④

해설 | 금액이 U$100,000, 부보비율이 송장금액의 110%인 신용장을 U$90,000로 감액 양도하는 경우 부보비율의 조정이 없으면 U$90,000의 110%인 U$99,0000이 부보되어 U$11,0000이 부족금액이 발생함으로 부보비율 증가가 필요함

06 수출환어음 매입 시 매입은행의 대금회수를 어렵게 하는 신용장상의 독소조항이 아닌 것은?

① Sample must be approved by the applicant prior to shipment and the approval is required.

② Negotiation under this credit is restricted to XXX Bank.

③ Inspection certificate issued and signed by applicant.

④ Shipment is subject to our further instruction and the shipping instruction must be submitted.

정답 | ②

해설 | (1) Negotiation under this credit is restricted to XXX Bank : 재매입(Renego) 대상 신용장임을 의미하는 문구
(2) 독소조항
① 신용장의 유효성을 제약하는 Conditional L/C
② 개설은행의 결제책임을 면탈시키는 조항
③ 개설의뢰인이 발행 또는 서명하여야 하는 서류를 요구하는 신용장
④ 실무관행 등으로 미루어 사실상 이행이 불가능한 조건이 삽입된 신용장 등

07 수출환어음 매입 시 매입은행의 수출화물에 대한 양도담보권을 저해하는 신용장 조건이 아닌 것은?

① 선하증권 원본 전통(Full Set)을 개설은행으로 송부하지 않고, 그중 일부를 개설의뢰인(수입상)에게 직접 송부하도록 지시하는 조건

② 항공화물운송장(AWB)의 수하인(Consignee)을 개설은행으로 지정하지 않는 조건

③ 재매입(Renego) 대상 신용장임을 지시하는 조건

④ Surrendered B/L(권리포기선하증권)을 허용하는 조건

정답 | ③

해설 | 개설은행의 지급거절 시 매입은행은 수출화물을 반환 받음으로써 화물에 대한 권리를 확보할 수 있으나, 양도담보권을 저해하는 조건이 삽입된 경우 담보권을 훼손당할 수 있음

08 신용장 조건 중 유효기일(Expiry Date)에 대한 설명으로 틀린 것은?

① 지정은행에 의하여 지급 · 연지급 · 인수 · 매입이 이루어져야 하는 최종일자를 의미한다.

② 천재지변 등 불가항력적인 사태나 파업 등으로 인한 은행업무 중단기간에 유효기일이 종료되는 경우 은행은 책임을 지지 않는다.

③ 유효기일이 통상적인 은행휴무일인 경우 휴무일에 이은 최초영업일까지 자동 연장된다.

④ 유효기일을 'for six month' 등의 기간으로 표시하고 기산일을 별도로 명시하지 않은 경우, 신용장 개설일을 기산일로 하여 유효기일을 산정한다.

정답 | ①

해설 | (1) 유효기일은 지급, 인수, 매입을 위하여 신용장에 명시된 서류를 제시하여야 하는 최종일자를 의미
(2) 지정은행에 의하여 지급, 인수, 매입이 이루어져야 하는 최종일자를 의미하는 것이 아님

09 신용장 조건 중 금액 및 수량 과부족 허용 문구에 대한 설명으로 틀린 것은?

① 신용장 금액, 수량, 단가와 관련하여 About, Approximately 등의 문구가 사용된 경우 해당 금액, 수량, 단가에서 10%의 과부족을 허용하는 것으로 간주한다.

② 신용장 금액에 About, Approximately 등의 문구가 사용되면, 수량 및 단가에도 동일한 과부족 허용 효력이 미친다.

③ Bulk Cargo(광석, 곡물, Oil) 등의 경우 신용장상에 별도의 과부족 허용문구가 없어도 상품 수량에 대한 5%의 과부족을 허용하는 것으로 간주한다.

④ 분할선적을 금지하는 신용장이더라도 신용장상에 명시된 상품의 수량이 전량 선적되고 단가가 일치하는 경우라면, 신용장 금액에 대한 5% 범위 이내의 하향편차가 허용되는 것으로 간주한다.

정답 | ②
해설 | 'About', 'Approximately' 등의 문구는 그 용어가 사용된 항목에 대해서만 과부족 허용의 효력이 미침

10 신용장 조건 중 일자와 관련된 용어해석 기준에 대한 설명으로 틀린 것은?

① Prompt, Immediately, As soon as Possible 등의 용어는 가급적 사용하지 말아야 한다.

② 행위의 기한과 관련하여 On or about이라는 용어가 사용된 경우, 명시된 일자의 전 5일과 후 5일 사이, 총 11일 이내에 해당 행위가 이루어져야 하는 것으로 간주한다.

③ 선적기간을 정하기 위하여 to, till, from, between 등의 용어가 사용된 경우 명시된 일자를 포함하는 것으로 해석한다.

④ 만기일을 산정하기 위하여 from과 after라는 용어가 사용된 경우 명시된 일자를 포함하는 것으로 간주한다.

정답 | ④
해설 | (1) 만기일을 산정하기 위하여 from과 after라는 용어가 사용된 경우 명시된 일자를 제외하는 것으로 간주
　　　(2) 선적기간 산정을 위한 용어의 해석
　　　　　① to, till, from, between : 명시된 일자를 포함하는 것으로 간주
　　　　　② before, after : 명시된 일자를 제외하는 것으로 해석

11 환어음(Bill of Exchange)에 대한 설명으로 틀린 것은?

① 채권자인 어음의 발행인이 채무자인 지급인에 대하여 어음상에 기재된 금액을 일정 기일에 일정한 장소에서 어음상의 권리자 또는 소지인에게 무조건 지급하여 줄 것을 위탁하는 요식 유가증권이다.

② 환어음에 관한 사항은 행위지(서명지)의 현지법률에 의하여 처리되는 것이 원칙이다.

③ 추심결제방식(D/P, D/A) 거래인 경우 환어음의 지급인은 수입상 거래은행인 추심은행으로 표시되어야 한다.

④ 환어음은 통상 2통으로 발행하는 것이 관례이며, 이 중 한 통이 결제되면 나머지는 자동적으로 효력을 상실한다.

정답 | ③
해설 | 환어음 지급인(Drawee)
　　(1) 신용장방식 : 개설은행
　　(2) 추심방식(D/P, D/A) : 수입상

12 요식 유가증권인 환어음(Bill of Exchange) 발행 시 필수기재사항이 아닌 것은?

① 환어음임을 표시하는 문자
② 만기의 표시
③ 발행일 및 발행지
④ 어음번호

정답 | ④
해설 | 환어음 필수기재사항
　　환어음임을 표시하는 문자, 어음금액 및 무조건의 지급위탁 문언, 지급인의 명칭, 만기표시(만기를 기재하지 않은 경우 일람출급 환어음으로 간주), 지급지, 수취인 또는 수취인을 지시할 자의 명칭, 발행일 및 발행지, 발행인의 기명날인 또는 서명

13 환어음(Bill of Exchange) 심사원칙에 대한 설명으로 틀린 것은?

① 신용장에서 특별히 허용하지 않는 한 다른 신용장과 통합하여 환어음을 발행할 수 없다.

② 환어음의 숫자금액과 문자금액이 상이할 경우에는 숫자로 표시된 금액을 청구금액으로 간주하여야 한다.

③ 환어음의 금액은 상업송장 금액과 일치하여야 한다.

④ 환어음의 발행일은 반드시 신용장 유효기일 이내이어야 하며, 화환어음의 경우 선적일 이후의 일자로 발행되어야 한다.

정답 | ②
해설 | (1) 환어음은 신용장에 명시된 통화로 발행하여야 하며, 숫자금액과 문자금액이 상이할 경우에는 문자금액을 청구금액으로 간주
　　(2) 환어음은 반드시 수익자에 의해 발행되어야 하며, 신용장에 명시된 지급인 앞으로 발행되어야 함
　　(3) 확인신용장의 매입서류를 확인은행으로 송부하는 경우 또는 포페이팅(Forfating) 거래인 경우 반드시 'Without Recourse(무소구조건)'라는 문구를 삽입하여 '무담보배서'를 해야 함

14 선적서류의 종류 중 상업송장(Commercial Invoice)에 대한 설명으로 틀린 것은?

① 반드시 수익자(Beneficiary)가 작성하여 수입상(Applicant) 앞으로 발행되어야 한다.
② 신용장에서 명시적으로 요구하지 않는 한 서명이나 일자를 필요로 하지 않지만, 'Signed Commercial Invoice'를 요구하였다면 반드시 서명이 있어야 한다.
③ 신용장에서 수기서명(Manually Signed)을 요구한 경우 반드시 수기로 서명되어야 한다.
④ 상업송장에 기재되는 수익자와 개설의뢰인의 주소는 신용장 또는 다른 서류에 기재된 주소와 정확히 일치하여야 한다.

정답 | ④
해설 | (1) 상업송장에 기재되는 수익자와 개설의뢰인의 주소는 신용장 또는 다른 서류에 기재된 주소와 정확히 일치할 필요는 없으며, 신용장에 기재된 주소와 동일한 국가 내에 위치하고 있기만 하면 됨
　　　(2) 단, 운송서류(선하증권)의 수하인(Consignee)과 통지처(Notify Party)란에 기재되는 주소 및 세부연락처는 신용장에 명시된 내용과 일치하여야 함
　　　(3) 상업송장의 상품명세는 신용장의 상품명세와 반드시 일치하여야 함

15 선적서류 심사 시 상업송장(Commercial Invoice) 심사원칙에 대한 설명으로 틀린 것은?

① 상업송장은 반드시 선적된 상품가액을 표시하고 있어야 하며, 통화 및 단가는 반드시 신용장과 일치하여야 한다.
② 무료(Free of Charge)의 샘플, 판촉물 등은 상업송장에 추가로 표시해도 허용하는 것으로 간주한다.
③ 신용장에서 할인(Discount) 또는 공제(Deduction)를 요구하는 경우 상업송장은 반드시 이를 표시하고 있어야 한다.
④ 상업송장에 표시된 상품의 수량, 중량, 용적 등은 운송서류 및 포장명세서 등을 포함한 기타의 서류들과 불일치하지 않아야 한다.

정답 | ②
해설 | 비록 무료(Free of Charge)라고 하더라도 상업송장은 절대로 신용장에서 요구하지 않은 상품(샘플, 판촉물)을 표시해서는 안됨

16 다음 〈보기〉의 신용장 선하증권 지시문구에 대한 설명으로 틀린 것은?

> 〈보기〉
> Full set of clean on board ocean bills of lading made out to the order of XXX Bank marked freight prepaid and notify accountee

① Full set of : 선하증권 원본이 복수로 발행된 경우 발행된 원본 전부가 제시되어야 한다는 의미이다.

② On board : 화물이 본선에 적재되어 있음을 표시하고 있는 선하증권이 제시되어야 한다는 의미이다.

③ Made out to the order of XXX Bank : 선하증권이 수하인(XXX Bank) 지시식으로 발행되어야 한다는 의미이다.

④ Marked freight prepaid : 해상화물의 운임이 후지급 조건임을 표시하고 있어야 한다는 의미이다.

정답 | ④
해설 | (1) 운임선지급 : Freight Prepaid(Freight prepayable, Freight to be prepaid 등의 용어는 운임선지급 문구로 인정하지 않음)
(2) 운임후지급 : Freight Collect

17 선하증권(B/L)의 수하인(Consignee) 표시방법에 대한 설명으로 틀린 것은?

① 수하인 표시방법은 기명식과 지시식이 있다.

② 신용장 거래 시 지시식으로 발행된 선하증권의 수하인은 개설은행으로 표시되는 것이 일반적이다.

③ 수하인 표시가 'To the order of XXX Bank'인 경우 기명식 선하증권이 발행되어야 한다는 의미이다.

④ 선하증권이 송하인 지시식(To order of the Shipper)으로 발행된 경우, 신용장에서 배서에 관한 별도의 언급이 없어도 수출상(Shipper)에 의하여 배서되어야 한다.

정답 | ③
해설 | 선하증권 수하인 표시방법
(1) 기명식 : To XXX Bank
(2) 지시식 : To the order of XXX Bank, To order of XXX Bank 등

18 국제무역가격조건 중 화물 운임후지급(Freight Collect) 조건이 아닌 것은?

① FOB(본선인도조건)
② CFR(운임포함인도조건)
③ FCA(운송장인도조건)
④ FAS(선측인도조건)

정답 | ②
해설 | (1) 운임선지급(Freight Prepaid) 조건 : CFR(운임포함인도조건), CIF(운임보험료포함인도조건), CIP(운송비보험료지급인도조건), CPT(운송장비지급인도조건) 외 'D그룹' 조건
　　　(2) 운임후지급(Freight Collect) 조건 : EXW(공장인도조건), FCA(운송장인도조건), FAS(선측인도조건), FOB(본선인도조건)

19 선적서류 종류 중 선하증권(B/L) 심사원칙에 대한 설명으로 틀린 것은?

① 선하증권 앞면에는 반드시 운송인의 명칭(Name)과 그가 운송인(Carrier)임을 표시하고 있어야 한다.
② 신용장에서 선하증권을 요구하고 있다면 운송인(Carrier) 또는 선장(Master, Captain) 또는 그들의 대리인(Agent)에 의하여 서명되어야 한다.
③ 선하증권 서명란에는 서명 당사자가 누구인지 식별이 가능하도록 표시되어 있어야 한다.
④ 운송인의 지점(Named Branch)에 의한 서명은 불가하다.

정답 | ④
해설 | (1) 운송인의 명칭 및 운송인 표시 : ABC Lines, Carrier 등
　　　(2) 대리인 자격표시 : As agent for the carrier, As agent on behalf of the carrier 등
　　　(3) 운송인의 지점에 의해 서명된 경우 운송인에 의한 서명으로 간주

20 신용장에서 선하증권(B/L) 요구 시 자동수리가 인정되는 선하증권(B/L) 종류는?

① 범선선하증권(Sailing Boat Shipment B/L)
② 고장부선하증권(Foul B/L)
③ 제3자선하증권(Third Party B/L)
④ 갑판적재선하증권(On Deck Shipment B/L)

정답 | ③
해설 | (1) 자동수리 불가능한 선하증권 : 범선선하증권(Sailing Boat Shipment B/L), 갑판적재선하증권(On DeckShipment B/L), 고장부선하증권(Foul B/L), 제시지연선하증권(Stale B/L), 수취선하증권(Received B/L), 운송중개인선하증권(Forwarder's B/L), 예정표시선하증권(Intended Clause B/L), 권리포기선하증권(Surrendered B/L), 화물인수증(FCR), 운송증명서(FCT), 선적증명서(FCS)
　　　(2) 자동수리가 인정되는 선하증권 : 부지약관선하증권(Unknown Clause B/L), 약식선하증권(Short Form B/L), 제3자선하증권(Third Party B/L) 등

21 비유통성 해상화물운송장(Non-Negotiable Sea Waybill)의 성격에 대한 설명으로 틀린 것은?

① 해상운송인이 화물의 수취, 선적 및 운송계약을 체결을 증빙할 목적으로 발행하는 화물운송 증서이다.

② 운송화물의 인도청구권을 증명하는 유가증권이다.

③ 수하인을 기명식으로만 기재하여야 하며, 배서에 의한 권리양도가 불가하다.

④ 운송서류상에 기명된 수하인으로서의 신분만 입증되면 원본 제시 없이 화물을 인도받을 수 있다.

정답 | ②

해설 | (1) 선하증권 : 운송화물의 인도청구권을 증명하는 유가증권
(2) 비유통성 해상화물운송장 : 화물의 운송계약이 체결되었다는 사실과 운송을 위하여 수취, 선적되었음을 증명 하는 단순한 운송증서에 불과

22 항공운송서류(Air Transport Document)에 대한 설명으로 틀린 것은?

① 항공기로 물품을 운송하는 경우 발행하는 항공화물운송장(Air Waybill)을 의미한다.

② 선하증권 같은 유가증권이 아니며, 항공화물의 운송계약이 체결되었다는 사실과 화물이 운송을 위하여 수탁되었음을 증명하는 일종의 화물운송증서에 불과하다.

③ 수하인 표시는 기명식과 지시식 모두 가능하다.

④ 배서양도에 의하여 권리이전이 가능한 유통증권이 아니다.

정답 | ③

해설 | **항공화물운송장(Air Waybill)**
(1) 유가증권이 아니므로 수하인은 기명식으로만 발행 가능
(2) 신용장은 항공화물운송장을 지시식으로 발행하도록 요구해서는 안되며, 지시식 발행을 요구하더라도 기명식 으로 발행된 항공화물운송장 수리 가능

23 보험서류(Insurance Documents) 수리 요건에 대한 설명으로 틀린 것은?

① 신용장에서 보험증명서 또는 보험확인서를 요구한 경우 보험증권으로 대체 제시가 가능하다.

② 신용장에서 보험증권을 요구한 경우 반드시 보험증권을 제시하여야 한다.

③ 신용장에서 보험서류의 종류를 명시하지 않은 채 단순히 보험서류(Insurance Documents)를 요구한 경우 보험증권에 한하여 수리 가능하다.

④ 신용장에서 특별히 허용하지 않는 한 부보각서는 수리 불가하다.

정답 | ③

해설 | (1) 신용장에서 보험서류의 종류를 명시하지 않은 채 단순히 보험서류(Insurance Documents)를 요구한 경우 보험증권, 보험증명서, 보험확인서에 한하여 수리 가능
(2) 부보각서는 보험중개업자가 발행한 보험예약각서로 신용장에서 특별히 허용하지 않는 한 수리 불가

24 보험서류(Insurance Documents)의 서명, 배서, 부보금액에 대한 설명으로 틀린 것은?

① 보험금수령인(Assured)이 수출상으로 지정된 보험서류는 반드시 수출상에 의하여 배서되어야 한다.

② 보험금액은 반드시 신용장 통화와 동일한 통화로 표시되어야 한다.

③ 보험금액은 반드시 신용장에 명시된 부보비율 이상이어야 한다.

④ 신용장에서 보험금액을 별도로 명시하고 있지 않은 경우 최저 부보금액은 본선인도조건(FOB) 금액의 110% 이상이어야 한다.

정답 | ④
해설 | 최저 부보금액 : 운송비보험료지급인도조건(CIP), 또는 운임보험료포함인도조건(CIF)의 110% 이상

25 선적서류 종류 중 원산지증명서(Certificate of Origin) 심사원칙에 대한 설명으로 틀린 것은?

① 상품의 원산지를 증명하는 서명된 서류이어야 한다.

② 반드시 신용장에 명시된 당사자에 의하여 발행되어야 한다.

③ 신용장에서 수익자(Beneficiary) 또는 수출자(Exporter) 또는 제조자(Manufactor)가 발행한 원산지증명서를 요구하였으나, 상업회의소 발행 원산지증명서가 제시되는 경우 수리 불가하다.

④ 원산지증명서상에 표시된 수출자(Exporter) 또는 송하인(Consignor)은 신용장상의 수익자(Beneficiary) 또는 운송서류 등의 선적인(Shipper)과 다르게 표시될 수 있으며, 하자로 간주하지 않는다.

정답 | ③
해설 | (1) 신용장에서 수익자(Beneficiary) 또는 수출자(Exporter) 또는 제조자(Manufactor)가 발행한 원산지증명서를 요구한 경우 상업회의소 발행 원산지증명서를 대체 제시하는 경우 수리 가능
(2) 특혜관세 적용 목적의 원산지증명서 : GSP 원산지증명서, TNDC(GATT) 원산지증명서, APTA(ESCAP) 원산지증명서, GSTP 원산지증명서

26 하자(Discrepancy)있는 수출환어음 매입 시 처리방법 중 신용장 조건과의 불일치 내용을 사전에 수익자(Beneficiary)와 매입은행이 서로 확인한 후, 그로 인하여 신용장 대금의 결제가 거절되면 즉시 매입대금을 상환하겠다는 확인서(각서)를 제출받고 매입하는 방법은?

① 보증부 매입(L/G Negotiation)

② 유보부 매입(Negotiation under Reserve)

③ 조건변경후 매입(Amend Negotiation)

④ 전신조회후 매입(Cable Negotiation)

정답 | ①

해설 | (1) 유보부 매입 : 하자사항에 대한 개설은행의 승낙을 전제 조건으로 하자 있는 서류를 매입하여 대금을 지급하는 방법

(2) 추심후 매입전환 : 하자 등으로 인하여 추심으로 처리한 <u>기한부(Usance)</u> 신용장에 대하여 개설은행의 인수 또는 연지급 확약 통보 접수 후에 매입으로 전환하는 방법

(3) 조건변경후 매입 : 하자사항과 관련된 신용장 제조건 변경 후 매입하는 방법

(4) 전신조회후 매입 : 하자사항의 매입가능 여부에 대하여 개설은행 앞 전신조회후 매입에 대한 승인을 받은 후 매입하는 방법

(5) 추심후 지급 : 제시된 서류를 추심전매입하지 않고 추심처리한 후 개설은행으로부터 대금 결제를 받은 후에 지급하는 방법

27 대고객 외국환 거래 시 발생되는 수수료 항목 중 이자성 수수료 항목이 아닌 것은?

① 외화수표 매입환가료

② 수입환어음 결제환가료

③ 확인수수료

④ 수입어음 결제지연이자(Graceday Charge)

정답 | ③

해설 | (1) 이자 및 이자성 수수료 : 환가료(수출환어음 추심전매입, 외화수표 추심전매입), OA방식 수출채권매입 환가료, 수입환어음 결제환가료, 수입환어음 결제지연이자, 만기이연이자, 입금지연이자, 부도이자, 대지급금이자 등

(2) 신용위험부담 수수료(Credit Risk Commission) : 확인수수료, 수입신용장 개설 · 증액 · 기간연장수수료, 수입신용장 인수수수료, 수입화물선취보증료 등

(3) Handling Commission

① 정액수수료 : 통지수수료, 양도수수료, 수출환어음 매입수수료, 수입신용장 조건변경수수료, 수입화물선취보증서 발급수수료, 구매확인서 발급수수료, 당(타)발송금수수료 등

② 정률수수료 : 대체료, 현찰수수료, 여행자수표 매도수수료 등

28 신용장 종류 중 재매입(Renego) 대상 신용장이 아닌 것은?

① 확인신용장(Confirmed L/C)
② 지정신용장(Straight L/C)
③ 매입제한신용장(Negotiation Restricted L/C)
④ 상환제한신용장(Reimbursement Restricted L/C)

정답 | ①
해설 | 재매입 대상 신용장 : 지정신용장, 매입제한신용장, 상환제한신용장

29 재매입(Renego) 대상 신용장임을 의미하는 문구가 아닌 것은?

① Negotiation under this credit is restricted to XXX Bank.
② Shipment must be approved by the applicant prior to shipment and the approval is required.
③ This credit is available only through XXX Bank by negotiation.
④ XXX Bank holds special instruction regarding document disposal and reimbursement of this credit.

정답 | ②
해설 | (1) Shipment must be approved by the applicant prior to shipment and the approval is required : 매입은행의 대금회수를 어렵게 만드는 독소조항임
　　　(2) 재매입 대상 문구 추가
　　　　① Available with~by : XXX Bank by Payment
　　　　② Drafts drawn under this credit are negotiable through XXX Bank
　　　　③ Negotiation is restricted to XXX Bank 등

30 추심방식(D/P, D/A) 거래에서 추심의뢰 시 첨부되는 추심지시서의 지시내용에 대한 설명으로 틀린 것은?

① 추심지시서에는 지급거절 또는 인수거절 시 거절증서를 작성하여야 하는 지의 여부에 대한 지시를 명시하여야 한다.
② 추심어음의 지급거절 또는 인수거절되는 경우를 대비하여 상품보전에 관한 특별한 지시를 하는 경우, 추심은행은 이를 이행하여야 할 하등의 의무를 부담하지 않는다.
③ 대금결제조건 관련 D/P인지 D/A인지 명시가 없는 경우 D/A 조건으로 간주한다.
④ 추심서류가 지급, 인수 또는 지급거절, 인수거절되는 경우 그 사실을 어떻게 통지하여야 하는 지에 대한 통지방법을 명시하여야 한다.

정답 | ③
해설 | D/P인지 D/A인지 명시가 없는 경우 D/P 조건으로 간주함

31 외상수출채권(OA ; Open Account) 매입 거래에 대한 설명으로 틀린 것은?

① 송금방식 거래의 일종으로 추심의 수단인 환어음이 발행되지 않는다.

② 선적서류는 수출입 당사자 간 거래은행(추심의뢰은행 및 추심은행)을 통하여 수입상에게 제시된다.

③ 은행의 지급보증이 수반되는 거래가 아니며, 따라서 대금결제는 수입상의 신용에만 의존한다.

④ OA 매입은 선적서류를 매입하는 것이 아니라, 신용장이나 선하증권 등에 의해 담보되지 않는 순수한 외상수출채권만을 매입하는 거래이다.

정답 | ②
해설 | OA 방식 거래는 사후송금방식 거래의 일종으로 선적서류는 수출상에 의하여 수입상에게 직접 송부됨

32 무역금융 융자대상 수출실적 인정금액에 대한 설명으로 틀린 것은?

① 수출실적 인정금액은 본선인도가격(FOB)을 기준으로 한다.

② 무역어음인수 취급된 수출신용장 등에 의한 수출실적은 해당 인수취급액을 제외한 부분을 수출실적으로 인정한다.

③ 위탁가공무역 방식에 의한 수출실적은 위탁가공무역에 소요되는 국산 원자재를 무상으로 수출한 실적을 기준으로 한다.

④ 중계무역방식 수출실적은 외화가득액을 기준으로 한다.

정답 | ④
해설 | (1) 중계무역방식 수출의 경우 무역금융 융자대상 수출실적에서 제외(수출을 통한 국내경제산업활성화에 기여한 부분이 없는 무역거래 방식)
　　　 (2) 구매확인서에 의한 국내 공급실적 : 구매확인서 및 세금계산서상의 금액 기준

PART 02

국제무역규칙

CONTENTS

학습가이드 ■ ■ UCP600의 39개 조항에 대하여 골고루 출제된다. PART 1(수출입업무)에 대한 충분한 지식을 갖추고 있다는 전제하에서 영어해석에 대한 약간의 노력만 더하면 무난한 과목이다.

주제	빈출포인트	출제빈도
UCP600 정의와 해석	정의, 해석	★★☆
은행의 의무	이용가능성, 유효기일, 제시장소	★★☆
	개설은행의 의무	★★★
	확인은행의 의무	★★★
	신용장의 통지	★★☆
	조건변경	★★☆
서류 관련	심사 기준	★★★
	하자있는 서류, 권리포기 및 통지	★★☆
	원본과 사본, 상업송장	★★★
운송 및 보험	선하증권	★★★
	용선계약부 선하증권	★★★
	항공운송/내수로 운송	★☆☆
	보험서류 및 부보비율	★★★
	신용장금액,수량,단가의 과부족	★★★
양도가능신용장	제2수익자 등	★★★

01 According to UCP600, 'Presenter' means only the beneficiary, not the banks such as nominated bank or confirming bank. (○ / ×)

정답 | ×

해설 | 신용장거래에서 '제시자'란 수익자나 제시를 하는 은행(지정은행이나 확인은행 등)뿐만 아니라 다른 당사자 모두를 포함한다('Presenter' means a beneficiary, bank or other party that makes a presentation). 선적서류를 인도하는 수익자, 지정은행 또는 확인은행 등이 제시자로 될 수 있다.

02 Confirming bank must negotiate, without recourse, if it is available by negotiation with another nominated bank and that nominated bank does not negotiate. (○ / ×)

정답 | ×

해설 | 신용장이 다른 지정은행에서 매입에 의하여 사용될 수 있으나 그 지정은행이 매입하지 아니한 경우 확인은행이 결제(honour)하여야 한다. 확인은행은 2차적 의무자가 아니다. 개설은행이 부도나면 개설은행을 대신하는 역할이 아니다. 일치하는 제시에 대하여 소구권 없이 매입한다는 조항(The confirming bank must negotiate, without recourse, if the credit is available by negotiation with the confirming bank)을 제외하고는, 확인은행의 의무는 개설은행의 의무와 같으므로 지정거래은행이 매입하지 아니하면 확인은행은 매입(negotiate)이 아닌 결제(honour)하여야 한다. 확인은행이 결제 또는 매입을 하였다면 개설은행이 결제하지 않아도 확인은행은 수익자에게 소구권을 행사할 수 없다.

> **[UCP600 제8조]**
> Provided that the stipulated documents are presented to the confirming bank or to any other nominated bank and that they constitute a complying presentation, the confirming bank must negotiate, without recourse, if the credit is available by negotiation with the confirming bank.
> 신용장이 확인은행에서 매입에 의하여 사용될 수 있는 경우에는, 상환청구 없이, 매입하여야 한다.

03 By nominating a bank to accept a draft or incur a deferred payment undertaking, an issuing bank authorizes that nominated bank to prepay or purchase a draft accepted or a deferred payment undertaking incurred by that nominated bank. (○ / ×)

정답 | ○

해설 | 환어음을 인수하거나 또는 연지급확약을 부담할 은행을 지정함으로써, 개설은행은 지정은행이 인수한 환어음 또는 부담한 연지급확약을 선지급 또는 구매하도록 그 지정은행에게 권한을 부여한 것이다(환어음을 인수하지 않은 당사자, 연지급을 확약하지 않은 당사자가 만기 전에 선지급을 한다면 그것은 수익자와 금융제공자(은행)와의 단순 대출약정에 지나지 않으므로 UCP600에서의 지정은행으로서 보호받을 수 없다].

04 A nominated bank acting on its nomination, a confirming bank, if any, and the issuing bank shall each have a maximum five banking days following the day of presentation to determine if a presentation is complying. This period is not curtailed or otherwise affected by the occurrence on or after the date of presentation of any expiry date of last day for presentation. (O / X)

정답 | ○

해설 | 서류를 심사할 수 있는 최장기간은 서류접수일 다음일부터 시작하여 최장 5은행영업일까지이다. 예를 들어 신용장 유효기간이 촉박하거나 결제만기가 임박하더라도 이 은행의 최장 서류심사 기간을 단축할 필요가 없다.

> **[해석]**
> 지정에 따라 행동하는 지정은행, 확인은행(이 있는 경우) 및 개설은행은 제시가 일치하는지 여부를 결정하기 위하여 제시일의 다음날부터 최대 제5은행영업일을 각각 가진다. 이 기간은 제시를 위한 모든 유효기일 또는 최종일의 제시일에 또는 그 이후의 사건에 의하여 단축되거나 별도로 영향을 받지 아니한다.

05 Under the UCP600, Article 2 (definitions), Negotiation means :

a. to pay at sight if the credit is available by sight payment.

b. to incur a deferred payment undertaking and pay at maturity if the credit is available by deferred payment.

c. to accept a bill of exchange ("draft") drawn by the beneficiary and pay at maturity if the credit is available by acceptance. (O / X)

정답 | ×

해설 | 'Negotiation means'가 아닌 'Honour means'로 표기되어야 한다.

수출국에 소재하는 은행이 신용장을 Negotiation(매입)하는 경우와 Honour(결제)하는 경우는 전혀 다른 의미이다. 신용장통일규칙에서 정의하는 '매입'은 대금을 지급해야 하는 당사자 이외의 은행이 하는 행위이다. 매입의 주체인(수출국 소재) 지정은행(Nomianted Bank)은 환어음의 지급인이 될 수 없고 연지급확약을 하는 연지급은행이 될 수도 없다.

> **[해석]**
> UCP600 제2조의 정의에 의하면, '결제(honour)'라 함은 다음을 말한다.
> a. 신용장이 일람지급에 의하여 사용될 수 있는 경우 일람 후 지급하는 것
> b. 신용장이 연지급에 의하여 사용될 수 있는 경우 연지급확약의무를 부담하고 만기일에 지급하는 것
> c. 신용장이 인수에 의하여 사용될 수 있는 경우 수익자에 의하여 발행된 환어음("어음")을 인수하고 만기일에 지급하는 것

06 The words "to", "until", "till", "from" and "between" when used to determine a period of shipment include the date or dates mentioned, and the words "before" and "after" exclude the date mentioned. (○/×)

정답 | ○

해설 | 선적기간을 정할 경우 "to", "until", "till", "from" and "between"에 나타난 일자를 포함하여 선적가능하다. 예를 들어 신용장 조건에 선적기간이 5월 8일부터 5월 10일까지인 경우 8일에도 선적이 가능하며, 10일에도 선적이 가능하다(이는 어음 만기일 계산법과 다름에 유의한다).

> **[UCP600 제3조]**
> The words "to", "until", "till", "from" and "between" when used to determine <u>a period of shipment include</u> the date or dates mentioned, and the words "before" and "after" exclude the date mentioned.
> "까지(to)", "까지(until)", "까지(till)", "부터(from)" 및 "사이(between)"라는 단어는 선적기간을 결정하기 위하여 사용되는 경우에는 언급된 <u>당해 일자를 포함</u>하며, "이전(before)" 및 "이후(after)"라는 단어는 언급된 당해 일자를 제외한다.

07 It can be the original document when forwarded by facsimile machine. (○/×)

정답 | ×

해설 | 복사서류라도 발행자의 서명이 있으면 원본서류로 인정되지만,
　　　(1) 팩스기계로 송부된 경우
　　　(2) 발행자 서명이 없는 보통용지 복사서류
　　　(3) 어떤 서류의 실제사본(⑩ 서류에 'true copy'라고 표시)의 경우는 사본서류로 인정한다.

08 A bill of lading, however named, containing an indication that it is subject to a charter party (charter party bill of lading), must appear to indicate shipment from the port of loading to the port of discharge stated in the credit. The port of loading may also be shown as a range of ports or a geographical area, as stated in the credit. (○/×)

정답 | ×

해설 | 용선계약부 선하증권에도 실제 선적항(port of loading)은 기재되어야 한다.

하지만 양륙항(port of discharge)은 타B/L과 다른 조건을 가진다. 신용장에서 용선계약부 선하증권을 요구하거나 허용했다면 본석적재 선하증권을 제시해야 하므로 당연히 실제 선적항을 기재하여야 한다. 그러나 용선계약은 하역항(port of discharge)을 특정하지 않고 하역항과 지리적 범위(a range of ports, geographical area)가 같은 화물을 기준으로 계약이 체결되는 경우가 있다. 즉 물품선적을 매도자가 용선계약으로 체결할 때에는 실제 하역항 (port of discharge)을 결정하지 않고 화물 수하인의 지시(for order basis)에 따라 운송될 수도 있다.

따라서 선장, 선주 또는 용선자는 용선계약 후 화물이 운송되는 도중에(물품의 매매가 되므로 매입자의 위치에 따라 운송도중에도 하역 항구의 변경을 해야하기 때문에) 수하인의 지시에 따라 화물의 도착지를 운항 중 결정한다.

> **[UCP600 제22조]**
>
> A bill of lading, however named, containing an indication that it is subject to a charter party(charter party bill of lading), must appear to indicate shipment from the port of loading to the port of discharge stated in the credit. The port of discharge may also be shown as a range of ports or a geographical area, as stated in the credit.
>
> ※ 출제가 빈번한 문항이다.

09 An air transport document indicating that transhipment will or may take place is acceptable, even if the credit prohibits transhipment. (○/×)

정답 | ○

해설 | 항공운송은 직항노선이 많지 않은 관계로 기본적으로 환적을 전제로 한다.

그러나 구태여 환적을 금지하려면 UCP600 23조 c항을 배제시켜서 환적을 금지시켜야 한다.

> **[UCP600 제23조 c항]**
>
> i. An air transport document may indicate that the goods will or may be transhipped, provided that the entire carriage is covered by one and the same air transport document.
> 항공운송서류는 전 운송이 하나의 동일한 항공운송서류에 의하여 포괄된다면 물품이 환적될 것이라거나 환적될 수 있다는 것을 표시할 수 있다.
>
> ii. An air transport document indicating that transhipment will or may take place is acceptable, even if the credit prohibits transhipment.
> 환적이 될 것이라거나 환적될 수 있다고 표시하는 항공운송서류는 비록 신용장이 환적을 금지하더라도 수리될 수 있다.
>
> ※ 상기 영문에서 'will, may'는 실제로 환적한다는 확정적인 내용이 아닌 형식적인 약관이기 때문에 무시한다.

10 A confirming bank is irrevocably bound to honour or negotiate as of the time it receives the credit from the issuing bank requesting the confirmation. (O / ×)

정답 | ×

해설 | 확인을 요청받은 (통지)은행은 신용장에 확인을 추가(add)하는 시점부터 취소불가한 결제(honour) 또는 매입(negotiation)의무가 발생한다.

통지은행이 개설은행으로부터 신용장의 확인의 수권, 또는 요청을 받았으나(개설은행에 대한 여신한도 등으로) 확인은행의 역할을 해줄 수 없다면 이런 사실을 지체 없이 개설은행에 통고하여야하며, 또한 신용장을 확인 없이 통지은행의 역할로서만 신용장을 통지할 수 있다.

> **[UCP600 제8조]**
> A confirming bank is irrevocably bound to honour or negotiate as of the time it adds its confirmation to the credit. If a bank is authorized or requested by the issuing bank to confirm a credit but is not prepared to do so, it must inform the issuing bank without delay and may advise the credit without confirmation.

11 If a credit is transferred to more than one second beneficiary, rejection of an amendment by one of second beneficiaries invalidates all the acceptances of second beneficiaries. (O / ×)

정답 | ×

해설 | 양도신용장의 원 수익자(first beneficiary)는 자신의 수익금을 제외한 일부 금액을 2명 이상의 복수의 제2수익자(2nd beneficiary)에게 양도할 수 있다.

이때 추후 양도하기 전의 신용장 조건변경을 하는 경우에 일부의 제2수익자가 양도된 신용장 조건변경을 거부하는 경우가 있다(가격을 추가로 감액하는 등을 용인 못 하는 경우 등). 이런 경우에는 거부한 특정 제2수익자에게만 조건변경이 거절되며, 조건변경을 수락한 나머지 제2수익자들에게는 조건변경이 유효하다. 즉 제2수익자들의 조건변경 수락 여부는 각각 독립적으로 이루어진다.

> **[UCP600 제38조 f항]**
> If a credit is transferred to more than one second beneficiary, rejection of an amendment by one or more second beneficiary does not invalidate the acceptance by any other second beneficiary, with respect to which the transferred credit will be amended accordingly. For any second beneficiary that rejected the amendment, the transferred credit will remain unamended.
> 신용장이 두 사람 이상의 제2수익자에게 양도되면, 하나 또는 둘 이상의 수익자가 조건변경을 거부하더라도 다른 제2수익자의 수락은 무효가 되지 않으며, 양도된 신용장은 그에 따라 변경된다. 조건변경을 거부한 제2수익자에 대하여는 양도된 신용장은 변경 되지 않은 상태로 남는다.

12 Under the UCP600, A bill of lading, however named, containing an indication that it is subject to a charter party B/L, must appear to be signed by the master, the owner, the charterer or the carrier. (O / ×)

정답 | ×

해설 | 용선부 선하증권에 서명을 할 수 있는 자는 선장(master), 선주(owner), 용선자(charterer) 또는 그들의 기명대리인이다. 운송인(carrier)명은 기재할 필요가 없다.

13 If the presentation consists of more than one set of transport documents, when partial shipment not allowed, the first date of shipment as evidenced on any of the sets of transport documents will be regarded as the date of shipment. (O / ×)

정답 | ×

해설 | 만약 인천에서 물품을 선적하고 또 동일한 선박에 부산에서 추가 선적하여 목적지로 향한다면 부산에서 선적한 날이 선적완료일이므로 이 날이 선적일로 된다(the latest date of shipment as evidenced on any of the sets of transport documents will be regarded as the date of shipment).

> [UCP600 제31조]
> 같은 운송수단으로 여러 번 선적하는 것은 선적일과 선적항이 다르더라도 목적지가 동일하면 분할선적으로 간주되지 않는다. 어차피 목적지에는 물품이 한꺼번에 도착하기 때문이다. 만약 운송수단(conveyance)이 다르면(복수의 선박 등) 분할선적이 되며, 각 운송수단이 도착지에 동일한 일자에 도착하지 못할 수도 있다.

14 If a shipment by instalments within given periods is stipulated in the credit and any instalment is not shipped within the period allowed for that instalment, the credit ceases to be available after that instalment. (O / ×)

정답 | ×

해설 | [UCP600 제32조]
할부선적의 기간을 어긴 경우, 그 어긴 기간(that)은 물론 그 이후의(subsequent) 선적기간에도 신용장을 이용할 수 없다(The credit ceases to be available for that and any subsequent instalment). 즉 서류제시상의 하자(discrepancy)가 된다는 뜻이다.

15 A transferred credit can be transferred at the request of a second beneficiary to any subsequent beneficiary. (○/×)

정답 | ×

해설 | 양도가능 신용장이 분할청구나 분할선적을 금지하지 않은 경우, 제1수익자가 다수의 제2수익자에게 신용장을 양도할 수 있다. 그러나 제1수익자로부터 양수받은 제2수익자는 다른 제3자에게 재양도할 수 없다. 다만, 제2수익자가 제1수익자에게 신용장을 재양도하는 것은 금지되지 않는다(이는 'The first beneficiary is not considered to be a subsequent beneficiary'의 문장의 의미와 일맥상통한다).

※ UCP600에서는 제2수익자가 다른 제3자에게 신용장을 재양도할 수 없지만 ISP98(보증신용장통일규칙)에서는 양도가능 보증신용장이 발행된 경우에는 제3자는 물론 그 이후 무한정 양도가능하다.

[ISP98 제6.02조]

When Drawing Rights are Transferable :

a. A standby is not transferable unless it so states.

b. A standby that states that it is transferable without further provision means that drawing rights:

(ⅰ) may be transferred in their entirety <u>more than once</u>;

　　그 전부가 2회 이상 양도될수 있다.

(ⅱ) may not be partially transferred; and

　　일부양도는 할 수 없다.

[추가해설]

보증신용장의 지급청구권의 양도는 UCP600의 상업신용장의 양도와는 달리 양도차익을 얻기 위한 것이 아니다. 기초거래의 권리의무를 모두 양수인에게 이전하는 것이므로 지급청구권의 일부만을 양도할 수 없다. 또한 보증신용장에 양도가능(transferable)이라는 문구가 있더라도 그 지급청구권을 양도하려면 반드시 개설인 또는 보증신용장에서 특정한 지정인이 양도수익자의 양도요청에 동의해야 하고 동의한 당사자가 실행해야만 효력이 발생한다.

01 Confirming bank must (　　　), if the credit is available by negotiation with another nominated bank and that nominated bank does not negotiate.

정답 ｜ honour

해설 ｜ 확인은행의 의무는 개설은행의 의무와 같으므로 지정거래은행이 매입하지 아니하면 확인은행은 '매입(negotiate)' 이 아닌 '결제(honour)'하여야 한다.

02 If a bank is authorized or requested by the issuing bank to confirm a credit but is not prepared to do so, it must inform the issuing bank without delay and may advise the credit without (　　　　)

정답 ｜ confirmation

해설 ｜ 어떤 은행이 개설은행에 의하여 신용장을 확인하도록 권한을 부여받거나 또는 요청받았으나 이를 행할 준비가 되지 않았다면, 그 은행은 지체 없이 발행은행에게 통고하여야 하고 확인 없이 신용장을 통지할 수 있다.

03 Provided that the stipulated documents are presented to the confirming bank or to any other nominated bank and that they constitute a complying presentation, the confirming bank must negotiate, (　　　　　) recourse, if the credit is available by negotiation with the confirming bank.

정답 ｜ without (recourse)

해설 ｜ 신용장이 확인은행에서 매입(negotiate)에 의하여 사용될 수 있는 경우에는, 소구권 없이, 매입하여야 한다.

04 Except as otherwise provided by article 38(transferable credit), a credit can neither be amended nor cancelled without the agreement of the issuing bank, (　　　　　　　) bank, if any, and the beneficiary.

정답 ｜ the confirming (bank)

해설 ｜ 신용장의 조건변경은 이미 발행된 신용장의 조건이 변경되거나 취소되는 것이다. 이 신용장의 조건을 변경하려면 수익자(beneficiary)의 동의가 필요하며, 만약 확인은행(confirming bank)이 있을 경우에는 확인은행의 동의도 동시에 필요하다. 그러나 신용장개설의뢰인(applicant)이나 통지은행(advising bank)의 동의는 필요하지 않다.

05 A presentation including one or more original transport documents(UCP600, Article 19~25) must be made by or on behalf of the beneficiary not later than 21 calendar days after the date of (   ) as described in these rules, but in any event not later than the expiry date of the credit.

정답 ┃ shipment(선적)

해설 ┃ 신용장에서 서류제시기일을 지시하지 않으면 UCP600 제19~25조에서 정하는 원본 운송서류가 포함된 제시는 선적 후 21일 또는 유효기일이 종료되는 기일 중 빠른 날까지 제시되어야 한다(선적을 하고도 서류제시가 늦으면 선적물품의 손상이나 부패도 가능하므로 가능한 빨리 은행에 서류제시를 해야 할 것이다).

06 A nominated bank acting on its nomination, a confirming bank, if any, and the issuing bank shall each have a maximum of five banking days (   ) the day of presentation to determine if a presentation is complying.

정답 ┃ following

해설 ┃ 신용장 관련 은행의 서류심사기간은 선적서류 <u>접수 다음일로부터</u> 최장 5영업일까지이다(반드시 5영업일을 채우라는 뜻은 아니다). 신용장 유효기일이 촉박하거나 결제 만기가 임박하였다 하더라도 지정은행, 확인은행, 개설은행은 <u>각각</u> 최장 5은행 영업일의 서류심사기간을 가질 수 있다.

> **[UCP600 관련 조문 14조]**
>
> A nominated bank acting on its nomination, a confirming bank, if any, and the issuing bank shall each have a maximum of five banking days <u>following the day of presentation</u> to determine if a presentation is complying. This period is not curtailed or otherwise affected by the occurrence on or after the date of presentation of any expiry date or last day for presentation.
>
> 지정에 따라 행동하는 지정은행, 확인은행(있는 경우) 및 개설은행은 제시가 일치하는지 여부를 결정하기 위하여 지시일의 다음날부터 최대 제5은행영업일을 각각 가진다. 이 기간은 제시를 위한 모든 유효기간 내의 최종제시일 또는 그 이후의 사건에 의하여 단축되거나 별도로 영향을 받지 아니한다.

07 If a credit requires presentation of multiple documents by using terms such as "in duplicate", "in two fold" or "in two copies", this will be satisfied by the presentation of at least (   ) and the remaining number in copies, except when the document itself indicates otherwise.

정답 | one original

해설 | 신용장 "2부(in duplicate)", "2부(in two fold)", "2부(in two copies)"와 같은 용어를 사용함으로써 복수의 서류의 제시를 요구하는 경우에는, 이것은 서류 자체에 별도의 표시가 있는 경우(제시할 원본의 숫자를 지정하거나 또는 사본만으로 제출하라는 지시 등)를 제외하고는 <u>적어도 원본 1통과 나머지 사본이 제시되면 된다.</u>

> [ISBP821]
> 1) 신용장에서 단순히 Invoice, one Invoice, 또는 Invoice in 1 copy를 요구할 때는 송장 '원본'을 제시하라는 뜻이다.
> 2) 신용장에서 'Invoice in 4 copies'를 요구할 때는 최소한 원본 1부와 나머지는 사본으로 제시가 가능하다.
> 3) 신용장에서 'Photocopy of Invoice' 또는 'Copy of Invoice'를 요구할 때는 하나의 송장 '사본'이나 '원본'을 제시하면 된다.

08 Under UCP600, Article 20(Bill of Lading), Clauses in a bill of lading stating that the carrier (   ) the right to tranship will be disregarded.

정답 | reserves

해설 | (환적유보약관) 약관상 운송인이 환적할 권리를 유보한다(reserve)고 명기하고 있는 선하증권상의 조항은 무시된다. 그 이유는 'reserve'의 뜻이 반드시 환적하겠다는 뜻이 아니기 때문에 <u>이 문구는 무시할 수 있으므로</u>, 선적서류 제시를 수리할 수 있다.

09 A bill of lading, however named, containing an indication that it is subject to a charter party (charter party bill of lading), must appear to indicate shipment from the port of loading to the port of discharge stated in the credit. The port of discharge may also be shown as a range of ports or a (   ) area, as stated in the credit.

정답 | geographical

해설 | 용선계약부 선하증권은 신용장상에 기재된 적재항과 양륙항을 명시하여야 한다. <u>신용장에서 적재항이나 양륙항이 실제의 항구명 대신에 지리적인 지역이나 구역으로 기재된 경우, 선하증권상의 적재항은 약정된 지역 내의 실제 항구명을 표시하여야 하지만, 양륙항(port of discharge)은 일정 범위의 항구 또는 지리적인(geographical) 지역으로 표시할 수 있다</u>(즉 양륙항의 구체적인 명칭이 없어도 하자가 아니다).

10 Under UCP600, If there is no indication in the credit of the insurance coverage required, the amount of insurance coverage must be at least 110% of the CIF or CIP value of the good.

If the credit amount is 500,000 USD, requiring the CIF, but 10% of that amount was prepaid to the exporter, under the Red-clause L/C, then, the amount of insurance coverage is (   ) USD.

정답 | 550,000

해설 | 대금지급이 선지급되었다는 것과 물품의 선적에 필요한 보험부보범위는 전혀 상관없다. 물품 자체는 500,000 USD이므로 운송 중 파손이 될 경우도 500,000 USD에 해당하는 물품 자체에 대한 보험금액이 산정된다.

※ 추가로 다음의 보험비율도 이해하여야 한다.

> When the CIF or CIP value cannot be determined from the documents, the amount of insurance coverage must be calculated on the basis of the amount for which honour or negotiation is requested or the gross value of the goods as shown on the invoice, whichever is greater.
> CIF 또는 CIP 가격이 서류로부터 결정될 수 없는 경우에는, 보험담보금액은 지급이행 또는 매입이 요청되는 금액 또는 송장에 표시된 물품총가액 중에서 보다 큰 금액을 기초로 하여 산정되어야 한다.

11 The words "about" or "approximately" used in connection with the amount of the credit or the quantity or the unit price stated in the credit are to be construed as allowing a tolerance not to exceed (   ) than the amount, the quantity or the unit price to which they refer.

정답 | 10% more or 10% less

해설 | 신용장에 표시된 신용장의 금액 또는 수량 또는 단가와 관련하여 사용된 "약(about)" 또는 "대략(approximately)"이라는 단어는 이에 언급된 금액, 수량 또는 단가의 10%를 초과하지 아니하는 과부족을 허용하는 것으로 해석된다.

12 A presentation consisting of more than one set of transport documents evidencing shipment commencing on the (a) and for (b), provided they indicate the same destination, will not be regarded as covering a partial shipment, even if they indicate different dates of shipment or different ports of loading, places of taking in charge or dispatch.

정답 | (a) same means of conveyance, (b) the same journey

해설 | 동일한 운송수단(선박이 달라지면 안 됨)에 그리고 동일한 운송구간(목적지로 가는 항로를 이탈하면 안 됨)을 위한 선적을 증명하는 2세트 이상의 운송서류로 구성된 제시는, 이들 서류가 동일한 목적지를 표시하고 있는 한, 이들 서류가 상이한 선적일 또는 상이한 적재항, 수탁지 또는 발송지를 표시하고 있더라도, 분할선적이 행해진 것으로 보지 아니한다(어차피 목적지에서는 동일한 날짜에 모든 물품이 도착하기 때문이다).

13 If a shipment by instalments within given periods is stipulated in the credit and any instalment is not shipped within the period allowed for that instalment, the credit ceases to be available for (   ) instalment.

정답 │ that and any subsequent

해설 │ 일정기간 내에 할부에 의한 선적이 신용장에 명시되어 있고 어떠한 할부분이 그 할부분을 위하여 허용된 기간 내에 선적되지 아니한 경우에는, 그 신용장은 그 해당 할부분(that)과 그 이후의 모든 할부분(any subsequent)에 대하여 효력을 상실한다.

14 If a credit states that charges are for the account of the beneficiary and charges can not be collected or deducted from proceeds, (   ) bank remains liable for payment of charges.

정답 │ the issuing (bank)

해설 │ 신용장에 수수료는 수익자의 부담이라고 기재하였더라도 그 수수료가 신용장대금(proceeds)으로부터 징수 또는 공제될 수 없는 경우에는, 개설은행이 그 수수료에 대하여 여전히 책임이 있다.

※ 비용 문제는 결국은 신용장 관계당사자 중에서 개설은행의 부담이 되고, 궁극적으로는 신용장 관계당사자가 아닌 개설의뢰인의 부담이 될 것이다.

15 The percentage for which insurance cover must be effected may be (   ) to provide the amount of cover stipulated in the credit, when the credit transferred to another beneficiary.

정답 │ increased

해설 │ 신용장이 양도된 경우 보험부보비율은 신용장에 명기된 부보금액을 충족시킬수 있도록 증가될 수 있다.

01 Under UCP600, Regarding the issuing bank undertaking, Which one of the following statements is <u>NOT</u> correct?

① Provided that the stipulated documents constitute a complying presentation, the issuing bank must honour the credit.

② An issuing bank is irrevocably bound to honour as of the time it issues the credit.

③ The issuing bank must honour the credit, if the credit is available by negotiation with a nominated bank and that nominated bank does not negotiate.

④ An issuing bank's undertaking to reimburse a nominated bank is dependent of the issuing bank's undertaking to the beneficiary.

정답 | ④

해설 | 만약 수익자의 사기거래 등의 사유로 개설은행이 수익자에게 지급할 의무가 없다하더라도 지정은행에 대하여 지급을 거절할 수 없다(An issuing bank's undertaking to reimburse a nominated bank is <u>independent</u> of the issuing bank's undertaking to the beneficiary : 지정은행에 상환할 개설은행의 확약은 수익자에 대한 개설은행의 확약으로부터 독립적이다).

> **[추가 해설]**
> 국제상업회의소는 수익자(beneficiary)가 계약을 불이행하여 개설의뢰인(applicant)이 법원으로부터 지급정지 가처분 판결(injunction)을 받아 개설은행이 지급하지 못하도록 요청한 경우, 이미 지정은행이 일치한 제시에 대하여 결제 또는 매입하였다면 법원의 판결이 UCP600보다 우선하지만 개설은행은 법원의 지급정지 가처분 결정이 취소되도록 노력해야 한다는 공식의견을 발표하였다.

신용장은 수익자에 대한 신용장수령여부나 통지은행에 통지시점 등에 무관하게 신용장 개설시점부터 일치하는 제시에 대하여 취소불능의 결제의무(honour)를 진다(An issuing bank is irrevocably bound to honour as of the time it issues the credit).

02 Under UCP600, Reimbursement by the issuing bank for the amount of a complying presentation under a credit available by acceptance or deferred payment :

① must be made to the nominated bank, at the time when the nominated bank purchased before maturity.

② must be made to the nominated bank, at the time when the nominated bank prepaid before maturity.

③ is due at maturity, whether or not the nominated bank prepaid or purchased before maturity.

④ is due at maturity, on the condition that nominated bank also paid at maturity.

정답 | ③

해설 | 개설은행이 일단 인수 방식 또는 연지급방식으로 신용장을 개설한 이상, 지정은행이 수익자에게 만기 전 선지급 또는 구매 여부에 상관없이 개설은행은 지정은행에 만기에 상환하여야 한다. 실무상 usance L/C에 대한 수익자 는 일람불(at sight)로 할인한다(Reimbursement by the issuing bank for the amount of a complying presentation under a credit available by acceptance or deferred payment is due at maturity, whether or not the nominated bank prepaid or purchased before maturity).

03 Under UCP600, Which one of the following statements or clauses can not be accepted, without permitting such a statement or clauses on the L/C?

① "Inspection Certificate issued and signed by first class inspector."

② "Shipment should be effected on or about June. 25th, 2024."

③ "Said by shipper to contain."

④ "The goods are loaded on deck."

정답 | ④

해설 | ②는 정상적인 표현이다(6월 25일을 중심으로 5일을 가감한 날짜 중에서 선적이 가능하다).

③ "Said by shipper to contain"(A transport document bearing a clause such as "shipper's load and count" and "said by shipper to contain" is acceptable : 왜냐하면 봉인된 화물의 내용물을 확인할 경우 봉인을 풀어 야 하는 과정에서 물품을 분실 및 도난의 위험이 있기 때문에 그 내용물이 무엇인지에 대하여서는 송하인 등의 말을 믿고 봉인을 해제하지 않는다는 뜻이다).

④ "The goods are loaded on deck."[갑판적재는 해수의 피해나 jettison(선박의 안전을 위하여 물품을 바다로 투 하하는 행위)의 위험이 있으므로 기본적으로 갑판적재는 신용장거래에서 허용하지 아니한다. 그러나 목재, 철 강재, 위험물 등은 선창에 적재가 불가능한 물품은 어쩔 수 없이 갑판적재를 신용장에서 허용하는 경우에는 갑 판적재가 가능하다.]

04 Under UCP600, Which of following documents is <u>NOT</u> qualified as an 'ORIGINAL' document?

① Original, Duplicate, Triplicate of B/L

② Label of the issuer is shown on any document

③ Signed document teletransmitted by fax machine

④ Photocopy of signed invoice

정답 | ③

해설 | 서명된 서류를 팩스로 전송받는 것은 원본이 아니다.

①의 경우(특히 B/L이 3부인 경우) 원본의 표시는 'Original'뿐만 아니라, Duplicate, Triplicate, First original Second original 등으로 표기할 수 있고, 모두 다 원본이 될 수 있다.

> Under ISBP821, the words "facsimile signature" mean the reproducing in fascimile as by a laser printer or other computerized or mechanical mean of reproduction. which means <u>they are not</u> the signature that is teletransmitted via facsimile i.e., <u>by fax machine</u>.

05 Under UCP600, A presentation including one or more original transport documents subject to articles 19, 20, 21, 22, 23, 24 or 25 must be made by or on behalf of the beneficiary not later than (　　　　　　) after the date of shipment as described in these rules, but in any event not later than the expiry date of the credit.

① 21 business days

② 21 banking days

③ 21 calendar days

④ 21 voyage days

정답 | ③

해설 | 21 calendar days로서 물품선적일과 은행의 영업일과는 상관이 없으므로 은행 등의 휴일도 선적일에는 산입한다.

06 Under UCP600, Which of the following statements is <u>NOT</u> correct?

① A bank will not, upon resumption of its business from the Force Majeure, honour or negotiate under a credit that expired during such interruption of its business.

② If the expiry date of a credit or the last day for presentation falls on a day when the bank to which presentation is to be made is closed for reasons other than act of terrorism, wars etc., the expiry date or the last day for presentation, as the case may be, will be extended to the first following banking day.

③ The latest date for shipment will be extended when the bank to which presentation is to be made is closed on the expiry date, due to banking holiday.

④ An air transport document indicating that transhipment will or may take place is acceptable, even if the credit prohibits transhipment.

정답 | ③

해설 | 은행이 휴일인 것과 선적행위와는 상관이 없다. 신용장의 유효기일이나 최종 제시일이 은행의 휴업일에 해당하면 휴업일 다음 첫 영업일로 자동연장되지만 선적기일은 은행휴업으로 인하여 자동연장되지 않는다[The latest date for shipment will not be extended as a result of sub-article 29(a). ※ 쉽게 말해서 은행은 서류로 일을 하지만 선적은 물품이므로 선적이 늦어지는 것 만큼 물품이 부패하거나 수입상에 제때 물품을 받을 수 없기 때문이다].

①의 경우 테러 등의 불가항력(force majeure)으로 인하여 지정은행 등이 업무를 할 수 없는 기간 동안에 신용장 유효기간이 만료된 경우에는 그 지정은행 등이 영업을 재개(resumption of its business)하더라도 지정은행 등에 제시할 수 없다.

즉, 수익자는 개설은행에 직접 서류를 제시하여야 한다(A bank <u>will not</u>, upon resumption of its business from the Force Majeure, <u>honour or negotiate</u> under a credit that expired during such interruption of its business). 즉, UCP600 제29조(유효기일 또는 최종 제시일의 연장)와 36조(불가항력에 의한 유효기간 연장은 불인정)의 차이점을 이해하여야 한다.

④의 경우 항공노선은 직항이 많지 않은 관계로 기본적으로 환적(transhipment)을 전제로 한다. 따라서 신용장에서 환적을 금지하더라도 전체 운송이 <u>하나의 동일한</u> 항공운송서류로 커버된다면 환적이 허용된다. 그럼에도 불구하고 구태여 환적을 금지시키려면 UCP600 제23조(c)의 환적에 대한 적용을 배제시키면서 환적을 금지시켜야 한다.

07 Which of the following statements is <u>NOT</u> correct in accordance with UCP600, Article 24(Road, Rail or Inland Waterway Transport Documents)?

① In the absence of an indication on the transport document as to the number of originals issued, the number presented will be deemed to constitute a full set.

② A rail transport document marked "duplicate" will be accepted as an original.

③ A rail or inland waterway transport document will be accepted as an original only when marked "original".

④ A road transport document must appear to be the original for consignor or shipper or bear no marking indicating for whom the document has been prepared.

정답 | ③

해설 | A rail or inland waterway transport document will be accepted as an original whether marked as an original or not(철도 또는 내륙수로운송서류는 원본이라는 표시의 유무에 관계없이 원본으로서 수리된다).

① 발행된 원본의 통수에 관하여 운송서류상에 표시가 없는 경우에는, 제시된 통수는 전통(full set)을 구성하는 것으로 본다.

② "부본(duplicate)"이 표시된 철도운송서류는 원본으로서 수리된다.

④ 도로운송서류는 탁송인 또는 송화인용 원본인 것으로 보여야 하거나 그 서류가 누구를 위하여 작성되었는지 표시하는 어떠한 표시도 기재하지 아니한 것으로 보여야 한다.

> **[추가 해설]**
> 철도(rail) 운송서류 및 내수로(inland waterway) 운송서류는 원본(original)이라는 표시가 없더라도 원본으로 본다(UCP600 제24조의 Road, Rail 그리고 inland waterway의 선적서류조건이 미묘하게 다르므로 제24조를 한 번 숙지하여야 한다).
>
> > [운송서류원본(original)]
> > (1) 도로(road) 운송서류 : 송하인 또는 선적인 용원본으로 보이거나, 또는 서류가 (화주 이외의)누구를 위하여 발행되었다는 아무런 표시가 없으면(bear no marking) 원본으로 간주한다(화주이외의 당사자가 표시되면 하자가 된다).
> > (2) 철도(rail) 운송서류 : "duplicate" will be accepted as an original(이는 철도운송관습을 반영한 것이다).
>
> 상기box의 내용을 종합하면, 도로, 철도, 내수로 운송서류는 각 운송서류가 '원본(original)'이라는 표시가 없더라도 원본으로 인수된다. 다만 도로(road) 운송서류의 경우는 화주용원본이란 표지가 있거나, 또는 서류를 전달하는 상대방(for whom the document has been prepared)의 어떠한 표지도 없어야 인수된다. 또 철도운송서류의 경우 철도회사의 인증이 있는 부본(탄소복사지 등)만으로도 원본으로 인수된다.
> ※ 국제 간 물품에 대한 도로운송(road)이 없는 우리나라가 유럽의 국경을 넘는 도로운송 관행에 대한 이해가 쉽지는 않다.

08 Under UCP600, Regarding the standard for examination of documents, Which of the following statements is <u>NOT</u> correct?

① The shipper or consignor of the goods indicated on any document need not be the beneficiary of the credit.

② When the addresses of the beneficiary and the applicant appear in any stipulated document, they need not be the same as those stated in the credit or in any other stipulated document, but must be within the same country as the respective addresses mentioned in the credit.

③ Contact details(telefax, telephone, email and the like) stated as part of the beneficiary's and the applicant's address must be the same as stated in the credit.

④ When the address and contact details of the applicant appear as part of the consignee or notify party details on a transport document, they must be as stated in the credit.

정답 | ③

해설 | ① The shipper or consignor of the goods indicated on any document need not be the beneficiary of the credit(실무상 수익자가 아닌 <u>운송주선인</u> 등이 선적을 대행하기 때문이다).

②의 경우 서류에 나타난 수익자와 개설의뢰인의 주소는 신용장과 같지 않아도 된다(수익자나 신용장개설인은 본사에서 신용장 업무처리를 하지만 실제 물품은 다른 주소인 공장에서 사용하는 경우가 있기 때문이다).

즉, 수익자와 개설의뢰인의 명칭만 신용장상의 명칭과 일치하면 된다.

③의 경우도 ②의 설명과 마찬가지로(신용장상에서 특별히 요구하지 않는 한) 서류와 신용장상의 기재된 <u>주소가 동일국가 안이라면</u>, 상세 연락처는 서류에 표시하지 않아도 된다[Contact details(telefax, telephone, email and the like) stated as part of the beneficiary's and the applicant's address <u>will be disregarded</u>].

그러나 ④의 경우, 운송서류 원본에 개설의뢰인이 수하인(consignee) 또는 통지처(notify party)로 표시되고 주소가 기재되었다면 신용장 명세와 일치하여야 한다. 운송서류에 신용장과 전혀 다른 개설의뢰인의 주소나 연락처가 기재되면 물품의 수령이 지연될 수 있으므로 개설의뢰인의 주소가 <u>운송서류의 수하인(consignnee) 또는 통지처 (notify party)로 기재되는 경우</u> 신용장과 다른 주소는 허용하지 못한다. 즉, applicant에 대해 ③과 ④의 차이점을 이해하여야 한다.

09 Under UCP600, Article 20(Bill of Lading) is shown as follows. Which of the following DOES NOT meet the requirement of "signature" on the B/L, assuming the ABC COMPANY is the agent for the carriers, and KKK SHIPPING is the carrier?

> A bill of lading, however named, must appear to :
> ⅰ. indicate the name of the carrier and be signed by :
> • the carrier or a named agent for or on behalf of the carrier, or
> • the master or a named agent for or on behalf of the master.
> Any signature by the carrier, master or agent must be identified as that of the carrier, master or agent.
> Any signature by the agent must indicate whether the agent has signed for or on behalf of the carrier or for or on behalf of the master.

① ABC COMPANY(signature signed), as agent for KKK SHIPPING, THE CARRIER

② KKK SHIPPING's Captain(signature signed) as agent for THE MASTER(but master's name is not shown)

③ ABC COMPANY(signature signed) as agent for THE CARRIER

④ KKK SHIPPING, AS CARRIER(signature signed)

정답 | ③

해설 | "ABC COMPANY(signature signed) as agent for THE CARRIER"의 문장에서 THE CARRIER가 누군지 모른다. 따라서 THE CARRIER, KKK SHIPPING으로 표기되어야 한다.

②의 경우 선장의 대리인이 서명할 때는 선장성명을 표기할 필요는 없으나 선장의 대리인(Captain) 성명은 표시하여야 한다(← 대리인들이 운송서류를 서명하는 시점에서 선장의 성명을 알지 못하는 경우가 일반적이므로 운송업계의 관행을 반영하여 선장의 성명은 표시하지 않아도 되도록 하였다). 또한 선장은 선박명이 표시된 스탬프로 서명할 수 있다. 이 경우 그 스탬프에 선주명이 기재되었더라도 선장이 서명한 것으로 본다.

10 Under UCP600, Which of the following sentenses is NOT correct?

① UCP600 are rules that apply to any documentary credit(including, to the extent to which they may be applicable, any standby letter of credit) when the text of the credit expressly indicates that it is subject to these rules.

② A credit available with a nominated bank is also available with the issuing bank.

③ If a bank is authorized or requested by the issuing bank to confirm a credit but is not prepared to do so, it must inform the issuing bank without delay and should not advise the credit without confirmation.

④ An issuing bank should discourage any attempt by the applicant to include, as an integral part of the credit, copies of the underlying contract, proforma invoice and the like.

정답 | ③

해설 | 어떤 은행이 신용장 개설은행으로부터 '확인은행'이 되어달라는 요청을 받더라도 확인은행 역할을 하고 싶지 않으면 하지 않아도 된다. 따라서 확인은행이 되고 싶지 않으면 개설은행에 지체 없이 그 사실을 통지하고, 신용장은 수익자에게 확인 없이 통지는 할 수 있다.

①은 UCP600 제1조 내용이며, ④는 UCP600 제4조의 내용이다.

[UCP600 제8조]

If a bank is authorized or requested by the issuing bank to confirm a credit but is not prepared to do so, it must inform the issuingbank without delay and may advise the credit without confirmation.

※참고로 UCP600에 비슷하게 보증신용장(ISP98) 통일규칙에도 확인인(confirmer)이라는 표현이 있다. 하지만 UCP600에서는 '확인은행'과 '확인'의 정의가 있는 반면 ISP98에는 '확인'에 대한 정의는 없다.

[ISP98 2.01]

A confirmer undertakes to honour a complying presentation made to it by paying the amount demanded of it at sight or, if the standby so states, by another method of honour consistent with the issuer's undertaking.
또한 URDG758(청구보증통일규칙)에는 '확인업무' 대신 4자보증의 구조인 경우에 보증인(guarantor)과 구상보증인 (counter-guarantor)이 '확인'과 유사한 역할을 한다고 볼 수 있다.

---

11 Which of the following statements is NOT correct regarding the Commercial Invoice under UCP600?

① It must appear to have been issued by the beneficiary(except as provided in article 38, Transferable Credits).

② It must be made out in the name of the applicant(except as provided in sub-article 38, the name of the first beneficiary may be substituted for that of the applicant in the credit).

③ It must be made out in the same currency as the credit.

④ It should be signed.

정답 | ④

해설 | 신용장에서 송장에 서명 또는 일자를 표기하라는 조건이 없다면 송장에는 서명이나 일자가 표시되지 않아도 된다 (A commercial invoice need not be signed). 그러나 신용장 조건에 "signed invoice(서명된 송장)"와 같이 송장상의 서명을 요구한 경우, 송장에는 서명이 있어야 한다.

[UCP600 제8조]

a. 상업송장은,
ⅰ. (제38조가 적용되는 경우 제외 시) 수익자가 발행한 것으로 보여야 한다.
ⅱ. (제38조 (g)항이 적용되는 경우 제외 시) 개설의뢰인 앞으로 발행되어야 한다.
ⅲ. 신용장과 같은 통화로 발행되어야 한다. 그리고
ⅳ. 서명될 필요는 없다.

상업송장금액은 신용장 금액을 초과하여 발행할 수도 있다.

> **[UCP600 제18조]**
>
> A nominated bank acting on its nomination, a confirming bank, if any, or the issuing bank may accept a commercial invoice issued for an amount in excess of the amount permitted by the credit.
>
> 지정에 따라 행동하는 지정은행, 확인은행(이 있는 경우) 또는 개설은행은 신용장에 의하여 허용된 금액을 초과한 금액으로 발행된 상업송장을 수리할 수 있다.

12 Regarding the definition of 'NEGOTIATION' Under UCP600, Which of the 4 phases underlined is <u>NOT</u> correct?

> Under UCP600, Negotiation means <u>the purchase</u> by the nominated bank of drafts(drawn on <u>the nominated bank</u>) and/or documents under <u>a complying presentation</u>, by advancing or agreeing to advance funds <u>to the beneficiary</u> on or before the banking day on which reimbursement is due to the nominated bank.

① the purchase

② the nominated bank

③ a complying presentation

④ to the beneficiary

정답 | ②

해설 | 신용장의 매입(negotiation)이란 환어음의 지급인(주채무자) 이외의 당사자가 하는 행위이다. 예를 들어 신용장 개설은행은 주채무자이므로 지급(honour)하여야 하므로 매입(negotiation)할 수 없다.

> **[UCP600 제2조]**
>
> Negotiation means the purchase by the nominated bank of drafts(drawn on a <u>bank other than the nominated bank</u>) and/or documents under a complying presentation, by advancing or agreeing to advance funds to the beneficiary on or before the banking day on which reimbursement is due to the nominated bank.
>
> 매입(Negotiation)은 일치하는 제시에 대하여 지정은행이, 지정은행에 상환하여야 하는 은행영업일 또는 그 전에 대금을 지급함으로써 또는 대금지급에 동의함으로써 환어음(지정은행이 아닌 은행 앞으로 발행된) 및/또는 서류를 매수(purchase)하는 것을 의미한다.

※ 지정은행의 SWIFT 표기는 다음과 같다.

:41A: Available With (A) By (B)인 경우, A에 지정은행 명칭이 표시되고 B에는 신용장 이용방식(매입, 지급, 연지급, 인수)이 표기된다.

13 Under UCP600, provided that the stipulated documents are presented to the issuing bank or confirming bank and that they constitute a complying presentation, issuing banks must ( )

① honour

② negotiate

③ honour or negotiate

④ dishonour

정답 | ①

해설 | 지정은행이나 확인은행은 결제(honour) 또는 매입(negotiate)할 수 있으나 주 채무자인 신용장개설은행(issuing bank)은 결제(honour)하여야 한다. 주채무자가 자신의 신용장 조건하의 선적서류를 결제(또는 부도처리)할 수 있지만 선적서류를 매입한다는 논리는 없다.

14 Under UCP600, Which of the following documents must be signed by the qualified issuer, when not stated in the credit?

(1) certificate of origin

(2) insurance declaration

(3) packing list

(4) commercial invoice

(5) weight list

① (1), (2)

② (1), (2), (3)

③ (1), (2), (3), (4)

④ (1), (2), (3), (4), (5)

정답 | ①

해설 | 수익자진술서(beneficiary's certificate), 원산지 증명서(certificate of origin), 보험확인서(insurance declaration), 보험증명서(insurance certificate)는 정당한 발행자의 서명이 있어야 한다. 그러나 packing list, 중량증명서(weight list) 등은 신용장에서 특별히 요구된 자가 없으면 누구든지 발행인이 될 수 있다.

15 Under UCP600, Which of the following statements is <u>NOT</u> correct, with regard to the article 10(Amendment)?

① Confirming bank may choose to advise an amendment without extending its confirmation and, if so, it must inform the issuing bank without delay and inform the beneficiary in its advice.

② A bank that advises an amendment should inform the bank from which it received the amendment of any notification of acceptance or rejection.

③ Partial acceptance of an amendment is not allowed and will be deemed to be notification of rejection of the amendment.

④ A provision in an amendment to the effect that the amendment shall enter into force unless rejected by the beneficiary within a certain time shall be effective.

정답 | ④

해설 | 조건변경이 특정기한 내에 수익자에 의하여 거절되지 아니하는 한 유효하게 된다는 취지의 조건변경서상의 규정은 <u>무시된다</u>(A provision in an amendment to the effect that the amendment shall enter into force unless rejected by the beneficiary within a certain time <u>shall be disregarded</u>).

16 Under UCP600, Which one of the following statements is CORRECT?

① Credit means any arrangement, however named or described, that is irrevocable and thereby constitutes a definite undertaking of the issuing bank to purchase a complying presentation.

② The confirming bank must negotiate, with recourse, if the credit is available by negotiation when the credit constitutes a complying presentation.

③ Presenter means a beneficiary, bank or other party that makes a presentation.

④ If a bank is authorized or requested by the issuing bank to confirm a credit but is not prepared to do so, it must inform the issuing bank without delay and must not advise the credit without confirmation.

정답 | ③

해설 | ① 신용장 개설은행은 매입(purchase)이 아닌 결제(honour)할 의무가 있다.

② 확인은행은 소구권 없이(without recourse) 매입하여야 한다.

④ 개설은행으로부터 확인은행의 역할을 요청을 받았으나 확인해 줄 수 없을 경우에는 지체없이 개설은행에 알려야 한다. 그러나 확인을 하지 않은 상태에서 신용장을 수익자에게 통지해 줄 수 있다.

17 Which one of following statements is <u>NOT</u> correct, If a credit does not state that reimbursement is subject to the ICC rules for bank-to-bank reimbursements?

① The reimbursement authorization should not be subject to an expiry date.

② A claiming bank is required to supply a reimbursing bank with a certificate of compliance with the terms and conditions of the credit.

③ If a reimbursing bank's charges are for the account of the beneficiary, they shall be deducted from the amount due to a claiming bank when reimbursement is made.

④ An issuing bank is not relieved of any of its obligations to provide reimbursement if reimbursement is not made by a reimbursing bank on first demand.

정답 | ②

해설 | 신용장 대금 지급방식에는 송금방식(remittance), 상환방식(reimbursement) 그리고 차기 방식(debit)이 있다. 이 중에서 제3의 은행이 신용장개설은행 대신 지급하는 UCP600 제13조 상환방식(reimbursement)에 대한 규칙을 묻는 문제이다. 은행 간 신용장 대금보상(상환)과정에서 불필요한 지체와 마찰을 줄이고자 ICC 집행위원회의 승인하에 URR(상환에 관한 규칙)을 제정하였다. 그러나 개설은행과 상환은행이 이 URR을 이용하지 아니하고 UCP600 제13조(은행 간 대금상환약정)에 따를 경우의 규칙을 묻는 문제이다.

대금을 청구하는 은행은 결코 상환은행에 신용장조건과의 일치성에 관한 증명서(a certificate of compliance)를 제공할 의무가 없다. 비록 상환은행이 일치증명서를 요구하여도 무시하여야 한다. 왜냐하면 신용장과 상환수권(Reimbursement Authorization : R/A)은 독립적이기에 상환은행은 신용장 조건 일치여부(complying presentation)를 확인할 의무가 없다. 오직 개설은행으로부터 받은 상환수권(R/A)에 의해 대금 지급여부만 결정하면 된다(A claiming bank shall not be required to supply a reimbursing bank with a certificate of compliance with the terms and conditions of the credit).

또한 개설은행은 상환은행에 상환수권(R/A)의 유효기일을 주어서는 안 되는데 그 이유는 상환은행에 업무부담이 가중될 수 있기 때문이다.

18 Under UCP600, Which of the following statements is <u>NOT</u> correct?

① An issuing bank has no obligation to honour the complying documents presented by the third bank other than the nominated bank.

② By nominating a bank to accept a draft, an issuing bank authorizes that nominated bank to prepay or purchase a draft accepted by that nominated bank.

③ Receipt or examination of documents by a nominated bank(not a confirming bank) does not make that nominated bank liable to honour or negotiate, nor does it constitute honour or negotiation.

④ Negotiation means the purchase by the nominated bank of drafts drawn on the nominated bank.

정답 | ④

해설 | 신용장통일규칙에서의 매입(negotiation)이란 대금지급의 주채무자 <u>이외의 은행</u>이 하는 행위이므로 서류를 매입한 지정은행은 환어음의 지급인이 될 수 없다.

즉 UCP600에서의 매입행위란 환어음의 <u>지급인</u>(drawee) 이외의 당사자가 하는 행위이다[Negotiation means the purchase by the nominated bank of drafts(drawn on a bank <u>other than the nominated bank</u>)].

①의 경우, 지정은행이 있음에도 불구하고 지정받지 아니한 제3은행이 지정은행의 권리포기(release letter)를 첨부하여 대금을 청구하더라도 개설은행은 이에 응할 의무가 없다.

③의 경우, 확인은행이 아닌 (개설은행이 일방적으로 지정한) 지정은행이 수익자의 서류를 심사하고 서류를 개설은행에 송부하였다고 해서 지정은행의 역할로서의 매입이나 결제를 하였다고 의미하지 않는다. 이는 단순한 '추심(collection)'이므로 UCP600에서 규정하는 매입이나 결제가 아니다.

19 When drafts drawn on the issuing bank 60 days after sight, the credit should be made available by :

> Under UCP600, Negotiation means <u>the purchase</u> by the nominated bank of drafts(drawn on <u>the nominated bank</u>) and/or documents under <u>a complying presentation</u>, by advancing or agreeing to advance funds <u>to the beneficiary</u> on or before the banking day on which reimbursement is due to the nominated bank.

① sight payment

② acceptance

③ deferred payment

④ negotiation

정답 | ②

해설 | 일람 후 60일 지급의 환어음(draft) 발행의 인수방식(acceptance) 신용장이다.

20 Under the contents field 46A, Which of the following statements as in field 47A (ADDITIONAL CONDITIONS) is the non-documentary?

> 46A : DOCUMENTS REQUIRED
> +3 ORIGINALS OF SIGNED COMMERCIAL INVOICES
> +3 ORIGINALS OF PACKING LISTS
> +FULL SET OF CLEAN ON BOARD OCEAN BILL OF LADING MADE OUT TO THE ORDER OF A BANK MARKED FREIGHT PREPAID AND NOTIFY APPLICANT
> +CERTIFICATE OF ORIGIN
> +BENEFICIARY'S CERTIFICATE

① Beneficiary must send a copy of shipping document to applicant within 5 days after shipment.

② Good should be manufactured inside Korea.

③ Good should be packed with 3 plastic boxes.

④ Order No. 456 should be indicated for our reference.

정답 | ④

해설 | 거래당사자 간에는 주문번호가 매우 중요하다. 그러나 주문번호를 기입해야 하는 특정 서류명은 46A에 나타나 있지 않다.

21 The applicant requested one amendment of the credit issued, advancing the latest date of shipment by 20 days. and the issuing bank notified it to the beneficiary through the advising bank. Which of the following statements is regarded as the acceptance of amendment by the beneficiary?

① The beneficiary informed the advising bank of the acceptance of only 10 days instead of 20 days.

② The amendment requested shall be in force unless rejected by the beneficiary within a certain time.

③ The beneficiary informed the applicant of the acceptance of amendment through the fax.

④ Without any notification, the beneficiary made a presentation complying with the credit and to any not yet accepted amendment.

정답 | ④

해설 | 수익자의 조건변경에 대한 회신이 없더라도, 수익자가 선적서류를 조건변경에 맞게 제시하면 조건변경을 수락한 것으로 본다.

> **[UCP600 제10조] Amendment**
>
> If the beneficiary fails to give such notification, a presentation that complies with the credit and to any not yet accepted amendment will be deemed to be notification of acceptance by the beneficiary of such amendment. As of that moment the credit will be amended.
>
> 수익자가 그러한 통고(notification)를 행하지 아니한 경우, 신용장 및 아직 승낙되지 않은 조건변경에 일치하는 제시는 수익자가 그러한 조건변경에 대하여 승낙의 통고(notification)를 행하는 것으로 본다. 그 순간부터 신용장은 조건변경된다.

22 Under UCP600, When is the exact maturity date of this draft when B/L is issued at 20th JUNE, 202×, but also, having the 25th, JUNE, 202× ON BOARD notation on B/L.

> 42C : Draft at 30 days from B/L date

① JULY, 19th, 202X   ② JULY, 20th, 202X

③ JULY, 24th, 202X   ④ JULY, 25th, 202X

정답 | ④

해설 | 선적기간을 정할 경우 'from'은 해당일에도 선적을 할 수 있으므로 해당일을 포함하지만, 선적일로부터(from) 30일을 환어음(draft) 만기로 정할 경우 'from' 뒤에 언급된 날짜를 제외하여 30일을 산정한다. 따라서 6월 25일에 실제 선적(on board)하였으므로, 6월 26일부터 30일에 해당하는 7월 25일이 어음만기일이 된다.

> **[UCP600 제3조]**
>
> The words "from" and "after" when used to determine a maturity date exclude the date mentioned.
> "부터(from)" 및 "이후(after)"라는 단어는 만기일을 결정하기 위하여 사용된 경우에는 언급된 당해 일자를 제외한다.

23 Under UCP600, if a credit requires presentation of 4 copies of any documents, this will be satisfied by the presentation of (   ), except when the document itself indicates otherwise.

① 4 originals only

② 4 copies only

③ 3 originals only and 1 in copy

④ at least one original and the remaining 3 in copies

정답 | ④

해설 | 4부 중 적어도 1부 이상은 원본이어야 한다(즉, 원본 3+사본 1도 가능).
예시의 영문을 잘 해석하여야 한다. 'only'란 표현이 함정이다.

> If a credit requires presentation of multiple documents by using terms such as "in duplicate", "in two fold" or "in two copies", this will be satisfied by the presentation of at least one original and the maining number in copies, except when the document itself indicates otherwise.

24 Under the UCP600, Which of the following statements is <u>NOT</u> correct regarding the Commercial Invoice?

① It must appear to have been issued by the beneficiary, except the transferable credits.

② It needs not be signed.

③ It can be accepted when issued for an amount in excess of the amount permitted by the credit.

④ It must be made out in the name of the issuing bank.

정답 | ④

해설 | 양도가능신용장을 제외하고 상업송장은 반드시 개설의뢰인(Applicant) 앞으로 발행되어야 한다[must be made out in the name of the applicant(except as provided in sub-article 38 (g));]. 상업송장금액은 신용장금액을 초과하여 발행할 수도 있다.

> **[UCP600 제18조]**
>
> A nominated bank acting on its nomination, a confirming bank, if any, or the issuing bank may accept a commercial invoice issued for an amount in excess of the amount permitted by the credit.
> 지정에 따라 행동하는 지정은행, 확인은행(이 있는 경우) 또는 개설은행은 신용장에 의하여 허용된 금액을 초과한 금액으로 발행된 상업송장을 수리할 수 있다.

25 Under the UCP600, Which of the following statements is <u>NOT</u> correct?

> 31D : Date and Place of Expiry : 20××/08/20 in Korea
> 41D : Available With.. By.. :
>   ABC Bank
>   By Negotiation

① ABC Bank is the nominated bank.

② Presentation must be made within the Expiry date 20XX0820.

③ Unless a nominated bank is the confirming bank, an authorization to honour does not impose any obligation on that nominated bank to honour.

④ Examination and forwarding of documents by a nominated bank to the issuing bank constitutes negotiation by the nominated bank.

정답 | ④

해설 | 신용장의 유효기일(expiry date)은 수익자가 <u>일치하는 제시를 하기 위한</u> 최종일을 의미한다.

④의 경우, (개설은행으로부터 일방적으로 지정된) 지정은행이 서류를 심사하고 개설은행에서서류를 발송하였다고해서 지정은행이 UCP600상의 결제 또는 매입을 하였다는 것을 의미하지 않는다. 신용장 방식임에도 불구하고 지정은행의 단순한 추심행위(Collection)일 수도 있다[Receipt or examination and forwarding of documents by a nominated bank that is not a confirming bank <u>does not make</u> that nominated bank liable to honouror negotiate, <u>nor does it</u> constitute honouror negotiation(UCP600 제12조 참조)].

26 Under UCP600, Article 20(Bill of Lading), When there is no indication of the port of loading on B/L, the followings should be shown inside "On board notation" on B/L, instead.

① port of loading, date of shipment, intended vessel

② place of receipt, issuing date of B/L, name of the master

③ port of loading, date of shipment, name of the vessel

④ place of delivery, name of freight forwarder, actual vessel name

정답 | ③

해설 | 신용장에서 요구한 선적항이 B/L상에서 나타나 있지 않을 경우에는, 별도로 부기하는'ON BOARD NOTATION'상에 그 선적항을 나타내야 한다.

[UCP600 제20조] ON BARD NOTATION에 대한 상의 내용

If the bill of lading contains the indication "intended" or similar qualification in relation to the name of the vessel, <u>an on board notation indicating the date of shipment and the name of the vessel is required</u>.

선하증권이 선박의 명칭에 관하여 "예정된 선박" 또는 이와 유사한 표시를 포함하고 있는 경우에는, <u>선적일 및 선박의 명칭</u>을 표시하고 있는 본선적재표기가 요구된다. 여기서 선박의 명칭은 지정된 선박이 아니라 선박의 <u>자기 명칭</u>을 의미한다.

27 Under UCP600, Article 20 (Bill of Lading), A bill of lading indicating that transhipment will or may take place is acceptable, even if the credit prohibits transhipment, if the goods have been shipped in (   ), as evidenced by the bill of lading.

① a container, another vessel or trailer

② a road train, container or trailer

③ a craine, steel pallet or LASH barge

④ a container, trailer or LASH barge

정답 | ④

해설 | 환적은 물품을 옮기는 도중에 내부파손 등 물품의 상태에 상당한 영향을 줄 수도 있기 때문에 은행이나 수입상은 환적에 대하여 매우 부정적이므로 대체로 신용장상에 환적금지 조건을 단다. 하지만 대형 선박이 항구에 접근하려면 수심이 낮아서 불가능하기에 물품을 보조수단인 바지선 등에 옮겨 실어서(환적) 이동하는 것은 (신용장이 환적을 금지하더라도) 환적한 것이 아니라는 것이다.

> **[참고]**
>
> LASH(The lighter aboard ship) refers to the practice of loading barges (lighters) aboard a bigger vessel for transport. It was developed in response to a need to transport lighters, between inland waterways separated by openseas.

28 Select the appropriate words or phases in (   ).

> Under the UCP600, If a drawing or shipment by instalments within given periods is stipulated in the credit and any instalment is not drawn or shipped within the period allowed for that instalment, the credit ceases to be available for (   ).

① that and any subsequent instalment.

② that installment unshipped only.

③ all the installments including already incurred installments.

④ remaining shipments.

정답 | ①

해설 | 수입상은 자신의 기간별 매출에 비례하여 수출상으로부터 적당한 수량의 물품을 인도받기를 원한다. 따라서 신용장상에 기간별로 할부선적을 조건으로 하여 일정한 수량의 물품이 선적되어야 함에도 불구하고 어느 한 기간에 물품이 과다(과소)하게 선적되거나 아예 선적되지 않은 경우에는, 위반한 해당 기간('that' installment)은 물론 그 다음 기간(subsequent installment)에 해당하는 남은 기간들에 대한 할부선적거래에 대해서도 신용장 이용거래가 중지된다.

> **[UCP600 32조]**
>
> If a drawing or shipment by instalments within given periods is stipulated in the credit and any instalment is not drawn or shipped within the period allowed for that instalment, the credit ceases to be available for that and any subsequent instalment.
>
> 일정기간 내의 할부청구 또는 할부선적이 신용장에 명시되어 있는 경우, 허용된 기간 내에 할부청구나 할부선적되지 아니한 경우에는, 그 할부선적 부분과 그 이후의 모든 할부선적에 대하여 해당 신용장은 효력을 상실한다.

29 When the charter party bill of lading is required by the credit, Which of the following statements is <u>NOT</u> correct under UCP600?

① The charter party bill of lading can be signed by the charterer.

② If the bill of lading indicates that it is to be used with charter parties, it is regarded as the charter party bill of lading.

③ The port of loading may be shown as a range of ports or a geographical area, as stated in the credit.

④ A bank will not examine charter party contracts, even if they are required to be presented by the terms of the credit.

정답 | ③

해설 | The charter party bill of lading에는 선적항이 아니라 '하역항(port of discharge)'은 신용장에 기재된 바에 따라 일정 범위의 항구 또는 지리적 지역으로 표시될 수 있다. 즉 실제 하역항(actual port of discharge)은 표시할 수도 있고 지리적 구역 또는 범위의 항구들을 양륙항으로만으로도 표시할 수도 있다(실제 하역항을 지정하지 아니하고 'one South China Port' 등으로 어떤 구역이나 범위로 표시해도 된다).

신용장에서 용선 계약서의 제시를 요구하더라도 제시 자체는 받되 그 용선계약서를 심사하지 않는다.

> 무슨 명칭을 사용하였든(however named), B/L상에 용선계약이 적용될 예정이라는 명시가 있으면 용선계약부 선하증권으로 간주된다(UCP600 제22조를 적용함). 또한 선장, 선주는 물론 용선자도 용선계약부 선하증권의 서명권자이다. <u>운송인(carrier)의 서명은 없어도 상관없다.</u>

30 Under UCP600, Who is responsible to be bound by and liable to indemnify a bank against all obligations and responsibilities imposed by foreign laws and usages?

① Applicant

② Issuing bank

③ Beneficiary

④ All the local banks involved

정답 | ①

해설 | 국제간의 거래에서의 신용장거래 특성상 신용장 발행국 이외의 법률 및 관습에 의하여 제한이 가해지거나 특별한 비용이나 법적인 의무가 발생할 수 있다. 이런 모든 비용부담이나 법적인 책임의 발생은 애당초 신용장 거래를 요청한 개설인이 원인제공하였기에 최종적인 책임은 개설의뢰인(Applicant)에게 있다고 해석한다.

> [UCP600 제37조]
> <u>The applicant</u> shall be bound by and liable to indemnify a bank against all obligations and responsibilities imposed by foreign laws and usages.

31 Under UCP600, Which of the following statements is <u>NOT</u> correct regarding the 'Partial shipment'?

① Partial shipments are allowed.

② When partial shipment not allowed, the presentation consisting of more than one set of transport documents is to evidence shipments on the same means of conveyance and for the same journey and the goods destined for the same destination.

③ When partial shipment allowed and the presentation consists of more than one set of transport documents, the latest date of shipment as evidenced on any of the sets of transport documents will be regarded as the date of shipment.

④ A presentation consisting of one or more sets of transport documents evidencing shipment on more than one means of conveyance within the same mode of transport will be regarded as covering a partial shipment.

정답 | ③

해설 | 신용장에서 <u>분할선적이 허용된 경우</u> 선적일이 각각 다르게 표기된 복수의 선하증권이 하나의 표지서류(one covering schedule)로 제시된다면 서류제시기간의 산정은 <u>최초선적일자(the earliest of those dates)</u>를 기준으로 한다(ISBP821 E19 c항 참조).

> When partial shipment allowed and the presentation consists of more than one set of transport documents, <u>the earliest date</u> of shipment as evidenced on any of the sets of transport documents will be regarded <u>as the date of shipment.</u>
> ※ 단 분할선적으로 여러 세트의 선적일이 다른 선하증권이 하나의 동일한 커버링 레터로 제시된 경우에라도 <u>환어음 만기일이 선적일자 후 며칠로 되어 있다면 <u>최종선적일(the latest of those dates)</u>을 기준으로 환어음만기일을 계산한다.

④의 경우 'more than one <u>means</u> of conveyance within the same <u>mode</u> of transport'의 표현에 유의하여야 한다. 항공기와 선박은 다른 mode이고, 동일한 운송수단(means)인 선박이라도 A선박과 B선박은 다르다(means of conveyance).

32 Under UCP600, Article 28(Bill of Lading), If there is no indication in the credit of the insurance coverage required, and also, when the CIF or CIP value cannot be determined from the documents, Which of the following statements is <u>NOT</u> correct with the calculation basis of insurance coverage?

① 110% of the amount for which honour or negotiation is requested.

② 110% of the gross value of the goods as shown on the invoice.

③ 110% of the gross value of the invoice before discount as shown on the invoice.

④ 110% of the remaining amount for which honour or negotiation deducting some amount paid in advance.

정답 | ④

해설 | 물품가격에 대하여 일부 선지급하더라도 선지급 여부에 무관하게 물품에 대한 보험가입은 전체 물품금액에 대하여 부보(insurance cover)하여야 할 것이다.

③과 관련하여, 보험에 대한 부보금액은 송장(invoice)상의 총금액(total amount)을 기준으로 하여야 한다. 상업송장에 할인이나 선지급이 표시되어 상업송장 금액이 물품금액보다 적으면 물품금액을 기준으로 신용장에서 요구한 비율로 보험에 가입해야 한다.

※ 송장의 총금액 하단에 할인금액(discount)을 표기하여 실제로 청구되는 금액(claim amount)이 적게 표기된 경우에도, 할인 이전의 총금액(표기 예 : CIF Korea, Incoterms2020 Invoice Total : USD 500,000)을 기준으로 부보하여야 한다).

[UCP60 제28조]

If there is no indication in the credit of the insurance coverage required, the amount of insurance coverage must be at least 110% of the CIF or CIP value of the goods. When the CIF or CIP value cannot be determined from the documents, the amount of insurance coverage must be calculated on the basis of the amount for which honouror negotiation is requested or the gross value of the goods as shown on the invoice, whichever is greater.

CIF 또는 CIP 가격이 서류로부터 결정될 수 없는 경우에는, 보험담보금액은 결제금액 또는 매입금액, 또는 송장에 표시된 물품총액 중에서 더 큰 금액을 기초로 하여 산정되어야 한다.

---

33 Under UCP600, Which of the following statements is <u>NOT</u> correct regarding insurance document and coverage?

① Cover notes will not be accepted.

② When the insurance document indicates that it has been issued in more than one original, all originals must be presented.

③ An insurance certificate or a declaration under an open cover is acceptable in lieu of an insurance policy.

④ The date of the insurance document must be no later than the date of shipment, unless it appears from the insurance document that the cover is effective from a date not later than the date of shipment.

정답 | ③

해설 | 보험증명서(certificate)나 보험확인서(declaration)란 포괄예정보험(open cover) 범위 안에서 건건이 발행하는 것이다[예를 들어 선적 시마다 부보를 하면 업무상 비효율적이므로 전체 1년간 포괄예정보험 범위(open cover)내에서 선적 시마다 부보를 하는 경우를 말한다]. 따라서 증명서나 확인서는 보험coverage 범위가 제한적일 수 있다.

그러나 보험증서(insurance policy)는 그야말로 정상적으로 발행하는 보험증서이므로coverage가 정해져 있다. 신용장 조건상 보험확인서(insurance declaration)를 요청하더라도 보험증서(policy)가 더 유리하므로 대체가 가능하지만, 그 역의 대체는 불가하다(An insurance policy is acceptable in lieu of an insurance certificate or a declaration under an open cover).

34 Under UCP600, Which of the following statements is <u>NOT</u> correct with regard to the banks involved?

① A bank instructing another bank to perform services is liable for any charges incurred by that bank in connection with its instruction.

② A bank utilizing the services of another bank for the purpose of giving effect to the instructions of the applicant does so at the risk of the issuing bank.

③ A bank assumes no liability or responsibility for the consequences arising out of the interruption of its business by Acts of God.

④ A bank assumes no liability or responsibility for errors in translation or interpretation of technical terms and may transmit credit terms without translating them.

정답 | ②

해설 | 개설의뢰인의 지시를 이행하기 위하여 은행이 다른 은행의 서비스를 이용할 경우 수반되는 비용과 위험은 개설은행이 부담하는 것이 아니라 궁극적으로 개설의뢰인이 부담한다는 의미이다.

> **[해석]**
>
> A bank utilizing the services of another bank for the purpose of giving effect to the instructions of the applicant does so for the account and at the risk of the applicant :
>
> 개설의뢰인의 지시를 이행하기 위하여 타은행의 서비스를 이용하는 은행은 그 개설의뢰인의 비용과 위험으로 이를 행한다.

③ 불가항력(Force Majeure)으로 은행영업을 할 수 없는 기간 중 신용장만기가 되는 경우 지정은행 등은 서류를 결제 또는 매입해 줄 의무가 없다. 수익자는 개설은행에 직접 서류를 제시하면 된다.

④의 경우 은행은 신용장이 요구하는 각종 서류상에 나타난 물품의 명세, 품질, 규격 등에 대한 전문지식을 가질 수 없는 것이 일반적이므로 이에 대한 은행의 면책을 나타낸 것이다.

> **[참고]**
>
> ※ 이 표현(applicant의 위험과 부담)은 아래의 표현(issuing bank의 부담)과 구별하여야 한다.
>
> If a credit states that charges are for the account of the beneficiary and charges cannot be collected or deducted from proceed, the issuing bank remains liable for payment of charges :
>
> 신용장에 비용이 수익자의 부담이라고 명기하고 있고 비용이 대금으로부터 징수 또는 공제될 수 없는 경우에는, 개설은행은 비용의 지급에 대하여 책임을 부담한다(그러나 개설은행은 궁극적으로는 개설의뢰인에게 부담하게 할 것이다).

35 Under UCP600, Which of the followings can be altered under a transferable credit?

> a. amount of the credit
> b. insurance cover ratio
> c. the latest shipment date
> d. period of examination

① a only

② a and b only

③ a, b and c only

④ All of the above

정답 | ③

해설 | 양도신용장이라 하더라도 UCP600에서 주어진 서류심사기간은 변경(alter)할 수 없다.

> **[UCP600 제14조]**
>
> A nominated bank acting on its nomination, a confirming bank, if any, and the issuing bank shall each have a maximum of five banking days following the day of presentation to determine if a presentation is complying. This period is not curtailed or otherwise affected by the occurrence on or after the date of presentation of any expiry date of last day for presentation.
>
> 지정에 따라 행동하는 지정은행, 확인은행(이 있는 경우) 및 개설은행은 제시가 일치하는지 여부를 결정하기 위하여 지시일의 다음 날부터 최장 5은행영업일을 각각 가진다. 이 기간은 유효기간 내의 제시일로서 최종제시일 또는 그 이후에 발생하는 사건에 의하여 단축되거나 달리 영향을 받지 아니한다.

36 Under UCP600, Which of the following statements is <u>NOT</u> correct?

① A bank utilizing the services of another bank for the purpose of giving effect to the instructions of the applicant does so at the risk of the applicant.

② An issuing bank may stipulate that the advising to a beneficiary is conditional upon the receipt by the advising bank of its charges.

③ An issuing bank assumes no liability or responsibility should the instructions it transmits to another bank not be carried out.

④ If a credit states that charges are for the account of the beneficiary and charges cannot be collected, the issuing bank remains liable for payment of charges.

정답 | ②

해설 | [UCP600 제37조]

> Credit or amendment <u>should not stipulate</u> that the advising to a beneficiary is <u>conditional upon the receipt by the advising bank</u> or second advising bank of its charges[개설은행은 통지수수료가 자기부담이 될 위험을 없애기 위하여 통지은행이 수익자로부터 통지수수료를 받는 조건으로 신용장을 통지하게 하여서는 아니 된다(이런 경우에는 일단 통지수수료는 개설은행이 부담하고 궁극적으로 개설의뢰인이 부담하게 된다)].

[해석]

① A bank utilizing the services of another bank for the purpose of giving effect to the instructions of the applicant does so for the account and at the risk of the applicant.

개설의뢰인의 지시를 이행하기 위하여 타은행의 서비스를 이용하는 은행은 그 개설의뢰인의 비용과 위험으로 이를 행한다.

③ An issuing bank or advising bank assumes no liability or responsibility should the instructions it transmits to another bank not be carried out, even if it has taken the initiative in the choice of that other bank.

개설은행 또는 통지은행이 타은행의 선정에 있어서 자발적으로 행한 경우라 하더라도, 그 은행이 타은행에게 전달한 지시가 수행되지 아니하는 경우에는, 개설은행 또는 통지은행은 어떠한 의무 또는 책임도 부담하지 아니한다.

④ If a credit states that charges are for the account of the beneficiary and charges cannot be collected or deducted from proceed, the issuing bank remains liable for payment of charges.

신용장에 비용이 수익자의 부담이라고 명기하고 있고 비용이 대금으로부터 징수 또는 공제될 수 없는 경우에는, 개설은행은 비용의 지급에 대하여 책임을 부담한다.

37 A bill of lading was issued on 17th, OCT., 2024 with the ON BOARD NOTATION 18th, OCT, 2024 on it. Which of the following statements is <u>discrepant</u>, when Credit calls for each shipment date as follows?

① Shipment should be effected after 17th OCT., 2024.

② Shipment should be effected during the second half of OCT., 2024.

③ Shipment should be effected on or about 24th OCT., 2024.

④ Shipment should be effected before 19th OCT., 2024.

정답 | ③

해설 | 'Shipment should be effected <u>on or about</u> 24th OCT, 2024.'의 경우 해당 일(24일) 전후 5일이므로 19th~29th이다. 따라서 18일 선적은 불일치이다.

[UCP600 제2조]

(1) The words "to", "until", "till", "from" and "between" when used to determine a period of <u>shipment</u> include the date or dates mentioned, and the words "before" and "after" exclude the date mentioned.

(2) The terms "first half" and "<u>second half</u>" of a month shall be construed respectively as the 1st to the 15th and the <u>16th to the last day of the month</u>, all dates inclusive(18일 선적이 이에 해당함).

(3) The expression "on or about" or similar will be interpreted as a stipulation that an event is to occur during a period of <u>five(5) calendar days before</u> until five calendar days <u>after</u> the specified date, both start and end dates included.

38 Under UCP600, Which of the following statements is <u>NOT</u> correct?

① If a credit does not state that reimbursement is subject to the ICC rules for bank-to-bank reimbursements, a claiming bank shall be required to supply a reimbursing bank with a certificate of compliance with the terms and conditions of the credit.

② An issuing bank is irrevocably bound to honour as of the time it issues the credit.

③ By nominating a bank to accept a draft or incur a deferred payment undertaking, an issuing bank authorizes that nominated bank to prepay or purchase a draft accepted or a deferred payment undertaking incurred by that nominated bank.

④ A confirming bank is irrevocably bound to honour or negotiate as of the time it adds its confirmation to the credit.

정답 | ①

해설 | 신용장과 상환수권(R/A)은 서로 독립적이므로 상환은행이 수익자의 제시가 일치하는지 여부를 알 수도 없고 알 필요도 없다. 즉 지정은행은 일치된 제시에 대하여 선적서류 등은 개설은행으로 송부하고 지정은행은 청구은행 (claiming bank)의 자격으로서 상환은행에 대금청구만 한다(만약 상환은행에 제시의 일치여부를 확인하게 한다면 상환은행에게 업무부담만 가중되며 개설은행과 분쟁의 사유가 된다).

상환방식 신용장은 제시된 <u>서류의 일치여부를 심사하기 전에</u> 신용장대금이 상환은행에 있는 개설은행계좌에서 시간적으로 먼저 인출되기 때문에 개설은행이 지정은행을 신뢰할 경우에 이용되는 방식이다. 지정은행이 개설은행이 아닌 경우에 이용하는 방식이다.

> **[UCP600 제13조]**
>
> If a credit does not state that reimbursement is subject to the ICC rules for bank-to-bank reimbursements, a claiming bank <u>shall NOT be required</u> to supply a reimbursing bank with a certificate of compliance with the terms and conditions of the credit.

①의 지문은 URR725(ICC은행간 화환신용장 대금상환에 관한 통일규칙)와 관련된 지문이다. 만약 신용장 대금의 결제방식(송금, 차기, 상환) 중에서 UCP600의 상환방식이 아닌 URR725의 상환방식을 적용하기로 한다면 규칙 내용이 약간 다르다는 점을 유의하여야 한다.

> **[URR725 Article 11]** <u>Processing a Reimbursement Claim</u>
>
> a. i. A reimbursing bank shall have a <u>maximum of three banking days</u> following the day of receipt of the reimbursement claim to process the claim. A reimbursement claim received <u>outside banking hours</u> will be deemed to be received <u>on the next following banking day</u>. If a <u>pre-debit notification(선차기통지)</u> is required by the issuing bank, this pre-debit notification period shall be in <u>addition to</u> the processing period mentioned above.
>
> 상환은행은 청구은행으로부터 지급청구를 접수하면 신용장에서 달리 요구하지 않는 한 청구접수일 <u>이후</u> 3영업일 이내에 자금을 상환하여야 한다. 그러나 만약 개설은행이 선차기통지를 요구한다면 이 선차기통지기간은 위에서 명시된 처리기간에 추가된다[예를 들어 상환수권(R/A)에서 개설은행에 대한 3일 간의 계좌차기(개설은행의 계좌에서 상환자금을 차감하는 것을 의미]. 선통지기간을 요구하는 경우 상환은행은 상환청구를 처리하는 데 있어서 3+3=6 일 간의 기간을 가질 수 있다. 개설은행의 자금준비기간 등에 대비한 것으로 보인다.

39 Under UCP600, Regarding the advising of credits, Which of the following statements is <u>NOT</u> correct?

① An advising bank that is not a confirming bank advises the credit without any undertaking to honour or negotiate.

② By advising the credit, the advising bank signifies that it has satisfied itself as to the apparent authenticity of the credit and that the advice accurately reflects the terms and conditions of the credit received.

③ An advising bank may utilize the services of second advising bank to advise the credit to the beneficiary.

④ A bank utilizing the services of an advising bank to advise a credit can use another bank other than the advising bank previously used, to advise any amendment.

정답 | ④

해설 | 신용장과 조건변경(amendment)의 통지경로는 같아야 한다. 즉, 만약 개설은행 → 제1통지은행 → 제2통지은행 → 수익자 순으로 통지되었다면, 조건변경도 동일한 경로로 통지되어야 한다[A bank utilizing the services of an advising bank or second advising bank to advise a credit must use <u>the same bank to advise any amendment thereto</u>(UCP600 제9조 참조)].

그리고 ②의 '외견상 진정성(apparent authenticity)을 충족한다'는 의미는 '통지된 신용장이 합리적 주의를 기울였음에도 불구하고 위조신용장으로 판명되더라도 통지은행은 책임을 지지 않는다'는 의미이다.

40 Under UCP600, Regarding Transport Document Covering at Least Two Different Modes of Transport, which of the following statements is <u>NOT</u> correct?

① A transport document covering at least two different modes of transport, however named, must appear to indicate the name of the carrier and be signed by the carrier.

② If the transport document indicates, by stamp or notation, a date of dispatch, taking in charge or shipped on board, this date will be deemed to be the date of shipment.

③ When multimodal document is required by credit, B/L indicating only "BUSAN as port of loading, SEATTLE as port of discharge" does not have discrepancy.

④ A transport document must appear to contain no indication that it is subject to a charter party.

정답 | ③

해설 | 신용장에서 복합운송서류를 요구할 때 단일 운송방법(transport modes : 해상운송. 항공운송 등)을 표시한 운송서류는 수리거절한다. 예컨데 ③의 경우 신용장에서 복합운송서류를 요구하는데도 불구하고 <u>출발지가 부산항이고 도착지가 시애틀항이면 해상운송만을 표시한 것으로</u>, 복합운송방법이 아니기 때문에 하자가 된다(UCP600 제19조 참조).

> **[참고]**
> 1) 운송수단(means of conveyance) : 선박, 항공기, 트럭 등 구체적인 운송수단을 말하며, 예를 들어 A트럭과 B트럭은 서로 다른 운송수단인 것이다.
> 2) 운송방법(mode of transport) : 해상운송, 항공운송, 육상운송, 내수로운송 등의 추상적인 운송방법이다. 해상운송과 육상운송은 다른 운송방법이다.

SECTION 4 심화문제

01 The L/C issuing bank has informed the nominated bank of the Advice of REFUSAL as follows through the MT799, instead of MT734, Under UCP600(Discrepant Documents, Waiver and Notice), What kind of discrepancy does this MT799 have?

Ref No   EX 3456456
BILL AMT   USD 88,000
INVOICE NO.   123456
LC NO   ABC 876543

FROM: TOMATO BANK

MT799 FREE FORMAT MESSAGE

20 : Transaction Reference Number : TMT12345
21 : Related Reference : EX 3456456
79 : Narrative
    DOCS RECEIVED AND FOUND TO CONTAIN THE FLWG DCS
    UNDER UCP600
    +VALUE OF SHIPMENT IN FAX DIFFER FROM INVOICE AMT
    +LATE SHIPMENT
    +UNDER COVERED INSURANCE RATIO

WE HOLD THE DOCUMENTS UNTIL YOUR FURTHER INSTRUCTION
AT YOUR RISK AND RESPONSIBILITY

BEST REGARDS,
INT'L DEPT.

① The fact that the issuing bank is contacting the applicant for a waiver of the discrepancies is not shown in MT799.

② The reason why the late shipment was made is not shown in MT799.

③ The reason why the issuing bank is holding the documents instead of returning them is not shown in MT799.

④ Phrase such as Advice of Refusal is not shown in MT799.

정답 | ④

해설 | 결제거절의 문구가 없으므로 유효한 거절통지(Advice of Refusal)가 되지 않는다. 유효한 거절통지가 되기 위해서는 MT799, MT999를 이용하여 거절통지를 할 경우에는 결제를 거절한다는 문구가 별도로 표시되어야 한다. 만약 MT799가 아닌 MT734(Advice of Refusal)를 사용한다면 MT734 자체가 거절통지 전문이므로 거절문구가 없어도 거절통지가 된다(UCP600 제16조 c항 참조).

02 Under MT 700(Issue of documentary credit), When is the final date of Complying 'PRESENTATION(assuming all the dates are in banking days)'?

> 31D : Date and Place of Expiry : 2024. OCT. 22nd, KOREA
>
> 44C : Latest Date of Shipment: : 2024. OCT. 2nd.
>
> 46A : Documents Required:
>
> +3 ORIGINALS OF SIGNED COMMERCIAL INVOICES
>
> +3 ORIGINALS OF PACKING LISTS
>
> +FULL SET OF CLEAN ON BOARD OCEAN BILL OF LADING MADE OUT TO THE ORDER OF TOMATO BANK MARKED FREIGHT PREPAID AND NOTIFY APPLICANT
>
> +CERTIFICATE OF ORIGIN
>
> 48 : Period for Presentation: None

① 2024. OCT 2nd.

② 2024. OCT 22nd.

③ 2024. OCT 23rd.

④ 2024. NOV 12th.

정답 | ②

해설 | 신용장에서 서류제시기일(field 48)을 정하지 아니하면 '원본(original)' 운송서류가 포함된 제시는 선적 '후' 21일 또는 신용장 유효기일이 종료되는 기일 중 일찍 도래하는 일까지 제시(presentation)되어야 한다. 따라서 <u>10월 2일</u> <u>선적을 가정한다면 선적 '후' 21 calendar day는 10월 23일이다. 그러나 신용장 유효기일이 10월 22일이므로 제시기일이 이 날(22일)을 초과할 수 없다.</u>

> **[UCP600 14조]**
>
> A presentation including one or more <u>original</u> transport documents subject to articles 19, 20, 21, 22, 23, 24 or 25 must be made by or on behalf of the beneficiary <u>not later than 21 calendar days after</u> the date of shipment as described in these rules, but in any event <u>not later than the expiry date of the credit</u>.

03 L/C requires a presentation of Bill of Lading, Commercial invoice, and Packing list. as the documents required. Which of the following statements is deemed to be the Non-documentary?

> ㉠ Shipment should be effected by XYZ shipping line.
> ㉡ Beneficiary must fax the shipment details after shipment.
> ㉢ Packing list must show packed in wooden cases.
> ㉣ Commercial invoice must indicate Order No. 456.

① ㉠, ㉡   ② ㉡, ㉢

③ ㉡, ㉣   ④ ㉢, ㉣

정답 | ①

해설 | ㉠ 'Shipment should be effected by XYZ shipping line'은 비서류적 조건이다.

신용장상에서 선적에 대한 지시를 하였지만 <u>어떤 서류에 그 이행을 기재해야 하는지</u>를 요구하지 않았기 때문이다. 이를 서류적 조건으로 하려면 "B/L must evidence that shipment should be effected by XYZ shipping line" 또는 "Carrier or agent on B/L should be XYZ shipping line" 등으로 선하증권에 그 이행을 증명하는 조건을 명시하여야 한다.

㉡ 'Beneficiary must fax the shipment details after shipment'는 비서류적 조건이다.

수익자의 팩스발송여부를 은행이 확인하려면 특정 서류(fax report, 수익자증명서 등)를 신용장에서 요구하여야 한다. 은행은 일치하는 제시여부를 오직 서류로만 심사하므로 서류로 이행을 확인할 수 없는 비서류적 조건은 무시한다.

04 Under the following the terms and conditions of L/C, Which of followings is the <u>RIGHT</u> authorizations of NOMINATED BANK, assuming the nominated bank is not CONFIRMING BANK?

> 42C : Draft at:
>   150 from B/L date
> 42A : Drawee : TOMATO BANK
> 41A : Available With .. By..
>   TOMATO BANK, KOREA by Acceptance

① Nominated bank can make deferred payment.

② Nominated bank can examine the documents from the beneficiary.

③ Nominated bank can be drawer.

④ Nominated bank can negotiate or honour the documents.

05 Under UCP600, Which of the following statements is <u>CORRECT</u> to comply with the terms and conditions of L/C?

> 31D : Date and Place of Expiry : 2024. OCT. 17th, KOREA
> 42A : Drawee : ABC BANK
> 41A : Available With.. By..
> TOMATO BANK, KOREA by Negotiation

① TOMATO BANK can be paying bank.

② TOMATO BANK can not be drawee.

③ The beneficiary must present documents to TOMATO BANK, 5 banking days before the date of expiry date.

④ Applicant's name can be inserted into field 42A(Drawee), instead of ABC BANK, when requested by L/C.

06 UCP600, Which of the followings may be increased or extended to comply with the transferable credit, when transferred to second beneficiaries?

① amount of the credit

② insurance cover ratio

③ expiry date

④ the latest shipment date

정답 | ②

해설 | 수익자가 신용장을 양도할 경우 금액을 (자신의 마진을 차감 후) 감액된 금액으로 양도하므로 양도된 신용장의 금액에 대한 보험부보비율은 양도 전의 금액을 기준으로 부보하여야 한다.

> **[UCP600 제38조] 양도가능신용장**
>
> The transferred credit must accurately reflect the terms and conditions of the credit, including confirmation, if any, with the exception of :
>
> − the amount of the credit,
>
> − any unit price stated therein,
>
> − the expiry date,
>
> − the period for presentation, or
>
> − the latest shipment date or given period for shipment, any or all of which may be reduced or curtailed.
>
> The percentage for which insurance cover must be effected may be increased to provide the amount of cover stipulated in the credit or these articles.

07 Shipment schedule by instalments(partial shipment also allowed) within given periods is stipulated in the credit as follows, under UCP600, Which of the followings is discrepant?

periods of shipment	description of goods/fountain pen (unit)
2024.07.15~2024.08.15	1,000
2024.09.01~2024.09.30	2,500
2024.10.10~2024.10.30	1,000
2024.11.03~2024.11.30	2,000
2024.12.01~2024.12.15	500

And shipper has made shipments as follows.

No.	the date of shipment	description of goods fountain pen (unit)
1	2024.07.17	300
2	2024.08.10	700
3	2024.09.15	1,500
4	2024.10.15	1,000
5	2024.11.17	3,000
6	2024.12.05	500

① No.2 only
② No.2, No.3 and No.4
③ No.3, No.4 and No.5
④ No.3, No.4, No.5 and No.6

정답 | ④

해설 | 7월 15일~8월 15일까지는 300+700=1,000개를 정상적으로 선적하였으나(partial shipment allowed), No.3인 9월의 경우 2,500개 선적의무에 대하여 1,500개만 선적하였으므로 No.3을 포함한 나머지 스케줄은 모두 신용장이 유효하지 않는 하자(discrepancy)이다.

> **[UCP600 제32조]**
> If a drawing or shipment by instalments within given periods is stipulated in the credit and any instalment is not drawn or shipped within the period allowed for that instalment, the credit ceases to be available for that and any subsequent instalment.
> 일정기간 내에 할부에 의한 어음발행 또는 선적이 신용장에 명시되어 있고 어떠한 할부분이 그 할부분을 위하여 허용된 기간 내에 어음발행 또는 선적되지 아니한 경우에는, 그 신용장은 그 할부분(that=상기 문제의 No. 3)과 그 이후의 모든(any subsequent=No. 4, 5, 6)할부분에 대하여 효력을 상실한다.

08 Under UCP600, Which one of the following statements is <u>NOT</u> correct regarding the transferable credit?

① A transferable credit may be made available in whole or in part to another beneficiary("second beneficiary") at the request of the beneficiary("first beneficiary").

② Unless otherwise agreed at the time of transfer, all charges(such as commissions, fees, costs or expenses) incurred in respect of a transfer must be paid by the first beneficiary.

③ An issuing bank may be a transferring bank.

④ If a credit is transferred to more than one second beneficiary, rejection of an amendment by one or more second beneficiary invalidates the acceptance by any other second beneficiary, with respect to which the transferred credit will not be amended accordingly.

정답 | ④

해설 | 양도가능신용장을 받은 수익자(제1수익자)는 제품의 생산 등을 여러 업자들에게 하청하는 경우 다수의 제2수익자가 생긴다. 만약 개설은행이 조건변경(가격인하 등)을 원할 경우, 제1수익자가 이에 대한 조건변경부담을 제2수익자에게 부담을 시킬려고 할 수도 있다. 이런 경우 복수의 제2수익자 중에는 조건변경에 동의하는 수익자, 또는 반대하는 수익자가 있을 수 있다. 따라서 조건변경을 허락하지 않은 제2수익자는 원래 조건을 유지하고, 조건변경에 동의한 제2수익자들은 조건변경된 양도신용장에 의한다.

> **[UCP600 제38조]**
>
> If a credit is transferred to more than one second beneficiary, rejection of an amendment by one or more second beneficiary <u>does not invalidate</u> the acceptance by any other second beneficiary, with respect to which the transferred credit <u>will be amended accordingly</u>.

09 Under 600, Which of the followings can be accepted as the transport documents?

> 43P(PARTIAL SHIPMENT) : NOT ALLOWED
> 44E(PORT OF LOADING/AIRPORT OF DEPARTURE) : ANTWERP PORT
> 44F(PORT OF DISCHARGE/AIRPORT OF DESTINATION) : ANY KOREAN PORT

① When presented by Non-Negotiable Sea Waybill

② When presented by Charter party B/L

③ When presented by Bill of Lading

④ None of above

정답 | ②

해설 | 운송서류는 기본적으로 선적항과 도착항의 명칭이 구체적으로 표기되어야 한다. 단, 용선부 선하증권은 도착

항에 한하여 실제 도착항을 표기하거나, 또는 도착항의 명칭이 아닌 신용장상에서 언급하고 있는 지리적 범위 (geographical area or range of ports as the port of discharge : 예 ANY KOREAN PORT)라고 표기해도 된다.

이는 물품의 먼저 선적되고 운송도중에 수출상과 수입상의 계약이 확정되어야 실제 도착항을 지정할 수 있는 용선부 선하증권의 관행이 있기 때문이다.

> **[UCP600 제22조]**
>
> A bill of lading, however named, containing an indication that it is subject to <u>a charter party(charter party bill of lading)</u>, must appear to indicate shipment from the port of loading to the port of discharge stated in the credit. <u>The port of discharge may also be shown as a range of ports or a geographical area, as stated in the credit.</u>

10 Under UCP600, Which of the following statements complies with the terms and condition of the Credit?

> 40E : APPLICABLE RULES :
>   UCP LATEST VERSION
> 50 : APPLICANT :
>   AMERICAN TRADING CO. LTD, SEATLE, USA
> 59 : BENEFICIARY :
>   KOREA TRADING CO. LTD, SEOUL
> 45A : DESCRIPTION OF GOODS AND/OR SERVICES :
>   TEXTILE CHEMICALS FOR 100 PCS,
>   UNIT PRICE USD 1,000/PCS
>   DELIVERY TERMS : CIF SEATLE PORT, USA (INCOTERMS 2020)
> 46A : DOCUMENTS REQUIRED :
> +3 ORIGINALS OF SIGNED COMMERCIAL INVOICES
> +3 ORIGINALS OF PACKING LISTS
> +FULL SET OF CLEAN ON BOARD OCEAN BILL OF LADING MADE OUT TO THE ORDER OF KKK BANK MARKED FREIGHT PREPAID AND NOTIFY APPLICANT
> +CERTIFICATE OF ORIGIN
> 47A : ADDITIONAL CONDITIONS :
> INVOICE SHOWING AN AMOUNT EXCEED THE L/C MAXIMUM AMOUNT NOT ACCEPTABLE

① A commercial invoice need not be signed, as stated in UCP600.

② KOREA TRADING CO.LTD pays for the freight and insurance.

③ Port of loading is SEATLE PORT, USA.

④ Total amount $100,000 instead of USD 100,000 is shown on the invoice.

정답 | ②

해설 | [UCP600 제8조] 확인은행의 의무

　　① 3 ORIGINALS OF SIGNED COMMERCIAL INVOICES 조건이므로 서명된 송장이어야 한다.

　　② KOREA TRADING CO. LTD(수출상) CIF 조건의 운임과 보험료를 부담한다.

　　③ Port of disloading이 SEATLE PORT, USA이다.

④ 수익자는 한국 거주(domiciled in Korea)이고 USD가 자국통화가 아니므로 상업송장에 단순히 "$"로만 표기하면 하자가 된다(그러나 수익자가 미국 거주일 경우에는 자국 통화가 USD이므로 단순히 "$"만으로만 표기하여도 하자가 아니다). 이 문항은 ISBP821에 개정된 사항이다(ISBP821 C7항).

When a credit is issued in USD, and the invoice currency is shown as a "$" sign, without further qualification, the invoice will fulfill the requirement of UCP600 sub article 18(a)(iii) of being made out <u>in the same currency</u> as the credit, <u>unless</u> data in the invoice itself, such as the domicile of the beneficiary is in a country whose currency is dominated in dollars and/or is commonly referred to with a "$" sign, or another presented document, <u>implies</u> that the "$" sign <u>may refer</u> to a currency other than USD.

송장 자체의 정보, 수익자의 거주지와 같은 통화가 달러로 표시된 국가에 있거나(domiciled) 일반적으로 "$" 기호로 언급하거나 다른 제시된 서류가 통화 "$" 기호는 <u>USD 이외의 통화</u>를 나타낼 수 있음을 암시하지 않으면 신용장이 USD로 발행되고 상업송장통화가 "$" 기호로 표시되는 경우, 추가조건 없이('이 "$" 표시는 미화 USD이다'라는 추가조건) 송장은 동일한 형식으로 작성되어야 하는 <u>UCP600 제18조(a)(iii)의 요구 사항(신용장과 동일한 통화)</u>를 충족한다.

※ 영어 문장 구조가 우리말 구조가 달라서 해석이 약간 난해해 보일 수 있다.

[UCP600 제18조(a)]

a. A commercial invoice :

ⅰ. must appear to have been issued by the beneficiary(except as provided in article 38);

ⅱ. must be made out in the name of the applicant(except as provided in sub-article 38 (g));

ⅲ. <u>must be made out in the same currency as the credit</u>; and

ⅳ. need not be signed.

학습가이드 ■ ■ 과거 ISBP745에서 ISBP821로 개정되었으며 UCP600을 실무적으로 보완하고 해석한다. 범위는 넓으나, 1~2문제가 출제되므로 본 문제집에서도 최근 기출을 반영한 내용을 위주로 문제를 구성하여 수험공부 시간의 효율성을 기하였다.

주요 주제	출제빈도
UCP600에서 정의하지 아니하는 용어들	★★☆
환어음 만기 산정방법	★★☆
용선부 선하증권의 양륙항 해석	★★★
원산지 증명서 등의 서명 등	★★☆
상업송장의 제목 및 통화표시($)의 해석	★★★
각종 증명서의 발행인 자격	★★☆

01 Under ISBP821, the beneficiary domiciled in KOREA can use the "$" sign in invoice, instead of USD, when the amount of the credit was described in terms of USD. (○ / ×)

정답 | ×

해설 | 상업송장을 발행하는 수익자가 신용장통화를 사용하는 국가의 기업이면 상업송장(commercial invoice)상에 금액을 표시할 경우 단순한 기호인 "$"를 사용해도 하자(discrepancy)가 되지 않는다.

즉, 신용장 통화가 USD인 경우 미국에 있는 기업이 "$"로 금액을 표시한 상업송장은 하자가 되지 않지만, 한국의 국내기업이 "$"를 표시하여 상업송장을 작성하면 하자가 된다.

02 Under ISBP821, the words "facsimile signature" mean the reproducing in facsimile as by a laser printer or other computerized or mechanical mean of reproduction. which means they are not the signature that is teletransmitted via facsimile i.e., by fax machine. (○ / ×)

정답 | ○

해설 | '모사서명(facsimile signature)'은 서명된 서류를 팩스로 전송받는 것을 의미하는 것이 아니다.

> **[UCP600 제3조]**
> A document may be signed by handwriting, facsimile signature, perforated signature, stamp, symbol or any other mechanical or electronic method of authentication.

03 Under ISBP821, 'Shipping documents' includes draft and teletransmission reports. (○ / ×)

정답 | ○

해설 | 신용장거래에서 선적서류(shipping documents)라고 하면 환어음(drafts), 전송보고서(fax 등), 서류의 발송을 증빙하는 특송영수증, 우편영수증 및 우편증명서를 제외한 신용장에서 요구하는 모든 서류를 말한다. 따라서 'Under ISBP821, Shipping documents excludes draft and teletransmission reports.'가 맞는 표현이다.

> **[ISBP A19a]**
> "shipping documents"—all documents required by the credit, except drafts, teletransmission reports and courier receipts, postal receipts or certificates of posting evidencing the sending of documents.

04 Under ISBP821, It is necessary for the word "clean" to appear on a bill of lading when the credit requires a bill of lading to be marked "clean on board" or "clean". (O / ×)

정답 | ×

해설 | 비록 신용장에서 선하증권을 요구하면서 무고장본선적재(clean on board) or 무고장(clean)의 표기를 요구하더라도 "clean"이라는 단어가 선하증권에 표시될 필요는 없다. 왜냐하면 UCP600 제27조에 물품이나 포장상에 결함이 있다는 문구(claused)가 없으면 무고장 운송서류로 정의하기 때문이다(상기 지문은 'It is not necessary …even when …'이어야 한다).

[UCP600 제27조] 무고장 운송서류

A bank will only accept a clean transport document. A clean transport document is one bearing no clause or notation expressly declaring a defective condition of the goods or their packaging. The word "clean" need not appear on a transport document, even if a credit has a requirement for that transport document to be "clean on board".

은행은 무고장 운송서류만을 수리한다. 무고장 운송서류는 물품 또는 그 포장에 하자 있는 상태를 명시적으로 표시하는 조항 또는 부기가 없는 것을 말한다. 신용장에서 그 운송서류가 "무고장본선적재(clean on board)"이어야 한다는 요건을 가지는 경우에도, "무고장(clean)"이라는 단어는 운송서류상에 나타내 보일 필요가 없다.

---

05 Under ISBP821, "Stale documents acceptable" means that documents may be presented later than 21 calendar days after the date of shipment as long as they are presented no later than the expiry date of the credit. This will also apply when the credit specifies a period for presentation together with the condition "stale documents acceptable". (O / ×)

정답 | ○

해설 | '기간경과서류 수리가능'의 표현은 신용장의 유효기일이전에 제시되는 것을 전제로(no later than the expiry date of the credit) 서류가 선적일 후 달력상 21일 후에도 제시될 수 있다는 의미이다. 이는 또한 신용장에서 제시기간을 기간경과서류 수리가능이라는 조건과 함께 명시한 경우에도 적용된다[그러나 신용장 개설 시 stale B/L 허용조건을 할 경우, 물품이 먼저 도착하여 L/G를 발급해 주었다면 문제가 생길 수 있다. 즉, 선적서류(B/L 등)가 장기간 미도래할 경우 만기일 산정이 어렵고, 결제대금이 미적립된 상태에서 수입상(applicant)의 부도 등의 지급불능가능성에 유의하여야 한다].

---

06 Under ISBP821, "Third party documents acceptable" means all documents for which the credit or UCP600 do not indicate an issuer, except drafts, may be issued by a named person or entity other than the beneficiary. (O / ×)

정답 | ○

해설 | 신용장이나 UCP600에서 발행인이 명시되지 않았다면 환어음을 제외한 모든 서류는 수익자 이외의 제3자(a named person or entity)에 의해 발행될 수 있다. 신용장에서 특별히 언급하지 않는한, 운송서류뿐만 아니라 어떤 서류이든지 당해 서류상에 표시된 'Shipper' 또는 'Consignor'는 신용장상의 수익자(beneficiary)와 일치하지 않아도 무방하다. 예를 들어, 양도신용장의 경우 수익자이외의 제3자가 송하인이 될 수도 있다. 또는 통관대행업자가 선적업무를 대행하게 될 경우에도 이 대행업자가 송하인이 되기도 하므로 반드시 송하인(consignor)이 신용장상의 수익자(beneficiary)와 일치할 필요는 없다.

07 Under ISBP821, "Third party documents not acceptable" has no meaning and is to be disregarded. (○ / ×)

정답 | ○

해설 | 신용장에서 용어정의 없이 '제3자서류 수리불가'라는 표현은 어떠한 의미도 갖지 않으므로 무시된다.

08 Under ISBP821, When a charter party bill of lading is signed by a named agent for the master(captain), the name of master(captain) need not be stated. (○ / ×)

정답 | ○

해설 | 용선계약부 선하증권인 경우, 선장을 대신하여 대리인으로 서명하는 경우 대리인은 자신의 이름을 반드시 포함하여야 하지만 선장의 서명은 표시되지 않아도 된다.

09 Under ISBP821, The data or certification mentioned on a beneficiary's certificate should be identical to that required by the credit, clearly indicating that the requirement prescribed by the credit has been fulfilled. (○ / ×)

정답 | ×

해설 | 수익자의 증명서(beneficiary's certificate)에 명시된 정보는 신용장조건과 동일하게 기재될 필요는 없으나 신용장에서 요구된 조건을 명확하게 기재하여 신용장조건을 충족해야 한다.

> The data or certification mentioned on a beneficiary's certificate need not be identical to that required by the credit, but are to clearly indicate that the requirement prescribed by the credit has been fulfilled.
> ※ 수익자 증명서(beneficiary's certificate)에 기재된 정보는 신용장 조건과 저촉되지 않아야 한다. 신용장 조건과 거울(mirror)과 같이 동일하게 기재될 필요는 없지만 기재된 정보가 신용장조건과 저촉되어서는 안 된다. 수익자 증명서는 신용장의 수익자가 서명하거나(signed by beneficiary) 수익자를 대리하는 자에 의해 서명되어야 한다.

> **[UCP600 14조]**
> If a credit requires presentation of a document other than a transport document, insurance document or commercial invoice, without stipulating by whom the document is to be issued or its data content, banks will accept the document as presented if its content appears to fulfil the function of the required document and otherwise complies with sub-article 14(d).
> 신용장에서 누가 서류를 발행하여야 하는지 또는 그 정보의 내용을 명시함이 없이, 운송서류, 보험서류 또는 상업송장 이외의 서류제시를 요구하는 경우에는, 그 서류의 내용이 요구된 서류의 기능을 충족하는 것으로 보이고 기타의 방법으로 제14조 d항(※신용장상의 정보와 반드시 일치할 필요는 없으나 서로 저촉되어서는 안 됨)과 일치한다면, 은행은 그 서류를 제시된 대로 수리한다.

10 Under ISBP821, A certificate of origin is to be issued by the entity stated in the credit. When a credit does not indicate the name of an issuer, any entity may issue a certificate of origin except the beneficiary. (○ / ×)

정답 | ×

해설 | 신용장에서 원산지증명서의 발행인을 명시하지 않은 경우, 수익자를 포함하여 <u>누구든지</u> 원산지증명서를 발행할 수 있다(A certificate of origin is to be issued by the entity stated in the credit. when a credit does not indicate the name of an issuer, any entity may issue a certificate of origin).

━ SECTION 2　빈칸넣기

---

01 Under ISBP821, When the tenor of a draft refers to, for example, 60 days after the bill of lading date, the (　　　　　) date is deemed to be the bill of lading date even when the on board date is prior to or later than the date of issuance of the bill of lading.

정답 | on board

해설 | 예컨대 환어음의 만기가 선하증권일자 후 60일로 기재된 경우, 본선적재일자가 선하증권의 발행일 전이건 후이건 간에 이 본선적재일자가 선하증권일자로 간주된다.

---

02 Under ISBP821, When partial shipment is allowed, and more than one set of original multimodal transport documents are presented as part of single presentation made under one covering schedule or letter and incorporate different date of receipt, dispatch, taking in charge or shipment, on different means of conveyance, the (　　　　) of these dates is to be used for calculation of any presentation period.

정답 | earliest

해설 | 분할선적이 허용되고 복수세트의 원본복합운송서류가 하나의 표지서류하에서 단일한 제시의 일부로서 제시되며, 그 복수의 세트에 수취일, 발송일, 수탁일 또는 선적일이 상이하게 기재되고 상이한 운송수단이 사용되었다고 기재된 경우에는 이 일자 중 <u>최초의 일자</u>(the earliest date)가 제시기간을 산정하는 데 사용된다.

03 Under ISBP821, When an issuer of insurance document is identified as (   ), the insurance document need not indicate that it is an insurance company or underwriter.

정답 | insurer

해설 | 발행인이 '보험자(insurer)'인 것으로 확인된다면, 보험서류에서는 그 발행인이 보험회사나 보험인수인이라고 표시될 필요가 없다(보험서류상 발행인이 보험자로 확인된다면 보험서류에는 보험회사 또는 보험인수인이라는 문구를 따로 기재하지 않아도 된다는 뜻이다).

04 The words "from" and "after" when used to determine a maturity date or period for presentation following the date of shipment, the date of an event or the date of a document, (   ) that date in the calculation of the period.

정답 | exclude

해설 | 만기일을 정할 때 그 지칭된 일자는 배제한다.

> For example, 10 days after the date of shipment or 10 days from the date of shipment, where the date of shipment was 4 May, will be 14 May.
> 예를 들어 선적기간 산정 시, 5월 4일이 선적일이라면(10 days from the date of shipment) 5월 14일까지 선적할 수 있다. 그리고 'after'과 'from'은 만기일 산정에서 같은 의미이다. 유의할 것은 5월 14일이 은행의 휴일과는 상관없다.

05 Bills of lading marked "Second Original" "Third Original" or "Duplicate", "Triplicate" or similar expressions are all (   ).

정답 | originals

해설 | 선하증권(Bill of Lading)의 원본이란 표현으로 'Original'이라는 표시만 있어야 하는 것은 아니다. 유가증권이기 때문에 취급에 유의하여야 한다.

> [ISBP82 E11]
> a. A bill of lading is to indicate the number of originals that have been issued.
>   선하증권에는 발행된 원본의 부수가 표시되어야 한다.
> b. Bills of lading marked "First Original", "Second Original" "Third Original" or "Original", "Duplicate", "Triplicate" or similar expressions are all originals.
>   "제1원본(First Original)", "제2원본(Second Original)", "제3원본(Third Original)", "원본(Original)", "부본(Duplicate)", "제3본(Triplicate)" 등 또는 유사한 표현이 있는 선하증권은 모두 원본이다.

06 An air transport document is to appear to be the original for consignor or shipper. When a credit requires a full set of originals, this is satisfied by the presentation of an air transport document indicating that it is the original for (   ) or shipper.

정답 ❘ consignor

해설 ❘ 항공운송서류는 송하인용 또는 선적인용 원본인것으로 나타나야 한다. 신용장에서 원본 전통을 요구하는 경우에, 이는 송하인용 또는 선적인용 원본이라고 표시된 항공운송서류의 제시에 의하여 충족된다.

> **[참고]**
>
> 신용장에서 항공운송서류를 요구하면서 항공운송서류 전통(full set of original air transport document)을 요구하면 안 된다. 그럼에도 불구하고 신용장에서 원본전통 항공운송서류의 제시를 요구하였다면 송하인(consignor)용 원본 또는 선적인(shipper)용 원본 1부만 제시하면 된다. 항공운송서류는 유가증권이 아니라서 유통이 되지 않는다. 실제 수익자는 은행에 선적인용항공운송장을 제시한다

07 "Third party documents acceptable"–all documents for which the credit or UCP600 do not indicate an issuer, <u>except</u> (a), may be issued by a named person or entity other than the beneficiary. "Third party documents not acceptable"–has no meaning and is to be (b).

정답 ❘ (a) drafts, (b) disregarded

해설 ❘ • 제3자서류 수리가능(third party documents acceptable) : 이는 환어음(draft)을 제외하고, 신용장이나 UCP600 에서 발행인이 명시되지 않은 모든 서류는 수익자 이외의 기명된 자연인이나 실체에 의하여 발행될 수 있음을 의미한다(※ 예를 들어 신용장 조건에 원산지 증명서(certificate of origin)의 발행인을 명시하지 아니한 경우에는 수익자를 포함하여 누구든지 원산지 증명서를 발행할 수 있다. 상기 영문의 내용에 오해가 없기를 바란다).

     • 제3자서류 수리불가(third party documents not acceptable) : 이는 어떠한 의미도 갖지 않으므로 <u>무시되어야 한다.</u>

     ※ 참고로 UCP600에서 발행인을 규정하는 서류는 송장, 운송서류와 보험서류이다.

> **[UCP600 제14조]**
>
> A <u>transport document</u> may be issued by any party other than a carrier, owner, master or charterer provided that the transport document meets the requirements of articles 19, 20, 21, 22, 23, or 24 of these rules.
> 예를 들어 무역실무에서 수익자=수출상=선적인이라는 공식이 항상 성립되지 않는다. 선적을 대행하는 운송주선인 이 운송인과 계약을 할 수도 있으므로 당사자가 수익자가 아닌 경우도 있고, 중계무역의 경우 선적인과 신용장의 수 익자가 다른 경우가 있기 때문에 상기 문장에서 'by any party other than…'이란 표현이 있다.
>
> **[UCP600 제18조]**
>
> A <u>commercial invoice</u> must appear to have been issued by the beneficiary(except as provided in article 38) ;
>
> **[UCP600 제28조]**
>
> An <u>insurance document</u>, such as an insurance policy, an insurance certificate or a declaration under an open cover, must appear to be issued and signed by an insurance company, an under writer or their agents or their proxies.

08 A misspelling or typing error that does not affect the meaning of a word or the sentence in which it occurs does not make a document discrepant. For example, a description of the goods shown as "mashine" instead of "machine", "fountan pen" instead of "fountain pen", or "modle" instead of "model" would not be regarded as a conflict of data under UCP600 sub-article 14(d). However, a description shown as, for example, "model123" instead of "model321"will be regarded as a (   ) of data under that sub-article.

정답 | conflict

해설 | ※ 자주 출제되는 지문이다.

오자나 오타는 당해 단어나 문장의 의미에 영향을 주지 않는다면 서류의 하자가 되지 않는다. 예컨대, 물품명세에서 "machine" 대신에 "mashine", "fountain pen" 대신에 "fountan pen", "model" 대신에 "modle"이라고 표기되더라도 UCP600 제14조 제d항하에서 정보의 저촉으로 간주되지 않는다.

그러나 예컨대 "model321" 대신에 "model123"이라고 기재되면 이는 같은 조항하에서 정보의 저촉(conflict of data)으로 간주된다.

09 A credit must not be issued available by a draft drawn on the applicant. However, When a credit requires the presentation of a draft drawn on the applicant as one of the required documents, it is to be examined only to the extent expressly stated in the credit, but in this case, the name of applicant can not be expressed in field, 42a/DRAWEE, but infield 46A (   ) in SWIFT CODE.

정답 | 46A(DOCUMENTS REQUIRED)

해설 | 신용장거래에서 개설의뢰인(Applicant)을 지급인으로 하는 환어음을 발행할 수 없다. 그러나 신용장에서 필요서류(DOCUMENTS REQUIRED) 중 하나로서 개설의뢰인을 지급인으로 하는 환어음을 요구하는 경우가 있는데 이유는 일부 국가에서는 개설의뢰인을 지급인으로 하라는 국내법이 있기 때문이다.

이런 경우 SWIFT에서 FIELD 표시가 달라진다. 즉, SWIFT CODE상 field인 '42a/DRAWEE'란에 APPLICANT 명칭을 표기할 수 없다. 그 대신, '46A(DOCUMENTS REQUIRED)'에 다른 요구서류들과 환어음을 요청하는 표기하여야 한다(⬛ TWO ORIGINAL DRAFTS DRAWN ON APPLICANT FOR INVOICE VALUE).

10 A clause on a bill of lading such as "packaging may not be sufficient for the sea journey" or words of similar effect does not expressly declare a (   ) condition of the packaging.

정답 | defective

해설 | 선하증권에는 물품이나 포장상 결함이 있다는 것을 '명백히' 표시하는 문구가 있어서는 안 된다. 따라서 'may not sufficient' 등의 명백하지 않은 애매한 문구는 포장상 결함이 있다고 볼 수 없다.
즉 무고장 bill of lading이다. 아래 내용을 통해 두 가지 케이스의 차이점을 파악한다.

[ISBP821 E20]

A bill of lading is not to include a clause or clauses that expressly declare a defective condition of the goods or their packaging. For example :

a. A clause on a bill of lading such as "packaging is not sufficient for the sea journey" or words of similar effect is an example of a clause **expressly** declaring a defective condition of the packaging.

b. A clause on a bill of lading such as "packaging **may not be sufficient** for the sea journey" or words of similar effect does **not expressly** declare a defective condition of the packaging.

선하증권에는 물품 또는 포장의 결함을 명백히 표시하는 문구가 포함되지 않아야 한다. 예컨대,

a. "포장이 해상운송에 충분하지 않다" 또는 이와 유사한 취지의 선하증권상의 문구는 포장의 결함을 명백하게 표시하는 문구의 예이다(하자 있음, 고장부 선하증권에 해당).

b. "포장이 해상운송에 충분하지 않을 수 있다" 또는 이와 유사한 취지의 선하증권상의 문구는 포장의 결함을 명백하게 표시하는 것이 아니다(무고장 선하증권임).

---

01 Under ISBP821, Which one of the following statements is <u>NOT</u> correct?

① When a credit requires, for example, presentation of "Invoice in 4 copies" or "Invoice in 4 fold", It will be satisfied by the presentation of at least one original invoice and any remaining number as copies.

② Regarding the misspellings or typing errors, a description shown as, for example, "model 123" instead of "model 321" will be regarded as a conflict of data under UCP600.

③ An invoice is to appear to have been issued by the beneficiary or, in the case of a transferred credit, the second beneficiary.

④ Deletion of the word "clean" on a bill of lading expressly declares a defective condition of the goods or their packaging.

정답 | ④

해설 | ① Invoices in 4 copies 또는 Invoices in 4 folds인 경우, 최소 원본 송장 1부와 나머지 송장은 사본으로 제시해도 되는 조건이다.

③ 양도된 신용장을 제외하고 송장은 신용장의 수익자가 발행한 것으로 보여야 한다(is to appear). 그러나 신용장이 제2수익자에게 양도되었다면 송장은 제1수익자가 아닌 제2수익자에 의해 발행된 것으로 보여도 하자가 되지 않는다. 즉 제1수익자가 UCP600의 제38조에 따라 송장을 교체하지 아니하여서 제2수익자의 송장이 개설은행에 제시될 수도 있다는 의미이다.

④ Deletion of the word "clean" on a bill of lading does not expressly declare a defective condition of the goods or their packaging[clean(무고장)이란 단어가 선하증권에 <u>표시되었다가 삭제되었다고 해서</u> 그 선하증권의 물품이나 포장상에 결함이 있다는 것을 명시적으로 선언하는 것은 아니다. 따라서 물품 또는 포장상에 결함이 있다는 별도의 문구가 없는 한 그 선하증권을 고장부(claused)라고 간주하지 않는다(foul, dirty, unclean라는 용어를 사용하기도 함].

02 Under ISBP821, When partial shipment is allowed, and more than one set of original bills of lading are presented as part of a single presentation made under one covering schedule or letter and incorporate different dates of shipment, on different vessels or the same vessel for a different journey, Which of the following statements is <u>CORRECT</u>?

① The latest of these dates is to be used for the calculation of any presentation period, and each of these dates must fall on or before the latest shipment date stated in the credit.

② The earliest of these dates is to be used for the calculation of any presentation period, and each of these dates must fall on or before the latest shipment date stated in the credit.

③ The latest of these dates is to be used for the calculation of any presentation period, and each of these dates is regardless of the latest shipment date stated in the credit.

④ The earliest of these dates is to be used for the calculation of any presentation period, and any of these dates may fall on or after the latest shipment date stated in the credit.

정답 | ②

해설 | [ISBP821 E19 c] BILL OF LADING

분할선적을 허용하는 경우에, 복수의 원본선하증권이 하나의 표지서류(covering schedule)하에서 함께 제시되는 경우, 상이한 선박이나, 상이한 운항(journey)에 대해 복수의 선적일이 있다면 <u>그 중 가장 빠른 일자(the earliest date)</u>를 사용하여 제시기간을 산정한다. 다만 각각의 선적일자는 신용장조건상의 최종선적일과 같거나 그보다 이전의 일자이어야 한다(내용 요지는 신용장상에 B/L발급일로부터 며칠 안에 서류제시를 하라고 하는 경우가 그 날짜 계산에 대비한 조항이다).

03 Under ISBP821, When a credit requires a draft to be drawn at a tenor other than sight or a certain period after sight, it must be possible to establish the maturity date from the data in the draft itself. For example, when a credit calls for drafts at a tenor 60 days after the bill of lading date, and when the date of the bill of lading is 14 May 20×4, the tenor is to be indicated on the draft in one of the following ways :

> (a) "60 days after 14 May 20×4"
> (b) "60 days after bill of lading date"and elsewhere on the face of the draft state "bill of lading date 14 May 20×4"
> (c) "60 days date"on a draft dated the same day as the date of the bill of lading, or
> (d) "13 July 20×4"

① (a), (b)　　　　　　　　　② (a), (b), (c)

③ (a), (c), (d)　　　　　　　④ (a), (b), (c), (d)

정답 | ④

해설 | [ISBP821 B2 b] DRAFT AND CALCULATION OF MATURITY DATE

환어음의 만기에 관하여 일람출급이나 일람후정기출급 이외의 만기를 요구하는 경우에는, 그 환어음 자체 내에 있는 정보로부터 만기일을 산정하는 것이 가능하여야 한다.

(a) 20×4년 5월 14일 선하증권일자 후 60일

(b) 선하증권일자후 60일 및 환어음 앞 면 어느 곳에 선하증권일자가 20×4년 5월 14일임을 함께 기재함

(c) 환어음발행일 후 60일이고 환어음의 발행일이 선하증권일자와 동일함

(d) 20×4년 7월 13일(5월의 17일간+6월의 30일간+7월의 13일간=60일)

---

04 Under ISBP821, When a credit requires presentation of an "Invoice" without further description, this will **NOT** be satisfied by the presentation of :

① Commercial invoice   ② Pro-forma invoice

③ Customs invoice   ④ Consular invoice

정답 | ②

해설 | [ISBP821 C1 a] INVOICES

Under ISBP821, When a credit requires presentation of an "Invoice" without further description, this will be satisfied by the presentation of :

any type of invoice(commercial invoice, customs invoice, tax invoice, final invoice, consular invoice, etc). However, an invoice is not to be identified as "Provisional" "Pro-forma" or the like.

---

05 Under ISBP821, Choose the one which has all the definitions of "exporting country".

> ㉠ the country where the beneficiary is domiciled
>
> ㉡ the country of origin of the goods
>
> ㉢ the country of receipt by the carrier
>
> ㉣ the country from which shipment or dispatch is made

① ㉠, ㉡   ② ㉠, ㉡, ㉢,

③ ㉠, ㉡, ㉣   ④ ㉠, ㉡, ㉢, ㉣

정답 | ④

해설 | 상기 4개 사항 중 어느 하나에 속하면 수출국이 된다.

> [ISBP821 A19 e] GENERAL PRINCIPLE
>
> "exporting country"-one of the following : the country where the beneficiary is domiciled, the country of origin of the goods, the country of receipt by the carrier or the country from which shipment or dispatch is made.
> "수출국(exporting country)"-이는 수익자의 주소가 있는 국가, 물품의 원산지국, 운송인이 물품을 수령한 국가, 물품 선적국 또는 물품 발송국 중의 어느 하나를 의미한다.

06 Under ISBP821, Which of the followings is suitable for the blanks in order?

When a credit indicates a geographical area or range of ports of discharge, (a) may indicate the actual port of (b), which is to be within that geographical area or range of ports or it may show the geographical area or range of ports of discharge as the port of discharge.

① (a) Bill of lading, (b) loading

② (a) Charter party bill of lading, (b) discharge

③ (a) Non-negotiable sea way bill, (b) loading

④ (a) House air way bill, (b) loading

정답 | ②

해설 | 용선계약부 선하증권은 실제 선적항으로는 실제 항구명을 표시하여야 한다. 그러나 용선계약부 선하증권은 신용장상에 양륙항(port of discharge)을 실제 양륙항이 아닌 지리적 구역(옙 Any European Port)이나 범위만을 표시할 수 있다는 것이 UCP600 제20조(선하증권)이나 제21조의 비유통해상화물운송장에 대한 요건과 다른 점이다.

이는 수출상과 수입상의 계약조건이 확정되지 않은 상태에서 물품이 먼저 선적되고 해상운송 중에 수출상과 수입상이 계약을 확정하여 용선자에게 도착항을 지시한다. 물론 신용장상의 지리적 구역이나 범위 내의 양륙항이여야 한다.

07 Under ISBP821, Which of the following statements is <u>NOT</u> correct, with regard to the definitions of 'Signature'?

① A signature need not be handwritten.

② Documents may be signed with a facsimile signature(for example, a pre-printed or scanned signature).

③ Documents may be signed with any mechanical or electronic method of authentication.

④ A facsimile signature transmitted by fax machine is to be interpreted as signature.

정답 | ④

해설 | facsimile signature(모사서명)이란 팩스로 전송받는 것을 의미하는 것이 아니다.

모사서명은 '자필서명을 스캔하고, 저장하고, 전자적으로 출력한 것' 또는 미리 인쇄된 서명을 말한다. 서명을 팩스로 받는 것은 서명으로 인정하지 않는다.

실무적으로 선하증권, 보험서류 서명 시 일일이 자필서명하는 것이 아니라, 자필서명으로 스캔하여 등록해서 서류로 출력 시 선하증권 또는 보험서류가 서명되었다는 것을 보여주는 실무적 목적으로 모사서명이 사용되고 있다.

> **[UCP600 제3조]**
> A document may be signed by handwriting, <u>facsimile signature</u>, perforated signature, stamp, symbol or any other mechanical or electronic method of authentication.
> 서류는 수기, <u>모사서명</u>, 천공서명, 스탬프, 상징 또는 기타 모든 기계적 또는 전자적 인증방법에 의하여 서명될 수 있다.

> [ISBP821 A35 c] GENERAL PRINCIPLE
>
> A statement on a document such as "This document has been electronically authenticated" or "This document has been produced by electronic means and requires no signature" or words of similar effect does not, by itself, represent an electronic method of authentication in accordance with the signature requirements of UCP600 article 3.
>
> "이 서류는 전자적으로 인증되었음" 또는"이 서류는 전자적 방법으로 제작되었으며 서명이 필요하지 않음"과 같은 서류상의 기재 또는 그와 유사한 취지의 문구는 그 자체만으로는 UCP600 제3조의 서명에 관한 요건에 일치하는 전자적 인증방법이 아니다.

08 Under ISBP821, Which of the following statements is <u>NOT</u> correct, with regard to the meanings of 'clean' B/L?

① It is not necessary for the word "clean" to appear on a bill of lading even when the credit requires a bill of lading to be marked "clean on board" or "clean".

② Deletion of the word "clean" on a bill of lading expressly declares a defective condition of the goods or their packaging.

③ A clause on a bill of lading such as "packaging is not sufficient for the sea journey" or words of similar effect is an example of a clause expressly declaring a defective condition of the packaging.

④ A clause on a bill of lading such as "packaging may not be sufficient for the sea journey" or words of similar effect does not expressly declare a defective condition of the packaging.

정답 | ②

해설 | Deletion of the word "clean" on a bill of lading does not expressly declare a defective condition of the goods or their packaging[선하증권상 "무고장"이라는 단어가 (표시되었다가) 삭제되더라도 이는 물품 또는 포장의 결함을 명백하게 표시하는 것이 아니다].

무고장 선적서류란 물품 또는 포장에 결함표시가 없는 운송서류를 말하며 구태여 "clean"이란 표기를 할 필요는 없다.

특히 ③, ④의 문항의 차이점은 ③의 경우에는 "<u>is not sufficient</u>"라고 단정적으로 표현하므로 '고장부 B/L'이지만, ④의 경우는 '<u>may not be sufficient</u>'이므로 단정적인 내용이 아니기 때문에 고장부 B/L이 아니다.

> [UCP600 제27조]
>
> A bank will only accept a clean transport document. A clean transport document is one bearing <u>no clause</u> or notation expressly declaring a defective condition of the goods or their packaging. The word "clean" need not appear on a transport document, even if a credit has a requirement for that transport document to be "clean on board".
>
> 은행은 무고장 운송서류만을 수리한다(← 물론 신용장조건에서 <u>foul B/L acceptable</u>, 또는 <u>clause B/L acceptable</u>로 하여 허용하면 수리함). 무고장 운송서류는 물품 또는 그 포장에 하자 있는 상태를 명시적으로 표시하는 조항(clause) 또는 부기(notation)를 기재하고 있지 아니한 것을 말한다. 신용장에서 그 운송서류가 "무고장본선적재(clean on board)"이어야 한다는 요건을 가지는 경우에도, "무고장(clean)"이라는 단어는 운송서류상에 보일 필요가 없다.

09 Under ISBP821, Which of the following statemets is <u>NOT</u> correct, with the some phases related to the credit?

① "not later than 2 days after (date or event)" means a latest date. If an advice or document is not to be dated prior to a specified date or event, the credit should so state.

② A document, such as, but not limited to, a certificate of analysis, inspection certificate or fumigation certificate, should indicate a date of issuance before the date of shipment.

③ A document indicating a date of issuance and a later date of signing is deemed to have been issued on the date of signing.

④ "Exporting country"—one of the following : the country where the beneficiary is domiciled, the country of origin of the goods, the country of receipt by the carrier or the country from which shipment or dispatch is made.

정답 | ②

해설 | A document, such as, but not limited to, a certificate of analysis, inspection certificate or fumigation certificate, <u>may indicate a date of issuance later than</u> the date of shipment.

분석증명서, 검사증명서 또는 훈증증명서(소독증명서의 뜻)와 같은 서류(이러한 서류에 한정되지 않음)는 선적일보다 **나중일자로 표시될 수 있다.**

그러나 아래 내용(참고)의 경우처럼 신용장에서 요구하면 그에 따라야 할 것이다.

> **[참고]**
>
> When a credit requires a document to evidence a pre-shipment event (for example, "pre-shipment inspection certificate", the document, either by its title, content or date of issuance, is to indicate that the event (for example, inspection) took place on or prior to the date of shipment.
>
> 신용장에서 선적 전에 일어나는 사건을 증빙하는 서류(**예** 선적 전 검사증명서)를 요구하는 경우에, 이 서류는 그 제목이나 내용 또는 발행일에 의하여 해당 사건(**예** 선적)이 선적일이나 <u>그 **전에 발생한** 것으로 표시되어야 한다.</u>

10 Under ISBP821, Which of the following statemets is <u>NOT</u> correct?

① When a certificate, certification, declaration or statement is required by a credit, it is to be signed.

② "Third party documents acceptable" – all documents for which the credit or UCP600 do not indicate an issuer, including drafts, may be issued by a named person or entity other than the beneficiary.

③ "Third party documents not acceptable" – has no meaning and is to be disregarded.

④ "Photocopy of invoice" or "Copy of invoice" will be satisfied by the presentation of either a photocopy, copy or, when not prohibited, an original invoice.

정답 | ②

해설 | "Third party documents acceptable" – all documents for which the credit or UCP600 do not indicate an issuer, <u>except drafts</u>, may be issued by a named person or entity other than the beneficiary["제3자서류 수리가능(third party documents acceptable)"-이는 <u>환어음을 제외하고</u>, 신용장이나 UCP600에서 발행인이 명시되지 않은 모든 서류는 수익자 이외의 기명된 자연인이나 실체에 의하여 발행될 수 있음을 의미한다(ISBP821 A19 C)].
<u>참고로 UCP600에서 발행인(issuer)을 규정한 서류는 송장, 운송서류와 보험서류이다.</u>

① 신용장에 의하여 증명서, 표명서 또는 진술서가 요구되는 경우에, 이 서류는 서명되어야 한다.

③ "제3자서류 수리불가(third party documents not acceptable)"-이는 어떠한 의미도 갖지 않으며 무시되어야 한다.

④ "photocopy of invoice" 혹은 "copy of invoice"의 제시를 요구한다면, 이는 사진 복사본이나 사본 1부 또는 만약 금지되지 않았다면 송장 원본 1부의 제시에 의하여 충족된다.

학습가이드 ■ ■ ■ 청구보증통일규칙(URDG758)과 보증신용장통일규칙(ISP98)은 '보증'이라는 동일한 주제이므로 내용상 비슷하여 수험생이 혼동하기 쉽다. 주로 유럽지역에서 발전한 보증내용인 URDG758과 미국 국내에서 발전하여 전세계로 파급된 ISP98은 보증상의 용어의 차이가 있고 약간의 관행적 차이가 있으므로 그 차이점에 대하여서만 학습한다.
문항은 ISP98에서 2~3개 문제, URDG758에서 1~2개가 출제된다.

	주요주제	출제빈도
URDG758	보증의 독립성	★★☆
	비서류적 조건	★★☆
	통지의 대상자	★★★
	제시(일부제시, 전부제시)	★★☆
	지급 또는 연장	★★★
ISP98	제시 및 서류의 심사 시작	★★★
	비서류적 조건	★★☆
	지급청구(일부청구와 수차제시)	★★☆
	적시의 결제거절통지 기간	★★★
	지급청구의 양도권	★★☆

01 Under URDG758, 'Demand' means a signed document by the applicant demanding payment under a guarantee. (○ / ×)

정답 ┃ ×

해설 ┃ 지급청구(Demand)는 보증상 지급을 청구하는 수익자(beneficiary)의 서명된 서류를 의미한다. Applicant는 보증을 신청한 '보증신청인'이다.

지급청구(Demand)의 2가지 조건
(1) 수익자가 작성하여야 한다.
(2) 서명이 있어야 한다.

> Demand means a signed document by the beneficiary demanding payment under a guarantee ;

02 Under URDG758, A presentation has to be complete unless it indicates that it is to be completed later. In that case, it shall be completed on or before expiry. (○ / ×)

정답 ┃ ○

해설 ┃ 만일 수익자의 제시가 불완전하고 수익자가 완전한 제시가 추후에 이루어진다는 사실을 제시 시에 보증인에게 알려주면 보증인의 서류심사나 거절통지의 시기는 완전한 제시가 이루어질 때까지 유예된다. 만약 수익자가 불완전한 제시를 하였음에도 불구하고 보증인에게 완전한 제시는 차후에 이루어진다는 추가 지시를 하지 않는 경우에는 보증인은 이 규칙에 따른 유효한 결제거절을 해야만 결제를 거절할 수 있다.

> **[URDG758 Article 14조]**
>
> Presentation :
>
> a. A presentation shall be made to the guarantor :
>   ⅰ. at the place of issue, or such other place as is specified in the guarantee, and
>   ⅱ. on or before expiry.
> b. A presentation has to be complete unless it indicates that it is to be completed later. In that case, it shall be completed on or before expiry.
>
> 제시는 완전하여야 하되, 다만 추후 완결될 것임이 제시상 표시된 경우에는 그러하지 아니하다. 그러한 경우에 제시는 만료 이전에 완결되어야 한다.

※ 상기 URDG78과 아래 ISP98에서의 내용을 비교해서 살펴볼 필요가 있다.

> **[ISP98 3.02]**
>
> What Constitutes a Presentation :
>
> The receipt of a document required by and presented under a standby constitutes a presentation requiring examination for compliance with the terms and conditions of the standby even if not all of the required documents have been presented.
>
> (참고사항) 보증신용장에서 요구하는 모든 서류가 제출되어야 심사를 개시하는 것은 아니다. 제시자가 (1) '서류심사를 유보하라'는 요청이나, (2) '완전한 제시는 추후에 이루어질 것이다'라는 요청이 없다면, 서류심사를 해야 한다. 물론 서류가 미비된 때는 이 규칙에 정하는 유효한 결제거절을 해야만 결제를 거절할 수 있다.

03 Under URDG758, If a presentation of a demand does not indicate that it is to be completed later, the guarantor shall, within five business days following the day of presentation, examine that demand and determine if it is a complying demand. (○/×)

정답 ┃ ○

해설 ┃ URDG758에서는 지급청구(demand) 제시일 다음 날부터 <u>5영업일 이내</u>에 그 지급청구를 심사하여야 한다.

This period is not shortened or otherwise affected by the expiry of the guarantee on or after the date of presentation. <u>However, if the presentation indicates that it is to be completed later, it need not be examined until it is completed.</u>
제시 후에 그 지급청구가 추후에 완결될 것이라고 표시된 경우에는 그것이 완결될 때까지 심사할 필요가 없다.

URDG758과 보증신용장(ISP98)의 제시 후 지급거절할 수 있는 기간이 다르다.

[ISP98 5.01]

Timely Notice of Dishonour

a. Notice of dishonour must be given within a time after presentation of documents which is not unreasonable.

I. Notice given within <u>three business days</u> is deemed to be not unreasonable and beyond <u>seven business days</u> is deemed to be unreasonable.

II. Whether the time within which notice is given is unreasonable <u>does not depend upon an imminent deadline for presentation.</u>

III. The time for calculating when notice of dishonour must be given <u>begins on the business day following the business day of presentation</u>(※이 항에서 유의할 것은 합리적인 결제거절 여부를 산정하는 시작일은 영업일인 제시일의 다음 영업일부터 산정하므로 휴일에 접수되면 휴일은 배제된다. ISP98은 UCP600, URDG758과는 다르게 오직 영업일만 접수일로 한다. 만약 토요일에 접수하면(이를 배제하고) 월요일에 접수된 것으로 보아 다음 날인 화요일이 결제거절통지기간 산정의 최초일이 된다).

이와 관련하여 UCP600과 비교해 보면 5영업일 기준은 같다.

[UCP600 제14조]

A nominated bank acting on its nomination, a confirming bank, if any, and the issuing bank shall each have a maximum of five banking days following the day of presentation to determine if a presentation is complying. This period is <u>not curtailed or otherwise affected</u> by the occurrence on or after the date of presentation of any expiry date of last day for presentation.

지정에 따라 행동하는 지정은행, 확인은행(이 있는 경우) 및 개설은행은 제시가 일치하는지 여부를 결정하기 위하여 <u>지시일의 다음 날부터 최대 제5은행영업일</u>을 각각 가진다. 이 기간은 제시를 위한 모든 유효기일 또는 최종일의 제시일에 또는 그 이후의 사건에 의하여 단축되거나 또는 별도로 영향을 받지 아니한다.

제시(presentation) 후 심사(examination)기간(심사 후 지급거절 여부 통지 기간)에 대한 상기 3개 규정이 제각각(5, 3, 그리고 7영업일 후의 통지는 불합리)이므로 <u>차이점을 잘 파악하여야 한다.</u>

04 Under URDG758, A guarantee is transferable only if it specifically states that it is "transferable", in which case it may be transferred more than once for the full amount available at the time of transfer. A counter-guarantee is also transferable. (O / ×)

정답 | ×

해설 | A counter-guarantee is NOT transferable. 4자보증에서, 보증(guarantee)은 양도 가능하지만 구상보증(counter-guarantee)은 양도되지 않는다. 구상보증은 보증과 달리 의무이행에 대한 기초관계가 없고 권리 의무의 승계가 이루어지지 않기 때문에 양도될 수 없다. 4자(applicant, counter-guarantor, guarantor, beneficiary)보증이 필요한 이유는 수익자의 입장에서는 자국 내 보증인(guarantor)이 발행한 보증서가 외국 보증인에게 받는 보증서보다 국가적 위험이나 법률상의 상이 등에 대한 위험을 줄일 수 있기 때문이다. 이때 그 외국의 보증인이 구상보증인(counter-guarantor)이 되며, 이는 마치 신용장거래에서 개설은행 이외에 확인은행(confirming bank)이 존재하는 것과 비슷하다고 볼 수 있다.

> **[URDG758 Article 33]**
>
> Transfer of guarantee and assignment of proceeds :
>
> a. A guarantee is transferable only if it specifically states it is "transferable", in which case it may be transferred more than once for the full amount available at the time of transfer.
>
> UCP600과 달리 수차례의 제3, 제4 등의 수익자에게 양도가 가능하지만 partial amount 양도는 불가하며 full amount 양도이어야 한다.
>
> A counterguarantee is not transferable.

05 Under URDG758, Partial acceptance of an amendment is allowed and will be deemed to be notification of the amendment. (O / ×)

정답 | ×

해설 | Partial acceptance of an amendment is not allowed and will be deemed to be notification of rejection of the amendment. 조건변경의 일부 수락을 허용되지 아니하며, 이는 그 조건변경의 거절통지로 본다. 조건변경의 일부 수락은 거절이다.

수험목적상 UCP600, URDG758, ISP98을 살펴보자.

> **[URDG758 제11조]**
>
> e. Partial acceptance of an amendment is not allowed and will be deemed to be notification of rejection of the amendment.
>
> **[ISP98 2.06]**
>
> Consent to only part of an amendment is a rejection of the entire amendment.
>
> **[UCP600 제10조]**
>
> Partial acceptance of an amendment is not allowed and will be deemed to be notification of rejection of the amendment.

06 Under URDG758, A presentation shall be made to the guarantor at the place of issue, or such other place as is specified in the guarantee and, on or before expiry. (○/×)

정답 | ○

해설 | URDG758에서는 UCP600 또는 ISP98과는 달리 보증이 발행된 장소에서 보증인에게 제출되어야 한다. URDG758 에서는 또한 UCP600, ISP98과는 달리 '지정은행(nominated bank)' 또는 지정인에 대한 정의가 없으므로 보증에 명시되지 않더라도 제시를 위한 피제시인은 보증인뿐이다.

> **[Article 14]**
> Presentation a. A presentation shall be made to the guarantor:
> ⅰ. at the place of issue, or such other place as is specified in the guarantee, and
> ⅱ. on or before expiry.
> 제시는 다음의 장소와 시기에 보증인에게 이루어져야 한다.
> 1) 발행지 또는 보증상 명시된 장소.
> 2) 만료 이전

07 Under URDG758, The counter-guarantor shall without delay inform the instructing party of any demand under the counter- guarantee and of any request, as an alternative, to extend the expiry of the counter-guarantee. (○/×)

정답 | ○

해설 | URDG758 제16조(Information about demand)의 내용이다. 구상보증인은 지체 없이 지시당사자에게 구상보증 상 지급 청구(demand)나 또는 제23조의 "지급 또는 연장(Extend or pay)의 제시(presentation)를 받았다는 사실 그 자체를 통지하여야 한다. 이는 수익자가 보증신청인에 대한 (어떤) 계약이행을 재촉하기 위하여 보증인과 구 상보증인을 통하여 간접적으로 압력을 넣는 수단일 수 있다. 수익자 의중은 보증금을 받는 것보다는 만기를 연장 (extend)하더라도 개설인이 기초관계의 의무를 이행해 주기를 바랄지도 모른다. 그래서 구상보증인이 지시당사자(보증신청인과 동일할 수도 있다)에게 통지해 주기를 바라는 것이다.

> **[URDG 제16조]** Information about demand(지급청구에 관한 통지)
> The guarantor shall without delay inform **the instructing party** or, where applicable, the counterguarantor of any demand under the guarantee and of any request, as an alternative, to extend the expiry of the guarantee. The counter-guarantor shall without delay inform **the instructing party** of any demand under the counter-guarantee and of any request, as an alternative, to extend the expiry of the counter-guarantee

※ 유의사항 : 통지대상자가 보증신청인(applicant)이 아닌 '지시당사자(the instructing party)'임에 유의한다.

> **[URDG758, 제2조]**
> 'Instructing party' means the party, other than the counter-guarantor, who gives instructions to issue a guarantee or counter-guarantee and is responsible for indemnifying the guarantor or, in the case of a counter-guarantee, the counter-guarantor. The instructing party may or may not be the applicant ;
> 지시당사자는 보증신청인일 수도 있고 아닐 수도 있다. 예를 들어 보증신청인이 (보증에 대한 신용이 약한) 자회사이 고 지시당사자가 (보증능력이 강한) 모회사인 경우이다.

08 Under URDG758, Payment of a demand that is not a complying demand waives the requirement for other demands to be complying demands. (O / ×)

정답 | ×

해설 | [URDG758 제18조] 지급청구의 독립성

보증인이 수익자의 불일치한 지급청구임에도 불구하고 지급(payment)을 하였다고 해서 그다음 또다시 불일치한 지급청구를 하면 보증인은 지급하지 않을 수 있다. 즉, 각 지급청구는 독립적이다. 즉 보증인이 처음에 하자를 인정하여 지급을 하였다고 해서 그다음 지급청구 시에도 보증요건에 하자가 있다면 그 하자를 용인하지 않는다[보증인이 불일치한 제시요건을 포기(waive)하는 것을 의미하지 아니한다 : Payment of a demand that is not a complying demand does not waive the requirement for other demands to be complying demands].

[URDG758 Article 18] Separateness of each demand(지급청구의 독립성)

a. Making a demand that is not a complying demand or withdrawing a demand does not waive or otherwise prejudice the right to make another timely demand, whether or not the guarantee prohibits partial or multiple demands

※ not~prejudice the right : 권리에 달리 영향을 주지 않는다.

b. Payment of a demand that is not a complying demand does not waive the requirement for other demands to be complying demands.

09 Under URDG758, If a document that is not required by the guarantee or referred to in these rules is presented, it is regarded as discrepant. (O / ×)

정답 | ×

해설 | 이는 UCP600의 신용장 이론과 같다. 보증에서 요구되지 않은 서류는 무시되거나 제시인에게 반환될 수도 있다(If a document that is not required by the guarantee or referred to in these rules is presented, it will be disregarded and may be returned to the presenter).

10 Under URDG758, The guarantor has the obligation of re-calculating a beneficiary's calculations under a formula stated or referenced in a guarantee. (○/×)

정답 ┃ ×

해설 ┃ 보증인과 구상보증인은 보증에 달리 명시하지 아니하는 한, 수익자가 제시한 서류에 기재된 수리적 계산을 검증할 의무가 없다. 수익자가 수리적 계산오류에 대한 의무를 부담해야 한다.

> [URDG758 제19조]
> The guarantor need not re-calculate a beneficiary's calculations under a formula stated or referenced in a guarantee.
> 보증인은 보증상 명시되었거나 참조된 공식에 따른 수익자의 계산을 검산할 필요가 없다.

11 Under URDG758, Where the guarantee does not indicate whether a presentation is to be made in electronic or paper form, any presentation shall be made in paper form. (○/×)

정답 ┃ ○

해설 ┃ [URDG758 제14조]

보증에서 특정하지 않는 한 수익자는 종이형태로 서류를 제출하여야 한다(사례: supporting statement by beneficiary). 이 문장에서 어떤 형태로 보강서류를 제시되어야 하는지 지시가 없다. 이런 경우 수익자는 서류형식(종이)으로 보강진술을 제출하여야 한다.

수익자가 보증인에게 지급청구를 하고자 하려면 보증인도 지급청구에 대한 이유를 당연히 알아야 할 것이다. (1) 애당초 보증서 발급시 명시된 서류로 보강하든지, (2) 보증에 보강진술을 요구하지 않더라도 보증신청인이 기초관계상 위반의무의 내용을 표시하는 수익자의 진술(보강진술)이 있어야 한다(예 입찰보증의 경우: We hereby state that the applicant has withdrawn its offering during the tender period).

12 (ISP98) A standby is an irrevocable, independent, documentary, and binding undertaking when issued and need not so state. (○/×)

정답 ┃ ○

해설 ┃ 보증신용장은 그러한 명시가 없더라도(need not so state) 기초거래와 독립적이고, 서류적 거래이며 개설된 때 취소불능이므로 개설인을 구속한다.

13 (ISP98) An issuer is required to notify the applicant of receipt of a presentation under the standby. (○/×)

정답 ┃ ×

해설 ┃ 개설인은 보증신용장에 따른 제시 접수의 사실을 개설의뢰인에게 통지할 필요가 없다. 그 이유는 보증신용장 청구 접수 사실을 알게 된 개설의뢰인이 수익자에게 상환하지 않기 위하여 자신의 자산을 은닉할 가능성도 배제할 수 없기 때문이다(그러나 이러한 규칙과는 달리, 실무관행에서는 개설의뢰인에게 접수사실을 알려주는 것이 일반적인 관행이다).

14 (ISP98) A document is not presented as a paper document if it is communicated by electronic means even if the issuer or nominated person receiving it generates a paper document from it. (○/×)

정답 | ○

해설 | 만약 보증신용장에서 일치하는 제시를 '종이서류'로 한정한 경우에도 불구하고 수익자가 '전자적 방식'으로 개설인 등에게 제출한 경우, 비록 개설인 등이 이것을 종이서류로 출력할 수 있다고 하더라도 그 제시는 종이서류를 제출하라는 조건을 충족시키지 못한다.

15 (ISP98) A standby term or condition which is non-documentary must be disregarded whether or not it affects the issuer's obligation to treat a presentation as complying or to treat the standby as issued, amended, or terminated. (○/×)

정답 | ○

해설 | 보증신용장에 명시된 비서류적 조건은 무시된다.

16 Under ISP98 with regard to Article 2.02(Obligation of Different Branches, Agencies, or Other Offices), For the purposes of these Rules, an issuer's branch, agency, or other office acting or undertaking to act under a standby in a capacity other than as issuer is obligated in that capacity only and shall be treated as a different person. (○/×)

정답 | ○

해설 | ISP98은 (원래 미국 국내 안에서 발전된 이유 등으로) 동일한 국가 내에 소재하더라도 행위를 하는 자격(개설, 통지, 확인 등)에 따라 타인으로 간주한다.

UCP600과 URDG758은 동일은행 또는 동일 당사자의 해외 지점이나 해외사무소는 별개의 은행 또는 당사자로 간주된다.

> **[비교를 위한 참고]**
> (1) UCP600 제3조 : Branches of a bank in different countries are considered to be separate bank.
> (2) URDG758 3조 : Branches of a guarantor in different countries are considered to be separate entities.
> URDG758의 경우, 국가가 다르면 비록 동일한 은행이라고 하더라도 적용되는 법이 다르다. 예를 들어 한국의 A 은행 본점이 구상보증인(counter-guarantor)이 되고 한국의 A은행의 쿠웨이트 지점이 현지의 수익자에 대한 보증인(guarantor)이 될 경우 보증의 주체는 다르다. 이는 분쟁 시 다른 국가에 소재하는 A은행의 지점이 적용받는 국가법이 달리 적용될 수도 있기 때문이다.

17 A standby is issued when it leaves an issuer's control unless it clearly specifies that it is not then "issued" or "enforceable". Statements that a standby is not "available", "operative", "effective", or the like do not affect its irrevocable and binding nature at the time it leaves the issuer's control. (○/×)

정답 | ○
해설 | 보증신용장이 물리적으로 개설되었지만, 개설인이 물리적으로 개설된 보증신용장을 통제할 수 있으면 보증신용장은 개설되지 않은 것으로 간주한다. 그러나, 보증신용장은 개설인의 통제를 벗어날 때(at the time it leaves the issuer's control) 개설된다. 보증신용장이 개설되면 보증인은 보증신용장과 그 조건에 적용되는 보증신용장 통일규칙에 취소불능하게 구속된다(예를 들어 보증신용장이 SWIFT로 개설되었지만 통지인이 개설인의 대리인인 경우 보증신용장을 통제할 수 있다. 즉 개설인이 대리인에게 추가적인 지시가 있을 때까지 통지를 보류시키면 개설되지 않은 상태이다).

18 If the last day for presentation stated in a standby is not a business day of the issuer or nominated person where presentation is to be made, then presentation made there on the first following business day shall be deemed timely. (○/×)

정답 | ○
해설 | 보증신용장의 제시일이 법정공휴일이거나 개설인 또는 지정인이 영업을 하지 않는 경우에는 그다음 첫 영업일에 적법한 제시를 할 수 있다(on the first following business day).

19 Presentation to the issuer must be made at the place of business from which the standby was issued, even though place of presentation indicates any other location in the standby. (○/×)

정답 | ×
해설 | [Rule 3.04]
    If no place of presentation to the issuer is indicated in the standby, presentation to the issuer must be made at the place of business from which the standby was issued.

20 Making a non-complying presentation does not waive the right to make another timely presentation or a timely re-presentation whether or not the standby prohibits partial or multiple drawings or presentations. (O / ×)

정답 | ○

해설 | (각 제시의 독립성) 수익자가 일치하지 않은 서류를 제시하였다고 하더라도 서류를 다시 보완하여 적시의 재제시를 할 권리를 포기하는 것을 의미하지 아니한다(수익자가 일치하지 않은 서류를 제시하여 지급거절당한 경우 보증만기 이전에는 서류를 보완하여 재제시도 가능하다. 또한 'multiple demand'인 경우에도 앞선 제시서류의 하자 여부에 무관하게 만기 이전에는 2차, 3차 제시에 영향을 주지 않는다는 내용이다).

> **[Rule 3.07]**
> Making a non-complying presentation, withdrawing a presentation, or failing to make anyone of a number of scheduled or permitted presentations <u>does not waive</u> or otherwise prejudice the right to make <u>another</u> timely presentation or a timely re-presentation whether or not the standby prohibits partial or multiple drawings or presentations.

21 Where medium is indicated to be presented as a paper document by the standby, A document is deemed to be presented as a paper document if the issuer can generate a paper document received through the electronic means. (O / ×)

정답 | ×

해설 | 보증신용장에서 종이서류로 제시하라고 하였는데도 불구하고 수익자가 전자매체를 이용하여 전송했을 경우, 개설인이 전자매체를 프린트하여 종이서류로 생성해 낼 수 있다고 하여도 종이서류로 인정된 것으로 볼 수 없다(즉 제시 하자가 된다).

> **[Rule 3.06]**
> A document is not presented as a paper document if it is communicated by electronic means even if the issuer or nominated person receiving it generates a paper document from it.

01 Under URDG758, A demand under the guarantee shall be supported by such other documents as the guarantee specifies, and in any event by a (　　　) by the beneficiary, indicating in what respect the applicant is in breach of its obligations under the underlying relationship.

정답 | statement

해설 | (URDG758 15조 요약해설) 보증상 지급청구는 그 보증에서 명시된 다른 서류에 의하여 보강되어야 하고, 어떠한 경우에도 보증신청인의 기초관계상 의무위반의 내용을 표시하는 수익자의 진술(statement)에 의하여 보강되어야 한다.

> **[추가해설]**
> 보증에는 특별히 배제되지 않는 한 수익자의 지급청구(demand)는 보증신청인(applicant)이 기초관계상 위반한 내용이 무엇인지, 수익자의 (보강)진술(statement)에 의하여 보강되어야 한다.
>
> **[statement의 예시]**
> We hereby state that the applicant is in breach of its underlying contract, arising from the late delivery.

02 Under ISP98, If on the last business day for presentation the place for presentation stated in a standby is for any reason closed and presentation is not timely made because of the closure, then the last day for presentation is automatically extended to the day occurring (　　　) after the place for presentation re-opens for business, unless the standby otherwise provides.

정답 | thirty(30) calendar days

해설 | 제시기일의 30일 연장을 의미한다. 어떠한 이유로 [for any reason closed=피제시인의 비영업일 이외의 사유(불가항력 포함)로 피제시인의 업무가 중단된 경우]로 휴무로 인하여 이 때문에 적시 제시를 못 하는 경우(보증신용장에서 달리 정하지 아니하면) 최종 제시일은 자동적으로 그 제시장소에서 영업이 재개된 후 달력상 30일 후의 일자로 연기된다. 예를 들어, 만약 영업을 재개한 일자가 202×년 5월 2일이라면 6월 1일까지 서류를 제시할 수 있다.

> 이 경우 'any reason'이란 (ISP98은 URDG758, UCP600과는 달리 불가항력에 대한 서술이 없으므로) 불가항력인 사항은 물론 피제시인이 통제할 수 없는 어떠한 사유에 의해서 업무를 중단해야 하는 모든 휴무를 말한다.

03 Under URDG758, Where a complying demand includes, as an alternative, a request to extend the expiry, the guarantor may suspend payment for a period not exceeding (   ) calendar days following its receipt of the demand.

정답 ┃ 30

해설 ┃ URDG23조의 내용으로 '연장 또는 지급(Extended or pay)'의 의미는 수익자가 보증인에게 지급청구를 하면서 지급요청 또는 일정기간 보증기간 연장을 할 수 있는 선택권을 주는 선택적 지급청구이다. 사례를 들면, 이행보증의 경우, 상업신용장과는 달리, 수출상(보증신청인 : applicant)이 물품선적을 미루고 있고 수입상(수익자 : beneficiary)이 그 선적을 재촉해도 반응이 없으면 보증인에게 보증금(대개 5~10%)을 받는 것보다는 물품의 선적이행을 촉구하는 것이 유리하기에 보증인을 통해 간접적으로 수출상이 선적이행을 촉구(압박)하는 수단으로 쓰인다(상업신용장의 수익자와 개설의뢰인이 뒤바뀐 경우다).

> **[해석]**
> 일치하는 지급청구 내에서 만료의 연장을 선택적으로 요구하는 경우에, 보증인은 그 지급청구 수령일의 다음 날부터 달력상 30일을 초과하지 않는 기간 동안 지급을 정지할 수 있다.

04 (ISP98) These Rules (   ) conflicting provisions in any other rules of practice to which a standby letter of credits also made subject.

정답 ┃ supersede

해설 ┃ ISP98은 보증신용장에 함께 적용되는 여타의 관습적 규칙상의 상충하는 규정에 우선한다.
　　　※ 예를 들어 UCP600이 동시에 적용되는 경우에 두 규칙이 서로 상충하면 ISP98이 우선(supersede)한다.

05 (ISP98) An issuer honours a complying presentation made to it by paying the amount demanded of it (   ), unless the standby provides for any other specified honour.

정답 ┃ at sight

해설 ┃ 보증신용장에서 결제방식(인수방식, 연지급방식, 매입방식 등)에 대해 명시를 하지 않았다면 개설인은 청구된 금액을 일람불(at sight)로 지급하여야 한다.

06 (ISP98) Terms or conditions are non-documentary if the standby does not require presentation of a document in which they are to be evidenced and if their fulfillment cannot be determined by the issuer from (   ) or within the issuer's normal operation.

정답 ┃ the issuer's own records

해설 ┃ 보증신용장에서 조건을 제시하면서 해당 서류를 지정하지 않았다고 해서 무조건 비서류적 조건이 되는 것은 아니다.

보증신용장이 내건 조건을 개설인 자신의 기록(통장의 입출금 내역 등)이나 또는 개설인의 통상적인 업무 내에서 알 수 있다면 그 보증신용장의 조건은 <u>서류제시가 없더라도 불일치한 제시가 아니다.</u> 그러나 개설인의 기록이 아닌 타인의 기록이라면 개설인이 알 수가 없으므로 그러한 조건은 비서류적 조건이 된다.

[사례1]

보증신용장에서 서류의 증빙을 요구하지는 않았지만(비서류적 조건이라는 의미), 개설인이 그런 서류가 없더라도 통상적으로 개설인 스스로가 일치여부를 확인할 수 있는 보증신용장 조건은 다음의 예시를 들 수 있다.

Douments sholud be presented to issuer until Dec. 31, 2025.

즉, 날짜는 개설인은 물론 누구든 알 수 있으므로 보증신용장에 필요서류를 언급할 필요가 없다.

[사례2]

보증신용장에서 'This standby will expire upon of USD 200,000 transferred, by the buyer, to the deposit account of the seller <u>held by the issuer</u>'라는 표현으로 보증신용장에 언급되고 이에 대한 서류를 지정하지 않아도 개설인이 입금여부의 확인이 가능하므로 비서류적 조건이 아니다. 그러나 개설인이 보유한 계좌가 아닌 타인의 계좌인 경우 개설인이 그 입금여부를 확인할 수 없으므로 비서류적 조건이 된다.

즉, 'This standby will expire upon of USD 200,000 transferred, by the buyer, to the deposit account of the seller.'라는 문구로 표기되면 이에 대한 확인서류가 필요하므로 보증신용장에서 이를 확인할 서류를 지정해 주어야만 비서류적 조건을 면할 수 있다.

---

07 Under ISP98, The statement "multiple drawings prohibited" or a similar expression means that only one presentation may be made and honoured but that it may be for (   ) than the full amount available.

정답 | less

해설 | 수차청구금지 또는 그와 유사한 표현은 오직 1회로 제시되고 결제될 수 있으나 보증신용장 금액의 전액 미만으로 제시할 수 있음을 의미한다. 예를 들어 보증신용장의 금액이 100,000불인 경우, 제시를 30,000불만 하였더라면 나머지 70,000불에 대하여 추가 제시를 할 수 없다.

08 Under ISP98, Rule 4.16(Demand for Payment), A demand may be in the form of a draft or other instruction, order, or request to pay. If a standby requires presentation of a "draft" or "bill of exchange", that draft or bill of exchange need not be (   ) form unless the standby so states.

정답 | in negotiable

해설 | 지급청구(demand)는 환어음 기타 지급을 구하는 지시, 명령 또는 요구의 형태일 수 있다. 보증신용장에서 환어음 ("draft" or "bill of exchange")의 제시를 요구한 경우에는 그 환어음은 보증신용장에서 달리 명시하지 않는다면 <u>반드시 유통가능한 형식(지시식)일 필요는 없다.</u> 즉 환어음은 수취인이 지시식 또는 기명식이 되어도 무방하다.

[참고]

'The draft does not need to be a negotiable instrument'라는 표현으로 출제되기도 한다.

---

09 Under ISP98, Rule 6.02(When Drawing Rights are Transferable)

a. A standby is not transferable unless it so states.

b. A standby that states that it is transferable without further provision means that drawing rights:

1) may be transferred in their entirety more than (a)

2) may not be (b) transferred

정답 | (a) once, (b) partially

해설 | 양도가능하다고 명시하면서 더 이상 규정하지 아니한 보증신용장은, 그 전체 금액(entirety)을 2회 이상(more than once) 연속적으로 양도될 수 있다.

UCP600의 상업신용장과는 달리 보증신용장은 전체(금액) 양도를 해야 한다. 왜냐하면 상업신용장은 양도차액을 얻는 것이 목적이지만 보증신용장은 양도차액이 목적이 아니기 때문이다.

또한 상업신용장과는 달리 보증신용장은 연속적으로 수차례 양도할 수도 있다. 일부(partially) 보증 금액양도는 할 수 없다.

10 Under ISP98, Rule 3.09(Extend or Pay), A beneficiary's request to extend the expiration date of the standby or, alternatively, to pay the amount available under it and it implies that the beneficiary consents to the maximum time available under these Rules for examination and (   ).

정답 | notice of dishonour

해설 | 수익자는 심사(examination) 및 결제거절통지(notice of dishonour)에 관하여 이 규칙이 허용하는 최대 기간(7영업일)에 동의한다.

> [참고]
> 5.01 Timely Notice of Dishonour :
> – Notice given within three business days is deemed to be not unreasonable and beyond seven(7) business days is deemed to be unreasonable.
> – The time for calculating when notice of dishonour must be given begins on the business day following the business day of presentation
> – Unless a standby otherwise expressly states a shortened time within which notice of dishonour must be given, the issuer has no obligation to accelerate its examination of a presentation.

11 Under ISP98, Rule 3.07(Separateness of Each Presentation), (   ) dishonour of a complying presentation does not constitute dishonour of any other presentation under a standby or repudiation of the standby.

정답 | Wrongful

해설 | 일치하는 제시에 대한 부당한 결제거절은 보증신용장상의 여타의 제시에 대한 결제거절이나 보증신용장의 이행거 절로 되지 아니한다(수익자가 부당한 결제거절을 받고 서류를 재제출하였다고 하더라도 수익자가 그 부당한 거절 사유에 동의했다는 것을 의미하는 것이 아니다).

12 Under ISP98, An issuer honours a complying presentation made to it by paying the amount demanded of it (   ), unless the standby provides for honour.

정답 | at sight

해설 | 보증신용장에서 결제방식(환어음 방식, 연지급방식, 매입방식 등)을 명시하지 않은 경우에는 개설인은 청구된 금 액을 일람불(at sight)로 지급한다

13 Under ISP98, A person who is requested to advise a standby and decides not to do so should notify (   ).

정답 | the requesting party

해설 | 보증신용장 통지를 요청받고서 그렇게 하지 않기로 결정한 자는 그 통지를 요청한 자(the requesting party)에게 그러한 사실을 통보하여야 한다.

　　※ 주의할 것은 통지요청을 한 당사자가 개설인(issuer)이 아니라면 통지요청의 거절의사를 개설인에게 알리는 것 이 아니라 통지요청을 한 당사자(requesting party)에게 알려주어야 한다는 점이다.

※ 보증신용장에서 'person'이란 뜻은 반드시 사람만을 의미하는 것은 아니다.

"Person" includes a natural person, partnership, corporation, limited liability company, government agency, bank, trustee, and any other legal or commercial association or entity.

자연인, 조합, 법인, 유한책임회사, 정부기관, 은행, 수탁자 및 기타 법률적 또는 상업적 단체나 실체를 의미한다.
---

01 Under URDG758, Which one is the most suitable word(s) for the blanks in order?

> A guarantee should not contain a condition (   ) a date or the lapse of a period without specifying a document to indicate compliance with that condition. If the guarantee does not specify any such document and the fulfillment of the condition cannot be determined from the (   ) or from an index specified in the guarantee, then the guarantor will deem such condition as (   ) and will disregard it except for the purpose of determining whether data that may appear in a document specified in and presented under the guarantee do not conflict with data in the guarantee.

① including-applicant's own records-stated

② other than-guarantor's own records-not stated

③ including-guarantor's own records-stated

④ other than-applicant's own records-not stated

정답 | ②

해설 | 비서류적 조건에 대한 지식을 묻는 문제이다. 'other than-guarantor's own records-not stated'이다. 보증에서는 일자(date)나 기간경과(lapse of time)에 관련된 조건은 비서류적 조건으로 간주되지 않으며, 보증에서 명시적으로 제시서류를 요구하는 것은 서류적 조건이다.

> 보증인이 보증인 자신의 기록(guarantor's own records) 이나 보증상 명시된 지수(index)로 확인할 수 없고, 당해 조건이 준수되었음을 표시하는 서류를 명시하지 않아서 외부적 사실에 의존해야만 확인이 가능한 보증의 조건은 모두 비서류적 조건이다. 그러나 비서류적 조건을 무시하는 것이 기본원칙이지만, 경우에 따라서는 보증상 제시된 서류에 나타난 정보(data)가 보증상의 정보와 저촉되는지 여부를 결정하기 위한 목적인 경우에는 무시할 수 없다(비서류적조건에 대한 내용인 URDG758 제7조 내용은 ISP98의 Rule 4.11과 유사하지만 URDG758의 내용 중 ISP98에는 'except for 이하'에 대한 문장이 없는 특징이 있다).

02 Under URDG758, Which of the following statements is <u>NOT</u> correct with reference to the Article 17(partial demand and multiple demands)?

① A demand may be made for less than the full amount available("partial demand").

② More than one demand("multiple demands") may be made.

③ The expression "multiple demands prohibited" or a similar expression means that only one demand covering all or part of the amount available may be made.

④ Where the guarantee provides that only one demand may be made, and that demand is rejected, another demand can not be made thereafter.

정답 | ④

해설 | 보증에서 오직 1회의 지급청구만이 가능하다는 의미를 오해하기 쉽다. 만약 일치하지 아니한 제시를 한 경우 수익자는 서류를 보강하여 보증이 종료되기 전에 재제시할 수 있다. 일부 금액청구(partial demand)와 수차청구(multiple demand)와는 전혀 다른 개념이다(Where the guarantee provides that only one demand may be made, and that demand is rejected, another demand can be made on or before expiry of the guarantee).

03 Under URDG758, The counter−guarantor shall without delay inform (   ) of any demand under the counter− guarantee and of any request, as an alternative, to extend the expiry of the counter−guarantee.

① the beneficiary

② the instructing party

③ the applicant

④ guarantor

정답 | ②

해설 | 구상보증인은 연장 또는 지급(extend or pay)의 제시사실을 지체 없이 지시당사자(the instructing party) 또는 구상보증인(구상보증인이 복수인 경우)에 그 사실을 알려야 하는데, 유의할 것은 보증신청인(applicant)에게 알려주는 것이 아니란 점에 유의한다.

> **[원문]**
>
> The guarantor shall without delay inform the instructing party or, where applicable, the counterguarantor of any demand under the guarantee and of any request, as an alternative, to extend the expiry of the guarantee. The counter−guarantor shall without delay inform the instructing party of any demand under the counter−guarantee and of any request, as an alternative, to extend the expiry of the counter−guarantee.
> 보증인은 지체 없이 지시당사자에게 또는 경우에 따라 구상보증인에게 보증상 지급청구가 이루어진 사실과 보증상 지급 또는 만료연장이 선택적으로 요청된 사실을 통지하여야 한다. 구상보증인은 지체 없이 지시당사자에게 구상보증상 지급청구가 이루어진 사실과 구상보증상 지급 또는 만료연장이 선택적으로 요청된 사실을 통지하여야 한다.

04 Under URDG758, The expression "multiple demands prohibited" or a similar expression means that only one demand covering all or part of the amount available may be made. If the first demand $30,000 by the beneficiary, out of total guarantee amount $100,000 has been made to the guarantor, the beneficiary may make the further demand(s) by :

① Second demand by $50,000, third demand by $20,000 within expiry date of guarantee.

② Only second demand by $70,000 within expiry date of guarantee.

③ Amount less the total guarantee amount within expiry date of guarantee.

④ None of above.

정답 | ④

해설 | "multiple demands prohibited"이므로 3만 불을 청구한 이후에는 추가로 제시할 수 없다.

05 Under URDG758, If the beneficiary make a presentation of a demand indicating that it is to be completed later, the guarantor :

① shall examine that demand, within 5 business days following the day of presentation and determine if it is complying demand.

② shall examine that demand, within 5 calendar days including the day of presentation and determine if it is complying demand.

③ shall examine that demand, within 5 banking days following the day of presentation and determine if it is complying demand.

④ need not examine until it is completed.

정답 | ④

해설 | '완전한 제시가 추후에 이루어질 것'이라면 그것이 완결될 때까지 보증인은 심사할 필요가 없다.

> **[해석]**
> If a presentation of a demand does not indicate that it is to be completed later, the guarantor shall, <u>within five business days following the day of presentation</u>, examine that demand and determine if it is a complying demand. This period is not shortened or otherwise affected by the expiry of the guarantee on or after the date of presentation. However, if the presentation <u>indicates that it is to be completed later, it need not be examined until it is completed.</u>
> 지급청구의 제시 시에 그것이 추후 완결될 것임을 표시하지 아니한 경우에, 보증인은 제시일의 다음 날부터 5영업일 내에 그 지급청구를 심사하여 그것이 일치하는 지급청구인지를 결정하여야 한다. 이 기간은 제시일에 또는 그 후에 보증이 만료된다는 사실에 의하여 단축되거나 달리 영향을 받지 아니한다(즉, 결제만기가 촉박해도 이에 무관하게 보증인은 5영업일 이내에 심사할 권리가 있음). 그러나 제시 시 그 지급청구가 추후에 완결될 것이라고 표시한 경우에는, 그것이 완결될 때까지 심사할 필요가 없다.
> ※ URDG758의 보증인(guarantor)은 은행뿐만 아니라 보험회사나 채무자의 관계회사 또는 다른 당사자가 담당할 수 있으므로 banking days가 아닌, 'business days'라는 용어를 사용한다.

06 Under URDG758, the running of the time for examination under article 20(Time for examination of demand; payment) of a presentation made but not yet examined before the force majeure shall be suspended until the resumption of the guarantor's business.

> 1) Presented date of documents : 202×. July. 1st.(Monday)
> 2) Occurrence date of Force Majeure : 202×. July. 4th(Thurday)
> 3) Resumption date of Guarantor's business : 202×. July. 23rd(Tuesday)

With the conditions mentioned above, the last date for examination shall be on :

① 202X. July. 23rd(Tuesday)　　② 202X. July. 25th(Thursday)

③ 202X. July. 26th(Friday)　　④ 202X. July. 29th(Monday)

정답 | ③

해설 | 보증인이 7월 1일 접수하였으므로 다음 날부터 5영업일까지 심사 가능하다. 서류접수일이 7월 1일이므로 그 다음 날 7월 2일, 7월 3일은 심사기간에 속하지만 7월 4일부터 불가항력으로 심사하지 못한다. 불가항력이 끝나고 영업을 다시 시작한 날은 7월 23일(화)이므로 7월 24일(수), 7월 25일(목), 7월 26일(금)로 총 5영업일 간(7월 2일, 3일, 24일, 25일, 26일)의 최대 심사기간을 가진다. 즉, 7월 26일(금)이 심사 최종일이다.

> [URDG758 Article 20] Time for examination of demand; payment
> a. If a presentation of a demand does not indicate that it is to be completed later, the guarantor shall, within <u>five business days following</u> the day of presentation, examine that demand and determine if it is a complying demand.
> [URDG758 Article 26] Force majeure
> ii. the running of the time for examination under article 20 of a presentation made but not yet examined <u>before the force majeure</u> shall be suspended until <u>the resumption of the guarantor's business;</u> and

07 Under URDG758, Which of the following statements is <u>NOT</u> correct in connection with the Examination?

① Making a demand that is not a complying demand does not waive to make another timely demand, whether or not the guarantee prohibits partial or multiple demands.

② Payment of a demand that is not a complying demand does not waive the requirement for other demands to be complying demands.

③ The guarantor shall determine, on the basis of the underlying contract between applicant and beneficiary alone, though it appears on its face to be a complying presentation.

④ The guarantor need not re-calculate a beneficiary's calculations under a formula stated or referenced in a guarantee.

정답 | ③

해설 | 신용장 이론과 마찬가지로 URDG758도 보증신청인과 수익자간의 원인계약과 무관하게 서류에 표현된 문면상(on its face)으로만 판단한다.

> **[URDG758 제19조]**
>
> The guarantor shall determine, on the basis of a presentation alone, whether it appears <u>on its face(문면상)</u> to be a complying presentation.
> 해석상 유의할 것은 'on its face'가 서류의 '앞면'이란 뜻이 아니다.

※①, ②의 내용은 각 지급의 독립성을 나타낸다.

> **[Article 18] <u>Separateness of each demand(각 지급청구의 독립성)</u>**
>
> a. Making a demand that is not a complying demand or withdrawing a demand does not waive or otherwise prejudice the right to make another timely demand, whether or not the guarantee prohibits partial or multiple demands.
> b. Payment of a demand that is not a complying demand does not waive the requirement for other demands to be complying demands.

08 Under ISP98, The receipt of a document required by and presented under a standby constitutes a presentation requiring examination for compliance with the terms and conditions of the standby :

① when all of the required documents have been made.

② when essential documents required have been made.

③ even if not all of the required documents have been made.

④ even if nothing of the required documents have been made.

정답 | ③

해설 | [Rule 3.02]
　　　개설인의 서류심사는 보증신용장에서 요구하는 모든 서류가 제출되어야 시작되는 것은 아니다. 보증신용장의 요구에 따라 제시된 서류 중 서류심사가 가능한 일부의 서류가 제출되어도 개설인은 이 규칙에 따라 서류심사를 하여야 한다.
　　　제시자가 '서류심사를 유보하라든지, 또는 추가서류를 보낼 것이다' 등의 요청이 없는 경우에는 서류심사를 개시하여야 한다.

09 Under ISP98, Regarding 'the timely notice of dishonour', The time for calculating when notice of dishonour must be given begins on (   ).

① the banking day following the banking day of presentation.

② the banking day following the day of presentation.

③ the business day following the business day of presentation.

④ the business day following the day of presentation.

정답 | ③

해설 | UCP600과 URDG758과는 다르게 ISP98에는 '합리적인 거절기간'이 있다.

그리고 이 합리적인 거절기간의 산정(3~7일)에서 서류제시접수를 오직 영업일(business day)의 다음 영업일부터 계산한다(※ 보증신용장의 개설인(issuer)은 은행뿐만 아니라 보험회사나 기업도 개설인이 될 수 있으므로 개설은 행이란 용어를 사용하지 않는다. 따라서 banking day가 아닌 'business day'라는 용어를 사용한다).

즉, 만약 토요일에 서류가 접수되었다 하더라도 월요일에 접수된 것으로 가정하여 그 다음날 화요일부터 결제기간 통보일의 시작일이 된다[그러나 UCP600은 접수일(토요일도 가능)로부터 5영업일로 계산한다].

[ISP98 Rule 5.01]

Notice given within three business days is deemed to be not unreasonable and beyond seven business days is deemed to be unreasonable. The time for calculating when notice of dishonour must be given begins on the business day following the business day of presentation.

[UCP600의 내용과 비교]

The notice required in sub-article 16(c : refusal of honour) must be given by telecommunication or, if that is not possible, by other expeditious means no later than the close of the fifth banking day following the day of presentation.

제16조 c항에서 요구된 통지는 전기통신(telecommunication)으로 또는 그 이용이 불가능한 때에는 기타 신속한 수단으로 제시일의 다음 제5은행영업일의 마감시간까지 행해져야 한다.

---

10 Under ISP98, Which one of the following statements is <u>CORRECT</u>, regarding the amount of drawings?

① If a demand exceeds the amount available under the standby, the drawing is discrepant. Any document other than the demand stating an amount in excess of the amount demanded is discrepant for that reason.

② If a demand exceeds the amount available under the standby, the drawing is discrepant. Any document other than the demand stating an amount in excess of the amount demanded is not discrepant for that reason.

③ If a demand exceeds the amount available under the standby, the drawing is not discrepant. Any document other than the demand stating an amount in excess of the amount demanded is not discrepant for that reason.

④ If a demand exceeds the amount available under the standby, the drawing is not discrepant. Any document other than the demand stating an amount in excess of the amount demanded is discrepant for that reason.

정답 | ②

해설 | 지급청구를 하는 환어음 또는 지급청구서 금액이 보증신용장 금액을 초과하면 당연히 하자사유가 된다. 그러나 지급청구 금액을 제외한 기타서류가 청구금액을 초과하더라도 하자사유가 되지 아니하는데, 그 이유는 보증신용장 개설관행상 기초계약의 10% 내외에서 보증신용장을 개설하기 때문에 서류상 나타난 금액이 일반적으로 큰 금액으로 표시되어 있기 때문이다.

> **[해석]**
> 보증신용장금액을 초과하여 지급청구된 경우에는 그 지급청구는 불일치하다. (그러나) 지급청구서 이외의 서류에서 청구금액보다 많은 금액을 기재한 경우에 그 서류는 그러한 사실로 불일치한 것으로 되지 아니한다.

11 Under ISP98, Which one of the following statements is <u>NOT</u> correct?

① If no place of presentation to the issuer is indicated in the standby, presentation to the issuer must be made at the place of business from which the standby was issued.

② A presentation is timely if made at any time after issuance and before expiry on the expiration date.

③ Honour of a non-complying presentation, with or without notice of its non-compliance, waives requirements of a standby for other presentations.

④ A beneficiary's request to extend the expiration date of the standby or, alternatively, to pay the amount available under it is a presentation demanding payment under the standby, to be examined as such in accordance with these Rules, and implies that the beneficiary consents to the amendment to extend the expiry date to the date requested.

정답 | ③

해설 | 개설인(issuer)의 수익자에 대한 하자통보 여부에 무관하게, 수익자의 일치하지 않은 제시를 (개설인이) 결제(honour)한 경우라 하더라도, 추후 동일한 제시에 여전히 이전에 승인하였던 하자사유 재발 시에는 결제를 거절할 수 있다. 각각의 제시는 서로 독립적이기 때문이다.

> **[원문]**
>
> Honour of a non-complying presentation, with or without notice of its non-compliance, does not waive requirements of a standby for other presentations.

④의 내용(Extend or pay)은 수익자가 개설인이 지급을 해주든지 아니면 수익자가 지정한 날짜까지 보증만료일을 연장해 줄 것인지를 개설인이 선택해서 알려달라는 것이다. 이런 경우도 정당한 제시(presentation)에 해당하므로 개설인은 서류심사(to be examined)를 해야 하며 개설인의 판단(its discretion)하에 지급 또는 보증연장을 선택하면 된다.

12 Under ISP98, Which of the following statements is <u>NOT</u> correct in terms of the an issuer's responsibilities?

① An issuer is not responsible for performance or breach of any underlying transaction.

② An issuer is not responsible for accuracy, genuineness, or effect of any document presented under the standby.

③ An issuer is responsible for action or omission of others only when the other person is chosen by the issuer or nominated person.

④ An issuer is not responsible for observance of law or practice other than that chosen in the standby or applicable at the place of issuance.

정답 | ③

해설 | ③의 경우, 예를 들어 개설인 자신이 선택한 어떤 지정인에게 보증신용장을 수익자에게 통지하라고 시킨 경우, 그 지정인이 통지를 하지 않아서 수익자에게 손해가 생길 경우에도 개설인에게 책임을 물을 수 없다는 의미이다.

> 1.08 Limits to Responsibilities :
> An issuer is <u>not responsible for</u> :
> a. performance or breach of any underlying transaction ;
> b. accuracy, genuineness, or effect of any document presented under the standby ;
> c. action or omission of <u>others even if the other person is chosen by the issuer or nominated person</u> ; or
> d. observance of law or practice other than that chosen in the standby or applicable at the place of issuance(보증신용장 내에서 지정된 법률 또는 관행이나 개설지에서 적용되는 법률 또는 관행 <u>이외의</u> 법률이나 관행의 준수에 대한 **책임은 없다** : 이를 다르게 표현하면 보증신용장 개설지에서 적용되는 법률과 보증신용장이 선택한 법률에 대해서만 개설인이 책임을 진다는 뜻이다.)
> ※ 문장 중에서 "that"은 observance of law or practice를 의미한다.

13 Under ISP98, Which of the following statements is <u>NOT</u> correct, with regard to the "Examination for Compliance"?

① Whether a presentation appears to comply is determined by examining the presentation on its face against the terms and conditions stated in the standby.

② Terms or conditions are non-documentary if their fulfillment can be determined by the issuer from the issuer's own records or within the issuer's normal operations.

③ Documents presented which are not required by the standby need not be examined and, in any event, shall be disregarded for purposes of determining compliance of the presentation.

④ A standby term or condition which is non-documentary must be disregarded whether or not it affects the issuer's obligation to treat a presentation as complying.

정답 | ②

해설 | 예를 들어 보증서에 "Documents must be presented to issuer until Nov. 30th 2025."라는 조건만 제시하고 그 증빙서류를 지정하지 않아도 된다. 개설인 스스로 제시 마감 날짜를 알 수 있기 때문이다(비서류적 조건이 아니다).

Terms or conditions are non-documentary if their fulfillment <u>can not be determined</u> by the issuer from the issuer's own records or within the issuer's normal operations.

14 Under ISP98, Which of the following statements is <u>NOT</u> correct, regarding the presentation?

① Making a non-complying presentation does not waive the right to make a timely re-presentation.

② Making a non-complying presentation waives the right to make another re-presentation when the standby prohibits multiple presentations.

③ Wrongful dishonour of a complying presentation does not constitute dishonour of any other presentation under a standby.

④ Honour of a non-complying presentation does not waive requirements of a standby for other presentations.

정답 | ②

해설 | 서류의 하자로 지급거절을 당하면 서류를 보완하여 re-presentation할 수 있다. 이 권리는 청구가 일부청구(partial drawing)금지나 수차청구(multiple drawing) 금지여도 상관없다.

③ 일치한 제시에 대한 부당한 결제거절은 보증신용장상 여타의 제시에 대한 결제거절이나 보증신용장의 이행거절로 되지 아니한다(※부당한 지급거절을 당한 수익자가 서류를 보완하여 재제출하였더라도 수익자가 부당한 결제거절에 동의한 것으로 볼 수 없다).

④의 경우, 일치하지 않은 제시임에도 불구하고 보증서 개설인(또는 확인인)이 이를 일치하는 제시로 인정하여 지급등을 하더라도 그 다음 회차에서 또 불일치한 서류제시를 용인하는 것은 아니다 라는 뜻이다. 즉 그 다음 회차에서는 보증서의 요건(requirements)을 지켜야 한다. 이는 각각 제시의 독립성에서 나온다.

15 Under ISP98, With regard to "Examination" Which of the followings is <u>NOT</u> correct?

① Whether a presentation appears to comply is determined by examining the presentation on its face against the terms and conditions stated in the standby.

② Documents presented which are not required by the standby need not be examined and, in any event, shall be disregarded for purposes of determining compliance of the presentation.

③ The language of all documents issued by all the entities including the beneficiary is to be that of the standby.

④ The issuance date of a required document may be earlier but not later than the date of its presentation

정답 | ③

해설 | 보증신용장에서 요구하는 서류 중에서 <u>수익자가 발행하는</u> 서류는 보증신용장 언어로 작성되어야 하지만, 수익자가 발행하는 서류가 아닌 경우는 해당 발행자의 언어로도 발행할 수 있다. 예를 들면 보증신용장에서 영어로 된 제시서류를 원하지만 특정 언어를 사용하는 국가기관에서 발행되는 서류는 영어가 아닌 경우가 있다. 그 국가의 언어로만으로 발행될 수도 있기 때문이다. 따라서 수익자 이외의 서류 발행자는 타 언어로 서류발행이 가능하다.

> **[Rule 4.04]**
>
> The language of all documents <u>issued by the beneficiary</u> is to be that of the standby.

④ The issuance date of a required document may be earlier but not later than the date of its presentation. 이 문장의 뜻을 확장하여 보증신용장에서 요구하는 서류의 발행일자는 제시가 이루어진 이후가 아니라면 보증신용장 개설일 이전이어도 가능하다. 만약 5월 7일 보증서 개설일이고 지급청구(Demand)서류제시일이 5월 30일이면 제출된 서류의 발행일자가 5월 1일이어도 된다(4.06조 참조).

16 Under ISP98, Unless the standby provides how to honour, An issuer honours a complying presentation made to it :

① by timely incurring a deferred payment obligation and thereafter paying at maturity.

② by paying the amount demanded of it at sight.

③ by timely accepting the draft drawn by the beneficiary on the issuer.

④ by paying the amount demanded at sight without recourse by negotiation.

정답 | ②

해설 | 보증신용장에서 결제방식(acceptance, deferred payment, negotiation)에 대해 명시가 없다면 개설인은 청구된 금액을 일람불(at sight)로 지급해야 한다.

[Rule 2.01]
An issuer honours a complying presentation made to it by paying the amount demanded of it <u>at sight</u>, unless the standby provides for honour.

[추가 해설]
이 개설인의 의무는 확인인(confirmer)이 있을 경우에도 개설인과 동일한 의무를 가진다. 즉, 확인인은 개설인의 부당한 결제거절에 대하여서도 수익자에게 결제하여야 한다. <u>수익자의 정당한 제시를 개설인이 부당하게 거절할 경우, 수익자가 보증만료일을 경과하여 그 확인인에게 제시하더라도 확인인은 만료일의 경과를 사유로 결제거절을 할 수 없다.</u>

[Rule 2.01] Undertaking to Honour by Issuer and Any Confirmer to Beneficiary
수익자에 대한 개설인과 확인인의 결제의무
An issuer honours a complying presentation made to it by paying the amount demanded of it <u>at sight</u>, unless the standby provides for honour :
(i) by acceptance of a draft drawn by the beneficiary on the issuer, in which case the issuer honours by :
　　수익자가 개설인 앞으로 발행한 환어음을 인수함으로써 결제할 것을 규정한 때에는 :
　　(a) timely accepting the draft; and
　　　　그 환어음을 적시에 인수하고, 또한
　　(b) thereafter paying the holder of the draft on presentation of the accepted draft on or after its maturity
　　　　만기에 또는 그 만기 이후에 그 인수된 환어음이 제시된 때에 그 소지인에게 지급함으로써 결제하여야 한다.
(ii) by deferred payment of a demand made by the beneficiary on the issuer, in which case the issuer honours by :
　　수익자가 개설인에 행한 청구에 대하여 연지급을 함으로써 결제할 것을 규정한 때에는 :
　　(a) timely incurring a deferred payment obligation; and
　　　　적시에 그 연지급을 확약하고, 또한
　　(b) thereafter paying at maturity
　　　　그 후 만기에 지급함으로써 결제하여야 한다.
(iii) by negotiation, in which case the issuer honours by paying the amount demanded at sight <u>without recourse</u>
　　매입에 의한 결제를 규정한 경우에는 청구된 금액을 소구권 없이 즉시 지급함으로써 결제하여야 한다.

학습가이드 ■ ■ UCP600 제13조(은행 간 대금약정)의 내용에서 대금지급에 대한 별도로 규정한 것이 URR725(Uniform Rules for Bank- to-Bank Reimbursement : 은행 간 화환신용장 대금 상환에 대한 통일규칙)이다. 신용장 개설 시 거래당사자 간에 신용장 대금상환에 대해서 는 UCP600과는 별도로 URR725를 적용하고자 하는 경우, 이 URR725가 적용된다.

URC522(Uniform Rule for Collection : 추심에관한통일규칙)은 신용장 기준이 아닌 수출 입 당사자 간의 대금추심을 은행이 중간에서 개입하는 내용이다.

출제문항은 1~2개이므로 본 문제집에서 언급하는 것으로만 학습해도 충분하기 때문에 시간배분을 많이 할 필요가 없다.

	주요주제	출제빈도
URR725	상환수권, 상환확약	★★★
	상환청구, 상환청구의 처리	★★☆
	상환수권의 중복	★★★
	외국의 법률과 관습	★★☆
	통신문 송부의 면책	★★★
URC522	추심의 당사자	★★★
	제시(일람불, 인수)	★★☆
	내국통화 및 외국통화에 의한 지급	★☆☆
	거절증서 및 예비지급인	★☆☆
	통지	★★★

01 The claiming bank's claim for reimbursement can include multiple reimbursement claims under one teletransmission or letter. (○ / ×)

정답 | ×

해설 | 대금을 청구하는 청구은행은 하나의 전신 또는 서신에 다수의 상환청구를 포함하여서는 안 된다(The claiming bank's claim for reimbursement must not include multiple reimbursement claims under one teletransmission or letter).

02 Under URR725, A reimbursement authorization is related to the credit to which it refers, and a reimbursing bank is concerned with or bound by the terms and conditions of the credit, even if any reference whatsoever to it is included in the reimbursement authorization. (○ / ×)

정답 | ×

해설 | 상환은행은 신용장과 독립적이다. 즉, 상환은행은 신용장 조건을 알지 못하고 관계하지도 않는다. 따라서 상환은행은 신용장 조건에 관여하지 않으므로 신용장 조건에 구속을 받을 이유가 없다. 상환은행은 상환확약(undertaking)을 하지 않았다면 어떠한 이유로든 상환청구에 대하여 지급을 거절할 수 있다.

> [원문]
> A reimbursement authorization is separate from the credit to which it refers, and a reimbursing bank is not concerned with or bound by the terms and conditions of the credit, even if any reference whatsoever to it is included in the reimbursement authorization.

03 Under URR725, "Reimbursement undertaking amendment" means an advice from the issuing bank to the reimbursing bank named in the reimbursement authorization stating changes to a reimbursement undertaking. (○ / ×)

정답 | ×

해설 | 상환확약 조건변경이란 상환은행이 상환확약의 조건변경을 명시하여 상환수권에 명시된 청구은행에 보내는 통지를 의미한다("Reimbursement undertaking amendment" means an advice from the reimbursing bank to the claiming bank named in the reimbursement authorization stating changes to a reimbursement undertaking).

※ 개설은행으로부터 취득한 상환은행의 상환수권(R/A)과 상환은행의 청구은행에 대한 의무인 상환확약(undertaking)을 구별하여야 한다.

04 Under URR725, An issuing bank should not require a sight draft to be drawn on the reimbursing bank. (O/×)

정답 | ○

해설 | 개설은행은 상환은행을 지급인으로 하는 일람출급어음의 발행을 요구하여서는 아니 된다(그 이유는 일람불 발행은 상환과정에서 종종 지연을 야기한다. 상환청구는 대부분 전신으로 청구되므로 상환은행을 지급인으로 하는 환어음을 요구할 시 청구은행은 전신청구와 별도로 환어음을 상환은행에 송부하여 상환은행이 중복청구를 받는 사례가 발생하기 때문이다).

05 Under URC522, The "drawer" is the one to whom presentation is to be made in accordance with the collection instruction. (O/×)

정답 | ×

해설 | "지급인"이란 추심지시서에 따라 제시를 받아야 할 자를 말한다. 'drawer'은 어음의 발행인이다(The "drawee" is the one to whom presentation is to be made in accordance with the collection instruction).

06 Under URC522, Banks will not examine documents in order to obtain instructions. (O/×)

정답 | ○

해설 | 추심을 위해 송부되는 모든 서류에는 그 본 규칙(URC522)의 적용을 받고 있음을 명시하고 완전하고 정확한 지시가 기재된 추심지시서가 첨부되어야 한다. 은행은 그러한 추심지시서에 기재된 지시와 본 규칙에 따라서만 업무를 수행하여야 한다. 그리고 은행은 지시를 얻기 위하여 서류를 검토하지 않는다.

07 Under URC522, If the remitting bank does not nominate a specific presenting bank, the advising bank may utilise a presenting bank of its choice. (O/×)

정답 | ×

해설 | 추심의뢰은행이 특정 제시은행을 지정하지 않은 경우에는 추심은행은 자신이 선택한 제시은행을 이용할 수 있다 (The collecting bank may utilize a presenting bank of its choice).

08 Under URC522, The presenting bank is responsible for seeing that the form of the acceptance of a bill of exchange appears to be complete and correct, also responsible for the genuineness of any signature or for the authority of any signatory to sign the acceptance. (O/×)

정답 | ×

해설 | 제시은행은 환어음의 인수의 형식이 완전하고 정확하게 나타나 있는지를 확인해야 할 책임이 있다. 그러나 제시은행은 어떠한 서명의 진정성이나 인수의 서명을 한 어떠한 서명인의 권한에 대하여 책임을 지지 아니한다(… but is not responsible for the genuineness of any signature or for the authority of any signatory to sign the acceptance).

09 Under URC522, Any charges and/or expenses incurred by banks in connection with any action taken to protect the goods will be for the account of the party from whom they received the collection. (O / ×)

정답 | ○

해설 | 물품을 보전하기 위해 취해진 조치와 관련하여 은행에게 발생한 모든 수수료 또는 비용은 <u>추심을 송부한 당사자의 부담으로 한다.</u>

> **[추가해설]**
> 물품은 은행의 사전동의 없이 은행의 주소로 직접 발송되거나 은행 기명식 또는 은행의 지시식으로 탁송되어서는 아니 된다. 그럼에도 불구하고 은행 기명식 또는 은행의 지시식(to the order of a bank)으로 탁송되는 경우에는 <u>그 은행은 물품을 인수하여야 할 의무를 지지 아니하며 그 물품은 물품을 발송하는 당사자의 위험과 책임으로 남는다.</u> <u>은행은 화환추심과 관계되는 물품에 관하여 물품의 보관, 부보(insurance of goods)를 포함한 어떠한 조치도 취할 의무가 없으며,</u> 그러한 조치를 하도록 지시를 받은 경우에도 그러하다.

10 Under URC522, Banks utilizing the services of another bank or other banks for the purpose of giving effect to the instructions of the principal, do so for the account and at the risk of remitting bank. (O / ×)

정답 | ×

해설 | 추심의뢰인의 지시를 이행하기 위하여 다른 은행의 서비스를 이용하는 은행은 <u>그 추심의뢰인의 비용과 위험부담으로(at the risk of such principal)</u> 이를 행한다.

01 A reimbursing bank shall have a maximum of (　　　　) banking days following the day of receipt of the reimbursement claim to process the claim. A reimbursement claim received outside banking hours will be deemed to be received on the next following banking day.

정답 ｜ 3(three)

해설 ｜ [URR725 제11조]
상환은행은 상환처리를 하는 데 그 상환청구의 접수일의 다음 날부터 최장 3은행영업일을 갖는다.

02 When a reimbursing bank has not issued a reimbursement undertaking and a reimbursement is due on a future date, the reimbursement claim should not be presented to the reimbursing bank more than (　　　　) banking days prior to such predetermined date.

정답 ｜ 10(ten)

해설 ｜ 상환은행이 상환확약을 발행하지 않았고, 상환이 장래의 기일에 예정되어 있는 경우에는 상환청구가 그 미리 정해진 날짜로부터 10은행영업일 이내에 제시되어서는 아니 되며, 상환은행은 이 상환청구를 무시할 수 있다.

03 If a reimbursement authorization states that the reimbursing bank's charges are for the account of the (　　　　), they shall be deducted from the amount due to a claiming bank when reimbursement is made.

정답 ｜ beneficiary

해설 ｜ [URR725 제16조]
상환수권에 상환은행의 수수료가 수익자의 부담으로 명시되어 있으면, 상환 시 청구은행에 지급하는 금액에서 차감한다.

04 Under URC522, The (　　　　) is the party entrusting the handling of a collection to a bank.

정답 ｜ principal(추심의뢰인)

해설 ｜ 은행에 추심업무를 의뢰하는 자를 "추심의뢰인"이라고 한다(the "principal" who is the party entrusting the handling of a collection to a bank).

05 Under URC522, The (   ) is the bank to which the principal has entrusted the handling of a collection.

정답 | remitting bank(추심의뢰은행=추심요청은행)

해설 | 추심의뢰인으로부터 추심업무를 의뢰받은 은행을 추심요청은행이라고 한다.

06 Under URC522, Clean collection means collection of financial documents not accompanied by (   ) documents.

정답 | commercial(상업서류)

해설 | 무화환추심이란 상업서류가 첨부되지 않은 금융서류의 추심을 의미한다.

SECTION 3   기본문제

01 Under URR725, An irrevocable reimbursement authorization can not be amended or cancelled without the agreement of the (a), and A reimbursement undertaking can not be amended or cancelled without the agreement of the (b).

① (a) reimbursing bank, (b) reimbursing bank

② (a) reimbursing bank, (b) claiming bank

③ (a) claiming bank, (b) claiming bank

④ (a) claiming bank, (b) reimbursing bank

정답 | ②

해설 | An irrevocable reimbursement authorization can not be amended or cancelled without the agreement of the reimbursing bank[취소불능 상환 수권은 상환은행의 동의 없이 조건변경 또는 취소될 수 없다. 그 이유는 개설은행이 이미 부여한 상환수권(R/A)을 취소하고자 하여도 상환은행이 이미 청구은행에 상환확약(undertaking)을 해버렸다면 청구은행에 대한 취소가 어렵기 때문이다].

A reimbursement undertaking can not be amended or cancelled without the agreement of the claiming bank [이미 청구은행에 대하여 상환확약(undertaking)을 해 둔 상태에서는 당연히 청구은행의 동의 없이는 조건변경이나 취소될 수 없을 것이다].

02 Under URR725, Which one of the following statements is <u>NOT</u> correct regarding the standards for a reimbursement claim by the claiming bank?

① Reimbursement must in the form of an original letter, unless specifically prohibited by the reimbursement authorization, or an teletransmission.

② Reimbursement must clearly indicate the credit number and the issuing bank.

③ Reimbursement must separately stipulate the principal amount claimed, any additional amount due and charges.

④ Reimbursement must not include multiple reimbursement claims under one teletransmission or letter.

정답 | ①

해설 | 상환수권은 특별히 금지하지 아니하는 한 전신상환 청구에 대해 상환은행이 지급하여야 한다(Reimbursement must in the form of an an teletransmission, unless specifically prohibited by the reimbursement authorization, or original letter).

전신상환청구를 금지하면 상환청구은행은 즉시 상환을 받지 못할 것이기 때문에 URR725에서는 original letter가 아닌 전신상환(teletransmission)을 원칙으로 한다.

03 Which one of the following sentences is <u>NOT</u> correct regarding the issuing bank, under URR725?

① An issuing bank shall not require a sight draft to be drawn on the reimbursing bank.

② An issuing bank can send to a reimbursing bank, multiple reimbursement authorizations under one teletransmission or letter, whether expressly agreed to, or not, by the reimbursing bank.

③ An issuing bank shall not require a certificate of compliance with the terms and conditions of the credit in the reimbursement authorization.

④ If issuing bank fails to provide the reimbursing bank with instructions regarding charges, all charges shall be for the account of the issuing bank.

정답 | ②

해설 | 상환은행의 명시적인 동의가 없는 한 개설은행은 하나의 전신 또는 하나의 서신에 <u>복수의 상환수권(R/A)을 보내서는 아니 된다.</u>

②의 문장은 '동의에 상관없이(whether or not)'가 아닌 동의한 경우에만 복수의 R/A를 보낼 수 있다.

[URR725 제6조]

An issuing bank must not send to a reimbursing bank, multiple reimbursement authorizations under one teletransmission or letter, <u>unless expressly agreed to</u> by the reimbursing bank.

---

04 The definition of two kinds of documents and its collection method related under URC522, are written as follows.

> "Financial documents" means (   ), promissory notes, cheques, or other similar instruments used for obtaining the payment of money.
> And "Commercial documents" means invoices, (   ), documents of title or other similar documents, or any other documents whatsoever, not being financial documents. Therefore, "Clean collection" means collection of financial documents (   ) by commercial documents.

Which one has appropriate words that go in order (sequentially) in 3 parentheses above?

① bills of exchange–transport documents–not accompanied

② bills of exchange–transport documents–accompanied

③ transport documents–bills of exchange–not accompanied

④ transport documents–bills of exchange–accompanied

정답 | ①

해설 | 금융서류(financial documents)와 상업서류(commercial documents)의 차이를 묻는 문제이다.
- 금융서류란 환어음(bill of exchange), 약속어음, 수표 또는 기타 금전의 지급을 받기 위하여 사용되는 이와 유사한 증서를 말한다.
- 상업서류란 송장, 운송서류(transport documents), 권리서류 또는 이와 유사한 서류, 또는 그 밖에 금융서류가 아닌 서류를 의미한다.

따라서, 무화환추심(clean collection)이란 상업서류(commercial documents)가 첨부되지 않은(not accompanied by) '금융서류'의 추심을 말한다.

05 Under URC522, the definition of Collection, Which of the following statements is <u>NOT</u> correct?

① "Documents" means financial documents and/or commercial documents.

② "Commercial documents" means invoices, transport documents, documents of title or other similar documents, or any other documents whatsoever, not being financial documents.

③ "Clean collection" means collection of commercial documents not accompanied by financial documents.

④ "Documentary collection" means collection of financial documents accompanied by commercial documents or commercial documents not accompanied by financial documents.

정답 | ③

해설 | "Clean collection" means collection of financial documents not accompanied by commercial documents["무화환추심"이란 상업서류가 첨부되지 않은 (환어음 등의) 금융서류의 추심을 의미한다].

06 Under URC522, On receipt of ADVICE OF NON-PAYMENT, the remitting bank must give appropriate instructions as to the further handling of the documents. If such instructions are not received by the presenting bank within (   ) days after its advice of non-payment, the documents may be returned to the bank from which the collection instruction was received without any further responsibility on the part of the presenting bank.

정답 | 60(days)

해설 | 추심의뢰은행은 지급거절 통지를 수령한 때에는 향후의 서류취급에 대한 적절한 지시를 하여야 한다. 만일 그러한 지시가 지급거절 또는 인수거절을 통지한 후 60일 내에 제시은행에 의해 접수되지 않는 경우에 서류는 제시은행 측에 더 이상의 책임 없이 추심지시서를 송부한 은행으로 반송될 수 있다.

07 Under URC522, which of the following documents is <u>NOT</u> the "Financial document"?

① bills of exchange   ② pro-forma invoice

③ cheque   ④ promissory note

정답 | ②

해설 | "Financial documents" means bills of exchange, promissory notes, cheques, or other similar instruments used for obtaining the payment of money("금융서류"란 환어음, 약속어음, 수표 또는 기타 금전의 지급을 취득하기 위하여 사용되는 이와 유사한 증서를 의미한다).

"Commercial documents" means invoices, transport documents, documents of title or other similar documents, or any other documents whatsoever, not being financial documents("상업서류"란 송장, 운송서류, 권리증권 또는 이와 유사한 서류, 또는 그밖에 금융서류가 아닌 모든 서류를 의미한다).

08 Under URC522, with regard to the definition of "parties to a collection", Which of the following statements is <u>NOT</u> correct?

① the "principal" who is the party entrusting the handling of a collection to a bank.

② the "remitting bank" which is the bank to which the principal has entrusted the handling of a collection.

③ the "collecting bank" which is any bank, other than the remitting bank, involved in processing the collection.

④ the "presenting bank" which is the collecting bank making presentation to the drawer.

정답 | ④

해설 | 발행인(drawer)이 아니다[the "presenting bank" which is the collecting bank making presentation to the drawee(지급인)].

09 Under URC522, with regard to the 'Collection', Which of the following statements is <u>NOT</u> correct?

① The presenting bank is responsible for seeing that the form of the acceptance of a bill of exchange appears to be complete and correct.

② The presenting bank is not responsible for the genuineness of any signature or for the authority of any signatory to sign the acceptance.

③ The documents and collection instruction may be sent directly by the remitting bank to the collecting bank, in any case, without through another bank as intermediary.

④ If the remitting bank does not nominate a specific presenting bank, the collecting bank may utilize a presenting bank of its choice.

정답 | ③

해설 | 서류와 추심지시서는 추심의뢰은행이 추심은행으로 직접 송부되거나, <u>다른 은행을 중개인으로 하여</u> 송부될 수 있다(The documents and collection instruction may be sent directly by the remitting bank to the collecting bank or through another bank as intermediary).

[해석]

① The presenting bank is responsible for seeing that the form of the acceptance of a bill of exchange appears to be complete and correct.
제시은행은 환어음의 인수의 형식이 완전하고 정확하게 나타나 있는지를 확인해야 할 책임이 있다.

② The presenting bank is not responsible for the genuineness of any signature or for the authority of any signatory to sign the acceptance.
제시은행은 어떠한 서명의 진정성이나 인수의 서명을 한 어떠한 서명인의 권한에 대하여 <u>책임을 지지 아니한다.</u>

④ If the remitting bank does not nominate a specific presenting bank, the collecting bank may utilise a presenting bank of its choice.
추심의뢰은행이 특정 제시은행을 지정하지 않은 경우에는 추심은행은 자신이 선택한 제시은행을 이용할 수 있다.

---

10 Under URC522, with the reference to the 'presentation or collection', Which of the following statements is <u>NOT</u> correct?

① The presenting bank should endeavor to ascertain the reasons for non-payment and advise accordingly, without delay, the bank from which it received the collection instruction.

② If a collection contains a bill of exchange payable at a future date and the collection instruction indicates that commercial documents are to be released against payment, documents will be released only against such payment.

③ The collection instruction should state the exact period of time within which any action is to be taken by the drawee. therefore, expressions such as "first", "prompt", "immediate", and the like should not be used in connection with presentation. If such terms are used, the documents may be returned to the bank from which the collection instruction was received.

④ Goods should not be despatched directly to the address of a bank or consigned to or to the order of a bank without prior agreement on the part of that bank.

정답 | ③

해설 | 추심지시서는 지급인이 조치를 취해야 하는 정확한 기한을 기재하여야 한다. 제시 또는 지급인에 의해 서류가 인수되거나 지급인에 의해 서류가 인수되어야 하는 기간에 대한 언급과 관련하여, 또는 지급인에 의해 취해져야 하는 다른 조치에 대하여 "첫째", "신속한", "즉시" 그리고 이와 유사한 표현들이 사용되어서는 아니 된다. 만일 그러한 용어가 사용된 경우 <u>은행은 이를 무시한다</u>(The collection instruction should state the exact period of time within which any action is to be taken by the drawee. Expressions such as "first", "prompt", "immediate", and the like should not be used in connection with presentation or with reference to any period of time within which documents have to be taken up or for any other action that is to be taken by the drawee. If such terms are used <u>banks will disregard them</u>).

> **[해석]**
> ① 제시은행은 지급거절 또는 인수거절의 사유를 확인하기 위하여 노력하고 그 결과를 추심지시서를 송부한 은행에게 지체 없이 통지하여야 한다.
> ② 만일 추심이 장래확정일 지급조건의 환어음을 포함하고 추심지시서에 상업서류는 지급과 상환으로 인도되어야 한다고 기재된 경우에는, 서류는 오직 그러한 지급에 대해서만 인도되어야 한다.
> ④ 물품은 은행의 없이 사전동의 은행의 주소로 직접 발송되거나 은행 또는 은행의 지시인에게 탁송되어서는 아니 된다.

PART 03

외환관련 여신

CONTENTS

외환관련 여신(문항수 20문항, 점수 20점)

■ **과정구성**

1. 무역금융
   (1) 무역금융 제도(한국은행 금융중개지원대출)
   (2) 융자대상, 융자방법, 융자금종류
   (3) 수출실적, 융자한도
   (4) 융자시기, 융자기간, 융자금회수
   (5) 위탁가공무역방식 수출
2. 내국신용장 · 구매확인서
   (1) 내국신용장 개설, 매입, 결제
   (2) 구매확인서 제도
3. 무역어음제도 · 외화대출
4. 외화지급보증
   (1) 상업신용장(Commercial L/C) vs 보증신용장(Standby L/C)
   (2) 보증신용장(Standby L/C) vs 청구보증(Demand Guarantee)
   (3) 직접보증(Direct Guarantee) vs 간접보증(Indirect Guarantee)
   (4) 이행성보증 vs 금융보증
5. 외환회계
   (1) 외국환회계의 특징
   (2) 주요 계정과목
   (3) 난외계정

■ **출제가이드**

1. 무역금융과 내국신용장(구매확인서) 제도는 출제비중이 높은 과목으로 근거규정인 한국은행 금융 중개지원 대출관련 무역금융지원 프로그램 운용세칙 및 동 운용절차 각 조항에 대한 정확한 이해 및 예상 출제문제의 체계적인 학습정리가 필요하다.
2. 무역어음 및 외화대출 제도는 상대적으로 출제비중이 낮은 과목으로 핵심포인트 위주의 이해가 필요하다.
3. 외화지급보증 제도는 출제비중이 높아지고 있는 과목으로 핵심 요약자료 및 예상 출제문제의 체계적인 학습정리가 필요하다.
4. 외환회계는 출제비중이 높은 과목으로 외국환회계의 특징, 경과계정, 주요 계정과목, 수입신용장 거래절차를 바탕으로 난외 계정과목 구성 및 계정과목 각각에 대한 체계적인 학습정리가 필요하다.

1. 의의

(1) 무역금융이란 물품 및 용역의 수출 촉진을 위하여 수출업체 등이 수출물품의 생산, 수출용 원자재의 구매 또는 수입, 수출용 완제품 구매에 필요한 자금을 원화로 지원하는 단기금융 지원제도

(2) 무역금융 = 무역어음대출(원화) + 관련 지급보증(수입신용장 개설, 내국신용장 개설) 등

> **[참고] 근거규정**
> • 기본규정 : 한국은행 금융중개지원 대출관련 무역금융지원 프로그램 운용세칙 및 동 운용절차
> • 관련규정 : 내국신용장 어음교환규약(금융결제원), 각 외국환은행 여신규정 및 지침

2. 특징

(1) **선적전 지원여신**

※ 무역금융 : 선적전 지원여신, 수출환어음 추심전매입 : 선적후 지원여신

(2) **한국은행의 자금지원(금융중개지원대출)** : 저금리 차입지원

(3) **생산단계별, 자금소요시기별 지원** : 용도별금융, 포괄금융

(4) **내국신용장제도 포함 운용**

(5) **사후관리제도 운용**

(6) **융자취급은행 제한** : 외국환은행

3. 융자대상기업 [근거규정 : 한국은행 금융중개지원 대출관련 무역금융지원 프로그램 운용세칙 제5조(융자대상)]

(1) 수출계약서에 의해 물품(전자적 형태의 무체물 포함), 건설, 용역을 수출하거나 국내 공급하고자 하는 기업

※ 수출계약서 : 수출신용장, 수출계약서(D/A, D/P), 기타 수출 관련 계약서 등 포함

(2) 내국신용장 또는 구매확인서에 의하여 수출용 완제품 또는 원자재를 국내 공급(수탁가공 포함)하고자 하는 기업

(3) 외화(원화)표시물품공급계약서에 의한 물품, 건설, 용역을 수출하거나 국내 공급하는 기업

(4) **수출(공급)실적 보유기업**

① 상기 (1)~(3)의 수출(공급)실적 보유 기업

② 관세법 규정에 의하여 설치된 보세판매장을 통하여 자가생산품을 외국인에게 외화로 판매한 실적

③ 외항항공, 외항해상운송, 선박수리 업체의 외화입금실적

4. 융자대상 제외기업 [근거규정 : 한국은행 금융중개지원 대출관련 무역금융지원 프로그램 운용절차 제2조(적정융자)]

(1) **중계무역방식 수출기업** : 국산 원자재 및 완제품 수출이 아닌 경우 융자대상에서 제외

(2) **이중(중복)융자에 해당되는 경우**

① 한국수출입은행의 수출자금대출(인도전금융)을 수혜받은 경우 동 수혜분 제외

② 무역어음인수 및 할인 취급한 경우 동 취급분 제외

③ 중소기업협동조합법에서 정하는 중소기업협동조합 또는 사업협동조합이 중소기업협동조합 공동자금을 융자받은 경우 동 융자수혜분 제외

※ 무역금융(금융중개지원대출) 한도배정 제외대상
[근거규정 : 한국은행 금융중개지원 대출관련 무역금융 프로그램 운용세칙 제2조]
(1) 주채무계열 소속기업체 대한 무역관련대출
(2) 최종부도거래처로 분류된 기업체에 대한 무역관련대출
(3) 폐업업체에 대한 무역관련대출

5. 융자대상금액 산정기준 [근거규정 : 한국은행 금융중개지원 대출관련 무역금융지원 프로그램 운용절차 제8조(수출신용장등의 융자대상금액), 제9조(미달러화 이외 통화의 미화 환산기준)]

(1) 수출신용장 등 융자대상증빙 금액의 <u>본선인도가격(F.O.B)</u> 기준

(2) 선수금 영수조건의 수출신용장 등의 경우 기 영수한 선수금 차감금액 기준

(3) 무역어음인수 취급된 수출신용장 등의 경우 해당 인수금액 차감금액 기준

(4) 회전신용장의 경우 당해 신용장의 액면금액 초과 불가

(5) 과부족 허용 조건의 수출신용장 등은 수출환어음 매입 시 제시 가능한 <u>최저금액</u> 기준

※ 과부족 허용 문구 : ±10%, 10% more or less, about, circa, approximately 등

(6) 수출대금과 수입대금을 상계처리하는 경우 동 상계처리분 수출대금은 융자대상에서 제외

(7) 수출신용장 등의 조건에 최초 수출환어음 매입비율을 제한하는 경우 동 수출환어음 매입비율 해당액 기준

(8) **최저융자금액 단위** : 산출 원화금액에서 <u>10만원 단위 미만 절사</u> 지원

6. 융자방법 [근거규정 : 한국은행 금융중개지원 대출관련 무역금융지원 프로그램 운용세칙 제7조(융자방법)]

(1) **신용장기준금융**

수출업체 등이 보유하고 있는 수출신용장 등의 융자대상증빙 매 건별로 당해 수출(공급) 계약금액 범위 내에서 지급보증 및 무역어음대출(원화)을 취급하고 해당 수출(공급)대금으로 융자금을 회수하는 방법

(2) **실적기준금융**

수출신용장 등 개별 융자대상증빙을 확인하지 않고 일정기간 동안의 수출(공급)실적을 기준으로 융자한도를 산출하여 동 한도 범위 내에서 지급보증 및 무역어음대출을 취급하고 융자기간 만료일에 융자금을 회수하는 방법

(3) **신용장기준금융과 실적기준금융 동시 지원 불가**

7. 융자대상 수출실적 [근거규정 : 한국은행 금융중개지원 대출관련 무역금융지원 프로그램 운용세칙 제5조(융자대상)]

(1) 국외 수출실적(직수출실적)

　① 수출신용장, 수출계약서(D/A, D/P 등), 외화표시물품공급계약서 방식에 의한 수출

　② 단순송금방식 수출

　③ 대금교환도방식(COD, CAD) 수출

　④ 보세판매장을 통한 내국 수출

　⑤ 팩토링(Factoring)방식에 의한 수출

　⑥ 위탁가공무역방식 수출

(2) 국내 공급실적

　① 내국신용장에 의한 공급실적

　② 구매확인서에 의한 공급실적

(3) 수출실적 제외대상 : 중계무역방식 수출실적

　① 중계무역방식 수출은 무역금융 융자대상 수출 및 수출실적에서 제외

　② 국내노동력을 대가로 한 생산 부가가치 창출이 없는 무역거래 방식으로, 국내 경제산업활성화에 기여한 부분이 없기 때문임

8. 수출실적 인정시점 및 인정금액 [근거규정 : 한국은행 금융중개지원 대출관련 무역금융지원 프로그램 운용절차 제10조(수출실적의 인정시점)]

구분	인정시점	인정금액	비고
수출신용장	매입(추심)시점	매입(추심)금액	
내국신용장	매입(추심)시점	매입(추심)금액	
위탁가공무역(신용장방식)	매입(추심)시점	매입(추심)금액	국산 원자재 무상수출금액
수출계약서	입금시점	입금금액	
구매확인서	세금계산서 발급일	구매확인서 금액 또는 세금계산서 금액	
기타	입금시점	입금(결제)금액	

(1) 수출신용장, 내국신용장

　① 개설은행의 지급보증에 근거한 거래

　② 인정시점 : 수출환어음(판매대금추심의뢰서) 매입 또는 추심시점

　③ 인정금액 : 수출환어음(판매대금추심의뢰서) 매입 또는 추심금액

(2) 수출계약서(D/P, D/A 등)

　① 은행의 지급보증이 수반되지 않은 당사자 간의 신용에 근거한 거래

　② 인정시점 : 수출대금 입금시점

　③ 인정금액 : 입금금액

(3) 구매확인서

　① 인정시점 : 세금계산서 발급일

② 인정금액 : 구매확인서 또는 세금계산서 금액

(4) 수출환어음(판매대금추심의뢰서) 부도처리

① 부도처리 금액 : 부도 발생월 수출실적에서 차감

② 부도후입금 금액 : 입금월 수출실적에 가산

(5) 수출실적 이수관

① 이관실적 : 이관 해당월 수출실적에서 차감

② 수관실적 : 수관 해당월 수출실적에 가산

(6) 수출실적 승계 인정사유

① 개인기업이 법인기업으로의 전환

② 영업의 전부 또는 특정업종 전체 양수

③ 기업합병 : 신설합병 및 흡수합병 포함

9. 융자금종류 : 용도별금융(원자재자금, 생산자금, 완제품자금) vs 포괄금융 [근거규정 : 한국은행 금융중개지원 대출관련 무역금융지원 프로그램 운용세칙 제6조(융자금의 구분), 제13조(개설한도)]

(1) 원자재자금 : 원자재 구매자금, 원자재 수입자금

① 수출용 물품의 제조, 가공에 필요한 원자재를 해외에서 수입하거나, 국내에서 내국신용장에 의하여 구매하는 데 소요되는 자금지원을 목적으로 하는 융자금종류

② 현금으로 지원되지 않고, 개설된 수입신용장 환어음 또는 내국신용장 판매대금추심의뢰서 결제 목적의 무역어음대출(원화)을 실행하여 대체 지원

③ 원자재구매자금 : 수출용 국산 원자재 또는 외국으로부터 수입한 원자재를 내국신용장에 의하여 국내에서 구매하는 데 소요되는 자금의 지원을 목적으로 하는 융자금종류로, 내국신용장 개설 후 매입 제시된 판매대금추심의뢰서 결제 시점에 무역어음대출(원화)을 실행하여 결제자금 대체 지원

④ 원자재수입자금 : 수출(공급) 이행에 필요한 수출용 원자재를 해외에서 일람출급(At Sight) 조건으로 수입하는 데 소요되는 자금의 지원을 목적으로 하는 융자금종류로, 원자재 수입목적의 수입신용장(ES) 등 개설 후 제시된 수입환어음 결제 시 무역어음대출(원화)을 실행하여 결제자금 대체 지원(기한부방식 수입은 원자재 수입자금 융자지원 대상에서 제외)

※ 무역금융 융자지원 불가 기한부(Usance) 수입거래
(1) 기한부(Usance) 수입신용장 거래
(2) 기한부(Usance) 추심방식 수입거래 : D/A(Documents against Acceptance)
(3) 사후송금방식 수입거래 : OA(Open Account) 등

(2) 생산자금

① 수출용 완제품 또는 수출용 원자재를 제조, 가공, 개발하거나 용역을 수출(외국인에 대한 국내에서의 용역 수출 포함)하는 데 소요되는 자금의 지원을 목적으로 하는 융자금종류

② 차주에게 직접 현금으로 지원

③ 제조시설이 없는 기업들도 수출물품의 기획, 개발 및 위탁가공(외주임가공)에 필요한 자금을 지원받고자 하는 경우 생산자금 융자지원 가능

④ 상거래 관례상 현금 거래에 의하지 아니하고는 조달하기 어려운 중고품, 농수산물 및 자가 생산한 원자재 등을 구매하는 경우 예외적으로 생산자금 융자지원 가능

(3) 완제품자금

① 자기가 생산한 물품이 아니거나 생산설비가 없는 기업이 수출하고자 하는 완제품을 내국신용장에 의하여 국내에서 구매하는 데 소요되는 자금의 지원을 목적으로 하는 융자금종류

② 현금 지원은 불가하며, 개설된 내국신용장 판매대금추심의뢰서 결제 목적의 무역어음대출(원화)을 실행하여 결제자금 대체 지원

③ 수출용 완제품의 구매는 국내 구매만 가능하며, <u>완제품 수입 목적의 무역금융 지원은 불가</u>

　　※ 중계무역방식 수출 : 무역금융 융자지원 불가

④ 타사제품 수출기업에 대하여 지원 가능한 융자금종류

(4) 포괄금융 [근거규정 : 한국은행 금융중개지원 대출관련 무역금융지원 프로그램 운용절차 제5조(포괄금융 이용업체 선정등), 제11조(수출실적 관리)]

① 일정요건을 갖춘 융자대상 기업에게 물품수출에 필요한 원자재 수입 및 구매자금과 제조, 가공비를 자금용도 구분 없이 일괄하여 현금으로 지원해주는 융자금종류

② 전년도 또는 과거 1년간 수출실적이 미화 2억불 미만인 기업으로, 거래은행이 다수인 경우 거래 중인 전 외국환은행의 수출실적이 동 금액 미만이어야 함

③ 특징

　ㄱ 현금 일괄지원 원칙

　ㄴ 주거래은행 제도 운용

　ㄷ 포괄금융 융자한도 범위 내에서 지급보증 거래도 가능

　ㄹ 한 은행으로부터 포괄금융 융자수혜 중인 기업은 다른 은행과 거래 시에도 포괄금융으로만 무역금융 융자수혜가 가능

> **[참고] 포괄금융 주거래은행 제도**
> • 포괄금융 이용업체는 수출실적관리 등을 담당할 주거래 외국환은행을 지정해야 함
> • 주거래 외국환은행은 포괄금융 융자수혜 기업의 자격을 매년 1월 중에 전년도 수출실적을 기준으로 재심사해야 함. 재심사 결과 포괄금융 이용업체로 선정된 기업의 수출실적이 미화 2억불 이상이 되더라도 해당 연도 말까지는 융자수혜가 가능
> • 주거래 외국환은행은 당해 업체와 포괄금융 거래 중인 다른 외국환은행을 부거래 외국환은행으로 지정 후 통보하여야 함
> • 부거래 외국환은행은 매 연도 1월 10일까지 해당 업체의 과거 1년간의 수출실적을 주거래 외국환은행 앞으로 통보하여야 함(수출실적 관리카드 송부)

10. 융자한도 [근거규정 : 한국은행 금융중개지원 대출관련 무역금융지원 프로그램 운용세칙 제8조(융자한도)]

(1) 특정 기업이 각 자금 용도별(원자재자금 · 생산자금 · 완제품자금 · 포괄금융)로 융자취급은행에서 지원받을 수 있는 최고 한도로 미달러화(USD)로 표시

(2) 신용장기준금융 : 융자대상 기업이 보유한 융자대상증빙(수출신용장 등) 금액 범위 내에서 지원 가능하므로 별도의 융자한도 산출이 필요 없음

① 원자재자금
  ㉠ 해당 수출(공급)을 이행하는 데 필요한 원자재 조달에 소요되는 금액 범위 내
  ㉡ 융자한도 : 융자대상증빙(수출신용장 등) 금액×(업종 평균)원자재의존율
② 생산자금
  ㉠ 해당 수출(공급)을 이행하는 데 필요한 원자재 조달에 소요되는 금액을 제외한 (외화)가득액 범위 내
  ㉡ 융자한도 : 융자대상증빙(수출신용장 등) − (원자재 수입액 + 원자재 구매액)
③ 완제품자금
  ㉠ 해당 수출(공급)을 이행하는 데 필요한 수출용 완제품의 국내 구매에 소요되는 금액 범위 내
  ㉡ 융자한도 : 융자대상증빙(수출신용장 등) 금액 범위 내
④ 포괄금융
  ㉠ 해당 수출(공급)을 이행하는 데 필요한 제조, 가공과정에 소요되는 금액 범위 내
  ㉡ 융자한도 : 융자대상증빙(수출신용장 등) 금액 범위 내

(3) **실적기준금융** : 융자대상 기업의 과거 일정기간 동안의 수출실적을 감안하여 용도별금융은 각 융자금종류별로, 포괄금융은 융자대상 기업별로 융자한도 산출

[참고] 원자재의존액(율)과 외화가득액(율)

• 원자재의존액 vs 외화가득액
  − 원자재의존액 : 수출신용장 등의 거래이행을 위하여 투입한 원자재구입 총비용을 의미
  − 외화가득액 : 수출신용장 등의 거래이행을 위하여 투입한 총생산비용에서 원자재구입 비용을 차감한 잔액을 의미
• 원자재의존율 vs 외화가득율
  − (업종 평균)원자재의존율 : 원자재자금 융자대상 금액
    일정기간의 수출실적에 대하여 투입한 원자재의 비율로 해당 업체의 제조원가명세서상 원자재구매(수입)액으로 산출하기도 하나, 한국은행에서 고시하는 업종 평균 원자재의존율을 주로 사용
  − (평균)외화가득율 : 생산자금 융자대상 금액
    수출신용장 등의 거래이행을 위하여 투입한 총생산비용에서 원자재구입 비용을 차감한 잔액을 표시한 비율
    ※ 외화가득율 = 1 − 원자재의존율

---

11. 융자금액 [근거규정 : 한국은행 금융중개지원 대출관련 무역금융지원 프로그램 운용절차 제8조(수출신용장등의 융자대상금액)]

(1) 수출신용장 등의 융자대상금액 산정기준
  ① 수출신용장 등의 본선인도가격(FOB)을 기준으로 하며, 기타 가격조건인 경우 본선인도가격(FOB)으로 환산하여 적용
  ② 최저 융자금액은 융자대상금액에 융자단가를 곱하여 산출된 원화금액에서 10만원 미만은 절사하여 지원

(2) 융자단가 : 미화 1달러당 지원 가능한 원화금액 = 융자대상금액×전월 평균 매매기준율(기준환율)

12. 융자시기 [근거규정 : 한국은행 금융중개지원 대출관련 무역금융지원 프로그램 운용세칙 제10조(융자시기)]

(1) 의의 : 무역어음대출(원화)이 실행되는 시기를 의미

(2) 융자금종류별 융자시기

① 원자재자금과 완제품자금 : 내국신용장 개설 및 수입신용장 개설 등 관련 지급보증이 선행된 후, 동 환어음(판매대금추심의뢰서) 결제시점에 무역어음대출(원화) 실행

② 생산자금과 포괄금융 : 지급보증 선행 없이 차주 기업의 융자지원 신청 시점에 무역어음대출 (원화)을 실행하여 현금으로 직접 지원

13. 위탁가공무역 방식에 의한 수출 [근거규정 : 한국은행 금융중개지원 대출관련 무역금융지원 프로그램 운용절차 제8조(수출신용장등의 융자대상금액)]

(1) 의의 : 가공임을 지급하는 조건으로 외국에서 가공(제조, 조립, 재생, 개조를 포함)할 원료의 전부 또는 일부를 거래 상대방에게 수출하거나, 외국에서 조달하여 이를 가공한 후 동 가공물품을 국내로 반입하지 않고 현지에서 판매하거나 외국으로 인도하는 수출 거래방식

(2) 융자대상금액

① 위탁가공무역에 소요되는 국산 원자재를 무상으로 수출하는 금액 범위 내에서 지원 가능

② 다만, 수출신용장 등에 의하여 가공물품을 현지 또는 제3국에 수출하는 경우에 한하며, 국산 원자재를 구매하여 가공하지 않고 수출하는 경우에는 생산자금 및 포괄금융 융자대상에서 제외

(3) 융자대상 수출실적

① 인정금액 : 위탁가공무역에 소요되는 국산 원자재를 무상으로 수출한 실적을 융자대상 수출실적 인정금액으로 함

> **[참고] 수출신고필증상 국산 원자재 무상수출 확인 방법**
> - 신고가격 : 본선인도가격(F.O.B) 기준
> - 거래구분(⑨항)란 : 관리번호 - 29(위탁가공을 위한 원자재 수출)
> - 결제방법(⑪항)란 : 결제부호 - PT(임가공 지급방식)

(4) 수출실적 구분

① 위탁가공무역에 소요되는 국산 원자재를 구매(내국신용장·구매확인서)하여 가공하지 않고 무상으로 수출한 실적도 융자대상 수출실적으로 인정 가능하지만, 동 수출실적을 근거로 생산자금 및 포괄금융 융자수혜는 불가(원자재구매자금만 지원 가능)

② 다만, 위탁가공무역에 소요되는 국산 원자재를 직접 제조, 가공(내국신용장에 의한 위탁가공분 포함)하여 무상으로 수출한 경우 동 수출실적을 근거로 생산자금 및 포괄금융 융자수혜 가능

(5) 수출실적 인정시점

① 신용장방식 수출의 경우 : 당해 수출환어음이 매입(추심)된 때

② 무신용장방식 수출의 경우 : 당해 수출대금이 입금된 때

SECTION 1   ○ × **문제**

01 무역금융이란 물품 및 용역의 수출촉진을 위하여 수출업체 등이 수출물품의 생산, 수출용 원자재의 구매 또는 수입, 수출용 완제품 구매에 필요한 자금을 외화로 지원하는 단기금융 지원제도이다. (○ / ×)

정답 ｜ ×
해설 ｜ 무역금융은 물품 및 용역의 수출촉진을 위하여 수출업체 등이 수출물품의 생산, 수출용 원자재의 구매 또는 수입, 수출용 완제품 구매에 필요한 자금을 <u>원화</u>로 지원하는 단기금융 지원제도임

02 구매확인서에 의한 국내 공급실적은 무역금융 융자대상 수출실적으로 인정되지 않는다. (○ / ×)

정답 ｜ ×
해설 ｜ **무역금융 융자대상 국내 공급실적**
　　　　(1) 내국신용장에 의한 국내 공급실적
　　　　(2) 구매확인서에 의한 국내 공급실적

03 무역금융(신용장기준금융) 융자취급 시 융자대상증빙 서류인 신용장의 가격조건이 운임보험료포함인도조건(CIF)인 경우 융자대상금액은 운임 및 보험료를 포함한 금액을 기준으로 한다. (○ / ×)

정답 ｜ ×
해설 ｜ 무역금융 융자대상금액 : 수출신용장 등의 본선인도조건(FOB) 기준(운임 및 보험료 제외)

04 중고품, 농수산물 등과 같이 상거래 관례상 내국신용장에 의하여 조달하기 어려운 수출용 원자재 및 완제품을 구매하는 데 소요되는 자금은 예외적으로 현금 지원을 원칙으로 하는 생산자금 융자 지원이 가능하다. (○ / ×)

정답 | ○
해설 | 중고품, 농수산물 및 자가생산한 원자재 등과 같이 상거래 관례상 내국신용장에 의하여 조달하기 어려운 수출용 원자재 및 완제품을 구매하는 데 소요되는 자금은 예외적으로 생산자금 융자지원 가능

05 생산자금과 포괄금융은 무역금융 융자금종류 중 용도별금융에 해당된다. (○ / ×)

정답 | ×
해설 | 무역금융 융자금종류
　　(1) 용도별금융 : 원자재자금, 생산자금, 완제품자금
　　(2) 포괄금융

06 포괄금융이란 수출물품의 제조, 가공, 개발 및 용역을 수출(외국인에 대한 국내에서의 용역수출 포함)에 소요되는 자금의 지원을 목적으로 하는 무역금융 융자금종류이다. (○ / ×)

정답 | ×
해설 | 생산자금 : 수출물품의 제조, 가공, 개발 및 용역의 수출(외국인에 대한 국내에서의 용역수출 포함)에 소요되는 자금의 지원을 목적으로 하는 무역금융 융자금종류

07 수출용 수입 원자재를 기한부(Usance) 조건으로 수입하는 데 소요되는 자금을 원자재자금 형태로 지원받을 수 있다. (○ / ×)

정답 | ×
해설 | (1) 원자재수입자금 : 수출용 수입 원자재를 일람출급(At Sight) 조건으로 수입하는 데 소요되는 자금의 지원을 목적으로 하는 무역금융 융자금종류
　　(2) 원자재구매자금 : 국내에서 제조, 생산된 수출용 원자재를 내국신용장에 의하여 구매하는 데 소요되는 자금의 지원을 목적으로 하는 무역금융 융자금종류
　　(3) 기한부(Usance) 조건의 원자재수입자금 융자지원 불가
　　(4) 기한부(Usance) 조건의 수입거래 형태
　　　① 기한부(Usance) 조건의 수입신용장 거래
　　　② D/A(Document against Acceptance) 조건의 수입계약서 방식 거래
　　　③ OA(Open Account) 조건의 사후송금방식 거래 등

08 무역금융 융자금종류 중 생산자금(신용장기준금융) 지원 가능 금액은 수출신용장 등의 금액(본선인도조건, FOB) 중 원자재의존액 해당 금액이다. (O/×)

정답 | ×
해설 | (1) 원자재자금 : 수출신용장 등의 금액(FOB) 중 원자재의존액 해당액
　　　(2) 생산자금 : 수출신용장 등의 금액(FOB) 중 외화가득액 해당액
　　　(3) 외화가득액(율) = 1−원자재의존액(율)

09 무역금융 융자금종류 중 원자재자금 및 완제품자금의 경우 차주 기업의 요청이 있는 경우 즉시 현금 융자지원이 가능하다. (O/×)

정답 | ×
해설 | 현금지원 가능 융자금종류
　　　(1) 생산자금 및 포괄금융 : 융자한도 범위 내에서 차주 기업의 요청이 있는 경우 즉시 현금 지원
　　　(2) 원자재자금 및 완제품자금 : 현금 지원은 불가하며, 수입환어음 또는 내국신용장 판매대금추심의뢰서 결제시점에 무역어음대출을 실행하여 결제자금 대체 지원

10 위탁가공무역 방식 수출의 경우 무역금융 융자대상금액은 동 위탁가공무역에 소요되는 국산 원자재를 무상으로 수출하는 금액 범위 내로 한다. (O/×)

정답 | ○
해설 | (1) 위탁가공무역 방식 수출의 경우 무역금융 융자대상금액은 동 위탁가공무역에 소요되는 국산 원자재를 무상으로 수출하는 금액 범위 내로 함
　　　(2) 국산 원자재를 구매하여 가공하지 않고 수출하는 경우 생산자금 및 포괄금융 융자대상에 제외

SECTION 2　빈칸넣기

01 (　　　　　)이란 과거 수출실적을 기준으로 융자금종류별 융자한도를 설정하여 동 한도 범위 내에서 지급보증 및 무역어음대출을 취급하고 융자기간 만료일에 융자금을 회수하는 무역금융 융자방법이다.

정답 | 실적기준금융
해설 | (1) 신용장기준금융 : 수출업체 등이 보유하고 있는 수출신용장 등의 융자대상증빙 매 건별로 당해 수출(공급) 계약금액 범위 내에서 지급보증 및 무역어음대출(원화)를 취급하고 당해 수출(공급)대금으로 융자금을 회수하는 방법
　　　(2) 실적기준금융 : 수출신용장 등 개별 융자대상증빙을 확인하지 않고 일정기간 동안의 수출(공급)실적을 기준으로 융자한도를 산출하여 동 한도 범위 내에서 지급보증 및 무역어음대출을 취급하고 융자기간 만료일에 융자금을 회수하는 방법
　　　(3) 신용장기준금융과 실적기준금융 동시 융자수혜 불가

02 (   )이란 수출용 원자재 또는 완제품을 제조, 가공 및 개발하거나 용역을 수출하는 데 소요 되는 자금의 지원을 목적으로 하는 무역금융 융자금종류이다.

정답 ｜ 생산자금
해설 ｜ **생산자금**
　　(1) 수출용 원자재 또는 완제품을 제조, 가공 및 개발하거나 용역을 수출하는 데 소요되는 자금의 지원을 목적으로 하는 무역금융 융자금종류
　　(2) 제조시설을 갖추지 않은 기업들도 수출물품의 기획, 개발 및 위탁가공(외주임가공) 등에 소요되는 자금의 생산 자금 융자수혜 가능
　　(3) 현금 직접 지원
　　(4) 중고품, 농수산물 및 자가생산한 원자재 등과 같이 상거래 관례상 내국신용장에 의하여 조달하기 어려운 수출 용 원자재 및 완제품을 구매하는 데 소요되는 자금은 예외적으로 생산자금 융자지원 가능

03 (   )이란 국내에서 생산된 수출용 완제품을 내국신용장에 의하여 국내에서 구매하는 데 소요되는 자금의 지원을 목적으로 하는 무역금융 융자금종류이다.

정답 ｜ 완제품(구매)자금

04 (   )이란 전년도 또는 과거 1년간 수출실적이 미화 2억불 미만인 수출기업에 대하여 자금 용도 구분 없이 소요자금 전액을 일괄하여 현금으로 지원해 주는 무역금융 융자금종류이다.

정답 ｜ 포괄금융

05 무역금융 (   )란 특정기업이 각 융자금종류별로 융자취급 외국환은행에서 지원받을 수 있 는 최고한도로, 미화(USD)로 표시한다.

정답 ｜ 융자한도

06 (   )이란 가공임을 지급하는 조건으로 외국에서 가공할 원료의 전부 또는 일부를 거래상 대방에게 수출하거나 외국에서 조달하여 이를 가공토록 한 후 동 가공물품을 다시 국내로 수입하 거나 외국으로 판매하는 무역거래방식이다.

정답 ｜ 위탁가공무역

07 무역금융 융자한도 산출은 외국환은행 자율결정 사항으로, 용도별금융의 경우 (   )별로, 포괄금 융의 경우 (   )별로 융자한도를 산출한다.

정답 ｜ 자금, 업체(기업)

08 (   )이란 수출물품을 제조, 가공하기 위하여 투입한 원자재구입 총비용으로, 원자재 국내 구매 및 수입 금액의 합계로 표시된다.

정답 | 원자재의존액
해설 | **원자재의존율**
     (1) 원자재의존액이 수출신용장 등의 수출금액(FOB)에서 차지하는 비율
     (2) 원자재자금 융자대상 금액

09 (   )이란 수출신용장 등의 수출금액(본선인도조건, FOB)에서 원자재의존액을 차감한 금액 이다.

정답 | 외화가득액
해설 | **외화가득율**
     (1) 외화가득액이 수출신용장 등의 수출금액에서 차지하는 비율
     (2) 외화가득율 = 1 - 원자재의존율
     (3) 생산자금 융자대상 금액

10 포괄금융 융자수혜기업의 부거래 외국환은행은 매년 1월 10일까지 주거래 외국환은행 앞으로 자 행의 (   )를 송부하여야 한다.

정답 | 수출실적관리카드

SECTION 3 **기본문제**

01 무역금융 제도의 특징에 대한 설명으로 틀린 것은?
  ① 한국은행의 자금지원(금융중개지원대출)
  ② 선적후 지원여신
  ③ 생산단계별, 자금소요시기별 지원
  ④ 내국신용장 제도 운용

정답 | ②
해설 | (1) 수출환어음 추심전매입 : 선적후 지원여신
     (2) 무역금융 : 선적전 지원여신

02 무역금융 융자대상 수출(공급)실적에 해당되지 않는 것은?

① 수출신용장(L/C)에 의한 직수출실적
② 수출계약서(D/P)에 의한 직수출실적
③ 수출신용장(L/C)에 의한 중계무역방식 수출실적
④ 내국신용장(LOCAL L/C)에 의한 국내 공급실적

정답 | ③
해설 | (1) 중계무역방식 수출실적은 무역금융 융자대상 수출실적에서 제외됨(국내노동력을 대가로 한 생산 부가가치 창출이 없는 무역거래 방식으로, 국내 경제산업활성화에 기여한 부분이 없기 때문임)
(2) 기타 융자대상 제외 수출실적
　① 한국수출입은행의 수출자금대출(인도전금융) 수혜
　② 중장기연불방식에 의한 수출실적
　③ 무역어음할인 실적
　④ 중소기업협동조합법에서 정하는 중소기업협동조합 또는 사업협동조합의 중소기업협동조합 공동사업자금 융자 수혜실적

03 융자대상증빙별 무역금융 융자대상 수출실적 인정시점의 연결이 잘못된 것은?

① 수출신용장 : 수출환어음 매입(추심)시점
② 내국신용장 : 판매대금추심의뢰서 매입(추심)시점
③ 구매확인서 : 공급자발행 세금계산서 발급일
④ 수출계약서(D/P) : 수출환어음 매입(추심)시점

정답 | ④
해설 | (1) 수출신용장, 내국신용장
　　① 개설은행의 지급보증에 근거한 거래
　　② 인정시점 : 수출환어음(수출신용장) 또는 판매대금추심의뢰서(내국신용장) 매입 또는 추심시점
(2) 수출계약서(D/P, D/A)
　　① 은행의 지급보증이 수반되지 않는 당사자 간의 신용에 근거한 거래
　　② 인정시점 : 수출대금 입금시점
(3) 구매확인서 : 세금계산서 발급일

04 국내에서 생산된 수출용 완제품을 내국신용장에 의하여 구매하는 데 소요되는 자금의 지원을 목적으로 하는 무역금융 융자금종류는?

① 원자재자금
② 생산자금
③ 완제품자금
④ 포괄금융

정답 | ③
해설 | 완제품자금
(1) 국내에서 생산된 수출용 완제품을 내국신용장에 의하여 구매하는 데 소요되는 자금의 지원을 목적으로 하는 무역금융 융자금종류
(2) 현금 지원 불가하며, 개설된 내국신용장 판매대금추심의뢰서 결제 목적의 무역어음대출(원화)을 실행하여 결제자금 대체 지원
(3) 수출용 완제품의 구매는 국내 구매만 가능하며, 완제품 수입 목적의 무역금융(완제품수입자금) 지원은 불가
　: 중계무역 융자지원 불가

05 무역금융 융자금종류 중 포괄금융에 대한 설명으로 틀린 것은?

① 전년도 또는 과거 1년간 수출실적이 미화 2억불 미만인 수출기업이 융자대상이다.

② 수출용 수입 원자재를 해외로부터 일람출급(At Sight) 조건으로 수입하는 데 소요되는 자금의 지원을 목적으로 하는 융자금종류이다.

③ 포괄금융 융자수혜 기업은 수출실적 관리 등을 담당할 주거래 외국환은행을 지정하여야 한다.

④ 현금 일괄 지원을 원칙으로 하는 융자금종류이다.

정답 | ②

해설 | (1) 포괄금융 : 일정요건을 갖춘 융자대상 기업에게 자금용도 구분 없이 물품수출에 필요한 원자재 구매(수입)자금, 제조, 가공비를 일괄하여 현금으로 지원해 주는 융자금종류
　　　 (2) 원자재수입자금 : 수출용 수입 원자재를 해외로부터 일람출급(At Sight) 조건으로 수입하는 데 소요되는 자금의지원을 목적으로 하는 융자금종류

06 무역금융 융자대상금액 산정 시 유의사항에 대한 설명으로 틀린 것은?

① 선수금 영수조건의 수출신용장의 경우 기 영수한 선수금을 차감한 금액을 기준으로 한다.

② 무역어음 인수 취급된 수출신용장의 경우 당해 인수금액을 차감한 금액을 기준으로 한다.

③ 수출신용장 등의 본선인도조건(FOB) 금액을 기준으로 한다.

④ 과부족(±10%) 허용조건의 수출신용장의 경우 동 신용장 금액에서 10%를 더한 금액을 기준으로 한다.

정답 | ④

해설 | 과부족(±10%) 허용조건의 수출신용장의 경우 매입 시 제시 가능한 최저금액(90%)을 기준으로 함

07 아래 보기의 경우 생산자금(신용장기준금융) 융자대상 금액은?

> 1. 융자대상증빙(수출신용장) 금액 : about USD300,000
> 2. 전월평균 기준환율(융자단가) : 1,100.00원
> 3. 수출국가 : 대만
> 4. 운송수단 : 선박
> 5. 가격조건 : 운임보험료포함가격(CIF)
> 6. (업종 평균) 원자재의존율 : 60%
> 7. 본선인도가격(FOB) 환산율

구분	선박		항공	
	선박	항공	선박	항공
일본, 중국	0.9902	0.9909	0.9923	0.9930
기타 아시아	0.9836	0.9890	0.9863	0.9918

① 116,800,000원　　　　　　② 175,200,000원

③ 292,100,000원　　　　　　④ 324,500,000원

정답 | ①

해설 | (1) 계산식 : 신용장금액(USD300,000)×과부족 허용비율(about)(90%)×외화가득율(40%)×본선인도가격(F.O.B)
환산율(0.9836)×전월평균 기준환율(1,100.00원)
(2) 과부족 허용 문구 : 수출환어음 매입 시 제시 가능한 최저금액 기준
[참고] 과부족 허용 문구
±10%, 10% more or less, about, circa, approximately 등
(3) 융자대상금액에 융자단가(전월평균 기준환율)를 적용하여 원화대출 금액 산정
(4) 수출신용장 등의 융자대상증빙 금액의 본선인도가격(F.O.B) 기준
(5) 최저융자금액 단위 : 산출 원화금액에서 10만원 단위 미만 절사 지원
(6) 외화가득율 : 1-원자재의존율(60%)

08 위 사례의 경우 포괄금융(신용장기준금융) 융자대상 금액은?

① 116,800,000원   ② 175,200,000원
③ 292,100,000원   ④ 324,500,000원

정답 | ③

해설 | (1) 계산식 : 신용장금액(USD300,000)×과부족 허용비율(about)(90%)×본선인도가격(FOB) 환산율(0.9836)×전
월평균 기준환율(1,100.00원)
(2) 포괄금융은 소요자금 전액 일괄 지원 융자금종류이므로 융자대상금액 전액(100%) 지원

09 아래의 경우 20××년 6월 무역금융 융자대상 수출실적은?

일시	거래내역	금액
20××년 6월	신용장방식 수출환어음 매입(직수출)	USD100,000
20××년 6월	내국신용장 판매대금추심의뢰서 매입	USD200,000
20××년 6월	수출계약서(D/P) 방식 수출대금 입금	USD100,000
20××년 6월	신용장방식 수출환어음 매입(중계무역)	USD150,000
20××년 6월	수출환어음 매입대금 부도처리	USD50,000
20××년 6월	수출환어음 부도처리 대금 입금	USD150,000

① USD400,000   ② USD500,000
③ USD550,000   ④ USD650,000

정답 | ②

해설 | 융자대상 수출실적 산정기준
(1) 수출신용장
① 매입(추심)시점의 매입(추심)금액
② 중계무역방식 수출 제외
(2) 내국신용장 : 매입(추심)시점의 매입(추심)금액
(3) 수출계약서 : 대금입금 시점의 입금금액
(4) 부도처리 금액은 부도발생월 수출실적에서 차감하며, 부도 후 입금금액은 입금월 수출실적에 가산
(5) 수출실적 이·수관 : 이관실적은 이관해당월 수출실적에서 차감하며, 수관실적은 수관해당월 수출실적에 가산
(6) 수출실적 승계 인정사유
① 개인기업이 법인기업으로 전환
② 영업의 전부 또는 특정업종 전체 양수
③ 기업합병(신설합병 및 흡수합병 포함) 등

10 아래 사례의 경우 위탁가공무역방식 수출기업의 무역금융 융자대상 수출실적 인정금액은?

> 1. 내국신용장에 의한 국산 원자재 구매 및 무상수출금액 : USD50,000
> 2. 해외 위탁가공비 지급 : USD40,000
> 3. 해외 위탁생산 완료 후 수출금액(수출환어음 매입금액) : USD130,000

① USD40,000   ② USD50,000

③ USD90,000   ④ USD130,000

정답 | ②

해설 | 위탁가공무역방식 수출의 경우 수출환어음 매입금액이 아니라 국내 부가가치 창출에 기여한 국산 원자재 무상수출금액에 한해 수출실적으로 예외 인정하고 있음. 국산원자재를 구매하여 가공하지 않고 무상으로 수출한 경우, 생산자금 및 포괄금융 융자대상에서 제외

1. 내국신용장 [근거규정 : 한국은행 금융중개지원 대출관련 무역금융지원 프로그램 운용세칙 제12조(개설대상)]

(1) 융자대상증빙 또는 과거 수출실적을 보유한 수출기업이 수출물품을 제조, 가공하는 데 소요되는 수출용 수입 원자재, 수출용 원자재 또는 수출용 완제품을 국내에서 조달하기 위하여 수출용 원자재 또는 수출용 완제품 공급업자를 수익자로 하여 개설하는 국내용 신용장을 의미하며 LOCAL L/C라고도 함

(2) 수출신용장(Master L/C)과는 달리 국제 간 무역거래에는 사용이 불가하며 국내에서만 사용 가능

(3) 신용장기준과 과거 수출(공급) 실적기준 모두 개설 가능 : 후술하는 구매확인서의 경우 실적기준 발급 불가

(4) 내국신용장의 수혜자(공급자)는 개설된 내국신용장(1차 내국신용장)을 근거로 소요 원자재 또는 완제품 조달을 위한 2차 내국신용장을 개설할 수 있으며, 2차 내국신용장의 수혜자(공급자)는 동 내국신용장을 근거로 소요 원자재 또는 완제품 조달을 위한 3차 내국신용장을 개설할 수 있음(발급 차수에 제한을 두지 않음)

2. 내국신용장의 기능

(1) 물품대금 회수의 안전성 : 내국신용장 거래는 개설은행의 지급보증이 수반되는 거래방식이므로 물품을 정당하게 공급한 경우 개설신청인의 지급능력 상실에도 대금을 안전하게 회수할 수 있는 장점이 있음

(2) 물품공급대금의 조기회수 : 내국신용장에 의한 물품 공급자(수혜자)는 매입(추심)은행을 통한 일람출급 조건의 판매대금추심의뢰서 매입(추심)을 통하여 물품공급 대금 조기회수 가능

(3) 무역금융 융자수혜 가능 : 내국신용장에 의하여 수출용 원자재 또는 수출용 완제품을 구매하는 기업에 대하여 개설된 내국신용장 판매대금추심의뢰서 결제를 위한 무역금융 융자지원 가능

(4) 부가가치세 영('0')세율 적용 : 내국신용장에 의한 물품 거래 시 부가가치세 면세('0'의 세율) 적용 가능

(5) 융자대상 수출실적 인정 : 내국신용장에 의한 수출용 원자재, 또는 수출용 완제품의 국내 공급실적도 직수출실적과 동일하게 융자대상 수출실적으로 인정 가능

(6) 관세환급 가능 : 수출용 수입 원자재를 내국신용장에 의하여 구매하여 수출하는 경우 관세환급 혜택 부여

3. 내국신용장의 거래당사자

(1) **개설신청인(구매자)** : 내국신용장에 의하여 수출용 수입 원자재, 수출용 원자재 또는 수출용 완제품을 구매(또는 임가공위탁)하고자 하는 기업으로, 무역금융 원자재(구매)자금 또는 완제품(구매)자금 약정기업

(2) **수혜자(공급자)** : 공급대상 물품을 제조, 생산(또는 임가공수탁)하여 개설신청인에게 공급하는 기업으로, 수출용 원자재 또는 완제품 생산 및 공급기업(생산능력이 없는 유통기업도 내국신용장 수혜자 자격 가능)

(3) **개설은행** : 개설신청인의 신청으로 내국신용장을 개설하는 외국환은행으로 무역금융 융자취급은행 (지급보증 의무부담)

(4) **매입(추심)은행** : 수혜자(공급자) 거래 외국환은행으로 내국신용장 판매대금추심의뢰서 매입(추심) 은행

4. 내국신용장의 종류 [근거규정 : 한국은행 금융중개지원 대출관련 무역금융지원 프로그램 운용세칙 제13조(개설한도), 운용절차 제17조(개설대상)]

(1) **원자재 내국신용장** : 수출용 원자재를 공급대상으로 하여 개설되는 내국신용장으로, 국산 원자재 또는 수입 원자재를 국내에서 구매하기 위하여 개설

(2) **완제품 내국신용장** : 수출용 완제품을 공급대상으로 하여 개설되는 내국신용장으로, 수출물품의 직접 제조, 가공 없이 동 수출용 완제품의 구매를 목적으로 개설

(3) **임가공 내국신용장** : '원자재자금'으로 약정

　① 원자재 임가공 내국신용장

　　수출물품 제조(가공) 공정 중 일부가 없거나 부족한 경우 일부 공정에 대한 생산시설이 있는 기업과 임가공계약을 체결하고 가공을 의뢰하여 물품을 가공한 후 원자재 상태로 반환받는 형태의 임가공을 원자재 임가공이라 하고, 이 경우 동 임가공비 지급을 목적으로 개설되는 내국신용장

　② 완제품 임가공 내국신용장

　　생산능력이 없거나 부족한 직수출기업이 해외로부터 수취한 수출신용장(Master L/C) 등을 근거로 소요 원자재 전부를 확보하여 생산시설이 있는 기업에 동 원자재를 무상으로 공급하고 물품 가공 후 완제품 상태로 반환받는 형태의 임가공을 완제품 임가공이라 하고, 이 경우 동 임가공비 지급을 목적으로 개설되는 내국신용장

5. 내국신용장의 개설대상 [근거규정 : 한국은행 금융중개지원 대출관련 무역금융지원 프로그램 운용세칙 제12조(개설대상)]

(1) 신용장기준금융 수혜기업

　① 수출신용장 및 수출계약서(D/A, D/P 및 기타 수출관련계약서) 등 보유기업

　② 외화표시물품공급계약서 및 외화표시 건설·용역 공급계약서 등 보유기업

　③ 내국신용장에 의한 물품 공급기업

　④ 구매확인서에 의한 물품 공급기업

(2) 실적기준금융 수혜기업 : 무역금융 융자대상 수출실적 보유기업

6. 내국신용장의 개설한도

(1) 신용장기준

　① 원자재 내국신용장 : 수출신용장 등의 본선인도가격(FOB)에 원자재의존율을 곱한 금액 범위 내에서 개설가능

　② 완제품 내국신용장 : 수출신용장 등의 본선인도가격(FOB) 금액 범위 내에서 개설가능

(2) 실적기준 : 융자대상 수출실적을 근거로 융자취급 외국환은행이 자율 결정

7. 내국신용장의 개설조건 [근거규정 : 한국은행 금융중개지원 대출관련 무역금융지원 프로그램 운용세칙 제14조(내국신용장의 조건)]

(1) 내국신용장은 제3자에게 양도가 불가능한 취소불능신용장이어야 함

(2) 내국신용장의 표시통화는 순수원화, 외화, 개설일 현재 기준환율로 환산한 외화금액이 부기된 원화 중 거래당사자 간의 합의에 의하여 자유롭게 선택 가능

　※ 내국신용장 표시통화
　　① 원화표시
　　② 외화표시
　　③ 외화부기 원화(원화로 하되 개설일 현재 기준환율로 환산한 외화금액 부기)

(3) 내국신용장의 표시금액은 물품대금 전액으로 함. 단, 수출용 원자재 구매를 위한 내국신용장의 개설금액에는 해당 물품의 제조에 투입된 수입 원자재와 내국신용장에 의하여 구입한 수입 원자재와 관련된 관세 등 제세공과금 부담액 포함 개설 가능

(4) 내국신용장 판매대금추심의뢰서의 형식과 어음대금 지급조건

　① 판매대금추심의뢰서 : 개설신청인(구매자)을 지급인으로 하고, 개설은행을 지급장소로 하는 일람출급 환어음

　② 대금지급 조건 : 개설신청인(구매자)이 자기자금으로 결제하는 경우 일람불, 개설은행이 융자하여 결제하는 경우 기한부 조건

(5) 내국신용장의 개설조건은 원수출신용장 매입조건부 결제 등 수혜자에게 불리한 조건이 아니어야 함. 다만, 선박 또는 대외무역법에서 정하는 산업설비의 수출을 위하여 개설되는 완제품 내국신용장의 경우 원수출신용장 등의 대금결제조건에 따른 제조공정별 분할지급 조건으로 개설 가능

(6) **물품인도기일** : 대응수출 또는 물품공급이 원활히 이행되는 데 지장이 없는 범위 내에서 책정되어야 하며, 신용장기준 내국신용장 개설 시에는 원수출신용장 등의 선적기일을 초과하지 않아야 함

(7) **유효기일** : 물품인도기일에 최장 10일을 가산한 기일 범위 내에서 책정되어야 함. 다만, 원수출신용장 등을 근거로 하여 개설되는 내국신용장의 유효기일은 대응되는 원수출신용장 등의 선적 또는 인도기일 이전이어야 함

(8) **서류제시기간** : 물품수령증명서 발급일로부터 최장 5영업일 범위 내에서 책정되어야 함

(9) **신용장통일규칙(UCP600) 준수** : 내국신용장의 필수 조건 이외의 일반적인 거래조건은 국제상공회의소(ICC) 제정 화환신용장에 관한 통일규칙 및 관례를 준용한다는 문언을 명시하여야 함

8. 내국신용장 개설 시 유의사항 [근거규정 : 한국은행 금융중개지원 대출관련 무역금융지원 프로그램 운용절차 제17조(개설대상)]

(1) 내국신용장 수혜자는 당해 내국신용장을 근거로 차수 제한 없이 또 다른 내국신용장 개설 가능

(2) 내국신용장 개설 이전에 이미 물품공급이 완료된 분에 대하여는 내국신용장 개설 불가

(3) 국내업자 간의 매매계약에 따라 국외에서 어획물을 수집하여 직접 수출하는 경우 내국신용장 개설 가능

(4) 수출기업이 원자재 및 완제품을 임가공계약에 의하여 위탁생산하고자 하는 경우 당해 수탁가공업자에 대한 임가공비 지급 목적의 임가공 내국신용장 개설 가능

9. 내국신용장 매입(추심)

내국신용장의 수혜자(공급자)가 물품공급을 완료한 후에 물품공급대금 회수를 위하여 자기의 거래외국환은행에 내국신용장 관련서류를 제시하고, 동 외국환은행은 내국신용장에 의하여 발행된 판매대금추심의뢰서를 매입(추심)하고 개설은행에 추심하는 업무

10. 내국신용장 매입 시 전송문서(전자문서교환방식) [근거규정 : 한국은행 금융중개지원 대출관련 무역금융지원 프로그램 운용절차 제22조(판매대금추심의뢰서 결제 시 전송 전자문서)]

(1) 판매대금추심의뢰서

(2) 전자문서교환방식 물품수령증명서

(3) 부가가치세법상 전송 가능한 공급자발행 세금계산서

(4) 내국신용장 사본

> **[참고] 물품수령증명서 발급원칙**
> - 물품수령증명서란 내국신용장 개설신청인이 동 신용장의 수혜자(공급자)로부터 수출용 원자재 및 완제품을 공급받은 후 수혜자에게 발급하는 서류로, '인수증'이라 통칭하며 수출신용장 등의 선하증권과 동일한 성격을 갖는 서류
> - 발급시기
>   - 내국신용장 개설신청인은 공급자의 세금계산서 발행일로부터 10일 이내에 물품수령증명서를 발급하여야 하며, 물품을 인수하였음에도 불구하고 정당한 사유 없이 세금계산서 발행일로부터 10일 이내에 물품수령증명서를 발급하지 않거나, 10일을 경과하여 발급한 때에는 제재(경고, 내국신용장 개설정지 등) 대상임. 다만, 중소기업이 대기업으로부터 물품을 인수한 경우에는 이를 적용하지 않음
>   - 물품수령증명서를 공급자발행 세금계산서와 건별로 대응시키는 이유는 내국신용장 개설조건대로 물품이 실제로 공급되고 인수되었는지를 확인하기 위함

11. 내국신용장 매입 시 징수이자

(1) 원화표시 내국신용장 : 매입금액×해당일수(징수기간)/365×이자율

(2) 외화표시 내국신용장 : 매입외화금액×대고객 매매기준율×해당일수(징수기간)/360×환가료율

(3) 이자율(원화표시) 및 환가료율(외화표시)

　① 이자율 : 외국환은행별 적용 기준금리 + 신용가산금리

　② 환가료율 : 일람불(At Sight) 환가료율

(4) 징수기간 : 입금일 제외

　① 3영업일 : 내국신용장 판매대금추심의뢰서 매입은행이 동 신용장 개설은행인 경우(자점개설분)

　② 4영업일 : 자점개설분 이외

12. 내국신용장 결제 [근거규정 : 한국은행 금융중개지원 대출관련 무역금융지원 프로그램 운용세칙 제16조(내국신용장 결제)]

　내국신용장 어음을 매입한 외국환은행이 어음교환제도를 이용하여 개설은행 앞으로 어음대금을 추심하거나, 내국신용장의 수혜자가 직접 개설은행 창구에 제시할 때 지급거절사유가 없는 한 내국신용장 어음대금을 지급하는 업무

13. 내국신용장 거래절차

(1) 물품매매계약 체결

(2) 내국신용장 개설(구매자)

(3) 물품공급(공급자) : 세금계산서 발행

(4) 물품수령증명서 발급(구매자) : 물품공급일(세금계산서 발행일)로부터 10일 이내 발급

(5) 판매대금추심의뢰서 매입 또는 추심(공급자) : 물품수령증명서 발급일로부터 5영업일 이내

(6) 대금결제(구매자)

　① 판매대금추심의뢰서 매입(추심)일로부터 4영업일 이내,

　② 교환제시(지급제시)일로부터 3영업일 이내 결제

14. 구매확인서 [근거규정 : 대외무역관리규정 제1장 제2조 제18항]

구매확인서란 국내에서 생산된 물품이나 수입된 물품을 외화획득용 원료, 용역 또는 전자적 형태의 무체물 또는 물품으로 사용하기 위하여 구매하고자 하는 경우 외국환은행의 장 또는 전자무역기반사업자가 내국신용장에 준하여 발급하는 서류로, 무역금융 한도부족 등으로 내국신용장을 개설할 수 없는 상황에서 외화획득용 원료 등의 구매를 원활하게 하기 위한 제도

[참고] 구매확인서
- 구매물품 : 국내에서 생산되거나 수입된 물품을
- 구매목적 : 외화획득용 원료, 외화획득용 용역, 외화획득용 전자적 형태의 무체물, 또는 물품으로 사용하기 위하여
- 구매행위 : 국내에서 구매하고자 하는 경우
- 발급방법 : 외국환은행의 장 또는 전자무역기반사업자가 내국신용장에 준하여 발급하는 서류

---

15. 구매확인서 발급대상 [근거규정 : 대외무역관리규정 제3장 제2절 제36조]

(1) 수출신용장, 수출계약서, 외화매입(예치)증명서, 내국신용장, 구매확인서 등을 수취한 자

(2) 외화획득에 제공되는 물품을 생산하기 위한 경우임을 입증할 수 있는 서류 등을 수취한 자

(3) **발급 근거서류**
   ① 수출신용장, 수출계약서
   ② 외화매입(예치)증명서
   ③ 내국신용장, 구매확인서
   ④ 수출신고필증(외화획득용 원료, 기재를 구매한 자가 신청한 경우에만 해당)

16. 구매확인서 발급 시 유의사항 [근거규정 : 대외무역관리규정 제3장 제2절 제37조]

(1) **발급한도** : 구매자가 보유한 발급근거서류(수출신용장 등)의 금액 범위 내에서 발급 가능하며, 과거 실적기준으로는 발급 불가

(2) **발급차수** : 제조, 가공과정이 여러 단계일 경우 차수에 제한 없이 발급 가능

(3) **표시통화** : 내국신용장 개설 시 표시통화와 마찬가지로 순수원화, 외화, 현재 기준환율로 환산한 외화금액이 부기된 원화 중 거래당사자 간의 합의에 의하여 자유롭게 선택 가능

(4) 단순 Order 또는 수출입대행계약서 등으로는 발급 불가

(5) 융자대상증빙(수출신용장 등) 없이 Offer만으로 발급 불가

(6) 현물투자를 위한 기자재 구매 시 발급 불가

(7) 구매확인서에 의한 구매행위에는 물품 등의 일반구매 뿐만 아니라 임가공위탁도 포함

(8) **물품공급이 완료된 분에 대한 사후발급 가능 여부**
   ① 구매확인서 : 사후발급 가능
   ② 내국신용장 : 사후발급 불가

17. 내국신용장 vs 구매확인서

구분	내국신용장	구매확인서
관련법령	한국은행 금융중개지원 대출관련 무역금융지원 프로그램 운용세칙 및 운용절차	대외무역관리규정
개설(발급)신청인	융자대상증빙 및 수출실적보유자	외화획득증빙 보유자 (실적기준 발급 불가)
개설(발급)기관	외국환은행	외국환은행의 장 또는 전자무역기반사업자
공급실적의 수출실적 인정여부	인정	인정
무역금융 융자수혜	융자수혜 가능	융자수혜 가능
세제상 혜택	부가가치세 영세율 및 관세환급 적용	부가가치세 영세율 및 관세환급 적용
개설(발급)비용	개설수수료	발급수수료

18. 구매확인서에 의한 수출(공급)실적 확인 [근거규정 : 대외무역관리규정 제2장 제6절 제27조, 제28조]

(1) 수출실적 인정시점

① 외국환은행을 통하여 대금을 결제한 경우 : 대금결제일

② 당사자 간에 대금을 결제한 경우 : 세금계산서 발급일

(2) 수출실적 인정금액 : 외국환은행의 결제액 또는 확인액

(3) 수출실적증명 발급기관

① 은행을 통하여 대금을 결제한 경우 : 공급자 거래은행(대금 입금은행)

② 당사자 간에 대금을 결제한 경우 : 구매확인서 발급 외국환은행

SECTION 1 ○ × **문제**

---

01 구매확인서란 융자대상증빙 또는 과거 수출실적을 보유한 수출기업이 수출물품을 제조, 가공하는 데 소요되는 수출용 수입 원자재, 수출용 원자재 또는 수출용 완제품을 국내에서 조달하기 위하여 수출용 원자재 또는 수출용 완제품 공급업자를 수익자로 하여 개설하는 국내용 신용장이다. (○ / ×)

정답 | ×
해설 | (1) 내국신용장 : 융자대상증빙 또는 과거 수출실적을 보유한 수출기업이 수출물품을 제조, 가공하는 데 소요되는 수출용 수입 원자재, 수출용 원자재 또는 수출용 완제품을 국내에서 조달하기 위하여 수출용 원자재 또는 수출용 완제품 공급업자를 수익자로 하여 개설하는 국내용 신용장(LOCAL L/C)
　　　(2) 구매확인서 : 국내에서 생산된 물품이나 수입된 물품을 외화획득용 원료, 용역 또는 전자적 형태의 무체물 또는 물품으로 사용하기 위하여 구매하고자 하는 경우 외국환은행의 장 또는 전자무역 기반사업자가 내국신용장에 준하여 발급하는 서류

02 내국신용장은 신용장기준으로만 개설이 가능하다. (○ / ×)

정답 | ×
해설 | (1) 내국신용장 : 신용장기준 및 실적기준 모두 개설 가능
　　　(2) 구매확인서 : 실적기준 발급 불가

03 내국신용장에 의한 물품 거래 시 부가가치세 영세율 적용이 불가하다. (○ / ×)

정답 | ×
해설 | 내국신용장 또는 구매확인서에 의한 물품 거래 시 부가가치세 영세율 및 관세환급 적용 가능

04 내국신용장은 국내용 신용장이므로 당사자 간 합의 없이 조건변경 및 취소가 가능하다. (○ / ×)

정답 | ×
해설 | 내국신용장은 취소불능신용장일 것을 조건으로 하므로, 관계당사자(개설은행, 수혜자, 개설신청인) 전원 합의 없이 조건변경 및 취소 불가

05 내국신용장 조건 중 유효기일은 물품인도기일에 최장 5일을 가산한 기일 범위 내에서 책정되어야 한다. (○/×)

정답 ┃ ×
해설 ┃ (1) 내국신용장 유효기일은 물품인도기일에 최장 10일을 가산한 기일 범위 내에서 책정되어야 함
　　　(2) 다만, 원수출신용장 등을 근거로 하여 개설되는 내국신용장의 유효기일은 대응되는 원수출신용장 등의 선적 또는 인도기일 이전이어야 함

06 신용장기준 원자재 내국신용장 개설금액은 근거서류인 수출신용장 등의 본선인도조건(FOB) 금액 범위 내이다. (○/×)

정답 ┃ ×
해설 ┃ (1) 원자재 내국신용장 개설금액 : 수출신용장 등의 본선인도가격(FOB)×원자재의존율
　　　(2) 완제품 내국신용장 개설금액 : 수출신용장 등의 본선인도가격(FOB) 금액 범위 내

07 구매확인서에 의하여 구매 가능한 물품은 수출용 원자재 및 수출용 완제품이다. (○/×)

정답 ┃ ×
해설 ┃ (1) 내국신용장에 의한 구매대상 : 수출용 원자재 및 수출용 완제품
　　　(2) 구매확인서에 의한 구매대상 : 외화획득용 원료 및 물품(수출보다 광의의 개념)
　　　(3) 외화획득의 범위 : 수출, 관광, 용역 및 건설의 해외진출, 주한 국제연합군이나 그 밖의 외국군기관에 대한 물품 매도 등

08 임가공 위탁의 경우에는 구매확인서에 의한 구매대상에서 제외된다. (○/×)

정답 ┃ ×
해설 ┃ 구매확인서에 의한 구매대상은 물품 구매뿐만 아니라 임가공 위탁도 포함됨

09 구매확인서 사후발급은 물품의 공급시기가 끝나는 과세기간 종료 후 25일 이내에 가능하다. (○/×)

정답 ┃ ×
해설 ┃ 구매확인서 사후발급 기한 폐지(기한에 관계없이 사후발급 가능)

10 구매확인서에 의한 국내 공급실적은 무역금융 융자대상 수출실적으로 인정되지 않는다. (○/×)

정답 ┃ ×
해설 ┃ **무역금융 융자대상 국내 공급실적**
　　　(1) 내국신용장에 의한 공급실적
　　　(2) 구매확인서에 의한 공급실적

01 (　　　) 내국신용장이란 수출용 원자재를 공급대상으로 하여 개설되는 내국신용장으로, 국산 원자재 또는 수입 원자재를 국내에서 구매할 목적으로 개설된다.

정답 | 원자재
해설 | 완제품 내국신용장 : 수출용 완제품을 공급대상으로 하여 개설되는 내국신용장으로, 수출물품의 직접 제조, 가공 없이 동 수출용 완제품의 구매를 목적으로 개설

02 (　　　) 내국신용장이란 생산시설이 없거나 부족한 기업이 생산시설을 보유한 기업과 임가공계약을 체결하고 수출용 원자재 또는 수출용 완제품을 위탁가공 생산하는 데 소요되는 가공임을 대상으로 개설되는 내국신용장이다.

정답 | 임가공
해설 | **임가공 내국신용장**
　　　(1) 종류 : 원자재 임가공 내국신용장, 완제품 임가공 내국신용장
　　　(2) 무역금융 약정 시 융자금종류 : 원자재자금

03 (　　　)란 내국신용장 개설신청인(구매자)이 수혜자(공급자)로부터 수출용 원자재 및 수출용 완제품을 공급받은 후 수혜자 앞으로 발급하는 서류(인수증)이다.

정답 | 물품수령증명서
해설 | 물품수령증명서는 공급자의 세금계산서 발급일(공급일)로부터 10일 이내에 발급하는 것이 원칙(단, 중소기업이 대기업으로부터 물품을 구매하는 경우 제외)

04 내국신용장 (　　　)란 내국신용장 매입(추심) 외국환은행이 교환제도를 이용하여 개설은행 앞으로 대금을 추심하면, 지급거절 사유가 없는 한 대금을 지급하는 업무이다.

정답 | 결제
해설 | **결제**
　　　(1) 판매대금추심의뢰서 매입(추심)일로부터 4영업일 이내,
　　　(2) 지급제시(교환제시)를 받은 날로부터 3영업일 이내에 결제

05 (　　　)이란 내국신용장을 매입하여 상대은행에 청구할 금액과 내국신용장을 개설하여 상대은행에 결제할 금액의 차액을 한국은행 당좌예금 계정을 통하여 결제하는 시스템을 의미한다.

정답 | 차액결제시스템

01 내국신용장 거래의 당사자 중 내국신용장 공급대상 물품을 제조, 가공(임가공수탁 포함)하여 개설 신청인(구매자)에게 매도(공급)하는 주체를 의미하는 용어는?

① 개설신청인(구매자)　　　　　　　② 수혜자(공급자)

③ 개설은행　　　　　　　　　　　　④ 매입은행

정답 | ②

해설 | 개설신청인(구매자) : 내국신용장에 의하여 수출용 수입 원자재, 수출용 원자재 또는 수출용 완제품을 구매(임가 공위탁 포함)하고자 하는 기업으로, 무역금융 원자재(구매)자금 또는 완제품(구매)자금 약정기업

02 내국신용장 거래 시 수혜자(공급자) 입장에서의 장점이 아닌 것은?

① 대금회수의 안전성

② 물품대금의 조기회수

③ 공급실적을 근거로 무역금융 융자수혜 가능(실적기준금융)

④ 부가가치세 영세율 적용 불가

정답 | ④

해설 | **수혜자 입장에서의 장점**

(1) 부가가치세 영세율 적용 및 관세환급 가능

(2) 공급실적의 무역금융 융자대상 수출실적 인정 등

03 내국신용장 개설조건에 대한 설명으로 틀린 것은?

① 내국신용장은 제3자에게 양도 불가능한 취소불능신용장이어야 한다.

② 판매대금추심의뢰서의 형식은 개설신청인을 지급인으로 하고 개설은행을 지급장소로 하는 일람출급 조건이어야 한다.

③ 내국신용장의 표시통화는 외화로만 가능하다.

④ 매입(추심)을 위한 서류제시기간은 물품수령증명서 발급일로부터 최장 5영업일 범위 내에서 책정되어야 한다.

정답 | ③

해설 | (1) 내국신용장 표시통화 : 원화, 외화, 개설일 현재 기준환율로 환산한 외화금액을 부기한 원화로 가능

(2) 개설금액 : 물품대금 전액

(3) 유효기일 : 물품인도기일에 최장 10일을 가산한 기일 범위 내(원수출신용장 등의 선적 또는 인도기일 이전)

(4) 물품인도기일 : 대응수출 또는 물품공급이 원활히 이행되는 데 지장이 없는 범위 내

(5) 서류제시기간 : 물품수령증명서 발급일로부터 최장 5영업일 이내

04 내국신용장 개설 시 유의사항에 대한 설명으로 틀린 것은?

① 내국신용장 수혜자는 당해 내국신용장을 근거로 차수 제한 없이 또 다른 내국신용장의 개설이 가능하다.

② 내국신용장 개설 이전에 이미 물품공급이 완료된 분에 대하여는 내국신용장 개설이 불가하다.

③ 국내업자 간의 매매계약에 따라 국외에서 어획물을 수집하여 직접 수출하는 경우 내국신용장 개설이 가능하다.

④ 수출기업이 원자재 및 완제품을 임가공계약에 의하여 위탁생산하고자 하는 경우 당해 수탁가공업자에 대한 임가공비 지급 목적의 임가공 내국신용장 개설은 불가하다.

정답 | ④
해설 | (1) 임가공비 지급 목적의 내국신용장 개설 가능(임가공 내국신용장)
(2) 선수금영수조건의 수출신용장 등의 경우 선수금을 제외한 금액 범위 내에서 내국신용장 개설 가능

05 전자문서교환방식(EDI) 내국신용장 매입 거래 시 전송받는 문서가 아닌 것은?

① 판매대금추심의뢰서

② 선하증권

③ 전자문서교환방식 물품수령증명서

④ 부가가치세법상 전송 가능한 공급자발행 세금계산서

정답 | ②
해설 | 전자문서교환방식 내국신용장 매입(추심) 거래 시 전송받는 문서
(1) 판매대금추심의뢰서
(2) 전자문서교환방식 물품수령증명서
(3) 부가가치세법상 전송 가능한 공급자발행 세금계산서
(4) 내국신용장 사본

06 아래의 내국신용장 매입 시 매입이자 징수산식의 괄호 안에 들어갈 일수로 맞는 것은?(단, 자점개설분이 아님)

외화표시 내국신용장 매입이자 = 매입원금×매입일 현재 대고객 매매기준율×소정이율(환가료율)×(   )영업일/360(365)

① 3

② 4

③ 5

④ 7

정답 | ②
해설 | (1) 이자 징수일수 : 4영업일(입금일 제외)
(2) 자점개설분 : 3영업일

07 외화부기 원화표시 내국신용장 개설 및 매입 시 기준환율이 아래와 같다면,

> (1) 개설금액 : 55,000,000원(USD50,000)
> (2) 개설일 현재 기준환율 : 1,100원
> (3) 매입일 현재 기준환율 : 1,200원

내국신용장 수혜자(공급자)의 판매대금추심의뢰서 매입금액은?

① 50,000,000원

② 55,000,000원

③ 60,000,000원

④ 65,000,000원

정답 | ③
해설 | 외화부기 원화표시 내국신용장 개설 및 매입금액
  (1) 개설금액 : 55,000,000원(USD50,000×1,100원)
  (2) 매입금액 : 60,000,000원(USD50,000×1,200원)
  (3) 수혜자(공급자) : 환차익 발생

08 구매확인서 제도에 대한 설명으로 틀린 것은?

① 관련규정 : 대외무역법(시행령, 관리규정)

② 발급기관 : 외국환은행의 장 또는 전자무역 기반사업자

③ 공급실적의 무역금융 융자수혜 가능여부 : 융자수혜 가능

④ 세제상 혜택 : 부가가치세 영세율 적용 및 관세환급 불가

정답 | ④
해설 | 내국신용장 및 구매확인서에 의한 거래 시 세제상 혜택 : 부가가치세 영세율 적용 및 관세환급 가능

09 구매확인서 발급 근거서류에 해당되지 않는 것은?

① 수출신용장

② 수출계약서(D/P, D/A 등)

③ 수출실적증명

④ 내국신용장

정답 | ③
해설 | 구매확인서 발급 근거서류
  (1) 수출신용장, 수출계약서(D/P, D/A 등)
  (2) 외화매입(예치)증명서
  (3) 내국신용장, 구매확인서
  (4) 수출신고필증(외화획득용 원료, 기재를 구매한 자가 신청한 경우에만 해당) 등
  (5) 실적 기준으로는 발급 불가

10 구매확인서 발급 시 유의사항에 대한 설명으로 틀린 것은?

① 구매자가 보유한 발급 근거서류(수출신용장 등)의 금액 범위 내에서 발급 가능하다.

② 제조, 가공과정이 여러 단계일 경우 차수에 제한 없이 발급 가능하다.

③ 표시통화는 순수원화, 외화, 개설일 현재 기준환율로 환산한 외화금액이 부기된 원화 중 당사자 간의 합의에 의하여 자유롭게 선택 가능하다.

④ 현물투자를 위한 기자재 구매 시에도 발급 가능하다.

정답 | ④

해설 | 구매확인서 발급불가 대상

　　(1) 단순 Order 또는 수출입대행계약서 등으로는 발급 불가

　　(2) 융자대상증빙(수출신용장 등) 없이 Offer만으로 발급 불가

　　(3) 현물투자를 위한 기자재 구매 시 발급 불가

11 구매확인서에 의한 공급실적의 수출실적 인정에 대한 설명으로 틀린 것은?

① 은행을 통하여 대금을 결제한 경우의 실적 인정시점은 대금결제일이다.

② 은행을 통하지 아니하고 당사자 간에 대금을 결제한 경우의 실적 인정시점은 물품수령증명서 발급시점이다.

③ 은행을 통하여 대금을 결제한 경우의 수출실적 발급기관은 공급자 거래은행이다.

④ 은행을 통하지 아니하고 당사자 간에 대금을 결제한 경우의 수출실적 발급기관은 구매확인서 발급 외국환은행의 장 또는 전자무역 기반사업자이다.

정답 | ②

해설 | 은행을 통하지 아니하고 당사자 간에 대금을 결제한 경우의 수출실적 인정시점 : 세금계산서 발급일(공급일)

1. 무역어음제도

(1) 수출관련계약서(수출신용장 등) 또는 수출실적 보유 기업이 발행한 환어음(무역어음)을 인수기관에서 인수하고 동 인수어음을 중개기관의 할인 및 매각을 통하여 시중에 유통시키고 어음기일에 수출기업의 수출환어음 매입대금으로 결제하는 제도

(2) 무역어음 : 수출기업이 인수기관과의 약정에 의하여 수출계약서(수출신용장 등) 또는 수출실적을 근거로 수출물품의 제조, 가공 또는 구매하는 데 소요되는 자금을 선적 전에 조달할 목적으로 인수기관을 지급인으로 하여 발행하는 기한부(Usance) 환어음

(3) 무역어음인수 : 수출기업 등이 발행한 기한부 환어음에 대하여 인수기관이 어음 지급기일에 지급 의무를 부담하는 행위로, 수출기업 등에 지급보증을 제공하는 여신행위(무역어음인수도 신용장 기준과 실적기준 모두 취급가능)

(4) 무역어음인수 대상기업
① 수출신용장상의 수익자
② 수출계약서에 의한 수출자
③ 외화표시물품공급계약서의 물품공급자
④ 내국신용장상의 수혜자
⑤ 과거 수출실적 보유기업

(5) 무역어음금액
① 발행금액은 원칙적으로 신용장 등의 금액[본선인도가격(FOB) 기준]의 범위 내에서 인수당일의 대고객 전신환매입율로 환산한 원화금액 이내이어야 함
② **최저 발행금액** : 10만원 단위(10만원 미만 금액 절사)
③ 신용장 등의 금액이 거액인 경우 수개의 무역어음으로 분할발행 가능

(6) 어음지급기일 : 수출계약서(수출신용장 등)의 유효기일 범위 내에서 최종선적기일(내국신용장의 경우 물품인도기일)에 10일을 가산한 기일 범위 내

(7) 무역어음할인 : 인수기관이 인수한 무역어음을 동 어음 발행인의 신청에 의하여 할인기관이 매입하는 행위로, 발행인은 할인기관을 통하여 자금조달

(8) 무역어음매출 : 외국환은행이 인수한 무역어음을 할인취급 금융기관이 일반투자가에게 할인매출하는 행위

2. 외화대출제도

외국환은행이 거주자에게 제공하는 외화표시 대출금(외화표시 원화대출 및 외화사모사채 포함)으로 재원에 따라 외국환은행 자체자금 외화대출과 외부 차입에 의한 외화차관자금대출로 구분

3. 거주자에 대한 외화대출 용도제한

(1) 거주자에 대한 외화대출의 자금용도는 원칙적으로 해외에서 직접 사용하는 실수요 목적자금에 한하여 허용
  ① 거주자에 대한 외화대출 : 사용용도 제한(해외사용 실수요자금)
  ② 비거주자에 대한 외화대출 : 용도제한 없음(신고여부 등 확인 필요)

(2) **실수요자금** : 차주가 재화 및 용역의 대가 등을 자신의 명의로 해외 거래상대방에게 지급함을 의미(국내 수입업자가 수입중개업체를 통하여 물품을 수입하는 경우 지원 불가)

(3) **해외사용 실수요 자금용도** : 직접 해외에 지급하는 물품수입 또는 용역대금, 해외직접투자 자금, 해외차입금 상환자금

(4) **거주자에 대한 외화대출 대상거래 추가**
  ① 수출기업이 환헤지 목적으로 가입한 KIKO 등 통화옵션 결제자금
  ② 중소제조업체 국내 시설자금

(5) **중계무역방식 수출용 완제품 수입대금**
  ① 무역금융 : 지원 불가
  ② 외화대출 : 지원 가능(해외사용 실수요자금에 해당)

4. 외화대출 리스크

(1) 환율 상승 시 원화로 환산한 외화대출의 원금 및 이자 증가
(2) 변동금리 외화대출의 기준금리(LIBOR, 엔 LIBOR 등) 상승 시 대출기간 중 금리변동 주기마다 대출금리 상승
  ① 손익계산서상 외환차손 및 외화평가손실 발생으로 수익구조 악화
  ② 현금흐름표상 영업활동 현금흐름 감소로 미래 현금흐름 창출력 저하
(3) 환율 상승으로 원화 환산 외화대출의 원금이 증가하면 차주 기업의 부채비율이 상승하거나 외화 관련 평가손실이 증가하여 기업 신용등급 하락 가능성
(4) 외화대출 실행 은행의 경우 국제금융환경 변화로 인한 외화조달 비용 상승 시 만기연장 시점에 가산금리 상승으로 대출금리 상승 가능성(차주 기업의 이자 상환부담 증가)

5. 외화대출 취급 시 유의사항

(1) 해외사용 실수요자금 증빙서류상의 통화와 외화대출 실행통화가 상이해도 취급 가능
(2) 기간연장 및 대환 시 통화변경 가능
(3) 해외사용 실수요자금 지원을 위한 외화대출 취급 시 대출취급은행과 해외송금은행은 원칙적으로 동일은행이어야 함
(4) 해외결제용 자금은 송금에 의한 지급이 원칙

(5) 해외결제용 자금 차주 직접 송금 시 1개월 이내 대출취급 가능

(6) 시설자금 차주 직접 집행 시 자금집행 후 6개월 이내 대출취급 가능

6. 외화대출 리스크 관리방법

(1) **환위험 관리기법** : 선물환매수, 통화옵션매수, 통화선물, 통화전환옵션 가입, 한국무역보험공사 환변동보험 가입 등

(2) **금리위험 관리기법** : 이자율스왑(금리고정 효과)

(3) **신용위험 관리기법**

　① 부동산, 동산, 예적금 담보

　② 모기업 등의 연대보증 또는 담보제공

　③ 보증신용장(Standby L/C) 담보취득 : 금융보증신용장(Financial Standby L/C)

　④ 한국무역보험공사 해외사업금융보험, 해외투자보험 가입 등

SECTION 1 ○×**문제**

01 무역어음이란 수출기업이 수출계약서(수출신용장 등) 또는 수출실적을 근거로 수출물품의 제조, 가공에 소요되는 자금을 조달할 목적으로 인수기관을 지급인으로 하여 발행하는 일람출급(At Sight) 조건의 환어음이다. (○/×)

정답 | ×
해설 | 무역어음 : 수출기업이 수출계약서(수출신용장 등) 또는 수출실적을 근거로 수출물품의 제조, 가공에 소요되는 자금을 조달할 목적으로 인수기관을 지급인으로 하여 발행하는 기한부(Usance) 조건의 환어음

02 무역어음 발행의 근거서류인 수출신용장의 경우 중계무역방식 신용장인 경우에도 동 신용장을 근거로 무역어음 발행이 가능하다. (○/×)

정답 | ×
해설 | **수출신용장 요건**
(1) 취소불능신용장일 것
(2) 중계무역방식 신용장이 아닐 것
(3) 한국수출입은행의 수출자금대출(인도전금융)을 받은 신용장이 아닐 것 등

03 중계무역방식 완제품 수입대금은 외화대출 지원대상에서 제외된다. (○/×)

정답 | ×
해설 | (1) 무역금융 : 중계무역방식 완제품 수입대금 지원 불가
(2) 외화대출 : 중계무역방식 완제품 수입대금 지원 가능(해외실수요 자금)

01 무역어음 (   )란 수출기업 등이 발행한 기한부 환어음에 대하여 인수기관이 어음지급기일에 지급의무를 부담할 것을 확약하는 행위로, 환어음 발행인에 대한 인수기관의 여신행위(지급보증)이다.

정답 ｜ 인수

02 무역어음 (   )이란 무역어음 발행의 근거가 되는 수출신용장 등의 수익자 또는 양수인으로서 수출물품을 제조, 가공하여 수출하거나 공급하는 기업 및 국내에서 생산된 수출용 완제품을 내국신용장에 의하여 구매하여 수출하고자 하는 주체이다.

정답 ｜ 발행인(수출기업)

SECTION 3   기본문제

01 무역어음인수 대상기업이 아닌 것은?
① 수출신용장상 수익자
② 내국신용장상 수혜자(공급자)
③ 내수용 일반재 수입 목적의 수입신용장 개설신청인
④ 수출계약서상 수출자

정답 ｜ ③
해설 ｜ **무역어음인수 대상기업**
    (1) 외화표시물품공급계약서상 공급자
    (2) 과거 수출실적 보유자
    (3) 수출신용장 결제조건부 수출계약서상 수출자

02 인수대상 무역어음의 금액 및 지급기일에 대한 설명으로 틀린 것은?

① 발행금액은 원칙적으로 본선인도조건(FOB)의 신용장금액 범위 내에서 인수당일의 대고객 전신환매입율로 환산한 원화금액 이내이어야 한다.

② 최저 발행금액은 10만원 단위이다.

③ 하나의 신용장금액에 대하여 무역어음 분할발행은 불가하다.

④ 수출신용장을 근거로 무역어음을 발행하는 경우 어음지급기일은 동 신용장의 유효기일 범위 내에서 최종선적기일에 10일을 가산한 기일 범위 내로 정한다.

정답 | ③
해설 | (1) 하나의 수출계약서(수출신용장 등) 금액에 대한 무역어음 분할발행 가능
　　　(2) 선적기일이 다른 여러 개의 신용장 등을 합하여 하나로 발행한 무역어음 인수 가능

03 거주자대상 외화대출 지원대상 거래에 해당되지 않는 것은?

① 직접 해외의 수출상에게 대금을 지급하는 조건의 물품 수입

② 해외직접투자

③ 해외차입금 상환

④ 국내 수입업자가 수입중개업체를 통한 물품 수입

정답 | ④
해설 | (1) 외화대출
　　　　① 거주자에 대한 외화대출 : 사용 용도제한(해외사용 실수요자금)
　　　　② 비거주자에 대한 외화대출 : 용도제한 없음(신고여부 등 확인)
　　　(2) 외화대출 대상거래 추가
　　　　① 수출기업이 환헤지 목적으로 가입한 KIKO 등 통화옵션 결제자금
　　　　② 중소제조업체 국내 시설자금
　　　(3) 외화대출 용도제한
　　　　① 국내 수입업자가 수입중개업체를 통하여 물품을 수입하는 경우 대상 제외
　　　　② 해외사용 실수요자금이 아님
　　　(4) 외화대출 취급 시 유의사항
　　　　① 해외사용 실수요자금 증빙서류상의 통화 외화대출 실행통화가 상이해도 취급 가능
　　　　② 기간연장 및 대환 시 통화변경 가능
　　　　③ 해외사용 실수요자금 지원을 위한 외화대출 취급 시 대출취급은행과 해외송금은행은 원칙적으로 동일은행이어야 함
　　　　④ 해외결제용 자금은 송금에 의한 지급이 원칙
　　　　⑤ 해외결제용 자금을 차주가 직접 송금하는 경우 1개월 이내 대출실행 가능
　　　　⑥ 시설자금 차주 직접 송금 시 자금집행 후 6개월 이내 대출취급 가능

04 외화대출 취급에 따른 리스크에 대한 설명으로 틀린 것은?

① 환율 상승 시 원화로 환산한 외화대출의 원금 및 이자 감소 효과가 발생한다.

② 변동금리 외화대출의 기준금리(LIBOR, 엔 LIBOR 등) 상승 시 대출기간 중 금리변동 주기마다 대출금리가 상승한다.

③ 환율 상승으로 원화 환산 외화대출이 원금이 증가하면 차주 기업의 부채비율이 상승하거나 외화 관련 평가손실이 증가하여 기업 신용등급 하락 가능성이 있다.

④ 국제금융환경 변화로 인한 외화조달 비용 상승 시 만기연장 시점에 가산금리 상승에 따른 대출금리 상승으로 차주 기업의 이자 상환부담이 증가할 수 있다.

정답 | ①

해설 | (1) 환율 상승 시 원화로 환산한 외화대출의 원금 및 이자 증가
   (2) 변동금리 외화대출의 기준금리(LIBOR, 엔 LIBOR 등) 상승 시 대출기간 중 금리변동 주기마다 대출금리 상승
      ① 손익계산서상 외환차손 및 외화평가손실 발생으로 수익구조 악화
      ② 현금흐름표상 영업활동 현금흐름 감소로 미래 현금흐름 창출력 저하

05 외화대출과 관련된 리스크 회피방법 중 환위험 관리기법이 아닌 것은?

① 선물환매수
② 통화옵션매수
③ 무역보험공사 환변동보험 가입
④ 이자율스왑

정답 | ④

해설 | (1) 환위험 관리기법 : 선물환매수, 통화옵션매수, 통화선물, 통화전환옵션 가입, 무역보험공사 환변동보험 가입
   (2) 금리위험 관리기법 : 이자율스왑(금리고정효과)
   (3) 신용위험 관리기법
      ① 부동산, 동산, 예적금 담보 활용
      ② 모기업 등의 연대보증 또는 담보제공
      ③ 보증신용장(Standby L/C) 담보취득 : 금융보증신용장(Financial Stnadby L/C)

1. 지급보증 형식 [근거규칙 : 신용장통일규칙(UCP600) 제1조, 보증신용장통일규칙(ISP98) 제1. 01조]

(1) 보증신용장(Stnadby L/C)

① 수출입 물품대금 결제를 목적으로 개설되는 상업신용장(Commercial L/C)이 아닌 금융의 담보 또는 채무보증의 목적 등 주로 무역외거래에 사용되는 신용장

② 이행보증신용장, 금융보증신용장 등의 형태로 응용되면서 계약의 이행 또는 채무를 보증하는 기능 수행

③ 준거규칙 : 신용장통일규칙(UCP600), 보증신용장통일규칙(ISP98)

[참고] 보증신용장(Standby L/C)과 상업신용장(Commercial L/C)			
구분		상업신용장(Commercial L/C)	보증신용장(Standby L/C)
공통점		독립성, 추상성, 서류거래성	
차이점	요구 서류	지급이행 청구 시 선하증권 등 선적서류 요구	지급이행 청구 시 개설의뢰인이 기초계약상 채무를 불이행하였다는 것을 증명하는 채무불이행진술서, 청구사유진술서 요구
	발행 목적	계약의 이행에 대한 지급청구에 대응할 목적으로 발행	계약의 불이행에 대한 지급청구에 대응할 목적으로 발행
	발행 범위	주로 물품거래에 한정	이행성보증뿐만 아니라 금융보증 등 다양한 용도로 사용
	보증 범위	신용장조건과 일치하는 서류를 제시하는 경우 대금을 지급하는 조건부 지급보증	기초계약상 채무불이행에 따른 불이행 진술서 등을 제시하면 지급에 응해야 하는 무조건적인 지급보증

(2) 은행보증(Bank Guarantee) [근거규칙 : 청구보증통일규칙(URDG758) 제5조]

① 채무에 대한 관계에 있어서 <u>부종성을 갖는 통상적인 보증이 아니라,</u> 채무자와 채권자 사이의 기초계약과 독립되어 그 기초계약에 따른 사유로는 수익자에게 대항하지 못하고 수익자의 청구가 있기만 하면 무조건적인 지급의무가 발생되는 지급보증(부종성이 없는 보증)

② 계약위반 또는 채무불이행 사실에 대한 조사 또는 증명을 필요로 하지 않고 채권자의 단순한 진술서만으로 채권자에게 일정금액을 지급하여야 하는 무조건적이며 절대적인 보증

③ 청구보증(Demand Guarantee)과 동일한 의미

2. 보증신용장(Standby L/C)과 청구보증(Demand Guarantee)

구분	보증신용장(Standby L/C)	청구보증(Demand Guarantee)
사용지역	미국에서 주로 사용	유럽지역에서 주로 사용
보증범위	금융보증뿐만 아니라 이행성보증 등 다양한 용도로 사용	이행성보증에 주로 사용
보증문구	신용장통일규칙의 영향을 받아 비교적 간결	당사자 간 계약내용이 충실히 반영되기 때문에 비교적 장문
보증기일	보증기일과 보증금액 한도를 구체적으로 명시	보증기일에 대하여 비교적 관대한 적용
준거규칙	신용장통일규칙(UCP600), 보증신용장통일규칙(ISP98)	청구보증통일규칙(URDG758)

3. 지급보증 당사자 [근거규칙 : 청구보증통일규칙(URDG758) 제2조]

(1) 보증신청인(Applicant)
① 수출자 또는 해외건설, 용역사업 공사를 하고자 하는 시공자 등 기초계약에 있어서의 채무자
② 실무적으로 지시당사자와 동일인 경우가 대부분임

(2) 지시당사자(Instructing Party)
① 보증서의 발행을 지시하며 보증인과 여신약정을 체결하고 보증인에 대하여 상환책임을 부담하는 자
② 청구보증통일규칙(URDG758)에서 사용하는 용어
③ 해외에 있는 자회사(현지법인)가 기초계약을 체결하고 국내의 본사가 동 자회사를 위하여 보증서 발행을 보증인에게 요청하는 경우, 자회사가 보증신청인(Applicant)이 되고 국내의 본사가 지시당사자(Instructing Party)가 됨
④ 실무적으로는 보증신청인과 지시당사자가 동일인인 경우가 대부분임

(3) 수익자(Beneficiary) : 수입자 또는 해외건설, 용역사업 공사를 실시하는 발주자 등 계약에 있어서의 채권자

(4) 보증인(Guarantor) : 보증은행
① 보증채무를 부담하는 금융기관으로 보증서 발행 외국환은행
② 지급보증의무 부담

4. 보증방법 : 직접보증 vs 간접보증

(1) 직접보증(Direct Guarantee) : 지시당사자의 요청에 따라 보증인에 의하여 수익자에게 발행되는 보증방법으로, 지시당사자와 보증인, 수익자의 3당사자가 개입되므로 3자보증이라 칭함

(2) 간접보증(Indirect Guarantee)
① 지시당사자 거래은행이 해외에 있는 수익자 거래은행(보증인)을 수익자로 하여 구상보증서를 발행하면, 수익자 거래은행(보증인)은 이를 담보로 수익자에게 보증서를 발행하는 방법
② 수익자가 해외에 있는 보증인(구상보증인)의 신용도를 믿지 못하는 경우 또는 수익자 소재국의 현지법률상 해외에서 발행한 보증서가 효력이 없는 경우 동 보증방법 활용
③ 4당사자가 개입되므로 4자보증이라 칭함(지시당사자, 구상보증인, 보증인, 수익자)

④ 보증인은 보증서상의 수익자의 지급청구에 대하여 응하고 구상보증서상의 구상보증인에 대해서는 구상권이 발생(역보증, 복보증, 재보증)

⑤ 간접보증 발행절차

　ㄱ 지시당사자 : 거래은행(구상보증인에게 보증서 발행 지시)

　ㄴ 구상보증인(국내의 지시당사자 거래 외국환은행) : 보증인에게 보증서 발행 의뢰 및 구상보증서 발행

　ㄷ 보증인(수익자 소재국 은행) : 수익자에게 보증서 발행

　※ 구상보증인(Counter Guarantor)
　　보증인(수익자 소재국 은행)을 수익자로 하여 구상보증서를 발행하는 자로 간접보증 구조하에서 2차보증서 발행기관이며, 국내에 있는 지시당사자 거래 외국환은행

　※ 구상보증서(Counter Guarantee)
　　구상보증인이 보증인을 수익자로 하여 발행하는 보증서로, 보증인의 상환청구권을 담보할 목적으로 발행

5. 보증종류 : 이행성보증 vs 금융보증 [근거규칙 : 신용장통일규칙(UCP600) 제1조]

(1) 이행성보증

① 입찰보증(Bid Guarantee) : 입찰참가자가 입찰을 중도에 포기하거나 낙찰받은 후에 계약을 체결하지 않는 경우 수익자에게 동 보증서상 금액의 지급을 보장할 목적으로 발행

② 계약이행보증(Performance Guarantee) : 기초계약상의 채무자가 계약을 이행하지 않는 경우 수익자에게 동 보증서상 보증금액의 지급을 보장할 목적으로 발행

③ 선수금환급보증(Advance Payment Guarantee)

　ㄱ 기초계약상 주채무자가 계약을 불이행하는 경우 수익자에게 이미 지급한 선수금의 환급을 보장할 목적으로 발행되는 이행성보증으로 계약이행보증이 함께 요구되는 경우가 일반적임

　ㄴ 선박관련 선수금환급보증은 'RG(Refund Guarantee)'라는 별도의 용어 사용

④ 유보금환급보증(Retention Guarantee) : 기성고방식의 건설용역, 플랜트수출 등에서 발주자는 수주자의 완공불능위험에 대비하기 위하여 각 기성단계별로 기성대금 중에서 일부를 지급하지 않고 유보하는 것을 유보금이라 하며, 이 유보금 공제 없이 기성대금 전액의 지급받을 수 있도록 하는 것을 목적으로 발행

⑤ 하자보증(Maintenance Guarantee)

　ㄱ 해외건설공사에서 발주자는 공사완공 후 잔금 지급 시 통상 일정 하자보수기간에 발생할 수 있는 하자보수비용을 공제한 후 수주자에게 대금을 지급하는데, 하자보수비용 공제 없이 수주금액 전액을 지급받기 위하여 하자보수비용에 해당하는 금액을 보증대상으로 하여 발행

　ㄴ Warranty Guarantee라고도 함

(2) 금융보증 : 통상 보증신용장 형태로 발행

① 금융보증신용장(Financial Standby L/C)

　ㄱ 대출계약 또는 소비대차계약에서 채무자에 의한 채무불이행이 발생되는 경우 신용장 개설은행이 채권자에게 금전의 지급을 보장할 목적으로 발행되는 보증신용장

　ㄴ 주로 국내 법인의 해외 현지법인에 대한 여신담보 제공 용도로 활용

　ㄷ 동 보증신용장의 수익자(Beneficiary) : 반드시 대출을 실행하는 해외의 현지은행이어야 함

② 상업보증신용장(Commercial Standby L/C) : 다른 금융보증과 보증성격 상이

    ㉠ 물품 수출입과 관련하여 개설신청인(수입상)이 무역계약에서 정한 결제방식에 따른 대금 지급을 이행하지 않은 경우 수익자(수출상)에게 동 대금의 지급을 보장할 목적으로 발행되는 보증신용장

    ㉡ 상업신용장(Commercial L/C)을 대체하는 기능

    ㉢ OA(Open Account)와 같은 사후송금방식 무역거래 시 개설신청인(수입상)이 물품만 인수하고 대금을 송금하지 않을 경우 개설신청인(수입상)의 대금지급의무를 보장할 목적으로 발행

    ㉣ 매수인(수입상)의 대금지급의무를 보증한다는 점에서 상업신용장과 유사한 기능 수행

    ㉤ OA(Open Account) 등의 사후송금방식 수출거래에서 대금회수에 대한 안전장치로 사용

    ㉥ 지급이행 청구 시 개설의뢰인(수입상)이 단순한 서류만을 요구하므로 상업신용장에 비하여 시간과 비용 절약 가능

    ※ 매수인(수입상)의 대금지급의무를 보증한다는 공통점이 있는 외화지급보증
      (1) 상업신용장(Commercial L/C)
      (2) 상업보증신용장(Commercial Standby L/C)
      (3) 대금지급보증(Payment Guarantee)

③ 보험보증신용장(Insurance Standby L/C) : 개설신청인의 보험 또는 재보험 의무를 보장할 목적으로 발행되는 보증신용장

④ 직불보증신용장(Direct Pay Standby L/C) : 불이행의 발생 여부와 관계없이 기초계약에 따른 지급기일이 도래하는 경우 지급할 것을 약정한 1차 지급수단을 의미하며, 지방공공단체의 지방채 등 발행 시 사용되기도 함(직접지급신용장이라고도 함)

6. 보증조건 [근거규칙 : 신용장통일규칙(UCP600), 보증신용장통일규칙(ISP98), 청구보증통일규칙(URDG758)]]

(1) 보증기간 : 1년 이내로 하되 보증대상이 되는 주채무의 상환기간이 확정된 경우 주채무의 상환기간까지 가능

(2) 만기일 요건 : 사용이 억제되어야 하는 조건

    ① 자동갱신 L/C(Evergreen L/C) : 은행이 사전통지(통상 30일, 60일, 90일)를 통하여 해지의사를 밝히지 않는 경우 자동적으로 연장 또는 갱신되는 보증신용장

    ② 만기일이 없는 L/C(Open-ended L/C) : 만기일이 명시되어 있지 않고 해지권한이 없는 보증신용장(보증은행의 위험이 가장 큰 조건으로 원칙적으로 발행 불가)

(3) 발행언어 : 전신문(SWIFT)으로 발행되는 경우 영어로만 가능

(4) 전신문(SWIFT)에 의한 발행 시 Message Type : MT760(Guarantee/Standby Letter of Credit : 보증서 발행)

(5) 지급이행 청구 시 내도된 서류심사기간
  ① 신용장통일규칙(UCP600) : 서류 접수 다음영업일로부터 최장 5영업일 이내
  ② 보증신용장통일규칙(ISP98) : 제시일의 다음영업일로부터 3영업일 이내의 지급거절 통지는 불합리하지 않은 것으로, 7영업일 이후의 지급거절 통지는 불합리한 것으로 간주
  ③ 청구보증통일규칙(URDG758) : 서류 접수 다음영업일로부터 5영업일 이내

(6) 보증서 유효기일의 종료지점 : 가급적 자행(보증은행)으로 지정

(7) 보증서 발행통화
  ① 반드시 기초계약 통화와 일치시킬 필요는 없지만, 보증서 발행 가능통화 확인 후 취급
  ② 통상 예치환거래은행에 개설된 계좌보유 통화로 함
  ③ 환율고시 통화이어야 함

7. 보증서 발행 시 삽입을 억제해야 하는 문구

(1) 보증원금 이외에 발생할 수 있는 추가 비용을 포함하여 청구할 수 있다는 문구

(2) 향후 분쟁 발생 시 법적비용에 대하여 보증은행이 모두 부담한다는 문구

(3) 보증서 만기일이 자동으로 연장되는 조건
  ① 자동갱신 L/C(Evergreen L/C)
  ② 만기일이 없는 L/C(Open-Ended L/C) 등

(4) 별도의 만기일 없이, 수익자로부터 보증신청인이 의무를 다하였다는 통지를 받을 때까지 보증서가 유효한 조건

(5) 만기일이 명시되어 있으나, 수익자의 요청에 따라 만기일 연장이 가능한 조건 등

8. 지급청구 접수 시 업무처리

(1) SWIFT 전신문 또는 서면 서류에 의한 청구 포함

(2) 보증서 유효기일 이내의 지급청구인지 확인

(3) **지급청구서는 보증서상 명시가 없는 경우에도 보강진술되어야 함**
  ① 지급청구서만을 요구한 경우에도 반드시 보강진술서가 함께 제시되어야 함
  ② 보강진술서가 없는 지급청구는 하자사유에 해당

(4) 제시된 서류가 오직 문면상으로만 일치하는 지 여부 심사

(5) 동 서류에 기술된 내용의 진위까지 조사할 필요는 없음

(6) 보증신청인은 문면상 명백하지 않은 사기, 위조, 기타 하자의 주장만으로 보증인(보증은행)으로 하여금 지급거절하게 할 수 없음

9. 보증서 발행 계정처리

(1) 보증서 발행 시 계정처리 : 보증신용장(Standby L/C) 및 기타보증서 발행

채무상태	계정구분	계정과목	계정세과목
주채무 미확정(우발채무)	난외계정	미확정외화지급보증	기타미확정외화보증

(2) 선수금환급보증의 선수금 수령일, 보증신용장 및 기타보증서의 보증채무 확정일

채무상태	계정구분	계정과목	계정세과목
주채무 미확정(우발채무)	기타미확정외화보증 : 계정 삭제		
주채무 확정(확정채무)	난외계정	확정외화지급보증	기타외화지급보증

SECTION 1 | ○ × **문제**

01 상업신용장(Commercial L/C)이란 금융의 담보 또는 채무보증의 목적 등 주로 무역외거래에서 사용되는 지급보증 종류이다. (○ / ×)

정답 | ×
해설 | (1) 상업신용장(Commercial L/C) : 수출입대금 결제를 목적으로 개설되는 외화지급보증
　　　(2) 보증신용장(Standby L/C) : 금융의 담보 또는 채무보증의 목적 등 주로 무역외거래에서 사용되는 외화지급보증

02 보증신용장(Standby L/C)은 용역, 건설공사 등과 관련된 이행성보증에 주로 사용된다. (○ / ×)

정답 | ×
해설 | 보증신용장 : 단순한 은행보증의 기능 이외에 건설용역공사 계약 등과 관련된 이행보증신용장, 대출계약과 관련된 금융보증신용장 등 다양한 용도로 사용됨

03 보증신용장(Standby L/C)에 적용되는 준거규칙은 신용장통일규칙(UCP600) 또는 보증신용장통일규칙(ISP98)이다. (○ / ×)

정답 | ○
해설 | **준거규칙**
　　　(1) 보증신용장(Standby L/C) : 신용장통일규칙(UCP600) 또는 보증신용장통일규칙(ISP98)
　　　(2) 은행보증(Bank Guarantee) 또는 청구보증(Demand Guarantee) : 청구보증통일규칙(URDG758)

04 은행보증(Bank Guarantee)은 유효한 채무의 존재를 전제로 하며, 보증인은 채무자의 항변으로 채권자에게 대항할 수 있는 부종성을 갖는 지급보증이다. (○ / ×)

정답 | ×
해설 | 은행보증(Bank Guarantee)
　　　(1) 은행보증(Bank Guarantee) = 청구보증(Demand Guarantee)
　　　(2) 부종성이 없는 보증
　　　(3) 독립적 은행보증으로 계약위반 또는 채무불이행 사실에 대한 조사 또는 증명을 필요로 하지 않고, 채권자의 단순한 진술만으로 채권자에게 일정금액을 지급해야 하는 무조건적이고 절대적인 보증
　　　(4) 보증신용장(Standby L/C)의 성격도 동일함

05 보증신용장(Standby L/C)과 청구보증(Demand Guarantee)은 법률적 성격이 추상성, 독립성, 서류거래성을 갖는 보증거래라는 측면에서는 동일하다. (○/×)

정답 | ○
해설 | 보증신용장(Standby L/C)과 청구보증(Demand Guarantee)의 법률적 성격 : 지급약정의 추상성, 기초거래로부터의 독립성, 보증의 서류거래성

06 간접보증(Indirect Guarantee)이란 지시당사자의 요청에 의하여 보증인에 의하여 수익자에게 발행되는 보증방법으로 3당사자(지시당사자, 보증인, 수익자)가 개입되므로 '3자보증'이라 칭한다. (○/×)

정답 | ×
해설 | 직접보증(Direct Guarantee) : 지시당사자의 요청에 의하여 보증인에 의하여 수익자에게 발행되는 보증방법으로 3당사자(지시당사자, 보증인, 수익자)가 개입되므로 '3자보증'이라 칭함

07 선수금환급보증이란 기초계약상의 채무자가 계약을 이행하지 않는 경우 수익자에게 보증서 금액의 지급을 보장할 목적으로 발행되는 이행성보증 종류이다. (○/×)

정답 | ×
해설 | (1) 이행성보증 : 입찰보증, 계약이행보증, 선수금환급보증, 유보금환급보증, 하자보증
(2) 계약이행보증 : 기초계약상의 채무자가 계약을 이행하지 않는 경우 수익자에게 보증서 금액의 지급을 보장할 목적으로 발행되는 이행성보증
(3) 선수금환급보증 : 기초계약상 채무자의 계약 불이행 시 수익자에게 미리 지급한 선수금의 환급을 보장할 목적으로 발행되는 이행성보증
※ 선박관련 선수금환급보증 : RG(Refund Guarantee)

08 외화지급보증 준거규칙 중 청구보증통일규칙(URDG758)에서는 할부지급청구 조건에 대하여 정해진 해당 할부분 청구를 기간 내에 이행하지 못하면 해당 할부분 및 나머지 할부분까지 무효가 되는 것으로 해석한다. (○/×)

정답 | ×
해설 | (1) 신용장통일규칙(UCP600) : 할부지급청구 조건에 대하여 정해진 해당 할부분 청구를 기간 내에 이행하지 못하면 해당 할부분 및 나머지 할부분까지 무효가 되는 것으로 해석
(2) 보증신용장통일규칙(ISP98) : 해당 할부지급청구를 이행하지 못하면 해당 할부분만 무효가 되는 것으로 해석
(3) 청구보증통일규칙(URDG758) : 할부지급청구에 대한 규정이 없음

09 보증신용장통일규칙(ISP98)의 경우 불가항력적인 사유로 은행영업이 중단된 경우 이유에 관계없이 영업재개 후 30일까지 유효기일이 연장되는 것으로 해석한다. (O / ×)

정답 ｜ ○
해설 ｜ (1) 신용장통일규칙(UCP600) : 유효기일 연장 불가
　　　(2) 보증신용장통일규칙(ISP98) : 이유 불문하고 영업재개 후 30일까지 연장 허용
　　　(3) 청구보증통일규칙(URDG758) : 영업재개 후 30일까지 연장 허용

10 신용장통일규칙(UCP600)과 보증신용장통일규칙(ISP98)의 규칙이 충돌하는 경우 신용장통일규칙이 우선한다. (O / ×)

정답 ｜ ×
해설 ｜ 신용장통일규칙(UCP600)과 보증신용장통일규칙(ISP98)의 규칙이 충돌하는 경우 보증신용장통일규칙이 우선

11 청구보증통일규칙(URDG758)에서는 외화지급보증 발행인의 명칭을 개설은행(Issuing Bank)이라고 표시한다. (O / ×)

정답 ｜ ×
해설 ｜ **발행인의 명칭**
　　　(1) 신용장통일규칙(UCP600) : 개설은행(Issunig Bank)
　　　(2) 보증신용장통일규칙(ISP98) : 개설인(Issuer)
　　　(3) 청구보증통일규칙(URDG758) : 보증인(Guarantor)

12 자동갱신 L/C(Evergreen L/C)란 만기일이 명시되어 있지 않고 해지권한이 없는 보증신용장(Standby L/C)이다. (O / ×)

정답 ｜ ×
해설 ｜ (1) 자동갱신 L/C : Evergreen L/C
　　　① 은행이 사전통지(통상 30일, 60일 등 이전)를 하여 해지의사를 밝히지 않는 경우, 자동적으로 만기일이 연장 또는 갱신되는 보증신용장
　　　② 채권보전에 문제가 없는 경우에 한하여 제한적 운용 필요
　　　(2) 만기일이 없는 L/C : Open-Ended L/C
　　　① 만기일이 명시되어 있지 않고 해지권한이 없는 보증신용장
　　　② 보증기한을 예측할 수 없다는 점에서 발행은행의 위험이 가장 큼
　　　③ 원칙적으로 발행 불가

13 아래의 조건은 별도의 조건변경 없이 보증서의 만기일이 1년씩 자동 연장되는 문구로, 외화지급 보증서 발행 시 보증인(보증은행)의 위험회피를 위하여 가급적 포함시키지 말아야 한다. (○ / ✕)

> "This guarantee is to be deemed null and void upon receipt by XXX Bank of authenticated swift from the beneficiary stating that the borrower has fufieled its dbiligation under the agreement concluded with the Bank"

정답 ㅣ ✕

해설 ㅣ (1) 별도의 만기일 없이 수익자로부터 보증신청인이 의무를 다했다는 전신문에 의한 통지를 받을 때까지 보증서의 효력이 유효하다는 조건
　　　(2) 한국금융연수원 총서(외환관련여신) : 보증서 발행 시 유의해야 할 문언 참조

SECTION 2　**빈칸넣기**

01 (　　　　　　　　)란 보증서의 발행을 지시하고 여신약정 체결 당사자인 보증인에 대하여 상환 책임을 부담하는 주체이다.

정답 ㅣ 지시당사자(Instructing Party)

해설 ㅣ (1) 지시당사자 : 보증서의 발행을 지시하고 여신약정 체결 당사자인 보증인에 대하여 상환책임을 부담하는 자
　　　(2) 보증신청인(Applicant) : 수출자 또는 해외건설 공사를 하고자 하는 시공자 등 기초계약에 있어서의 채무자로, 보증서상 표시된 자
　　　(3) 해외에 있는 자회사(현지법인 등)가 기초계약을 체결하고 국내의 본사가 동 자회사를 위하여 청구보증의 발행을 보증인에게 요청하는 경우 자회사는 보증신청인, 국내 본사는 지시당사자가 되는 것임

02 (　　　　　　　　)이란 보증인(해외은행)을 수익자로 하여 구상보증서(Counter Gurantee)를 발행하는 주체로, 통상 지시당사자의 거래은행이다.

정답 ㅣ 구상보증인(Counter Guarantor)

해설 ㅣ (1) 구상보증인 : 간접보증 구조하에서 2차보증서를 발행하는 금융기관(은행)
　　　(2) 구상보증서 : 구상보증인이 보증인을 수익자로 하여 발행하는 보증서로, 보증인의 구상보증인에 대한 상환청구권을 담보할 목적으로 발행

03 외화지급보증 관련 준거규칙 중 청구보증통일규칙(URDG758)에서 보증서 발행인을 의미하는 용어는 (　　　　　)이다.

정답 ㅣ 보증인(Guarantor)

해설 ㅣ (1) 신용장통일규칙(UCP600) : 개설은행(Issuing Bank)
　　　(2) 보증신용장통일규칙(ISP98) : 개설인(The Issuer)

04 보증신용장통일규칙(ISP98)의 경우 제시된 서류의 심사기간은 제시일 다음영업일부터 (   )영
업일 이내의 지급거절 통지는 불합리하지 않은 것으로, (   )영업일 이후의 지급거절 통지는 불
합리한 것으로 간주한다.

정답 ┃ 3, 7
해설 ┃ (1) 보증신용장통일규칙(ISP98) : 제시일 다음영업일부터 3영업일 이내의 지급거절 통지는 불합리하지 않은 것으
　　　　　로, 7영업일 이후의 지급거절 통지는 불합리한 것으로 해석(영업일만 서류접수일로 인정)
　　　　(2) 신용장통일규칙(UCP600) : 서류접수 다음영업일부터 최장 5영업일 이내(휴일도 서류접수일로 인정)
　　　　(3) 청구보증통일규칙(URDG758) : 서류제시일 다음날부터 5영업일 이내(관련규정 없음)

05 (   )이란 수출 또는 해외공사계약과 관련하여 수출자(수주자)가 수익자(발주자)에게 제
출하도록 계약서에 명시된 외화보증서를 발행하는 경우 보증서 발행 보증은행이 수익자(발주자)
로부터 보증채무 이행청구를 받아 대지급하는 경우 입게 되는 손실을 보상하는 보험증권이다.

정답 ┃ 수출보증보험

06 (   )이란 대출계약 또는 소비대차계약에서 채무자에 의한 채무불이행(대출금 미상환 등)이 발생
할 경우 보증서 발행은행이 채권자에게 대출금을 상환할 것을 보장하는 금융보증 종류이다.

정답 ┃ 금융보증신용장(Financial Standby L/C)

해설 ┃ (1) 금융보증 종류 : 금융보증신용장, 상업보증신용장, 보험보증신용장, 직불보증신용장
　　　　(2) 금융보증신용장(Financial Standby L/C)
　　　　　① 주로 국내법인의 해외 현지지점에 대한 여신담보 제공 목적으로 이용
　　　　　② 동 보증신용장의 수익자 : 반드시 대출을 실행하는 해외의 현지은행이어야 함

01 외화지급보증의 종류 중 보증신용장(Standby L/C)의 특징에 대한 설명으로 맞는 것은?

① 지급이행 청구 시 개설의뢰인이 기초계약상 채무를 불이행 또는 상환하지 않았다는 채무불이행진술서 또는 청구사유진술서를 요구한다.

② 계약의 이행에 대응할 목적으로 발행된다.

③ 주로 물품 거래에 한정하여 발행된다.

④ 수익자가 신용장조건과 일치하는 서류를 제시하는 경우 대금의 지급을 확약하는 조건부 지급보증이다.

정답 ┃ ①

해설 ┃ (1) 보증신용장(Standby L/C)
   ① 지급이행 청구 시 요구서류 : 개설의뢰인이 기초계약상 채무를 불이행 또는 상환하지 않았다는 채무불이행 진술서 또는 청구사유진술서를 요구
   ② 발행목적 : 계약의 불이행에 대응할 목적으로 발행
   ③ 발행용도 : 이행성보증뿐만 아니라 금융보증 등 다양항 형태로 발행
   ④ 보증범위 : 수익자가 기초계약상 채무불이행에 따른 불이행진술서 등을 제시하면 <u>무조건적으로</u> 지급
(2) 상업신용장(Commercial L/C)
   ① 지급이행 청구 시 요구서류 : 선하증권(B/L) 등 선적서류 요구
   ② 발행목적 : 계약의 <u>이행</u>에 대응할 목적으로 발행
   ③ 발행용도 : 물품거래에 한정
   ④ 보증범위 : 신용장조건과 일치하는 서류를 제시하는 경우 대금을 지급하는 <u>조건부</u> 지급확약

02 청구보증(Demand Guarantee)의 특징에 대한 설명으로 틀린 것은?

① 주로 유럽 지역에서 사용되는 보증종류이다.

② 이행성보증에 주로 사용된다.

③ 신용장통일규칙의 영향을 받아 보증서 내용이 비교적 간결한 편이다.

④ 보증기일에 대하여 비교적 관대한 적용을 요구한다.

정답 ┃ ③

해설 ┃ (1) 청구보증(Demand Guarantee)
   ① 당사자 간 계약내용이 충실히 반영되기 때문에 보증서 내용이 비교적 장문임
   ② 준거규칙 : 청구보증통일규칙(URDG758)
(2) 보증신용장(Standby L/C)
   ① 주로 미국에서 사용
   ② 금융보증뿐만 아니라 이행성보증 등 다양한 용도로 사용
   ③ 신용장통일규칙의 영향을 받아 보증서 내용이 비교적 간결
   ④ 보증기일과 개설금액의 한도를 구체적으로 정함
   ⑤ 준거규칙 : 신용장통일규칙(UCP600), 보증신용장통일규칙(ISP98)

03 외화지급보증 거래당사자 중 보증채무를 담당하는 금융기관(보증은행)으로 보증서를 발행하는 외국환은행을 의미하는 용어는?

① 보증신청인(Applicant)   ② 수익자(Beneficiary)
③ 보증인(Guarantor)   ④ 통지당사자(Advising Party)

정답 | ③
해설 | 보증인 : 보증채무를 담당하는 금융기관(보증은행)으로 보증서 발행 외국환은행

04 청구보증(Demand Guarantee)의 종류 중 이행성보증이 아닌 것은?

① 입찰보증(Bid Guarantee)
② 선수금환급보증(Advance Payment Guarantee)
③ 유보금환급보증(Retention Guarantee)
④ 지급보증(Payment Guarantee)

정답 | ④
해설 | 이행성보증 : 입찰보증, 계약이행보증, 선수금환급보증, 유보금환급보증, 하자보증

05 외화지급보증 방법 중 간접보증(Indirect Guarantee)에 대한 설명으로 틀린 것은?

① 수익자가 해외에 있는 보증인의 신용을 믿지 못하는 경우 또는 수익자 소재국의 현지법률상 해외에서 발행된 보증서가 효력이 없는 경우 이용되는 보증방법이다.
② 3당사자(보증인, 지시당사자, 수익자)가 개입되므로 3자보증이라 한다.
③ 구상보증서(Counter Guarantee)가 발행된다.
④ 재보증, 복보증, 역보증이라고도 한다.

정답 | ②
해설 | 간접보증(Indirect Guarantee)
　　　(1) 4당사자(보증인, 구상보증인, 수익자, 지시당사자)가 개입되므로 '4자보증'이라 칭함
　　　(2) 지시당사자는 수익자 소재국 현지은행으로 하여금 보증서를 발행해 줄 것을 자신의 거래은행에 지시하고, 지시당사자 거래은행은 구상보증인으로서 수익자 소재국 현지은행(보증인) 앞으로 구상보증서(2차보증서)를 발행하며, 보증인은 구상보증서를 담보로 자국의 수익자 앞으로 보증서(1차보증서)를 발행
　　　(3) 보증인은 보증서상의 수익자의 지급청구에 대하여 응하고, 구상보증서상의 구상보증인에 대해서는 구상권 발생

06 보증신용장의 종류 중 상업보증신용장(Commercial Standby L/C)에 대한 설명으로 틀린 것은?

① 물품 수출입 거래 시 개설의뢰인이 무역계약에서 정한 결제조건에 따른 대금지급을 이행하지 않는 경우 수익자에게 동 대금의 지급을 확약하는 보증신용장 종류이다.

② OA(Open Account) 등의 사후송금방식 무역거래 시 수입상이 물품만 인수하고 대금지급에 응하지 않을 경우 대금지급 의무이행을 보장할 목적으로 주로 사용된다.

③ 수출상에 대하여 상업신용장(Commercial L/C)보다 더 강한 지급확약의 기능이 있어 수입상으로부터의 대금회수불능 위험을 제거할 수 있다.

④ 지급이행 청구 시 상업신용장보다 더 많은 서류를 요구하므로 시간과 비용이 더 든다는 단점이 있다.

정답 | ④

해설 | (1) 금융보증 종류 : 금융보증신용장, 상업보증신용장, 보험보증신용장, 직불보증신용장
(2) 상업보증신용장
  ① 매수인의 대금지급의무를 보증한다는 점에서 상업신용장과 유사한 기능 수행
  ② OA(Open Account) 등의 사후송금방식 수출거래에서 대금회수에 대한 안전장치로 사용
  ③ 지급이행 청구 시 개설의뢰인이 단순한 서류만을 요구하므로 상업신용장에 비하여 시간과 비용 절약이 가능
(3) 직불보증신용장(직접지급보증신용장) : 채무불이행 여부와 관계 없이 기초계약에 따른 지급기일이 도래하는 경우 지급할 것을 약정하는 1차 지급수단
(4) 금융보증신용장 : 대출계약 또는 소비대차계약에서 채무자의 채무불이행이 있을 경우 개설은행이 채권자에게 대출을 상환할 것을 약정하는 보증신용장

07 외화지급보증 관련 보증서 발행 시 발송되는 SWIFT Message Type은?

① MT103   ② MT700
③ MT760   ④ MT799

정답 | ③

해설 | (1) MT103 : 송금지시전문
(2) MT700 : 신용장 개설
(3) MT760 : 보증서 발행
(4) MT799 : 화환신용장 및 지급보증 관련 기타 메시지

08 외화지급보증 거래 관련 위험요소 중 지시당사자(보증신청인)에 대한 위험요소가 아닌 것은?

① 신용위험(Credit Risk)

② 재무위험(Financial Risk)

③ 계약위험(Contract Risk)

④ 공동시공의 위험(Risk for Co-contract)

정답 | ②

해설 | (1) 지시당사자(보증신청인)에 대한 위험 : 신용위험, 계약위험, 공동시공의 위험
(2) 수익자에 대한 위험 : 재무위험, 정치적위험

09 외화지급보증 발행에 따른 보증인의 위험회피방법이 아닌 것은?

① 수출보증보험 등 담보취득
② 보증인의 위험부담 분산(Syndicated Guarantee 등)
③ 무조건적인 지급보증
④ 지급보증 문언의 명확화

정답 | ③
해설 | 보증인의 위험회피방법
　　(1) 조건부 지급보증 : 수익자가 동의하는 범위 내에서 조건을 삽입하여 자의적 지급요구 억제
　　(2) 보증서상 리스크 있는 문언 표시 억제 등

10 보증신용장(Standby L/C) 및 청구보증(Demand Guarantee) 발행 시 우발채무를 처리하는 외화 재무상태표 난외 계정과목은?

① 인수
② 기타미확정외화보증
③ 기타외화지급보증
④ 배서어음

정답 | ②
해설 | (1) 기타미확정외화보증 : 보증신용장 및 청구보증 발행 시 우발채무를 처리하는 외화재무상태표 난외 <u>미확정외화지급보증</u> 계정과목
　　(2) 기타외화지급보증 : 수출선수금환급보증서 발행 후 선수금 수령일 또는 보증신용장 및 청구보증의 보증채무 확정일에 처리하는 외화재무상태표 난외 <u>확정외화지급보증</u> 계정과목

11 매수인의 대금지급의무를 보증한다는 공통점이 있는 외화지급보증 종류가 아닌 것은?

① 상업신용장(Commercial L/C)
② 보험보증신용장(Insurance Standby L/C)
③ 상업보증신용장(Commercial Standby L/C)
④ 대금지급보증(Payment Guarantee)

정답 | ②
해설 | (1) 보험보증신용장 : 개설의뢰인의 보험 또는 재보험의무 보장 목적으로 발행
　　(2) 금융보증신용장 : 대출계약 또는 소비대차계약에서 채무자에 의한 채무불이행이 있을 경우 채권자에게 대출금 상환을 확약할 목적으로 발행

1. 의의

(1) 외국환은행이 외국환업무를 취급함에 따라 발생되는 자산, 부채의 증감사항과 손익사항을 복식부기의 원리에 따라 체계적으로 기록, 계산, 정리하는 제도

(2) 외화재무상태표의 작성기준과 외화계정과목의 처리기준 제시

2. 특징

(1) 외화재무상태표 작성

① 일반에 공표되는 재무제표는 아니지만 국가의 대외 외화통계 및 외환부문 건전성 등에 유용한 정보로 활용되기 때문에 작성 의무화

② 손익항목 및 자본조정항목은 외화재무상태표에서 제외하여 원화로 직접 회계처리

③ 상대적 유동성배열법 적용

(2) **외국환의 상품화** : 외국통화, 외화수표 등 외국환 자체를 하나의 상품으로 간주

(3) 환율의 개입

(4) 외환손익의 복합성과 원화계리

(5) 국제 간 거래에 따른 특이한 계정체계

구분	자산계정	부채계정
경과계정	매입외환, 미결제외환	매도외환, 미지급외환
결제계정	외화타점예치금, 외화본지점	외화타점예수금, 외화본지점

(6) 대내외 구분의 명확화

3. 경과계정

(1) 대고객 외국환거래 시 해당 거래가 종료되지 않은 경우 동 거래의 결제가 완료되는 시점까지 일시적으로 처리하는 가계정과목

(2) 자산계정

① 매입외환

㉠ 외화수표 추심전매입 또는 수출환어음 추심전매입 거래 시 매입대금은 국내의 매입신청인에게 이미 지급되었지만, 해외 외화타점예치금 계정은 결제은행으로부터 대금을 결제받을 때까지 미입금 상태이므로 동 대금이 결제될 때까지의 기간 동안 일시적으로 처리하는 자산 경과계정 과목

㉡ 발생 거래유형 : 외화수표 추심전매입, 수출환어음 추심전매입 등

② 미결제외환

ㄱ 해외 예치환거래은행 등에 있는 외국환은행의 당방계정 또는 국외본지점 계정에서 선차기 (선지급)되었으나, 아직 그 귀속주체가 정해지지 않아 미결제되고 있는 대금을 처리하는 외화재무상태표 자산 경과계정 과목

ㄴ 수출환어음 추심전매입 대금 등이 해외 외화타점예치금 계정에 입금되었으나, 부족입금분이 발생한 경우 국내의 매입신청인으로부터 동 부족입금액을 결제받는 시점까지 일시적으로 처리하는 자산 경과계정 과목

ㄷ 발생 거래유형 : 수출환어음 매입대금 부족입금분, 내국신용장 판매대금추심의뢰서 미결제 금액 등

(3) 부채계정

① 매도외환

ㄱ 외화송금수표(D/D ; Demand Draft) 발행 시 국내의 송금신청인으로부터는 송금대금을 지급받았으나, 해외 외화타점예치금 계정에서 지급처리되지 않은 경우 동 대금이 지급처리 되어 해외의 송금수취인에게 지급되는 시점까지 일시적으로 처리하는 부채 경과계정 과목

ㄴ 당발송금의 종류 중 전신송금(T/T ; Telegraphic Transfer)의 경우에는 송금실행과 동시에 송금지시서(Payment Order)가 지급은행에 전달되므로 경과계정인 매도외환 계정을 거치지 않고 바로 외화타점예치금(해외은행) 계정으로 처리

ㄷ 발생 거래유형 : 외화송금수표(D/D ; Demand Draft) 발행

② 미지급외환

ㄱ 해외로부터 내도된 타발송금 대금은 해외 외화타점예치금 계정에 이미 입금되었으나, 국내의 송금수취인에게 아직 지급되지 않은 경우 동 대금의 지급시점까지 일시적으로 처리하는 부채 경과계정 과목

ㄴ 발생 거래유형 : 타발송금, 외화수표 추심대금 입금 등

4. 결제계정

(1) 외국환거래가 최종적으로 귀착되는 계정으로, 해외 예치환거래은행 또는 국외본지점과의 채권, 채무를 표시

(2) **자산계정** : 외화타점예치금, 외화본지점(양변계정)

(3) **부채계정** : 외화타점예수금, 외화본지점(양변계정)

5. 예정대체일 제도

외화타점예치금 계정의 효율적인 관리를 위하여 해외 예치환거래은행으로부터의 결제통보 접수 여부와 관계 없이 거래일로부터 일정기간을 더한 시점을 예정대체일로 정하고 동 예정대체일이 경과하면 자동적으로 경과계정에서 결제계정으로 대체시키는 제도

6. 주요 계정과목

자산계정	부채계정
1. 외국통화	1. 외화예수금
2. 외화예치금	2. 매도외환(경과계정)
3. 외화증권	3. 미지급외환(경과계정)
4. 외화대여유가증권	4. 외화콜머니
5. 매입외환(경과계정)	5. 외화차입금
6. 미결제외환(경과계정)	6. 외화수입보증금
7. 외화대출금	7. 외화본지점(양변계정)
8. 은행간외화대출	
9. 내국수입유산스	
10. 외화지급보증대지급금	자본계정
11. 외화본지점(양변계정)	외화신종자본증권

7. 자산계정

과거의 거래 또는 행위의 결과에 따라 회계실체가 소유하는 재화 및 권리로 미래의 경제적 이익을 제공할 잠재력을 가진 경제적 자원으로 자산의 증가는 차변, 감소는 대변에 표시

8. 자산계정 주요 계정과목

(1) 외국통화 : 외국환은행이 보유하고 있는 외화현찰을 처리하는 계정으로 외국통화 현찰만이 동 계정과목으로 표시되며 타인발행 수표, 자기앞수표, 송금수표, 우편환증서 등 즉시 현금화가 가능한 일람출급 조건의 유가증권이라 하더라도 동 계정에 포함시키지 않음

(2) 외화예치금
① 해외환거래은행, 타외국환은행, 한국은행에 외화자금을 예치함으로써 발생되는 외화채권을 처리하는 계정과목
② 외화타점예치금, 외화정기예치금, 외화기타예치금

(3) 외화증권 : 외국정부, 국제금융기구, 국내외금융기관, 국내외기업 등이 발행한 국공채, 사채, 은행인수어음(B/A), 주식, CP 등 각종 외화표시유가증권을 매입하는 경우 처리하는 계정과목

(4) 매입외환 : 경과계정
① 외화수표 추심전매입 또는 수출환어음 추심전매입 거래 시 매입대금은 국내의 매입신청인에게 이미 지급되었지만, 해외 외화타점예치금 계정은 결제은행으로부터 대금을 결제받기까지 미입금 상태이므로 동 대금의 결제되기까지의 기간 동안 일시적으로 처리하는 계정과목
② 수출환어음 등의 외국환을 매입하는 경우 차변에 기재하고, 대금추심이 완료되어 당방계정에 입금이 완료되는 경우 대변에 기재
③ 수출환어음, 외화표시 내국신용장 판매대금추심의뢰서, 약속어음, 외화수표 등

(5) 미결제외환 : 경과계정

　① 수출환어음, 추심전매입 대금 등이 해외 외화타점예치금 계정에 입금되었으나, 부족입금분이 발생한 경우 국내의 매입신청인으로부터 동 부족입금액을 결제받기까지 일시적으로 처리하는 계정과목

　② 발생 거래유형 : 수출환어음 매입대금 부족입금분, 내국신용장 판매대금추심의뢰서 미결제금액 등

(6) 외화대출금

　① 외국환은행이 거주자 또는 비거주자에게 외화로 대출하거나, 해외지점이 현지에서 취급한 대출금을 처리하는 계정과목

　② 외화대출, 외화표시원화대출, 전대차관자금대출

(7) 은행간외화대출

　① 외국환은행이 국내 타외국환은행 및 해외은행에 대하여 취급한 외화대출금을 처리하는 계정과목

　② 외화타점대 : 외화당좌대출

　③ 외화콜론 : 90일 이내

　④ 은행 간 외화대여금 : 90일 초과

(8) 내국수입유산스

　① 외국환은행이 자행이 개설한 Banker's Usance 방식 기한부 수입신용장의 조건에 따라 동 수입대금을 결제하거나 다른 은행에 결제를 위탁하여 발생한 개설신청인에 대한 신용공여를 처리하는 계정과목

　② 신용장 개설신청인에 대한 인수은행의 신용공여인 Banker's Usance 거래를 동 계정과목으로 통일하여 회계처리하도록 회계처리기준 변경

(9) 외화지급보증대지급금 : 외국환은행이 신용장이나 지급보증서의 발행을 통하여 고객의 채무에 대한 지급을 보증한 후 결제기일에 고객이 채무를 결제하지 않는 경우 대신 결제함으로써 고객에게 취득하게 되는 구상채권을 처리하는 계정과목

(10) 외화본지점 : 양변계정

　① 동일 외국환은행의 본점과 지점 또는 지점 상호 간의 모든 외화표시 대차거래를 처리하는 계정과목

　② 잔액이 차변에 표시될 수도 있고, 대변에 표시될 수도 있는 양변계정

　③ 본지점 합산재무제표 작성 시 잔액이 상쇄되어 나타나지 않는 것이 원칙

　④ 국내본지점, 국외본지점

[참고] 갑계정과 을계정	
갑계정	• 본지점 간 비교적 장기의 자금조달 및 운용 필요성이 발생하는 경우 처리하는 계정과목 (자본금 성격) • 영업자금, 창업비, 기타 이에 준하는 영업소 설치자금 • 운영자금 및 비용에 충당하기 위한 자금
을계정	• 갑계정으로 분류되지 않은 단기운용자산 및 부채의 본지점 간 거래 시 처리하는 계정과목 • 무역 및 무역외거래와 관련한 본지점 간 경상거래 • 본지점 간 자금대여 또는 차입

9. 부채계정

(1) 과거 및 당기에 수취한 효용에 대하여 어느 정도 확정된 미래시점에 이에 상응하는 금액을 지급해야 하는 특정기업의 의무를 표시하는 계정과목
(2) 외화재무상태표 대변 항목에 표시

10. 부채계정 주요 계정과목

(1) **외화예수금** : 외화예수금의 수입으로 발생한 외화부채를 처리하는 계정과목으로 입금은 대변, 지급은 차변에 표시

[참고] 가수금과 별단예금		
구분	**가수금**	**별단예금**
성질	• 계정과목 또는 금액 미확정 • 정당계정 처리 시점까지 일시적으로 처리하는 계정	• 미결제, 미정리자금 • 회계목적상 설정된 예금계정
지급	• 고객에게 직접 환급되지 않고 대체 처리하게 되므로 영수증빙 불필요 • 단, 목적변경 등으로 환급될 때에는 영수증빙 필요	고객에게 환급되므로 영수증빙 필요
처리	미결산 가계정으로 단시일 내에 정리	지급기한은 거래내용에 따라 상이
부리	무이자	무이자가 원칙
지급준비	지급준비금 불필요	지급준비금 예치대상

(2) **매도외환** : 경과계정
  ① 외화송금수표(D/D ; Demand Draft) 발행 시 국내의 송금신청인으로부터는 송금대금을 지급받았으나 해외 외화타점예치금 계정에서 지급처리 되지 않은 경우, 동 대금이 지급처리되어 해외의 송금수취인에게 지급되는 시점까지 일시적으로 처리하는 계정과목
  ② 당발송금의 종류 중 전신송금(T/T ; Telegraphic Transfer)의 경우에는 송금실행과 동시에 송금지시서(Payment Order)가 지급은행에 전달되므로 경과계정인 매도외환 계정을 거치지 않고 바로 외화타점예치금(해외은행) 계정으로 처리
  ③ 외화송금수표 발행일에 대기하였다가, 예정대체일 또는 차기통지서 접수일에 차기

(3) **미지급외환** : 경과계정
  ① 해외로부터 내도된 타발송금 대금은 해외 외화타점예치금 계정에 이미 입금되었으나 국내의 송금수취인에게 아직 지급되지 않은 경우, 동 대금의 지급시점까지 일시적으로 처리하는 계정과목
  ② 해외로부터 타발송금 지급지시서가 내도되면 외화타점예치금 계정에서 차기함과 동시에 미지급외환 계정에 대기하였다가, 국내의 송금수취인에게 대금지급이 완료되는 시점에 계정정리

(4) **외화콜머니** : 자산계정의 외화콜론에 대응하는 부채 계정으로, 외국환은행이 일시적인 자금부족을 충당하기 위하여 국내 타외국환은행 및 해외은행으로부터 단기간 차입하는 경우 처리하는 계정과목

(5) 외화차입금

① 외국환은행이 정부, 한국은행, 타외국환은행, 해외은행 및 기타 금융기관으로부터 차입한 채무이거나 원화로 차입하였으나 표시통화 및 상환금액의 통화가 외화인 경우 처리하는 계정과목

② 외화타점차, 은행차입금, 외화표시원화차입금, 전대차입금, 외화수탁금

(6) 외화수입보증금

① 외국환은행이 고객과의 거래와 관련하여 예치받은 담보금 및 보증금을 처리하는 계정과목

② 수입(담보)보증금 : 수입신용장 개설 시 수입대금의 결제를 담보할 목적으로 납입받은 보증금을 처리

③ 수입물품선취보증금 : 수입물품선취보증서(L/G ; Letter of Guarantee) 발급과 관련하여 개설신청인으로부터 외화로 수취한 보증금을 처리

(7) 외화본지점 : 양변계정

① 동일 외국환은행의 본점과 지점 또는 지점 상호 간의 모든 외화표시 대차거래를 처리하는 계정과목

② 잔액이 차변에 표시될 수도 있고, 대변에 표시될 수도 있는 양변계정

③ 본지점 합산재무제표 작성 시 잔액이 상쇄되어 나타나지 않는 것이 원칙

④ 국내본지점, 국외본지점

11. 난외계정

(1) 재무제표 본문(난내)에 표시되지 않는 회계정보 중 은행의 우발적인 채무관계, 재무제표 작성상의 중요한 원칙이나 방법 등 재무제표 이용자에게 유익하고 의미있는 정보는 주석을 통하여 제공

(2) 이러한 주석사항 중 특히 금융기관의 재무상태 이해에 필요한 사항을 부외계정에 별도로 표시하고 있으며, 이 계정과목을 난외계정이라 함

채무상태	계정과목
주채무 미확정(우발채무)	미확정외화지급보증
주채무 확정(확정채무)	확정외화지급보증
기타	배서어음, 외화약정, 외화대손상각채권 등

12. 미확정외화지급보증

(1) 외화표시 지급보증에 따른 우발채무로서 주채무가 미확정된 경우 이를 처리하는 난외 계정과목

(2) 계정과목 : 수입신용장발행, 외화표시 내국신용장발행, 차관외화보증, 기타미확정외화보증

(3) 수입신용장발행

① 외화로 표시된 신용장을 발행함에 따라 부담하게 되는 우발채무를 처리하는 난외 계정과목

② 신용장 발행 시 난외 수입신용장발행 계정에 표시

③ 선적서류 수령(일람불 상환방식), 수입어음 결제(일람불 송금방식), 수입어음 인수(기한부방식), 수입물품선취보증서 발급 시 동 계정 삭제

※ 수입신용장 대금결제방법
  (1) 일람불 수입신용장
     개설된 신용장에 근거하여 수출상이 선적서류를 개설은행 앞으로 송부하면, 제시된 선적서류에 하자가 없는 한 개설은행 본점 서류접수일 다음날로부터 5영업일 이내에 수입상으로부터 대금을 결제받는 방식
  (2) 기한부 수입신용장
     신용장 개설신청인에게 기한부 기간만큼 수입 대금결제 유예를 허용하는 조건의 결제방식(일종의 외상방식)

구분	대금결제방법
일람불(At Sight)	송금방식(Sight Remmittance Base)
	상환방식(Sight Reimbursement Base)
기한부(Usance)	Shipper's Usance
	Banker's Usance

(4) 외화표시 내국신용장발행
  ① 외화표시 내국신용장을 개설함에 따라 부담하는 우발채무를 처리하는 계정과목
  ② 외화표시 내국신용장발행, 외화부기 원화표시 내국신용장발행

(5) 차관외화보증 : 차관관계 지급보증 시 처리하는 계정과목

(6) 기타미확정외화보증 : 수출관련 선수금환급보증서, 보증신용장, 기타보증서 등의 발행 또는 수입팩토링 신용승락 시 부담해야 하는 미확정 우발채무를 처리하는 계정과목

13. 확정외화지급보증
(1) 외화표시 지급보증에 따른 우발채무가 주채무로 확정된 경우 처리하는 난외 계정과목

(2) 수입물품선취보증(L/G), 인수, 수입팩토링 인수, 차관인수

(3) 수입물품선취보증(L/G ; Letter of Guarantee) : 수입화물이 선적서류 원본보다 수입국에 먼저 도착한 경우 신용장 개설은행이 개설신청인의 요청에 의하여 선하증권(B/L) 원본 없이 사본만으로 수입화물을 미리 인도받을 수 있도록 수입물품선취보증서(L/G)를 발급하는 경우 처리하는 난외 계정과목

(4) 인수 : 신용장 개설신청인의 요청으로 Shipper's Usance 방식 기한부 신용장 개설 후 선적서류 인수 시점에 처리하는 난외 계정과목

  ※ 기한부 수입신용장
  (1) Shipper's Usance
     기한부 기간 동안의 신용공여를 수출상이 제공하는 방식으로, 신용장 조건에 따라 선적서류가 내도하는 경우 수입상의 환어음 인수 후 신용공여기간 경과 후인 만기일에 수입대금을 결제하는 대금결제방법
  (2) Banker's Usance
     신용장 개설은행이 정한 제3의 은행(인수은행)이 기한부 기간 동안의 신용을 공여하는 방식으로, 개설은행이 자기의 거래은행(예치환거래은행)을 인수은행으로 지정하고, 지정된 인수은행은 수출상이 발행한 기한부 환어음을 인수, 할인하여 어음금액 전액을 자기의 자금으로 수출상에게 일람불로 지급한 후 개설은행에 인수내역을 통보하고 만기일에 개설은행으로부터 수입대금을 회수하는 대금결제방법

[참고] 기한부 수입신용장 거래단계별 계정처리				
대금결제조건	구분	신용장발행	수입물품선취보증(L/G)	인수
Shipper's Usance	계정구분	난외	난외	난외
	계정과목	미확정외화지급보증	확정외화지급보증	확정외화지급보증
	세과목	수입신용장발행	수입물품선취보증(L/G)	인수
Banker's Usance	계정구분	난외	난외	난내(본문)
	계정과목	미확정외화지급보증	확정외화지급보증	내국수입유산스
	세과목	수입신용장발행	수입물품선취보증(L/G)	

(5) 기타외화보증 : 수입팩토링인수, 차관인수 등

14. 배서어음

외국환은행이 외화어음을 양도하면서 동 어음에 배서함에 따른 소구권(상환청구권)으로 인한 우발채무를 처리하는 난외 계정과목

15. 외화약정

일정 외화한도를 정하여 외국환은행이 고객에게 신용공여를 약속한 경우 그 한도를 처리하는 난외 계정과목

16. 환포지션(Exchange Position)

(1) 외국환을 상품으로 볼 때 상품매매 가격인 원화가 개입된 환율로 외국환을 매매할 경우 외국환의 매도액과 매입액의 차이로 인하여 발생되는 잔액의 수량, 즉 매매거래의 결과로 남아 있는 잔량을 의미

(2) **매입초과포지션(Over Bought Position)** : 외화 매입금액이 매도금액보다 큰 상태

(3) **매도초과포지션(Over Sold Position)** : 외화 매도금액이 매입금액보다 큰 상태

(4) **스퀘어포지션(Square Position)** : 외화 매입금액과 매도금액이 일치하는 상태

구분	매입초과포지션	매도초과포지션	스퀘어포지션
외환 매입/매도	매입>매도	매입<매도	매입=매도
외화 자산/부채	자산>부채	자산<부채	자산=부채
환율 상승	환차익	환차손	없음
환율 하락	환차손	환차익	
원화 자금 흐름	원화 유출	원화 유입	

SECTION 1 ○ × 문제

---

01 결제계정이란 대고객 외국환거래 시 해당 거래가 종료되지 않은 경우 동 거래의 결제가 완료되는 시점까지 일시적으로 처리하는 가계정과목이다. (○ / ×)

정답 | ×
해설 | (1) 경과계정 : 대고객 외국환거래 시 해당 거래가 종료되지 않은 경우 동 거래의 결제가 완료되는 시점까지 일시적으로 처리하는 가계정과목
(2) 결제계정 : 외국환거래가 최종적으로 귀착되는 계정과목으로, 해외 예치환거래은행 또는 국외본지점과의 채권, 채무 표시

02 외국통화 계정은 외국환은행이 보유하고 있는 외화현찰 및 타인발행 수표, 자기앞수표, 송금수표 등 즉시 현금화가 가능한 일람출급 조건의 유가증권을 표시하는 외화재무상태표 자산 계정과목이다. (○ / ×)

정답 | ×
해설 | 외국통화 : 외국환은행이 보유하고 있는 외화현찰을 처리하는 계정으로 외국통화 현찰만이 표시되며, 타인발행 수표, 자기앞수표, 송금수표, 우편환증서 등 즉시 현금화가 가능한 일람출급 조건의 유가증권이라 하더라도 동 계정에 포함시키지 않음

03 외화본지점은 대고객 외국환거래 시 해당 거래가 종료되지 않은 경우 거래 종료시점까지 일시적으로 처리하는 외화재무상태표 경과계정 과목이다. (○ / ×)

정답 | ×
해설 | **외화본지점**
(1) 동일 외국환은행의 본점과 지점 또는 지점 상호 간의 모든 외화표시 대차거래를 처리하는 결제계정
(2) 잔액이 차변에 표시될 수도 있고, 대변에 표시될 수도 있는 양변계정
(3) 본지점 합산재무제표 작성 시 잔액이 상쇄되어 표시되지 않는 것이 원칙임

04 매도외환이란 수출환어음 추심전매입 대금이 해외 외화타점예치금 계정에 입금되었으나, 부족입금분이 발생한 경우 국내의 매입신청인으로부터 동 부족입금액을 결제받기까지의 기간 동안 일시적으로 처리하는 외화재무상태표 자산 경과계정 과목이다. (O / X)

정답 | ×
해설 | (1) 미결제외환
　　　　수출환어음 추심전매입 대금이 해외 외화타점예치금 계정에 입금되었으나, 부족입금분이 발생한 경우 국내의 매입신청인으로부터 동 부족입금액을 결제받기까지의 기간 동안 일시적으로 처리하는 외화재무상태표 자산 경과계정 과목
　　　(2) 매도외환
　　　　당발송금(외화송금수표 발행) 또는 여행자수표(Traveller's Check) 수탁판매 거래 시 국내의 송금신청인으로부터는 송금대금을 지급받았으나, 해외 외화타점예치금 계정에서 지급처리되지 않은 경우 동 대금의 지급처리 시점까지 일시적으로 처리하는 외화채무상태표 부채 경과계정 과목

05 당발송금 종류 중 전신송금(T/T ; Telegraphic Transfer) 거래 시 국내의 송금신청인으로부터 받은 송금대금이 해외에서 실제 지급되는 시점까지 상당한 기간이 소요되므로 지급시점까지의 대외 채무를 경과계정인 매도외환 계정으로 처리한다. (O / X)

정답 | ×
해설 | 전신송금(T/T)의 경우 송금취결과 동시에 송금지시서가 지급은행에 전달되므로 매도외환 계정을 거치지 않고 바로 결제계정인 외화타점예치금 계정으로 처리

06 선방계정이란 해외 환거래은행이 국내 외국환은행에 개설한 환결제계정으로, 양 은행 간의 환결제 원계정을 의미한다. (O / X)

정답 | ○
해설 | (1) 선방계정
　　　　① 해외 환거래은행이 국내 외국환은행에 개설한 환결제계정으로 양 은행 간의 환결제 원계정(Actual A/C)
　　　　② Their A/C, Vostro A/C
　　　(2) 당방계정
　　　　① 국내 외국환은행이 해외 환거래은행에 개설한 명의 환결제계정으로 원계정에 대응되는 대응계정(Shadow A/C)
　　　　② Our A/C, Nostro A/C

07 외화수입보증금은 외국환은행이 고객과의 거래와 관련하여 예치받은 담보금 및 보증금을 처리하는 외화재무상태표 난외 계정과목이다. (O / X)

정답 | ×
해설 | **외화수입보증금**
　　　(1) 외화수입보증금은 외국환은행이 고객과의 거래와 관련하여 예치받은 담보금 및 보증금을 처리하는 외화재무상태표 부채(난내) 계정과목
　　　(2) 수입(담보)보증금, 수입물품선취보증금

08 수입신용장발행은 외화로 표시된 신용장을 발행함에 따라 외국환은행이 부담하게 되는 우발채무를 처리하는 외화재무상태표 난외 확정외화지급보증 계정과목이다. (O / ×)

정답 | ×
해설 | **수입신용장발행**
(1) 외화로 표시된 신용장을 발행함에 따라 외국환은행이 부담하게 되는 우발채무를 처리하는 외화재무상태표 난외 <u>미확정외화지급보증</u> 계정과목
(2) 수출상에 대한 지급보증 채무와 개설의뢰인에 대한 지급보증 채권이 동시에 발생

09 외화약정이란 일정 외화한도를 정하여 외국환은행이 고객에게 신용공여를 약속한 경우 그 한도를 처리하는 외화재무상태표 난외 계정과목이다. (O / ×)

정답 | O
해설 | **외화약정**
(1) 일정 외화한도를 정하여 외국환은행이 고객에게 신용공여를 약속한 경우 그 한도를 처리하는 외화재무상태표 난외 계정과목
(2) 약정한도 중 미사용잔액이 표시됨

10 수입신용장 개설수수료는 외국환은행이 고객과의 거래 시 신용위험부담에 대한 보상적 성격으로 징수하는 수수료 항목이다. (O / ×)

정답 | O
해설 | 신용위험부담 보상적 성격의 수수료 : 수입신용장 개설수수료, 내국신용장 개설수수료, 수입환어음 인수수수료, 외화표시 지급보증수수료, 수출신용장 확인수수료, 수입물품선취보증료(L/G보증료) 등

SECTION 2 **빈칸넣기**

01 ( ) 제도란 외화타점예치금 계정의 효율적인 관리를 위하여 해외 예치환거래은행으로부터의 결제통보 접수 여부와 관계없이 거래일로부터 일정기간을 더한 시점인 동 기일이 경과하면 자동적으로 경과계정에서 결제계정으로 대체시키는 제도이다.

정답 | 예정대체일
해설 | **예정대체일 제도**
외화타점예치금 계정의 효율적인 관리를 위하여 해외 예치환거래은행으로부터의 결제통보 접수 여부와 관계없이 거래일로부터 일정기간을 더한 시점인 동 기일이 경과하면 자동적으로 경과계정에서 결제계정으로 대체시키는 제도

02 (　　　　　)이란 외화수표 또는 수출환어음 매입 시 매입대금은 국내의 매입신청인에게 선지급되지만 해외 외화타점예치금 계정은 결제은행으로부터 대금을 결제받기까지 미입금 상태이므로 동 대금이 결제되기까지의 기간 동안 일시적으로 처리하는 외화재무상태표 경과계정 과목이다.

정답 | 매입외환
해설 | **매입외환**
　　　 외화수표 또는 수출환어음 매입 시 매입대금은 국내의 매입신청인에게 선지급되지만 해외 외화타점예치금 계정은 결제은행으로부터 대금을 결제받기까지 미입금 상태이므로 동 대금이 결제되기까지의 기간 동안 일시적으로 처리하는 외화재무상태표 자산 경과계정 과목

03 (　　　　　)이란 외국으로부터 내도된 타발송금대금은 이미 해외 외화타점예치금 계정에 입금되었으나, 국내의 송금수취인에게 대금지급이 이루어지지 않은 경우 지급시점까지 일시적으로 처리하는 외화재무상태표 부채 경과계정 과목이다.

정답 | 미지급외환
해설 | **미지급외환**
　　　 외국으로부터 내도된 타발송금대금은 이미 해외 외화타점예치금 계정에 입금되었으나, 국내의 송금수취인에게 대금지급이 이루어지지 않은 경우 지급시점까지 일시적으로 처리하는 외화재무상태표 부채 경과계정 과목

04 (　　　　　)란 Shipper's Usance 방식 기한부 수입신용장 개설 후 수입환어음 인수시점에 처리하는 외화재무상태표 난외 확정외화지급보증 계정과목이다.

정답 | 인수
해설 | **인수**
　　　 Shipper's Usance 방식 기한부 수입신용장 개설 후 수입환어음 인수시점에 처리하는 외화재무상태표 난외 확정외화지급보증 계정과목

05 (　　　　　)이란 예치환거래은행으로부터 공여받은 신용공여한도에 의거하여 일정한 한도와 조건에 따라 외화타점예치금 금액을 초과하여 지급을 의뢰하는 경우 동 초과금액을 처리하는 외화타점차 계정과목이다.

정답 | 차월(Overdrafts)
해설 | **차월**
　　　 예치환거래은행으로부터 공여받은 신용공여한도에 의거하여 일정한 한도와 조건에 따라 외화타점예치금 금액을 초과하여 지급을 의뢰하는 경우 동 초과금액을 처리하는 외화타점차 계정과목

01 외화재무상태표 경과계정 과목이 아닌 것은?

① 매입외환
② 미결제외환
③ 외화타점예치금
④ 매도외환

정답 | ③
해설 | (1) 경과계정
   ① 자산 – 매입외환, 미결제외환 등
   ② 부채 – 매도외환, 미지급외환
(2) 결제계정 : 외화타점예치금(자산), 외화타점예수금(부채), 외화본지점(양변계정)

02 해외로부터 내도된 타발송금 대금은 해외 외화타점예치금 계정에 이미 입금되었으나, 국내의 송금수취인에게 아직 대금이 지급되지 않은 경우 동 대금의 지급시점까지 일시적으로 처리하는 외화재무상태표 부채 경과계정 과목은?

① 매도외환
② 미지급외환
③ 매입외환
④ 미결제외환

정답 | ②
해설 | 미지급외환
   (1) 해외로부터 내도된 타발송금 대금은 해외 외화타점예치금 계정에 이미 입금되었으나, 국내의 송금수취인에게 아직 대금이 지급되지 않은 경우 동 대금의 지급시점까지 일시적으로 처리하는 외화재무상태표 부채 경과계정
   (2) 거래유형 : 타발송금대금 미지급, 외화수표 추심후 입금대금 미지급

03 외화재무상태표 자산 계정과목이 아닌 것은?

① 외국통화
② 외화예치금
③ 외화대출금
④ 외화수입보증금

정답 | ④
해설 | 주요 자산 계정과목 : 외국통화, 외화예치금, 외화증권, 매입외환(경과계정), 미결제외환(경과계정), 외화대출금, 내국수입유산스, 외화지급보증대지급금, 외화본지점(양변계정)

04 외화재무상태표 부채 계정과목이 아닌 것은?

① 외화예수금
② 외화콜머니
③ 외화증권
④ 외화차입금

정답 | ③
해설 | 주요 부채 계정과목 : 외화예수금, 매도외환(경과계정), 미지급외환(경과계정), 외화콜머니, 외화차입금, 외화수입보증금, 외화본지점(양변계정)

05 외화재무상태표 자산 계정과목인 외국통화 계정에 대한 설명으로 틀린 것은?

① 외국환은행이 보유하고 있는 외화현찰을 처리하는 계정과목이다.

② 외국통화 매입 시 외화재무상태표 차변에 표시한다.

③ 즉시 현금화가 가능한 자기앞수표는 외국통화 계정에 포함시킨다.

④ 외국통화 계정의 잔액은 차변에 표시되며, 외국환은행의 외국통화 시재금을 나타낸다.

정답 | ③

해설 | 외국통화 계정에는 외화현찰만이 표시되며, 타인발행 수표, 자기앞수표, 송금수표, 우편환증서 등 즉시 현금화가
가능한 일람출급 조건의 유가증권이라 하더라도 동 계정에 포함시키지 않음

06 외화재무상태표 자산 계정과목인 은행간외화대출 계정 세과목 중 외국환은행이 타외국환은행 또
는 해외은행에 90일을 초과하는 외화자금 대여 시 처리하는 계정과목은?

① 외화타점대   ② 은행간외화대여금

③ 외화콜론   ④ 전대차관자금대출

정답 | ②

해설 | (1) 은행간외화대여금 : 90일 초과 대여
(2) 외화콜론 : 단기 여유자금 대여(최장 90일)

07 외화재무상태표 부채 계정과목 중 외화차입금 계정의 차입방식에 따른 세과목에 해당되지 않는
것은?

① 외화타점차   ② 은행차입금

③ 외화콜론   ④ 외화수탁금

정답 | ③

해설 | (1) 외화차입금
　　　① 외국환은행이 정부, 한국은행, 타외국환은행, 해외은행 및 기타 금융기관으로부터 외화로 차입한 채무와 원
　　　　화로 차입하였으나 표시통화 및 상환금액의 통화가 외화인 경우의 채무를 처리하는 부채 계정과목
　　　② 계정과목 : 외화타점차, 은행차입금, 외화표시원화차입금, 전대차입금, 외화수탁금
(2) 은행간외화대출
　　　① 외국환은행이 국내 타외국환은행 및 해외은행에 대하여 취급한 외화대출금을 처리하는 자산 계정과목
　　　② 계정과목 : 외화타점대, 외화콜론, 은행간외화대여금

08 외화본지점 계정 세과목인 국외본지점 계정의 갑계정에 표시되는 거래항목이 아닌 것은?

① 영업자금

② 창업비

③ 운영자금

④ 무역 및 무역외거래 관련 본지점 간 경상거래 대금

정답 ┃ ④

해설 ┃ (1) 갑계정

    ① 본지점 간 비교적 장기의 자금조달 및 운용 필요가 발생하는 경우 처리하는 계정과목(유동화하기 어려운 자본금 성격의 거래항목)

    ② 영업자금, 창업비, 영업소 설치자금, 운영자금 및 비용에 충당하기 위한 자금 등

  (2) 을계정

    ① 갑계정으로 분류하지 않는 단기운용자산 및 부채의 본지점 간 거래 시 처리하는 계정과목

    ② 무역 및 무역외거래 관련 본지점 간 경상거래 대금, 본지점 간 대여 또는 차입자금 등

09 외화예금 신규 개설 시 대외계정 개설대상자가 아닌 것은?

① 개인인 외국인 거주자   ② 국민인 거주자

③ 국민인 비거주자   ④ 우리나라 재외공관 근무자

정답 ┃ ②

해설 ┃ 대외계정 신규대상

  (1) 국민인 비거주자

  (2) 개인인 외국인 거주자

  (3) 우리나라 재외공관 근무자 및 그 동거가족

10 외화재무상태표 난외 계정과목 중 주채무가 확정되지 않은 미확정외화지급보증 과목이 아닌 것은?

① 수입신용장발행

② 인수

③ 외화표시 내국신용장발행

④ 차관외화보증

정답 ┃ ②

해설 ┃ (1) 미확정외화지급보증(난외) : 수입신용장발행, 외화표시 내국신용장발행, 차관외화보증, 기타미확정외화보증

  (2) 확정외화지급보증(난외) : 수입물품선취보증(L/G), 인수, 수입팩토링인수, 차관인수

11 신용장 개설은행이 정한 제3의 은행(인수은행)이 기한부 기간 동안의 신용을 공여하는 방식의 기한부 신용장 대금결제방식을 의미하는 용어는?

① Sight Remittance Base

② Sight Reimbursement Base

③ Shipper's Usance

④ Banker's Usance

정답 | ④

해설 | (1) Shipper's Usance : 기한부 기간 동안의 신용공여를 수출상이 제공하는 대금결제방식

　　　(2) Banker's Usance : 신용장 개설은행이 정한 제3의 은행(인수은행)이 기한부 기간 동안의 신용을 공여하는 방식의 기한부 신용장 대금결제방식

12 Banker's Usance 방식 기한부 수입신용장 개설 후 수입환어음 인수 시 처리하는 외화재무상태표 자산(난내) 계정과목은?

① 배서어음

② 외화약정

③ 내국수입유산스

④ 인수

정답 | ③

해설 | (1) Shipper's Usance 방식 기한부 수입신용장 개설 후 수입환어음 인수 시 계정처리 : 인수(난외 – 확정외화지급보증)

　　　(2) Banker's Usance 방식 기한부 수입신용장 개설 후 수입환어음 인수 시 계정처리 : 내국수입유산스(난내 – 자산계정)

13 외국환은행이 외화어음을 양도하면서 동 어음에 배서함에 따른 소구권(상환청구권)으로 인한 우발채무를 처리하는 외화재무상태표 난외 계정과목은?

① 차관인수

② 외화약정

③ 수입팩토링인수

④ 배서어음

정답 | ④

해설 | 배서어음

　　　(1) 외국환은행이 외화어음을 양도하면서 동 어음에 배서함에 따른 소구권(상환청구권)으로 인한 우발채무를 처리하는 외화재무상태표 난외 계정과목

　　　(2) 수출환어음 재매입(Renego) 의뢰 시 재매입은행으로부터 입금된 매입대금은 최종적인 어음지급인으로부터 결제된 것이 아니기 때문에 동 어음지급인으로부터 대금을 결제받을 때까지 우발채무인 동 계정으로 처리하며, 어음기일 또는 재매입은행으로부터의 대금수령일에 계정 삭제

14 외국환거래 시 고객으로부터 징수하는 수수료 항목 중 정률수수료 항목이 아닌 것은?

① 외화대체료

② 외화현찰수수료

③ 당(타)발 추심수수료

④ 수출실적증명 발급수수료

정답 | ④

해설 | (1) 정률수수료 : 외화대체료, 외화현찰수수료, 당(타)발 추심수수료, 내국신용장 취급수수료, D/A, D/P 타발추심
어음결제 시 추심수수료 등

(2) 정액수수료 : 수출신용장 통지수수료, 수출신용장 양도수수료, 수입물품선취보증서 발급수수료, 수입결제 하
자수수료, 수출실적증명 발급수수료, 수출환어음매입 취급수수료 등

15 원화를 대가로 한 외국환거래 시 발생되는 환포지션(Exchange Position)의 종류 중 매입초과포지
션(Over Bought Position)에 대한 설명으로 틀린 것은?

① 외화 매입액이 매도액보다 큰 경우 발생되는 포지션 종류이다.

② 매입초과포지션이 발생한 경우 환율이 상승하면 환차손이 발생된다.

③ 외화 자산이 외화 부채보다 큰 상태이다.

④ 매입초과포지션의 경우 원화자금의 유출이 발생된다.

정답 | ②

해설 | 매입초과포지션

(1) 외화 매입액이 매도액보다 큰 경우 발생

(2) 보유 외화 자산이 외화 부채보다 큼

(3) 환율 상승 시 환차익 발생

(4) 원화자금의 유출 발생

PART **04**

최종모의고사

CONTENTS

SECTION 1 | **수출입실무(35문항)**

01 특정거래형태의 수출입 거래유형 중 연계무역에 해당되지 않는 것은?

① 구상무역(Compensation Trade) ② 대응구매(Counter Purchase)
③ 위탁가공무역 ④ 제품환매(Buy Back)

02 수출입 거래유형 중 수출상에게 가장 유리한 대금결제방식으로 옳은 것은?

① 사후송금방식
② 사전송금방식
③ D/P(Documents against Payment)
④ 신용장방식

03 무역거래조건 중 해상 및 내수로 운송에만 사용 가능한 조건이 아닌 것은?

① FAS(선측인도조건) ② FOB(본선인도조건)
③ CFR(운임포함인도조건) ④ EXW(공장인도조건)

04 신용장조건 중 선적 방법에 대한 설명으로 틀린 것은?

① 분할선적을 금지한다는 별도의 명시가 없는 경우 분할선적이 가능한 것으로 해석한다.
② 환적 허용 여부에 대한 별도의 명시가 없는 경우 선적지에서 도착지까지 전체의 운송구간이 하나의 동일한 운송서류에 의하여 커버되는 경우 환적이 가능한 것으로 해석한다.
③ 할부선적 조건이 명시된 경우 반드시 지정된 기간 내에 지정된 물량을 선적하여야 하며, 서로 다른 회차분을 묶어서 선적하거나 또는 전체를 일괄하여 선적할 수 없다.
④ 할부선적 관련하여 어느 한 기간의 할부선적을 이행하지 못하는 경우 해당 할부분에 대하여만 효력이 상실되는 것으로 해석한다.

05 매도인(수출상)의 비용부담이 가장 큰 무역거래조건은?

① EXW(공장인도조건)
② FCA(운송장인도조건)
③ CFR(운임포함인도조건)
④ CIF(운임보험료포함인도조건)

06 매수인(수입상)이 적하보험에 부보하여야 하는 무역거래조건이 아닌 것은?

① FCA(운송장인도조건)
② FOB(본선인도조건)
③ CIF(운임보험료포함인도조건)
④ CFR(운임포함인도조건)

07 매도인(수출상)이 해상운임을 부담하여야 하는 무역거래조건이 아닌 것은?

① CFR(운임포함인도조건)
② CIF(운임보험료포함인도조건)
③ CPT(운송장비지급인도조건)
④ FAS(선측인도조건)

08 수출입 거래 유형 중 사후송금방식 대금결제방식이 아닌 것은?

① COD(Cash on Delivery)
② CAD(Cash against Documents)
③ D/P(Documents against Payment)
④ OA(Open Account)

09 수출입 대금결제방식 중 추심방식에 대한 설명으로 틀린 것은?

① 수출상이 수입상에게 물품 송부 후 환어음과 계약서에 명시된 선적서류를 자신의 거래은행(추심의뢰은행)을 통하여 수입상 거래은행(추심은행) 앞으로 추심하여 대금을 회수하는 방식이다.
② 추심결제방식은 D/P, D/A, D/P Usance 등으로 구분된다.
③ 수입상 거래은행인 추심은행의 지급보증이 수반되는 거래로 상대적으로 수출상 입장에서는 대금회수의 안정성을 기대할 수 있다.
④ 추심방식 거래에서 발행되는 환어음의 지급인은 수입상으로 표시되어야 한다.

10 국제팩터링(International Factoring) 거래 시 수출상 입장에서의 장점이 아닌 것은?

① 무신용장방식 거래임에도 신용거래에 따른 위험을 부담하지 않으므로 안전한 거래가 가능하다.

② 수출팩터는 소구권을 행사하지 않는 조건으로 수출팩터링 채권을 매입하므로, 수출상은 소구권 행사에 따른 우발채무 부담으로부터 벗어나 재무건전성 유지가 가능하다.

③ 신용장 거래와 달리 별도의 수수료 부담이 없으므로 거래비용 절감이 가능하다.

④ 신용장 거래와 달리 서류작성에 대한 과도한 부담 없이 간편하게 실무처리가 가능하다.

11 포페이팅(Forfaiting) 거래의 특징에 대한 설명으로 틀린 것은?

① 포페이터는 소구권을 행사하지 않는 조건으로 채권(환어음 등)을 매입하므로, 의뢰인은 채무자 (수입상 또는 개설은행)가 만기에 대금을 결제하지 못하는 경우라도 부도상환의 의무를 부담하지 않는다.

② 포페이터는 수출상에게는 별도의 보증이나 담보를 요구하지 않는다.

③ 포페이팅은 주로 신용장대금 채권이나 환어음 및 약속어음 등의 어음채권을 할인 대상으로 한다.

④ 포페이팅 거래는 통상 변동금리부 할인이 이루어지므로, 수출상은 중장기 예약의 경우 이자율 변동위험에 노출될 가능성이 있다.

12 신용장 종류 중 지급신용장(Payment Credit)의 특징에 대한 설명으로 틀린 것은?

① 신용장 취급사실에 대한 배서를 요구하지 않는 비배서 신용장(Non-Notation Credit)이다.

② 기한부(Usance) 신용장이다.

③ 환어음이 발행을 요구하지 않는 신용장이다.

④ 지급은행으로 지정된 특정의 은행만이 지급업무 취급이 가능하다.

13 신용장 조건 중 선적기일, 유효기일, 서류제시기간에 대한 설명으로 틀린 것은?

① 선적기일이 별도로 표시되어 있지 않은 경우 유효기일을 선적기일로 간주한다.

② 유효기일이란 환어음 및 선적서류가 지급 · 연지급 · 인수 · 매입을 위하여 지정은행 또는 개설 은행에 제시되어야 하는 최종일자를 의미한다.

③ 서류제시기간이란 지급 · 연지급 · 인수 · 매입을 위하여 환어음 및 선적서류가 지정은행 또는 개설은행 앞으로 제시되어야 하는 선적일 이후의 일정기간을 의미한다.

④ 신용장상에 서류제시기간이 명시되지 않은 경우 선적 후 10일 이내에 제시되어야 하는 것으로 간주한다.

14 신용장 개설 시 사용되지 말아야 할 불명확한 용어에 대한 설명으로 틀린 것은?

① 서류 발행인을 표시하는 용어로 저명한(well known), 일류의(first class), 유능한(competent) 등의 용어는 사용하지 말아야 한다.

② 운임선지급 문구로 Freight Prepaid는 사용하지 말아야 한다.

③ 행위의 시한과 관련하여 prompt, immediately, as soon as possible 등의 용어는 가급적 사용하지 말아야 한다.

④ 행위의 시한과 관련하여 on or about이라는 용어는 가급적 사용하지 말아야 하며, 만약 사용된 경우 지정된 날짜의 전 5일부터 후 5일, 총 11일 이내에 어떤 그 행위가 발생하여야 하는 것으로 간주한다.

15 아래 보기의 신용장 개설 시 채번되는 번호(Ref No.)에 대한 설명으로 틀린 것은?

〈보기〉
M D1 01 25 04 ES 00018

① D1은 개설은행 고유번호이다.

② 2025년에 개설된 신용장이다.

③ 수입물품의 사용용도는 수출용 원자재이다.

④ 기한부(Usance) 신용장이다.

16 상환방식(Reimbursement Base) 신용장 거래의 특징에 대한 설명으로 틀린 것은?

① 개설의뢰인(수입상)의 대금결제 이전에 상환은행을 통한 대금상환이 이루어지는 대금결제조건이다.

② 신규거래처 등 개설의뢰인(수입상)의 신용위험이 높은 경우 상환방식 신용장 개설을 가급적 억제해야 한다.

③ 개설의뢰인(수입상)의 수입대금 결제 시 수입환어음 결제 환가료 및 수입어음 결제지연이자(Graceday Charge)가 발생된다.

④ 개설의뢰인(수입상)으로부터 수입대금을 먼저 결제받은 후 매입은행 등에 대한 대금상환이 이루어진다.

17 기한부 신용장의 대금결제조건 중 Overseas Banker's Usance에 대한 설명으로 틀린 것은?

① 해외은행이 기한부 기간 동안의 인수 및 할인편의를 제공해 주는 방식이다.

② 개설의뢰인(수입상)이 인수 및 할인편의를 제공해 준 인수은행에 대하여 지불하는 기간 이자를 ACDC(AD Charge)라 한다.

③ 인수은행은 수출상에게 기한부(Usance) 조건으로 대금을 지급해 준다.

④ 기한부 기간 동안의 모든 금융비용은 개설의뢰인(수입상)이 부담한다.

18 수입신용장 개설 후 개설은행 앞으로 하자(Discrepancy) 있는 선적서류가 내도하는 경우 지급거절 통보에 대한 설명으로 틀린 것은?

① 지급거절 통보는 선적서류 접수 다음 날로부터 5은행영업일 이내에 이루어져야 한다.

② 지급거절 시 반드시 해당 서류의 행방에 대해서도 명시해 주어야 한다.

③ 지급거절 통보는 1회에 한하며, 이후 다른 하자사항을 이유로 추가적인 지급거절 통보를 할 수 없다.

④ 수입화물선취보증서(L/G) 발급 후 제시된 서류심사 시 하자사항이 발견된 경우 지급거절 통보가 가능하다.

19 보증신용장(Standby L/C)의 특징에 대한 설명으로 틀린 것은?

① 무역외거래의 결제, 금융의 담보 또는 각종 채무이행의 보증을 주된 목적으로 하여 발행되는 신용장 종류이다.

② 준거규칙은 신용장통일규칙(UCP600), 보증신용장통일규칙(ISP98)이다.

③ 보증신용장의 보증채무 성격은 주채무자가 채무를 이행하지 못하는 경우에 한하여 2차적인 보증책임을 부담하는 주채무에 종속된 채무이다.

④ 국내기업의 해외 현지법인의 현지금융 수혜 시 담보용으로 이용되거나, 계약이행보증, 선수금환급보증 등 이행성보증 등의 용도로 폭넓게 이용된다.

20 신용장의 조건변경 및 취소 통지업무에 대한 설명으로 틀린 것은?

① 신용장 조건변경이나 취소는 당사자[개설은행, 수익자, 확인은행(확인신용장의 경우)]전원의 합의가 있어야 가능하다.

② 하나의 동일한 조건변경통지서에 대한 부분적인 수락은 불가하며, 전부를 수락하던가 거절하여야 한다.

③ 개설은행은 조건변경서 발급 시점부터 이를 임의로 취소할 수 없다.

④ 수익자가 조건변경의 수락 여부에 대하여 결정을 유보하는 경우 조건변경을 수락한 것으로 간주한다.

21 신용장 확인(Confirmation) 제도에 대한 설명으로 틀린 것은?

① 확인은 개설은행의 지급의무 이행 불이행 시 2차적인 지급의무를 부담하는 보증행위이다.

② 취소가능신용장인 경우에는 확인이 불가하다.

③ 확인을 요청받은 은행은 자신의 의지로 확인을 추가할 수도 있고 추가하지 않을 수도 있다.

④ 확인은 수익자가 발행한 환어음 및 선적서류를 어음발행인(또는 선의의 제3자)에게 상환청구권(소구권)을 행사하지 않는 조건으로 매입할 것을 확약하는 행위이다.

22 신용장 양도요건에 대한 설명으로 맞는 것은?

① 양도 대상 신용장이 양도가능신용장이어야 한다.

② Transferable, Divisible, Fractionable, Assignable 등의 용어는 양도 가능 문구로 사용이 가능하다.

③ 분할양도는 불가하다.

④ 양도된 신용장은 제2수익자의 요청에 의하여 그 다음 수익자에게 재양도가 가능하다.

23 원신용장 조건 중 예외적으로 양도가 가능한 항목이 아닌 것은?

① 양도차익 취득 목적의 신용장금액 및 단가의 감액

② 송장 및 어음의 교체에 필요한 시간확보를 위한 신용장 유효기일, 선적기일, 서류제시기간의 단축

③ 제1수익자의 이해관계를 보호하기 위한 신용장 개설의뢰인의 성명 대체

④ 원신용장의 보험금액을 담보하기 위한 부보비율의 감액

24 신용장 조건 중 유효기일(Expiry Date)에 대한 설명으로 맞는 것은?

① 지정은행에 의하여 지급·연지급·인수·매입이 이루어져야 하는 최종일자를 의미한다.

② 천재지변 등 불가항력적인 사태나 파업 등으로 인한 은행업무 중단 기간에 유효기일이 종료되는 경우 다음 영업일로 자동 연장된다.

③ 유효기일이 통상적인 은행 휴무일인 경우 휴무일에 이은 최초영업일까지 자동 연장된다.

④ 유효기일을 'for six month' 등의 기간으로 표시하고 기산일을 별도로 명시하지 않은 경우, 선적기일을 기준으로 유효기일을 산정한다.

25 신용장 조건 중 금액 및 수량 과부족 허용 문구에 대한 설명으로 틀린 것은?

① 신용장 금액에 대하여 About, Approximately 등의 문구가 사용된 경우 해당 금액을 포함하여 수량 및 단가에 대하여도 동일한 과부족 허용 효력이 미치는 것으로 해석한다.

② about, circa, approximately 등의 용어는 10%의 과부족을 허용하는 문구로 간주한다.

③ Bulk Cargo(광석, 곡물, Oil) 등의 경우 신용장상에 별도의 과부족 허용문구가 없어도 상품수량에 대한 5%의 과부족을 허용하는 것으로 간주한다.

④ 분할선적을 금지하는 신용장이더라도 신용장상에 명시된 상품의 수량이 전량 선적되고 단가가 일치하는 경우라면, 신용장 금액에 대한 5% 범위 이내의 하향편차가 허용되는 것으로 간주한다.

26 신용장 조건 중 일자와 관련된 용어해석 기준에 대한 설명으로 틀린 것은?

① Prompt, Immediately, As soon as Possible 등의 용어는 가급적 사용하지 말아야 한다.

③ 행위의 기한과 관련하여 On or about이라는 용어가 사용된 경우, 명시된 일자의 전 5일과 후 5일 사이, 총 11일 이내에 해당 행위가 이루어져야 하는 것으로 간주한다.

③ 선적기간을 정하기 위하여 to, till, from, between 등의 용어가 사용된 경우 명시된 일자를 제외하는 것으로 해석한다.

④ 만기일을 산정하기 위하여 from과 after라는 용어가 사용된 경우 명시된 일자를 제외하는 것으로 간주한다.

27 선적서류의 종류 중 상업송장(Commercial Invoice)에 대한 설명으로 틀린 것은?

① 반드시 수익자(Beneficiary)가 작성하여 수입상(Applicant) 앞으로 발행되어야 한다.

② 신용장에서 명시적으로 요구하지 않는 한 서명이나 일자를 필요로 하지 않지만, 'Signed Commercial Invoice'를 요구하였다면 반드시 서명이 있어야 한다.

③ 신용장에서 수기서명(Manually Signed)을 요구한 경우 반드시 수기로 서명되어야 한다.

④ 상업송장에 기재되는 수익자와 개설의뢰인의 주소는 신용장 또는 다른 서류에 기재된 주소와 정확히 일치하여야 한다.

28 아래 보기의 신용장 선하증권(Bills of Lading) 지시문구에 대한 설명으로 틀린 것은?

〈보기〉

Full set of clean on board ocean bills of lading made out to the order of XXX Bank marked freight prepaid and notify accountee

① Full set of : 선하증권 원본이 복수로 발행된 경우 발행된 원본 전부가 제시되어야 한다는 의미이다.

② On board : 화물이 본선에 적재되어 있음을 표시하고 있는 선하증권이 제시되어야 한다는 의미이다.

③ Made out to the order of XXX Bank : 선하증권이 기명식으로 발행되어야 한다는 의미이다.

④ Marked freight prepaid : 해상화물의 운임이 선지급 조건임을 표시하고 있어야 한다는 의미이다.

29 개별 선적분에 대한 보험요건이 모두 확정된 상태하에서 그 위험의 개시(선적) 직전에 매 건별로 체결하는 보험계약을 개별보험 또는 확정보험이라고 하며, 이 보험계약하에서 발행되는 보험서류를 의미하는 용어로 맞는 것은?

① 보험확인서(Insurance Declaration)

② 보험증명서(Insurance Certificate)

③ 보험증권(Insurance Policy)

④ 부보각서(Cover Note)

30 신용장에서 선하증권(B/L) 요구 시 자동수리가 인정되는 선하증권(B/L) 종류가 아닌 것은?

① 부지약관선하증권(Unknown Clause B/L)

② 권리포기선하증권(Surrendered B/L)

③ 제3자선하증권(Third Party B/L)

④ 약식선하증권(Short Form B/L)

31 항공운송서류(Air Transport Document)에 대한 설명으로 틀린 것은?

① 항공기로 물품을 운송하는 경우 발행하는 항공화물운송장(Air Waybill)을 의미한다.

② 선하증권 같은 유가증권이 아니며, 항공화물의 운송계약이 체결되었다는 사실과 화물이 운송을 위하여 수탁되었음을 증명하는 일종의 화물운송증서에 불과하다.

③ 수하인 표시는 기명식으로만 가능하다.

④ 배서양도에 의하여 권리이전이 가능한 유통증권이다.

32 보험서류(Insurance Documents) 수리 요건에 대한 설명으로 맞는 것은?

① 신용장에서 보험증명서 또는 보험확인서를 요구한 경우 반드시 보험증명서 또는 보험확인서가 제시되어야 한다.

② 신용장에서 보험증권을 요구한 경우 반드시 보험증권을 제시하여야 한다.

③ 신용장에서 보험서류의 종류를 명시하지 않은 채 단순히 보험서류(Insurance Documents)를 요구한 경우 부보각서도 수리가 가능하다.

④ 신용장에서 특별히 금지하고 있지 않은 한 부보각서도 수리가 가능하다.

33 하자 등으로 인하여 추심으로 처리한 기한부(Usance) 신용장에 대하여 개설은행의 인수 또는 연지급 확약 통보 접수 후에 매입으로 전환하는 방법을 의미하는 용어로 맞는 것은?

① 추심 후 매입전환(Post Negotiation)

② 전신 조회 후 매입(Cable Negotiation)

③ 조건 변경 후 매입(Amend Negotiation)

④ 보증부 매입(L/G Negotiation)

34 재매입(Renego) 대상 신용장임을 의미하는 문구가 아닌 것은?

① Negotiation under this credit is restricted to XXX Bank.

② This credit is available only through XXX Bank by negotiation.

③ Inspection certificate issued and signed by applicant.

④ XXX Bank holds special instruction regarding document disposal and reimbursement of this credit.

35 외상수출채권(OA ; Open Account) 매입 거래에 대한 설명으로 맞는 것은?

① 송금방식 거래의 일종으로 추심의 수단인 환어음이 발행된다.

② 선적서류는 수출입 당사자 간 거래은행(추심의뢰은행 및 추심은행)을 통하여 수입상에게 제시된다.

③ 수입상 거래은행의 지급보증이 수반되는 거래이다.

④ OA 매입은 선적서류를 매입하는 것이 아니라, 신용장이나 선하증권 등에 의해 담보되지 않는 순수한 외상수출채권만을 매입하는 거래이다.

SECTION 2 **국제무역규칙(25문항)**

36 Under UCP600, Which of the following documents is NOT qualified as an 'ORIGINAL' document?

① Orignal, Duplicate, Triplicate of B/L

② Label of the issuer is shown on any document

③ Photocopy of signed invoice

④ Signed document teletransmitted by fax machine

37 Ordinary, a Under UCP600 documentary credit need not a draft presented together with the stipulated documents, but which of the following L/C requires the draft?

① by sight payment   ② by acceptance

③ by deferred payment   ④ by negotiation

38 Under UCP600, Which of the following statements is <u>NOT</u> correct, regarding the usage of banking day(s)?

① A presentation of original B/L must be made by the beneficiary not later than 21 banking days after the date of shipment.

② A nominated bank shall have a maximum of five banking days following the day of presentation to determine if a presentation is complying.

③ If the last day for presentation falls on a day when the bank to which presentation is to be made is closed for reasons other than Act of God, the last day for presentation will be extended to the first following banking day.

④ The notice of refusal must be given no later than the close of the fifth banking day following the day of presentation.

39 Who should be involved in the amendment of a credit already issued?

a. issuing bank	b. applicant
c. nominated bank	d. confirming bank
e. advising bank	f. beneficiary

① a, b, c   ② b, c, d

③ a, d, f   ④ a, b, c, d, f

40 Under UCP600, A bill of lading, however named, containing an indication that it is subject to a charter party(charter party bill of lading), must appear to be signed by following members only except :

① carrier   ② owner

③ master   ④ charterer

41 If beneficiary presented, on OCT., 29th, 2024 the documents including B/L to the nominated bank, which of following statements is NOT correct with the terms and conditions of L/C below?

31D : Date and Place of Expiry :
OCT. 30th., 2024, KOREA
44C : Latest Date of Shipment: :
OCT. 5th., 2024
46A : Documents Required:
+3 ORIGINALS OF COMMERCIAL INVOICES
+FULL SET OF CLEAN ON BOARD OCEAN BILL OF LADING MADE OUT TO THE ORDER OF AAA BANK MARKED FREIGHT PREPAID AND NOTIFY APPLICANT +CERTIFICATE OF ORIGIN
48 : Period for Presentation: None

① Beneficiary submitted the Commercial invoice not signed.

② Beneficiary submitted the Certificate of Origin issued by Chamber of Commerce.

③ Beneficiary submitted B/L, having deleted the word "clean".

④ Beneficiary submitted the documents within the period of presentation.

42 Which of the followings is NOT correct regarding the charter party bill of lading?

① However named, when there is the indication that the B/L is subject to a charter party, it is subject to a charter party B/L under UCP600.

② On the charter party bill of lading, the port of discharge may also be shown as a range of ports or a geographical area, as stated in the credit.

③ The date of issuance of the charter party bill of lading will be deemed to be the date of shipment when there is no indication of "on board notation".

④ The carrier must be shown and signed on the charter party bill of lading.

43 Which of the followings is NOT correct regarding the insurance documents and coverage?

① When the insurance document indicates that it has been issued in more than one original, all originals must be presented.

② Cover notes will not be accepted.

③ The date of the insurance document must be no later than the date of shipment, even though there is statement of the cover is effective from a date earlier than the date of shipment.

④ If there is no indication in the credit of the insurance coverage required, the amount of insurance coverage must be at least 110% of the CIF or CIP value of the goods.

44 If the expiry date of a credit falls on a day when the bank to which presentation is to be made is closed for reasons other than those referred to in article 36(Force Majeure), which of the following statements is <u>CORRECT</u>?

① When the bank to which presentation is to be made is closed for reasons other than article 36(Force Majeure), Presentation must be made directly to the applicant.

② A bank will not, upon resumption of its business, honour or negotiate under a credit that expired during such interruption of its business.

③ If presentation is made on the first following banking day, a nominated bank must provide the issuing bank with a statement on its covering schedule that the presentation was made within the extension of expiry date.

④ The latest date for shipment will be extended due to the banking holiday.

45 Under 600, which of the following words is <u>NOT</u> appropriate to fit in the blanks(A, B, C)?

> The words "about" or "approximately" used in connection with (A) of the credit or the quantity or the unit price stated in the credit are to be construed as allowing a tolerance not to exceed (B) than the amount, the quantity or (C) to which they refer.

① the amount   ② 10% more or 10% less

③ the unit price   ④ expiry date

46 The first beneficiary transferred the partial value($200,000) out of its original transferable credit value($220,000) what is the percentage of insurance required for the partially transferred value to meet its original credit requiring 110% insurance coverage?

① 85%   ② 100%

③ 110%   ④ 121%

47 Which of the following statements regarding the "AMENDMENTS" is <u>NOT</u> correct?

① A confirming bank may choose to advise an amendment without extending its confirmation and, if so, it must inform the issuing bank without delay and inform the beneficiary in its advice.

② The beneficiary should give notification of acceptance or rejection of an amendment.

③ Partial acceptance of an amendment is not allowed and will be deemed to be notification of rejection of the amendment.

④ A provision in an amendment to the effect that the amendment shall enter into force unless rejected by the beneficiary within a certain time shall be effective.

48 Which of the following statements is <u>NOT</u> correct regarding the bank-to-bank reimbursement?

① If a credit does not state that reimbursement is subject to the URR725, Reimbursements could be applied under UCP600.

② A claiming bank shall not be required to supply a reimbursing bank with a certificate of compliance with the terms and conditions of the credit.

③ A reimbursing bank's charges are for the account of the issuing bank.

④ The reimbursement authorization should have its expiry date.

49 Which of the following statements is <u>NOT</u> correct referring to the transport documents?

① A transport document must not indicate that the goods are or will be loaded on deck.

② A clause on a transport document stating that the goods may be loaded on deck is not acceptable.

③ A transport document bearing a clause such as "shipper's load and count" and "said by shipper to contain" is acceptable.

④ A transport document may bear a reference, by stamp or otherwise, to charges additional to the freight.

50 Which is to be increased to reflect the terms and conditions of the transferable credit, when transferred to the second beneficiaries?

① the amount of the credit

② the percentage of insurance cover

③ the expiry date

④ the period for presentation

51 Under URDG758, Which of the following statements is NOT correct?

① A reference in the guarantee to the underlying relationship for the purpose of identifying it does not change the independent nature of the guarantee.

② Guarantors deal with documents and not with goods, services or performance to which the documents may relate.

③ A guarantee should not contain a condition other than a date or the lapse of a period without specifying a document to indicate compliance with that condition.

④ The guarantor is irrevocably bound to honour as of the time it issues the guarantee.

52 Under URDG758, Which of the following statements is NOT correct regarding 'partial demand and multiple demands'?

① The expression "multiple demands prohibited" means that only one demand covering all or part of the amount available may be made.

② Where the guarantee provides that only one demand may be made, and that demand is rejected, another demand can be made on or before expiry of the guarantee.

③ A demand is a non-complying demand if any supporting statement required by the guarantee indicate amounts that in total are less than the amount demanded.

④ Any supporting statement indicating an amount that is more than the amount demanded makes the demand a non-complying demand.

53 Under ISBP821, Which of the followings is <u>NOT</u> correct?

① When a certificate, certification, declaration or statement is required by a credit, it is to be signed.

② "Shipping documents" include all documents required by the credit, except drafts, tele-transmission reports and courier receipts, postal receipts or certificates of posting evidencing the sending of documents.

③ "Stale documents acceptable" means documents may be presented later than 21 calendar days after the date of shipment, even if they are presented later than the expiry date of the credit.

④ "Third party documents acceptable" means all documents for which the credit or UCP600 do not indicate an issuer, except drafts, may be issued by a named person or entity other than the beneficiary.

54 Under ISBP821, Which of the following conditions deemed to be the exporting country?

A. the country where the beneficiary is domiciled
B. the country of origin of the goods
C. the country of receipt by the carrier
D. the country from which shipment or discharge is made

① A, B   ② A, B and C
③ A, C and D   ④ A, B, C and D

55 Which of the following statements with the charter-pay B/L is <u>CORRECT</u>?

① When named as Ocean B/L, Marine B/L, it is not subject to a charter party bill of lading.

② An agent signing for or on behalf of the master, the owner and charterer must indicate the name of the master, the owner and charterer.

③ The port of loading may also be shown as a range of ports or a geographical area, as stated in the credit.

④ bank will not examine charter party contracts, even if they are required to be presented by the terms of the credit.

56 Which of the following statements is <u>CORRECT</u>, under URC522?

① The presenting bank is responsible for the genuineness of any signature or for the authority of any signatory to sign the acceptance.

② On receipt of advice of non-payment, the remitting bank must give appropriate instructions as to the further handling of the documents. If not, the presenting bank within 30 days after its advice of non-payment, the documents may be returned to the principal.

③ Only when banks have themselves taken the initiative in the choice of another bank utilising the services, they assume liability or responsibility should the instructions they transmit not be carried out.

④ In the absence of specific instructions, the banks concerned with the collection have no obligation to have the document(s) protested for non-payment or non-acceptance.

57 Which of the following statements is <u>NOT</u> correct referring to (D/A) vs. (D/P) under URC522?

① Collections should not contain bills of exchange payable at a future date with instructions that commercial documents are to be delivered against payment.

② If a collection contains a bill of exchange payable at a future date, the collection instruction should state whether the commercial documents are to be released to the drawee against (D/A) or (D/P).

③ In the absence of whether the commercial documents are to be released against (D/A) or (D/P), commercial documents will be released against (D/A) or (D/P).

④ If a collection contains a bill of exchange payable at a future date and the collection instruction indicates that commercial documents are to be released against payment, documents will be released only against such payment.

58 Which of the following statements is <u>CORRECT</u>, regarding the 'Reimbursement', under URR725?

① If a reimbursement claim is made by teletransmission, mail confirmation is to be sent to check the claim presented.

② A reimbursement undertaking cannot be amended or cancelled without the agreement of the issuing bank.

③ An issuing bank sholud not require a sight draft to be drawn on the reimbursing bank.

④ An irrevocable reimbursement authorization cannot be amended or cancelled without the agreement of the claiming bank.

59 Under ISP98, Which of the following statments is <u>NOT</u> correct?

① These Rules supersede conflicting provisions in any other rules of practice to which a standby letter of credit is also made subject.

② After presentation of documents, notice of dishonour given within three business days is deemed to be not unreasonable and beyond seven business days is deemed to be unreasonable.

③ A standby may nominate a person to advise, receive a presentation, effect a transfer, confirm, pay, negotiate, incur a deferred payment obligation, or accept a draft.

④ If a standby requires presentation of a "draft" or "bill of exchange", that draft or bill of exchange must be drawn in negotiable form.

60 Under ISP98, Which of the following statements is <u>NOT</u> correct, when the beneficiary's request of "Extend or pay" to the issuer?

① Beneficiary consents to the amendment to extend the expiry date to the date requested.

② Beneficiary requests the issuer to exercise its discretion to seek the approval of the applicant and to issue that amendment.

③ Beneficiary upon issuance of that amendment, retracts its demand for payment.

④ An issuer is required to notify the applicant of receipt of a presentation under the standby.

61 융자대상증빙별 무역금융 융자대상 수출실적 인정 시점이 맞는 것은?

① 수출신용장 : 수출대금 입금 시점

② 내국신용장 : 판매대금추심의뢰서 매입(추심) 시점

③ 구매확인서(당사자 간 대금결제의 경우) : 공급대금 입금 시점

④ 수출계약서(D/P) : 수출환어음 매입(추심) 시점

62 무역금융 융자금종류 중 포괄금융에 대한 설명으로 틀린 것은?

① 전년도 또는 과거 1년간 수출실적이 미화 5천만불 미만인 수출기업이 융자대상이다.

② 자금용도 구분 없이 물품수출에 필요한 원자재 구매(수입)자금, 제조, 가공비를 일괄하여 지원 해 주는 융자금종류이다.

③ 포괄금융 융자수혜 기업은 수출실적 관리 등을 담당할 주거래 외국환은행을 지정하여야 한다.

④ 현금 일괄 지원을 원칙으로 하는 융자금종류이다.

63 수출용 수입원자재를 해외로부터 일람출급(At Sight) 조건으로 수입하는 데 소요되는 자금지원을 목 적으로 하는 무역금융 융자금종류로 맞는 것은?

① 생산자금   ② 완제품구매자금

③ 원자재구매자금   ④ 원자재수입자금

64 아래 보기의 경우 생산자금(신용장기준금융) 융자대상 금액은?

〈보기〉

1. 융자대상증빙(수출신용장) 금액 : ±10% USD100,000
2. 전월평균 기준환율(융자단가) : 1,000.00원
3. 수출국가 : 일본
4. 운송수단 : 선박
5. 가격조건 : 운임포함인도조건(C.F.R)
6. (업종평균) 원자재의존율 : 60%
7. 본선인도가격(F.O.B) 환산율

구분	운임보험료포함인도조건(C.I.F)		운임포함인도조건(C.F.R)	
	선박	항공	선박	항공
일본, 중국	0.9902	0.9909	0.9923	0.9930
기타 아시아	0.9836	0.9890	0.9863	0.9918

① 35,700,000원　　　　　　　　② 53,500,000원

③ 89,300,000원　　　　　　　　④ 99,200,000원

65 아래 보기의 경우 20XX년 6월 무역금융 융자대상 수출실적은?

일시	거래내역	금액
20××년 6월	신용장방식 수출환어음 매입	USD100,000
20××년 6월	내국신용장 판매대금추심의뢰서 매입	USD200,000
20××년 6월	신용장방식 수출환어음 매입(중계무역)	USD100,000
20××년 6월	수출계약서(D/P) 방식 수출환어음 매입	USD150,000
20××년 6월	수출환어음 매입대금 부도처리	USD100,000

① USD100,000　　　　　　　　② USD200,000

③ USD300,000　　　　　　　　④ USD550,000

66 아래 보기 사례의 경우 위탁가공무역방식 수출기업의 무역금융 융자대상 수출실적 인정금액은?

〈보기〉

1. 내국신용장에 의한 국산원자재 구매 및 무상수출 금액 : USD60,000
2. 해외 위탁가공비 지급 : USD40,000
3. 해외 위탁생산 완료 후 수출금액(수출환어음 매입금액) : USD120,000

① USD40,000　　　　　　　　② USD60,000

③ USD100,000　　　　　　　　④ USD120,000

67 내국신용장 개설조건에 대한 설명으로 틀린 것은?

① 내국신용장은 제3자에게 양도 불가능한 취소불능신용장이어야 한다.

② 판매대금추심의뢰서의 형식은 개설은행을 지급인 및 지급장소로 하는 일람출급 조건이어야 한다.

③ 내국신용장의 표시통화는 순수원화, 외화, 외화부기 원화로 가능하다.

④ 매입(추심)을 위한 서류제시기간은 물품수령증명서 발급일로부터 최장 5영업일 범위 내에서 책정되어야 한다.

68 구매확인서에 의한 공급실적의 수출실적 인정에 대한 설명으로 틀린 것은?

① 은행을 통하여 대금을 결제한 경우의 실적 인정시점은 대금결제일이다.

② 은행을 통하지 아니하고 당사자 간에 대금을 결제한 경우의 실적 인정시점은 물품수령증명서 발급시점이다.

③ 은행을 통하여 대금을 결제한 경우의 수출실적 발급기관은 공급자 거래은행이다.

④ 은행을 통하지 아니하고 당사자 간에 대금을 결제한 경우의 수출실적 발급기관은 구매확인서 발급 외국환은행의 장 또는 전자무역 기반사업자이다.

69 외화대출 지원대상 자금용도에 해당되는 거래가 아닌 것은?

① 직접 해외의 수출상에게 대금을 지급하는 조건의 물품 수입대금

② 국내 수입업자의 수입중개업체를 통한 물품 수입대금

③ 해외차입금 상환자금

④ 중소제조업체 시설자금

70 외화대출과 관련된 리스크 회피방법 중 금리위험 관리기법으로 맞는 것은?

① 통화선물   ② 통화옵션매수

③ 이자율스왑   ④ 선물환매수

71 외화지급보증의 종류 중 보증신용장(Standby L/C)의 특징에 대한 설명으로 틀린 것은?

① 지급이행 청구 시 개설의뢰인이 기초계약상 채무를 불이행 또는 상환하지 않았다는 채무불이행진술서 또는 청구사유진술서를 요구한다.

② 계약의 불이행에 대응할 목적으로 발행된다.

③ 주로 물품 거래에 한정하여 발행된다.

④ 준거규칙은 신용장통일규칙(UCP600) 또는 보증신용장통일규칙(ISP98)이다.

72 청구보증(Demand Guarantee)의 특징에 대한 설명으로 틀린 것은?

① 주로 유럽 지역에서 사용되는 외화지급보증 종류이다.

② 이행성보증에 주로 사용된다.

③ 보증서 내용이 비교적 간결한 편이다.

④ 준거규칙은 청구보증통일규칙(URDG758)이다.

73 외화지급보증 방법 중 직접보증(Direct Guarantee)에 대한 설명으로 맞는 것은?

① 수익자가 해외에 있는 보증인의 신용을 믿지 못하는 경우 또는 수익자 소재국의 현지법률상 해외에서 발행된 보증서가 효력이 없는 경우 이용되는 보증방법이다.

② 3당사자(보증인, 지시당사자, 수익자)가 개입되므로 3자보증이라 한다.

③ 구상보증서(Counter Guarantee)가 발행된다.

④ 재보증, 복보증, 역보증이라고도 한다.

74 보증신용장의 종류 중 상업보증신용장(Commercial Standby L/C)에 대한 설명으로 틀린 것은?

① 물품 수출입 거래 시 개설의뢰인이 무역계약에서 정한 결제조건에 따른 대금지급을 이행하지 않는 경우 수익자에게 동 대금의 지급을 확약하는 보증신용장 종류이다.

② OA(Open Account) 등의 사후송금방식 무역거래 시 수입상이 물품만 인수하고 대금지급에 응하지 않을 경우 대금지급 의무이행을 보장할 목적으로 주로 사용된다.

③ 수출상에 대하여 상업신용장(Commercial L/C)보다 더 강한 지급확약의 기능이 있어 수입상으로부터의 대금회수불능 위험을 제거할 수 있다.

④ 외화지급보증의 종류 중 이행성보증에 해당된다.

75 외화재무상태표 경과계정 과목이 아닌 것은?

① 매입외환   ② 미지급외환

③ 외화본지점   ④ 매도외환

76 외화수표 추심전매입 또는 수출환어음 추심전매입 시 매입대금은 국내의 매입신청인에게 선지급되지만, 해외외화타점예치금 계정은 결제은행으로부터 대금을 결제받기까지 미입금 상태이므로 동 대금이 결제되기까지의 기간 동안 일시적으로 처리하는 외화재무상태표 자산 경과계정 과목으로 맞는 것은?

① 매도외환   ② 미지급외환

③ 매입외환   ④ 미결제외환

77 외화재무상태표 자산 계정과목이 아닌 것은?

① 외국통화   ② 외화증권

③ 외화수입보증금   ④ 외화지급보증대지급금

78 외화재무상태표 난외 계정과목 중 주채무가 확정되지 않은 미확정외화지급보증 과목으로 맞는 것은?

① 수입물품선취보증(L/G)   ② 수입신용장발행

③ 인수   ④ 수입팩토링인수

79 Banker's Usance 방식 기한부 수입신용장 개설 후 수입환어음 인수 시 처리하는 외화재무상태표 자산(난내) 계정과목은?

① 인수   ② 내국수입유산스

③ 수입신용장발행   ④ 기타미확정외화보증

80 원화를 대가로 한 외국환거래 시 발생되는 환포지션(Exchange Position)의 종류 중 매도초과포지션(Over Sold Position)에 대한 설명으로 틀린 것은?

① 외화 매도액이 매입액보다 큰 경우 발생되는 포지션 종류이다.

② 매도초과포지션이 발생한 경우 환율이 상승하면 환차익이 발생된다.

③ 외화 부채금액이 자산금액보다 큰 상태이다.

④ 매도초과포지션의 경우 원화자금의 유입이 발생된다.

01	02	03	04	05	06	07	08	09	10
③	②	④	④	④	③	④	③	③	③
11	12	13	14	15	16	17	18	19	20
④	②	④	②	④	④	③	④	③	④
21	22	23	24	25	26	27	28	29	30
①	①	④	④	③	③	④	③	④	②
31	32	33	34	35	36	37	38	39	40
④	②	①	③	④	④	④	①	③	①
41	42	43	44	45	46	47	48	49	50
④	④	③	④	④	④	④	④	②	②
51	52	53	54	55	56	57	58	59	60
④	④	③	②	④	④	③	③	④	④
61	62	63	64	65	66	67	68	69	70
②	①	④	①	②	②	②	②	④	②
71	72	73	74	75	76	77	78	79	80
③	③	②	④	③	③	③	②	②	②

SECTION 1   수출입실무

01 연계무역에는 물물교환(Barter Trade), 구상무역(Compensation Trade), 대응구매(Counter Purchase), 제품환매(Buy Back), 동시개설신용장(Back-to-Back L/C), 토마스신용장(Thomas L/C), 기탁신용장(Escrow L/C) 등이 있다.

02 수출상에게 유리한 대금결제방식 순서
  (1) 사전송금방식 : 대금영수 후 물품선적
  (2) 포페이팅 : 포페이터의 소구권을 행사하지 않는 조건의 매입
  (3) 신용장방식 : 개설은행의 조건부 지급보증
  (4) 팩터링방식 : 수입팩터의 신용승인 및 매입으로 무신용장방식 거래의 신용위험 제거
  (5) D/P : 수입상의 대금결제 조건으로 선적서류 인도
  (6) D/A : 수입상의 환어음 인수 및 선적서류 인도 후 일정 기간 경과 후인 만기일에 수입대금 결제(만기일 미결제 시 대금미회수 위험 부담)
  (7) 사후송금방식 : 물품선적 후 대금영수

03 • 모든 운송구간에 사용가능한 조건 : EXW, FCA, CPT, CIP, DAP, DPU, DDP(7가지 조건)
  • 해상 및 내수로 운송에 사용가능한 조건 : FAS, FOB, CFR, CIF(4가지 조건)

04 할부선적 관련하여 어느 한 기간의 할부선적을 이행하지 못하는 경우 해당 할부분을 포함하여 그 이후의 모든 할부선적분에 대하여 신용장 효력이 상실되는 것으로 해석한다.

05 (1) EXW(공장인도조건) : 매도인의 영업장 구내 또는 적출지의 지정된 장소에 적치함으로써 매도인의 의무 종료(매도인의 비용부담이 가장 가벼운 조건)
  (2) FCA(운송장인도조건) : 매도인이 수출통관을 완료하고 지정장소에서 매수인이 지정한 운송인에게 물품을 인도하는 조건
  (3) FOB(본선인도조건) : 매수인이 지정한 선박 본선에 적치함으로써 매도인의 의무 종료
  (4) CFR(운임포함인도조건) : 지정된 목적항까지의 운임은 매도인이 부담하되, 물품의 본선 적재시점에 매도인의 의무 종료
  (5) CIF(운임보험료포함인도조건) : 지정된 목적항까지의 운임 및 보험료는 매도인이 부담하되, 물품의 본선 적재시점에 매도인의 의무 종료

06 적하보험 부보 주체
  • 수입상 부보조건 : EXW(공장인도조건), FOB(본선인도조건), FAS(선측인도조건), FCA(운송장인도조건), CFR(운임포함인도조건), CPT(운송장비지급인도조건)
  • 수출상 부보조건 : CIF(운임보험료포함인도조건), CIP(운송비보험료지급인도조건) 외 'D그룹'

07 해상운임 부담주체
  • 매도인(수출상) 부담 : C그룹과 D그룹(CFR, CPT, CIF, CIP, DAP, DPU, DDP)
  • 매수인(수입상) 부담 : E그룹과 F그룹(EXW, FCA, FAS, FOB)

08 • 사후송금방식 : COD, CAD, European D/P, OA(Open Account)
  • 추심방식 : D/P, D/A, D/P Usance

09 추심방식

- 은행의 지급보증이 수반되지 않고 수출입 당사자 간의 신용을 기반으로 하는 무역거래 방식임(신용장방식과 차이)
- 추심에 관여하는 은행은 단지 위임사무 처리를 위한 중개인 또는 보조자의 역할만을 담당
- 환어음이 발행되며, 환어음의 지급인은 수입상이어야 함 (신용장방식과 차이)

10 국제팩터링(International Factoring) 거래

- 국제팩터링 기구에 가입한 회원(팩터)의 신용을 바탕으로 이루어지는 무신용장방식 무역거래로, 팩터링회사가 수출상과 수입상 사이에서 신용조사 및 신용위험의 인수(신용승인), 전도금융 제공(Nego : 외상채권매입), 외상채권 기일관리, 대금회수 등의 서비스를 제공하는 금융서비스(D/A, OA 거래에 수입팩터의 신용승인이 추가된 거래)
- 수출상 입장에서의 단점
  - 금융비용 증가 : 외상채권 할인료(환가료), 수출팩터링수수료 등
  - 수출팩터의 무분별한 담보요구 관행 및 소구권 인정 관행

11 포페이팅(Forfaiting)

- 현금을 대가로 채권을 포기 또는 양도한다는 의미로, 기초 상거래(신용장, D/A, OA 등)에서 발생하는 지급청구권을 '소구권을 행사하지 않는 조건'으로 할인 매매하는 금융기법(수출상에게 별도의 담보를 요구하지 않음)
- 수출상 입장에서 소구조건 없이 외상채권을 양도하여 즉시 자금화 가능(기한부 신용장 및 D/A 거래의 환어음 매입과 구별되는 차이점)
- 통상 고정금리부 할인(수출상 입장에서 이자율변동 위험 제거)
- 일람출급(At Sight) 신용장은 포페이팅 대상에서 제외(기한부 신용장 중 자유매입신용장에 한해서 취급 가능)

12 지급신용장(Payment Credit)

- 환어음이 발행되지 않는 무어음부 신용장
- 일람출급(At Sight) 신용장

13 서류제시기간

- 지급·연지급·인수·매입을 위하여 환어음 및 선적서류가 지정은행 또는 개설은행 앞으로 제시되어야 하는 선적일 이후의 일정기간
- 서류제시기간이 명시되지 않은 경우 선적 후 21일 이내에 제시되어야 하는 것으로 간주하며, 유효기일 이내이어야 함

14 운임선지급을 의미하는 문구는 Freight Prepaid만 사용 가능하며, Freight Prepayable, Freight to be Paid 등의 문구는 허용하지 않는다.

15

- M : 수입신용장 표시
- D1 : 개설은행 고유번호
- 01 : 개설지점 고유번호
- 25 : 개설연도
- 04 : 개설월
- 수입물품 사용용도 : N(Normal : 내수용 일반재), E(Export : 수출용 원자재), R(Relay : 중계무역용)
- 대금결제조건 : S(Sight : 일람출급), U(Usance : 기한부), P(D/P), A(D/A) 등

16 송금방식(Remittance Base)

- 개설은행 앞으로 선적서류가 내도되어 일치하는 제시임이 확인되면 개설의뢰인으로부터 수입대금을 결제받아 매입은행 등에게 대금을 송금하는 방식
- 개설의뢰인으로부터 수입대금을 결제받은 이후에 매입은행 등에 대한 상환이 이루어짐

17 Overseas Banker's Usance

- 해외 인수은행은 수출상에게 일람출급 조건으로 대금을 지급하고, 개설의뢰인(수입상)에게는 일정기간 동안의 수입대금의 결제를 유예해 주는 대금결제조건(수출상 입장에서는 대금회수 조건이 일람출급과 동일함)
- 수입상이 인수 및 할인편의를 제공한 인수은행에 대하여 지불해야 하는 기간 이자 : ACDC(Acceptance Commission & Discount Charge, AD Charge)

18 수입화물선취보증서(L/G)가 발급된 건은 지급거절 통보 불가가 원칙이다(수입화물처분권 훼손).

19 보증신용장(Standby L/C)

- 화환신용장이 상품대금 결제를 주된 목적으로 하는 지급수단임에 비하여, 보증신용장은 무역외거래 및 자본거래 등에 대한 보증수단으로 주로 활용된다는 차이점이 있음
- 보증신용장의 보증채무는 <u>주채무에 종속된 채무가 아니며</u>, 신용장 조건과 문면상 일치하는 서류의 제시에 대하여 <u>원인계약과 관계없이 대금지급을 확약하는 1차적이고 독립적인 채무임</u>(주채무의 이행 여부와 관계없이 보증서 조건과 일치하는 수익자의 청구에 대한 무조건적인 지급확약)

20 조건변경 및 취소

- 수익자가 조건변경의 수락 여부에 대하여 결정을 유보하는 경우 조건변경이 수락되지 않은 것으로 간주
- 수익자가 조건변경에 대한 수락 통보 없이 조건변경서의 내용과 일치하는 서류를 제시하는 경우 조건변경에 대한 수락으로 간주

21 확인(Confirmation)

- 개설은행과는 독립적으로 개설은행과 동일한 신용장상의 지급보증 의무를 부담하는 행위
- 관계당사자 전원의 합의를 조건으로 하는 취소불능신용장을 대상으로 하며, 개설은행이 일방적으로 취소할 수 있는 취소가능신용장은 확인 대상이 될 수 없음

22 신용장 양도

- 양도 가능 문구 : Transferable만 사용 가능(Divisible, Assignable, Fractionable, Transmissible 등의 용어는 양도가능 문구로 사용 불가)
- 분할선적 및 분할청구가 허용되는 경우 두 사람 이상의 제2수익자에게 분할양도 가능
- 제2수익자의 요청에 의하여 그 다음 수익자에 재양도 불가. 단, 제2수익자가 제1수익자에게 재양도하는 것은 가능

23 부보비율 증액 조건변경이 필요하다.

24 유효기일(Expiry Date)

- 유효기일은 지급, 인수, 매입을 위하여 신용장에 명시된 <u>서류를 제시하여야 하는 최종일자</u>이며, 지정은행에 의하여 지급, 인수, 매입이 이루어져야 하는 최종일자를 의미하는 것이 아님
- 천재지변 등 불가항력적인 사태나 파업 등으로 인한 은행업무 중단 기간에 유효기일이 종료되는 경우 은행은 책임을 지지 않음

- 유효기일을 'for six month' 등의 기간으로 표시하고 기산일을 별도로 명시하지 않은 경우, 신용장 개설일을 기산일로 하여 유효기일을 산정

25 ±10%, 10% more or less. about, circa, Approximately 등의 과부족 허용 문구는 그 용어가 사용된 항목에 대해서만 과부족 허용의 효력이 미친다.

26 선적기간 산정을 위한 용어의 해석

- to, till, from, between : 명시된 일자를 포함하는 것으로 간주
- before, after : 명시된 일자를 제외하는 것으로 해석

27 상업송장(Commercial Invoice)

- 상업송장에 기재되는 수익자와 개설의뢰인의 주소는 신용장 또는 다른 서류에 기재된 주소와 정확히 일치할 필요는 없으며, 신용장에 기재된 주소와 동일한 국가 내에 위치하고 있기만 하면 됨
- 단, 운송서류(선하증권)의 수하인(Consignee)과 통지처(Notify Party) 란에 기재되는 주소 및 세부연락처는 신용장에 명시된 내용과 일치하여야 함
- 상업송장의 상품명세는 신용장의 상품명세와 반드시 일치하여야 함

28
- Made out to the order of XXX Bank : 수하인 지시식 선하증권이 발행되어야 한다는 의미
- 운임선지급 문구 : Freight Prepaid만 사용 가능(Freight prepayable, Freight to be prepaid 등의 용어는 운임선지급 문구로 인정하지 않음)

29
- 보험증권(Insurance Policy) : 개별 선적분에 대한 보험요건이 모두 확정된 상태하에서 그 위험의 개시(선적) 직전에 매 건별로 체결하는 보험계약을 개별보험 또는 확정보험이라고 하며, 이 보험계약하에서 발행되는 보험서류를 보험증권이라 함
- 보험증명서(Insurance Certificate) 또는 보험확인서(Insurance Declaration) : 포괄보험(Open Cover)하의 개별 선적분에 대한 부보사실을 증명할 목적으로 매 건별로 발행하는 보험서류

30 • 자동수리가 인정되는 선하증권 : 부지약관선하증권 (Unknown Clause B/L), 약식선하증권(Short Form B/L), 제3자선하증권(Third Party B/L) 등

　　• 자동수리 불가능한 선하증권 : 범선선하증권(Sailing Boat Shipment B/L), 갑판적재선하증권(On Deck Shipment B/L), 고장부선하증권(Foul B/L), 제시지연선하증권(Stale B/L), 수취선하증권(Received B/L), 운송중개인선하증권(Forwarder's B/L), 예정표시선하증권 (Intended Clause B/L), 권리포기선하증권(Surrendered B/L), 화물인수증(FCR), 운송증명서(FCT), 선적증명서 (FCS)

31 항공화물운송장(Air Waybill)

　　• 유가증권이 아니므로 수하인은 기명식으로만 발행 가능 (지시식으로 발행하도록 요구해서는 안 되며 지시식 발행을 요구하더라도 기명식으로 발행된 항공화물운송장 수리 가능)

　　• 배서양도에 의하여 권리이전이 가능한 유통증권이 아님

32 보험서류(Insurance Documents)

　　• 신용장에서 보험서류의 종류를 명시하지 않은 채 단순히 보험서류(Insurance Documents)를 요구한 경우 보험증권, 보험증명서, 보험확인서에 한하여 수리 가능

　　• 부보각서는 보험중개업자가 발행한 보험예약각서로 신용장에서 특별히 허용하지 않는 한 수리 불가

33 • 보증부 매입 : 하자(Discrepancy)있는 수출환어음 매입 시 처리방법 중 신용장 조건과의 불일치 내용을 사전에 수익자(Beneficiary)와 매입은행이 서로 확인한 후, 그로 인하여 신용장 대금의 결제가 거절되면 즉시 매입대금을 상환하겠다는 확인서(각서)를 제출받고 매입하는 방법

　　• 유보부 매입 : 하자사항에 대한 개설은행의 승낙을 전제조건으로 하자 있는 서류를 매입하여 대금을 지급하는 방법

　　• 조건변경후 매입 : 하자사항과 관련된 신용장 제조건 변경 후 매입하는 방법

　　• 전신조회후 매입 : 하자사항의 매입 가능 여부에 대하여 개설은행 앞 전신 조회 후 매입에 대한 승인을 받은 후 매입하는 방법

　　• 추심후 지급 : 제시된 서류를 추심 전 매입하지 않고 추심처리한 후 개설은행으로부터 대금 결제를 받은 후에 지급하는 방법

34 'Inspection certificate issued and signed by applicant'는 매입은행의 대금 회수를 어렵게 만드는 독소조항이다.

35 • OA 방식 거래는 사후송금방식 거래의 일종으로 선적서류는 수출상에 의하여 수입상에게 직접 송부됨

　　• 송금방식 거래의 일종으로 추심의 수단인 환어음 미발행

　　• 은행의 지급보증이 수반되는 거래가 아니며, 따라서 대금결제는 수입상의 신용에만 의존

SECTION 2　　　**국제무역규칙**

---

36 서명된 서류를 팩스로 전송받는 것은 원본이 아니다.

①의 경우(특히 B/L이 3부인 경우) 원본의 표시는 'Orignal' 뿐만 아니라, Duplicate, Triplicate, First original Second original 등으로 표기할 수 있다. 모두 다 원본이 될 수 있다.

> [ISBP821 A29 d]
> the words "facsimile signature" mean the reproducing in fascimile as by a laser printer or other computerized or mechanical mean of reproduction. which means they are not the signature that is teletransmitted via facsimile i.e., by fax machine.

> [추가설명]
> 신용장에서 원본을 몇 부 제시하라는 지시가 없거나 사본서류만을 제시되어야 한다는 조건이 없다면 수익자는 최소 원본 1부 이상의 서류를 제시하여야 한다.
> 1. 원본서류로 판정되는 기준:
> (1) 복사서류라도 발행자의 서명이 있으면 원본서류로 인정된다
> (2) 서류발행자의 상호가 미리 인쇄된 용지(stationery)를 이용하여 발행한 서류
> (3) 사본서류에 원본(original)이라는 표시가 있는 서류
> 2. 사본으로 간주하는 서류
> (1) 팩스기계로 송부된 서류
> (2) 발행자 서명이 없는 보통용지 복사서류
> (3) 어떤 서류의 실제 사본(서류에 'true copy'라는 표기)

> [UCP600 제17조]
> At least on original of each document stipulated in the credit must be presented(적어도 신용장에 명시된 각 서류의 1통의 원본은 제시되어야 한다).

37 신용장 대금 지급방식에는 ① 일람지급방식(by sight payment), ② 인수방식(by acceptance), ③ 연지급방식 (by deferred payment), ④ 매입방식(by negotiation)의 4가지가 있다. 이 중 일람지급방식(by sight payment)은 환어음을 요구할 수도 있고 요구하지 않을 수도 있다. 연지급방식(by deferred payment)은 환어음을 요구하지 않는다(유럽의 관행으로 인지세 부담회피 목적임). 인수방식(by acceptance)은 대금지급이 기한부이므로 지급인(drawee)

을 정해야 하므로 환어음이 필요하다. 환어음 만기 시 대금지급을 약속한 인수은행은 개설은행이 될 수도 있고 특정 지정은행이 될 수도 있다. 매입방식(by negotiation)은 일람지급 신용장에서도 사용할 수 있고 기한부 신용장에서도 사용할 수 있다. 매입방식 신용장에서 환어음을 요구하는 경우 환어음의 지급은행과 매입은행이 같아서는 안된다. 왜냐하면 UCP600 제2조에서 매입(negotiation)은 환어음 지급은행 이외의 당사자가 해야 하는 것으로 규정하고 있기 때문이다.

> Negotiation means the purchase by the nominated bank of drafts(drawn on a bank other than the nominated bank) and/or documents under a complying presentation, by advancing or agreeing to advance funds to the beneficiary on or before the banking day on which reimbursement is due to the nominated bank.
> 매입이라함은 상환이 지정은행에 행해져야 할 은행영업일에 또는 그 이전에 수익자에게 대금을 선지급하거나 또는 선지급하기로 약정함으로써, 일치하는 제시에 따른 환어음 (지정은행이 아닌 은행을 지급인으로 하여 발행된) 및/또는 서류의 지정은행에 의한 구매를 말한다.
> ※ 영문에서 'drawn on' 다음에는 지급인(지급은행)이 표기된다.

38 선적일 이후는 선적서류가 은행 등 휴일 등에 무관하게 21일(21 calendar day) 이내에 제시되어야 한다. 이는 은행 등의 휴일은 이미 선적된 물품의 운송과 관련이 없고, 가능한 빨리 서류가 제시되어야 수입상이 물품을 회수할 수 있기 때문이다.

> [UCP600 제14조]
> c. A presentation including one or more original transport documents subject to articles 19, 20, 21, 22, 23, 24 or 25 must be made by or on behalf of the beneficiary not later than 21 calendar days after the date of shipment as described in these rules, but in any event not later than the expiry date of the credit.
> c. 제19조, 제20조, 제21조, 제22조, 제23조, 제24조 또는 제25조에 따른 하나 또는 그 이상의 운송서류의 원본을 포함하는 제시는 이 규칙에 기술된 대로 선적일 이후 21일보다 늦지 않게 수익자에 의하여 또는 대리하여 이행되어야 한다. 그러나 어떠한 경우에도, 신용장의 유효기일보다 늦지 않아야 한다.

39 이미 발행된 신용장에 대한 조건변경을 합의를 해야하는 관계당사자는 개설은행, 확인은행, 수익자이다. 개설의뢰인(applicant)의 신청이나 동의가 반드시 있어야 하는 것은 아니다.

40 용선계약이란 운송인(carrier)이 하송인에 대하여 운송수단

(선박 등)을 빌려주는 형태를 가진 물품운송계약으로 원유, 광석, 목재, 곡물 등을 대량으로 운송하는 부정기편에 의한 운송계약이다. 이 용선계약부 B/L에는 운송인(carrier)의 상호가 표시된 것으로 보여야 한다는(appear to be) 요건은 없다. 즉 운송인의 이름이 표시되어도 되고 표시되지 않아도 된다. UCP600 제22조에 보면 carrier에 대한 표현이 없다.

> [UCP600 제22조]
> A bill of lading, however named, containing an indication that it is subject to a charter party(charter party bill of lading), must appear to:
> ⅰ. be signed by:
> • the master or a named agent for or on behalf of the master, or
> • the owner or a named agent for or on behalf of the owner, or
> • the charterer or a named agent for or on behalf of the charterer.
> Any signature by the master, owner, charter or agent must be identified as that of the master, owner, charterer or agent.
> 용선계약에 따른다는 표시를 포함하고 있는 선하증권(용선계약선하증권)은 그 명칭에 관계없이 다음과 같이 보여야 한다.
> ⅰ. 다음의 자에 의하여 서명되어 있는 것:
> • 선장 또는 선장을 대리하는 지정대리인, 또는
> • 선주 또는 선주를 대리하는 지정대리인, 또는
> • 용선자 또는 용선자를 대리하는 지정대리인
> 선장, 선주, 용선자 또는 대리인(agent)에 의한 모든 서명은 선장, 선주, 용선자 또는 대리인의 것이라는 것을 확인하고 있어야 한다.

41 신용장 조건에 서류제시기간의 표기가 없으므로 늦어도 선적일로부터 21일 이내에 지정은행에 서류가 제시되어야 한다. 수익자가 언제 선적하였는지는 제시문에서는 알 수 없지만, 신용장 조건에서 10월 5일이 최종선적일이므로 5+21=26일, 즉 10월 26일까지는 지정은행에 서류제시를 하여야 함에도 불구하고, 10월 29일 제시하였으므로 하자(discrepancy)이다.

> [UCP600 제14조]
> A presentation including one or more original transport documents subject to articles 19, 20, 21, 22, 23, 24 or 25 must be made by or on behalf of the beneficiary not later than 21 calendar days after the date of shipment as described in these rules, but in any event not later than the expiry date of the credit.
> 제19조, 제20조, 제21조, 제22조, 제23조, 제24조 또는 제25조에 따른 하나 또는 그 이상의 운송서류의 원본을 포함하는 제시는 이 규칙에 기술된 대로 선적일 이후 21보다 늦지 않게 수익자에 의하여 또는 대리하여 이행되어야 한다. 그러나 어떠한 경우에도, 신용장의 유효기일보다 늦지 않아야 한다.

42 charter party bill of lading에는 운송인(carrier)명을 기재할 필요가 없다. 물론 운송인의 기재가 있어도 되지만 의무는 아니다. Master, Owner, Charterer와 그들의 대리인(agent)들의 서명만 있으면 된다.

> The charter party bill of lading indicate shipment from the port of loading to the port of discharge stated in the credit. The port of discharge may also be shown as a range of ports or a geographical area, as stated in the credit.
> 신용장에 명기된 적재항으로부터 양륙항까지의 선적을 표시하고 있는 것. 또한 양륙항은 신용장에 명기된 대로 항구의 구역 또는 지리적 지역으로 표시될 수 있다.
> ※ 자주 출제되는 문구이다.

43 보험서류의 발행일이 선적일 이후이면 보험의 효력이 선적일 또는 선적일 이전에 발생(effective)한다는 문구가 있다면 수리된다.

> [UCP600 제28조]
> The date of the insurance document must be no later than the date of shipment, unless it appears from the insurance document that the cover is effective from a date not later than the date of shipment.
> 보험서류에서 담보가 선적일보다 늦지 않은 일자로부터 유효하다고 보이지 아니하는 한, 보험서류의 일자는 선적일보다 늦어서는 아니 된다.

44 UCP600 제29조와 제36조의 차이점이다.

① 제29조(유효기일연장 또는 최종제시일의 연장)의 사유가 아닌 제36조(불가항력)의 경우이므로 수익자는 개설은행에 제시하여야 한다(A bank will not, upon resumption of its business, honour or negotiate under a credit that expired during such interruption of its business).

②의 경우는 그 다음 영업일에 제시할 수 있다(the expiry date or the last day for presentation, as the case may be, will be extended to the first following banking day).

③은 맞는 표현이다.

If presentation is made on the first following banking day, a nominated bank must provide the issuing bank with a statement on its covering schedule that the presentation was made within the time limits extended in accordance with sub-article 29 (a)(제시가 최초의 다음 은행영업일에 행해지는 경우에는, 지정은행은 개설은행 또는 확인은행에게 제시가 제29조 a항에 따라 연장된 기간 내에 제시되었음을 기재한 표지서류(covering schedule)를 제공하여야 한다.

④ 은행의 휴일 여부와 물품의 선적기간은 상관이 없다

[The latest date for shipment will not be extended as a result of sub-article 29(a)].

45 "about" or "approximately"라는 용어는 신용장 금액, 수량, 단가에만 적용된다. 따라서 시간, 일수 등에는 적용되지 아니한다.

> [주의사항]
> 만약 신용장금액에는 'about' 표기가 없으나 상품수량에는 'about'가 있는 경우 수량에는 10% 증감이 가능하나 신용장 금액은 10% 증감되지 않는다.

> [UCP600 제30조]
> The words "about" or "approximately" used in connection with the amount of the credit or the quantity or the unit price stated in the credit are to be construed as allowing a tolerance not to exceed 10% more or 10% less than the amount, the quantity or the unit price to which they refer.
> 신용장에 명기된 신용장의 금액 또는 수량 또는 단가와 관련하여 사용된 "약(about)" 또는 "대략(approximately)"이라는 단어는 이에 언급된 금액, 수량 또는 단가의 10%를 초과하지 아니하는 과부족을 허용하는 것으로 해석된다.

46 원 신용장금액의 부보비율이 110%이므로 220,000×1.1 =242,000이다. 따라서 양도금액($200,000)에 대하여 이 금액이 부보되도록 하여야 하므로 242,000/200,000 =121%이다.

> [문장 의미]
> 제1 수익자가 원 신용장금액 $220,000 중 $200,000에 양도하였다. 원 신용장이 요구하는 부보비율이 110%인 경우 이 양도금액 200,000에 대한 부보비율을 묻는 의미이다.

> [UCP600 제38조]
> The percentage for which insurance cover must be effected may be increased to provide the amount of cover stipulated in the credit or these articles.
> 보험부보가 이행되어야 하는 비율은 이 규칙 또는 신용장에 명기된 부보금액을 충족시킬 수 있도록 증가될 수 있다.

47 특정 기간 내에 거절의사를 표시하지 아니하면 동의한 것으로 본다는 신용장 조건은 무시한다. 그리고 주의할 사항은 확인은행이 원 신용장에 확인을 추가하였다고 해서 추후에 조건변경에도 반드시 확인을 추가할 의무는 없다는 것이다.

> **[UCP600 제10조]**
> A provision in an amendment to the effect that the amendment shall enter into force unless rejected by the beneficiary within a certain time shall be disregarded.
> 조건변경이 특정기한 내에 수익자에 의하여 거절되지 아니하는 한 유효하게 된다는 취지의 조건변경서상의 규정은 무시된다.

48 상환수권(R/A)은 신용장과 독립적이다. 상환수권에 유효기일이 적용되면 상환은행에 부담을 줄 수 있으므로 URR725뿐만 아니라 UCP600에서도 이를 허용하지 않고 있다.

> **[UCP600 제13조]**
> The reimbursement authorization should not be subject to an expiry date(상환수권은 유효기일에 지배받지 아니하여야 한다).

49 갑판적재유보약관이 있는 운송서류는 수리된다. '갑판적재유보약관'이란 화물이 실제로 갑판에 적재된 것이 아니라 갑판적재되어 운송될 수도(may) 있다는 약관을 말한다.

> **[UCP600 제26조]**
> A clause on a transport document stating that the goods may be loaded on deck is acceptable.

50 신용장을 양도할 경우 제1수익자의 수익을 차감한 금액으로 양도되지만 물품에 대한 부보는 양도 전의 신용장금액에 대한 비율로 해야한다. 따라서 부보율이 상승될 수 있다.

> **[UCP600 제38조]**
> The transferred credit must accurately reflect the terms and conditions of the credit, including confirmation, if any, with the exception of:
> – the amount of the credit,
> – any unit price stated therein,
> – the expiry date,
> – the period for presentation, or
> – the latest shipment date or given period for shipment, any or all of which may be reduced or curtailed.
> The percentage for which insurance cover must be effected <u>may be increased</u> to provide the amount of cover stipulated in the credit or these articles.

51 보증은 보증인의 통제를 벗어날 때 발행된다(A guarantee is issued when it <u>leaves the control</u> of the guarantor). URDG758에서는 보증인이 보증서를 발행한 이후에도 그 보증서를 보증인이 지정한 대리인에 의해 보관된 경우에는 자신의 통제하에 있으므로 보증을 발행하지 않는 것으로 간주된다. 이 점은 UCP600과 다르다.

> **[UCP600 제7조]**
> An issuing bank is irrevocably bound to honour <u>as of the time it issues</u> the credit.
> 개설은행은 신용장을 발행하는 시점부터 지급이행 취소불능의 의무를 부담한다.

①의 경우 보증의 특정(identifying)을 위하여 보증상 기초관계에 관한 언급(reference)이 있더라도 보증의 독립성은 변하지 않는다(보증은 보증 개설의 근거가 되는 기초관계와 독립적이다).

③의 경우 보증에는 <u>일자나 기간경과 이외에</u>(other than a date or the lapse of a period) 당해 조건이 준수되었음을 표시하는 서류를 명시함이 없이 어떤 조건을 포함시켜서는 아니 된다(비서류적 조건).

※ 수험상 '일자나 기간경과 이외에' 의미를 잘 이해하여야 한다.

52 지급청구(demand)를 제외한 기타 서류에 표시된 금액은 청구금액을 초과할 수 있다. 이는 이행보증 특성상 보증금액은 기초관계서류에 나타난 금액의 5∼10%에서 발행하는 관행을 반영한 것이다.

②의 경우 보증에서 '오직 1회'의 지급청구만이 허용된다고 하더라도 만일 그 지급청구가 보증인 또는 구상보증으로부터 하자로 인하여 거절되었다면 수익자는 그 보증 또는 구상보증이 만료되기 전에 (거절사유를 보완하여) 새로운 지급청구를 할 수 있다. 일치하지 않은 제시 이후 보증만기일 이전에 재제시(re-presentation)를 할 수 있는 것과 '오직 1회의 제시'만을 할 수 있다는 다른 의미이다.

> **[URDG758 제17조]**
> A demand is a non-complying demand if:
> ⅰ. it is for more than the amount available under the guarantee, or
> ⅱ. any supporting statement or other documents required by the guarantee indicate amounts that in total are less than the amount demanded. Conversely, any supporting statement or other document indicating an amount that is <u>more than the amount</u> demanded <u>does not</u> make the demand a non-complying demand.

53 "기간경과서류 수리가능(stale documents acceptable)"이란 <u>신용장의 유효기일 이전에 제시되는 것을 전제로</u> 서류가 <u>선적일 후 달력상 21일 후에도 제시될 수 있다는 의미이다.</u> 이는 또한 신용장에서 제시기간을 "기간경과서류 수리가능"이라는 조건과 함께 명시한 경우에도 적용된다("Stale documents acceptable" - documents may be presented later than 21 calendar days after <u>the date of shipment</u> as long as they are presented <u>no later than</u> the expiry date of the credit. This will also apply when the credit specifies a period for presentation together with the condition "stale documents acceptable").

④ "제3자서류 수리가능(third party documents acceptable)"–이는 환어음을 제외하고, 신용장이나 UCP600에서 발행인이 명시되지 않은 모든 서류는 수익자 이외의 기명된 자연인이나 실체에 의하여 발행될 수 있음을 의미한다.

※ UCP600에서 서류의 발행인을 규정하는 서류는 송장, 운송서류와 보험서류이다. 발행인에 대한 규정인 아래의 내용을 참조한다.

> [UCP600 제14조]
> A transport document may be issued by any party other than a carrier, owner,master or charterer provided that the transport document meets the requirements of articles 19, 20, 21, 22, 23, or 24 of these rules.
> 운송서류가 이 규칙의 제19조, 제20조, 제21조, 제22조, 제23조 또는 제24조의 요건을 충족하는 한, 그 운송서류는 운송인,선주 또는 용선자 이외의 모든 당사자에 의하여 발행될 수 있다.
>
> [UCP600 제18조]
> A commercial invoice must appear to have been issued by the beneficiary(except as provided in article 38);
> 상업송장은 수익자에 의하여 발행된 것으로 보여야 하며(제38조에 규정된 경우를 제외한다);
>
> [UCP600 제28조]
> An insurance document, such as an insurance policy, an insurance certificate or a declaration under an open cover, must appear to be issued and signed by an insurance company, an underwriter or their agents or their proxies.
> 보험증권, 포괄예정보험에 의한 보험증명서 또는 통지서와 같은 보험서류는 보험회사, 보험업자 또는 이들 대리인 또는 이들 대리업자에 의하여 발행되고 서명된 것으로 보여야 한다.

54 양륙항(discharge) 이 수출국이 될 수 없다. 발송처(dispatch)이다.

> [ISBP821 A19]
> "exporting country"–one of the following : the country where the beneficiary is domiciled, the country of origin of the goods, the country of receipt by the carrier or the country from which shipment or dispatch is made.
> "수출국(exporting country)"–이는 수익자의 주소가 있는 국가, 물품의 원산지국, 운송인이 물품을 수령한 국가, 물품 선적국 또는 물품 발송국 중의 어느 하나를 의미한다.

55 ① 은행은 신용장에서 달리 명시하지 아니하는 한 그 명칭에 상관없이 용선계약에 따른다는 표시만 있으면 수락한다.

> [UCP600 제22조]
> A bill of lading, however named, containing an indication that it is subject to a charter party.

②의 경우, 선장의 대리인이 서명할 때는 선장의 이름은 기재할 필요가 없다.

> [UCP600 제22조]
> An agent signing for or on behalf of the owner or charterer must indicate the name of the owner or charterer(master의 내용이 없음에 유의).

③ 용선부B/L이라도 실제(actual) 선적항의 기재는 필요하다. 그러나 양륙항은 그러하지 아니하다. The port of discharge(양륙항) may also be shown as a range of ports or a geographical area, as stated in the credit.

> ※ 유의할 것은 용선부B/L은 실제 양륙항(actual port of discharge)의 기재가 필요없다(빈출문항). 실무적으로 상인들 사이에 운송도중에 판매되어 양륙항이 변경되기도 하므로 지리적 범위 내에만 양륙하면 되기 때문이다.

④ A bank will not examine charter party contracts, even if they are required to be presented by the terms of the credit[용선계약서가 신용장의 조건(terms)에 따라 제시되도록 요구되더라도, 은행은 그 용선계약서를 심사하지 아니한다].

> [UCP600 제22조]
> A bill of lading, however named, containing an indication that it is subject to a charter party(charter party bill of lading), must appear to indicate shipment from the port of loading to the port of discharge stated in the credit. The port of discharge may also be shown as a range of ports or a geographical area, as stated in the credit.
> 용선계약부 선하증권은신용장에 명기된 적재항으로부터 양륙항까지의 선적을 표시하고 있는 것. 또한 양륙항은 신용장에 명기된 대로 항구의 구역 또는 지리적 지역으로 표시될 수 있다.

56 ① The presenting bank is responsible for seeing that the form of the acceptance of a bill of exchange appears to be complete and correct, but is not responsible for the genuineness of any signature or for the authority of any signatory to sign the acceptance(제시은행은 환어음의 인수의 형식이 완전하고 정확하게 나타나 있는지를 확인해야 할 책임이 있다. 그러나 제시은행은 어떠한 서명의 진정성이나 인수의 서명을 한 어떠한 서명인의 권한에 대하여 책임을 지지 아니한다).

② The presenting bank must send without delay advice of non-payment If such instructions as advice of non-payment are not received by the presenting bank within 60 days after its advice of non-payment, the documents may be returned to the bank from which the collection instruction was received without any further responsibility on the part of the presenting bank(제시은행은 지급거절 또는 인수거절의 통지를 지체없이 추심지시서를 송부한 은행으로 송부해야 한다. 추심의뢰은행은 그러한 통지를 수령한 때에는 향후의 서류취급에 대한 적절한 지시를 하여야 한다. 만일 그러한 지시가 지급거절 또는 인수거절을 통지한 후 60일 내에 제시은행에 의해 접수되지 않는 경우에는 서류는 제시은행 측에 더 이상의 책임 없이 추심지시서를 송부한 은행으로 반송될 수 있다).

③ Banks assume no liability or responsibility should the instructions they transmit not be carried out, even if they have themselves taken the initiative in the choice of such other bank(s)(은행이 전달한 지시가 이행되지 않는 경우에 그 은행은 의무나 책임을 지지 아니하며, 그 은행 자신이 그러한 다른 은행의 선택을 주도한 경우에도 그러하다).

④ In the absence of such specific instructions, the banks concerned with the collection have no obligation to have the document(s) protested (or subjected to other legal process in lieu thereof) for non-payment or non-acceptance(그러한 별도의 지시가 없는 경우에는 추심에 관여하는 은행은 지급거절 또는 인수거절에 대하여 서류의 거절증서를 작성토록 하거나 (또는 이에 갈음하는 법적절차가 취해지도록 할) 아무런 의무를 지지 아니한다).

57 ① 추심은 장래의 확정일 지급조건의 환어음을 상업서류는 지급과 상환으로 인도되어야 한다는 지시와 함께 포함하여서는 아니 된다(왜냐하면 환어음의 만기란 대금지급이 늦어지는 신용거래인 데 반해 상업서류가 없으면 당장 세관 등에서 물품을 회수할 수 없기 때문이다).

② 만일 추심이 장래확정일 지급조건의 환어음을 포함하는 경우에는 추심지시서에는 상업서류가 인수인도 (D/A) 또는 지급인도 (D/P) 중 어느 조건으로 지급인에게 인도되어야 하는 지를 명시해야 한다.

③ D/A인지 D/P인지 알 수 없다면 은행의 입장에서는 보수적인 취급으로 오로지 지급(only against payment)에 의해서만 상업서류를 인도하여야 할 것이다. 유의할 것은 D/P가 아닌 '지급'이어야 한다. D/P에도 'D/P at sight'와 'D/P usance'가 있으므로 반드시 지급(payment)이란 단어로 정답을 찾아야 한다.

[URC522 제7조] 상업서류의 인도
If a collection contains a bill of exchange payable at a future date, the collection instruction should state whether the commercial documents are to be released to the drawee against acceptance (D/A) or against payment (D/P).
만일 추심이 장래확정일 지급조건의 환어음을 포함하는 경우에는 추심지시서에는 상업서류가 인수인도 (D/A) 또는

지급인도 (D/P) 중 어느 조건으로 지급인에게 인도되어야 하는지를 명시해야 한다.
In the absence of such statement commercial documents will be released only against payment and the collecting bank will not be responsible for any consequences arising out of any delay in the delivery of documents.
그러한 명시가 없는 경우에는, 상업서류는 지급과 상환으로만 인도되어야 하며, 서류인도의 지연에 기인하는 어떠한 결과에 대해서도 추심은행은 책임을 지지 아니한다.

④ If a collection contains a bill of exchange payable at a future date and the collection instruction indicates that commercial documents are to be released against payment, documents will be released only against such payment and the collecting bank will not be responsible for any consequences arising out of any delay in the delivery of documents(만일 추심이 장래확정일 지급조건의 환어음을 포함하고 추심지시서에 상업서류는 지급과 상환으로 인도되어야 한다고 기재된 경우에는, 서류는 오직 그러한 지급과 상환으로만 인도되고, 추심은행은 서류인도의 지연에서 기인하는 어떠한 결과에 대해서도 책임을 지지 아니한다(서류인도 지연 시 물품을 세관에서 통관되지 못하면 수입자 입장에서 난관에 봉착하게 된다).

58 ① (URR725 제10조) If a reimbursement claim is made by teletransmission, no mail confirmation is to be sent(상환청구가 전신으로 이루어지면 추가로 우편확인서는 송부되어서는 안 된다.) 그 이유는 상환청구는 일반적으로 신속하게 전신으로 이루어지는데 우편확인서를 또다시 송부하면 상환은행에서 이중지급의 문제가 발생하게 되어 그 결과에 대해 청구은행(claiming bank)이 책임을 진다.

② (URR725 제9조) A reimbursement undertaking cannot be amended or cancelled without the agreement of the claiming bank(상환확약은 청구은행의 동의 없이 조건변경 또는 취소될 수 없다). 청구은행에 대하여 확약을 했기 때문에 청구은행의 동의가 필요하다.

③ (URR725 제9조) An issuing bank should not require a sight draft to be drawn on the reimbursing bank(개설은행은 상환은행을 지급인으로 하는 (기한부가 아닌) 일람출급 환어음이 발행되도록 요구하여서는 안 된다). 청구은행의 상환청구는 대부분 전신으로 청구되므로 상환은행을 지급인으로 하는 환어음을 요구 시 청구은행은 전신청구와 별도로 환어음을 상환은행에 송부하게되면 상환은행이 중복청구를 받게 되는 사례가 발생할 수 있다.

④ (URR725 제9조) An irrevocable reimbursement

authorization cannot be amended or cancelled without the agreement of the reimbursing bank(취소불능 상환수권은 상환은행의 동의없이 조건변경 또는 취소될 수 없다). 상환수권에서 수권(授權)이란 개설은행이 상환은행에 상환권리를 부여(授權)하였으므로 이미 주어진 권한을 철회하려면 상환은행이 동의해 주어야 한다. 왜냐하면 상환은행이 이미 청구은행에 확약을 한 이후에는 개설은행의 수권의 취소에 응할 필요가 없기 때문이다.

> [URR725 제7조]
> A reimbursing bank will assume no responsibility for the expiry date of a credit and, if such date is provided in the reimbursement authorization, it will be disregarded.
> 상환은행은 신용장의 유효기일에 대하여 책임을 지지 아니하며 상환수권에 그러한 일자가 표시된 경우에는 이를 무시한다.

59 (지급청구 방식) 어음이나 환어음은 보증신용장에서 달리 정하지 아니하는 한 반드시 유통 가능한(지시식 발행, to the order of) 형식일 필요는 없다. 어음 또는 환어음의 수취인이 지시식 또는 기명식이 되어도 된다.

> [ISP98 4.16조]
> If a standby requires presentation of a "draft" or "bill of exchange", that draft or bill of exchange need not be in negotiable form unless the standby so states.
> 보증신용장에서 어음 환어음의 제시를 요구하는 경우에는 그 환어음은 보증신용장에서 달리 명시하지 아니하는 한 반드시 유통가능한 형식일 필요가 없다.

① (ISP98 1.02조) These Rules supersede conflicting provisions in any other rules of practice to which a standby letter of credit is also made subject(이 규칙은 보증신용장에 함께 적용되는 여타의 관습적 규칙상의 상충하는 규정에 <u>우선한다</u>).

② (ISP98 5.01조) After presentation of documents, notice of dishonour given within three business days is deemed to be not unreasonable and beyond seven business days is deemed to be unreasonable(3영업일 이내의 통지는 불합리하지 아니한 것으로 보고, 7영업일 후의 통지는 불합리한 것으로 본다).

③ (ISP98 2.04) A standby may nominate a person to advise, receive a presentation, effect a transfer, confirm, pay, negotiate, incur a deferred payment obligation, or accept a draft(보증신용장은 통지하거나, 제시를 접수하거나, 양도를 승인하거나, 확인하거나 환어음을 인수하는 자를 지정할 수 있다).
UCP600에서는 수익자가 이용할 수 있는 은행을 지정

은행으로만 정의하고 있지만 ISP98은 수익자가 일치하는 제시에 대해 지급, 매입, 환어음을 인수 또는 연지급 확약을 하는 자뿐만 아니라 보증신용장을 통지하는 자, 서류제시를 받는 자, 양도를 하는 자, 보증신용장에 확인을 추가하는 자들을 지정인으로 규정하고 있다.

> [UCP600 제2조]
> Nominated bank means the bank with which the credit is available or any bank in the case of a credit available with any bank.
> 지정은행이라 함은 신용장이 사용될 수 있는 은행 또는 모든 은행에서 사용될 수 있는 신용장의 경우에는 모든 은행을 말한다.

60 An issuer is not required to notify the applicant of receipt of a presentation under the standby(보증신용장에 따른 제시접수의 사실을 개설의뢰인에게 통지할 필요가 없다). 이는 ISP98와 URDG758의 중대한 차이점이다. ISP98에서는 보증인은 자신의 재량으로(its discretion) 개설의뢰인에게 통지해도 되고 통지하지 않아도 된다. 그러나 URDG758 제16조에서 수익자가 일치하는 지급청구(demand) 시에는 그 사실을 보증인은 지시당사자(instructing party)에게 알려주어야 한다. ISP98의 본 조항의 원래 취지는 보증신용장 청구접수 사실을 개설의뢰인이 알게 되면 개설인이나 수익자에게 상환하지 않고자 개설의뢰인이 재산 등을 은닉할 수도 있기 때문인 것으로 보인다. 그러나 실무관행상 알려주는 것으로 통용되고 있다.

> [URDG758 Article 16]
> Information about demand:
> The <u>guarantor</u> shall without delay inform the instructing party or, where applicable, <u>the counterguarantor</u> of any demand under the guarantee and of any request, as an alternative, to extend the expiry of the guarantee. The <u>counter-guarantor</u> shall without delay <u>inform the instructing party</u> of any demand under the counter-guarantee and of any request, as an alternative, to extend the expiry of the counter-guarantee.

SECTION 3　　**외환관련 여신**

61
- 수출신용장, 내국신용장 : 수출환어음 또는 판매대금추심의뢰서로 매입(추심) 시점(은행의 지급보증이 수반된 거래임)
- 수출계약서(D/P, D/A) : 수출대금 입금 시점(은행의 지급보증이 수반되지 않는 당사자 간의 신용에 근거한 거래임)
- 구매확인서 : 세금계산서 발급일(당사자 간 대금결제의 경우)

62 포괄금융 융자대상기업은 전년도 또는 과거 1년간 수출실적이 미화 2억불 미만인 수출기업이다.

63 **원자재수입자금**

· 수출용 수입원자재를 해외로부터 일람출급(At Sight) 조건으로 수입하는 데 소요되는 자금지원을 목적으로 하는 융자금종류

· 기한부(Usance) 조건의 수입(기한부 수입신용장, D/A, 사후송금방식 수입 등)은 원자재수입자금 지원 불가

64 · 계산식 : 신용장금액(USD100,000)×과부족 허용비율(±10%)(90%)×외화가득율(40%)×본선인도가격(FOB) 환산율(0.9923)×전월평균 기준환율(1,000.00원)

· 과부족 허용문구(±10%, 10% more or less, about, circa, approximately 등) : 수출환어음 매입 시 제시 가능한 최저금액 기준

· 수출신용장 등의 융자대상증빙 금액의 본선인도조건(F.O.B) 기준

· 외화가득율 : 1 - 원자재의존율(60%)

· 최저융자금액 단위 : 산출 원화금액에서 10만원 단위 미만 절사 지원

65 **융자대상 수출실적 산정 기준**

· 수출신용장, 내국신용장 : 매입(추심) 시점의 매입(추심) 금액

· 수출계약서 : 대금 입금 시점의 입금금액

· 부도처리 : 부도발생월 수출실적에서 차감, 부도 후 입금금액은 입금월 수출실적에 가산

· 수출실적 이수관 : 이관실적은 이관 해당월 실적에서 차감, 수관실적은 수관해당월 실적에 가산

66 위탁가공무역방식 수출의 경우 수출환어음 매입금액이 아니라 국내 부가가치 창출에 기여한 국산원자재 무상수출 금액에 한해 수출실적으로 예외 인정하고 있다.

67 · 판매대금추심의뢰서의 형식 : 개설신청인을 지급인으로 하고 개설은행을 지급장소로 하는 일람출급 조건

· 유효기일 : 물품인도기일에 최장 10일을 가산한 기일 범위 내(원수출신용장 등의 선적 또는 인도기일 이전)

68 은행을 통하지 아니하고 당사자 간에 대금을 결제한 경우의 수출실적 인정 시점은 세금계산서 발급일(공급일)이다.

69 **외화대출 대상거래(해외실수요 자금) 추가**

· 수출기업이 환헤지 목적으로 가입한 KIKO 등 통화옵션 결제자금

· 해외직접투자 자금 등

70 · 환위험관리기법 : 선물환매수, 통화옵션매수, 통화선물, 통화전환옵션 가입, 무역보험공사 환변동보험 가입

· 금리위험관리기법 : 이자율스왑(금리고정효과)

· 신용위험관리기법 : 부동산·동산·예적금 담보 활용, 모기업 등의 연대보증 또는 담보제공, 보증신용장(Standby L/C) 담보취득 등

71 **보증신용장(Standby L/C)**

· 금융의 담보 또는 채무보증의 목적 등 주로 무역외거래에 사용되는 외화지급보증

· 지급이행 청구 시 요구서류 : 개설의뢰인이 기초계약상 채무를 불이행 또는 상환하지 않았다는 채무불이행진술서 또는 청구사유진술서 요구

· 발행용도 : 이행성보증 뿐만 아니라 금융보증 등 다양한 형태로 발행

· 보증범위 : 수익자가 기초계약상 채무불이행에 따른 불이행진술서 등을 제시하면 <u>무조건적으로 지급</u>

72 청구보증(Demand Guarantee)은 당사자 간 계약내용이 충실히 반영되기 때문에 보증서 내용이 비교적 장문이다.

73 **간접보증(Indirect Guarantee)**

· 4당사자(보증인, 구상보증인, 수익자, 지시당사자)가 개입되므로 '4자보증'이라 칭함

· 지시당사자는 수익자 소재국 현지은행으로 하여금 보증서를 발행해 줄 것을 자신의 거래은행에 지시하고, 지시당사자 거래은행은 구상보증인으로서 수익자 소재국 현지은행(보증인) 앞으로 구상보증서(2차보증서) 발행하며, 보증인은 구상보증서를 담보로 자국의 수익자 앞으로 보증서(1차보증서) 발행

· 보증인은 보증서상의 수익자의 지급청구에 대하여 응하고, 구상보증서상의 구상보증인에 대해서는 구상권 발생

74 **상업보증신용장(Commercial Standby L/C)**

· 매수인의 대금지급의무를 보증한다는 점에서 상업신용장보다 유사한 기능 수행

· OA(Open Account) 등의 사후송금방식 수출거래에서 대금회수에 대한 안전장치로 사용

· 지급이행 청구 시 개설의뢰인이 단순한 서류만을 요구하므로 상업신용장에 비하여 시간과 비용 절약이 가능

· 금융보증신용장 종류 : 금융보증신용장, 상업보증신용장, 보험보증신용장, 직불보증신용장

- 이행성보증 : 입찰보증, 계약이행보증, 선수금환급보증, 유보금환급보증, 하자보증

75 • 경과계정 : 자산(매입외환, 미결제외환), 부채(매도외환, 미지급외환)
- 결제계정 : 외화타점예치금(자산), 외화타점예수금(부채), 외화본지점(양변계정)

76 외화수표 추심전매입 또는 수출환어음 추심전매입 시 매입대금은 국내의 매입신청인에게 선지급되지만, 해외외화타점예치금 계정은 결제은행으로부터 대금을 결제받기까지 미입금 상태이므로 동 대금이 결제되기까지의 기간 동안 일시적으로 처리하는 외화재무상태표 자산 경과계정 과목이 매입외환이다.

77 • 자산계정 : 외국통화, 외화예금, 외화증권, 매입외환(경과계정), 미결제외환(경과계정), 외화대출금, 내국수입유산스, 외화지급보증대지급금, 외화본지점(양변계정) 등
- 부채계정 : 외화예수금, 매도외환(경과계정), 미지급외환(경과계정), 외화콜머니, 외화차입금, 외화수입보증금, 외화본지점(양변계정) 등

78 • 미확정외화지급보증(난외) : 수입신용장발행, 외화표시내국신용장발행, 차관외화보증, 기타미확정외화보증
- 확정외화지급보증(난외) : 수입물품선취보증(L/G), 인수, 수입팩토링인수, 차관인수

79 • Shipper's Usance 방식 기한부 수입신용장 개설 후 수입환어음 인수 시 계정처리 : 인수(난외 – 확정외화지급보증)
- Banker's Usance 방식 기한부 수입신용장 개설 후 수입환어음 인수 시 계정처리 : 내국수입유산스(난내 – 자산계정)

80 매도초과포지션(Over Sold Position) : 환율 상승 시 환차손이 발생한다.

01 증권경제전문 토마토TV가 만든 교육브랜드

토마토패스는 24시간 증권경제 방송 토마토TV · 인터넷 종합언론사 뉴스토마토 등을 계열사로
보유한 토마토그룹에서 출발한 금융전문 교육브랜드 입니다.
경제 ·금융· 증권 분야에서 쌓은 경험과 전략을 바탕으로 최고의 금융교육 서비스를 제공하고 있으며
현재 무역 · 회계 · 부동산 자격증 분야로 영역을 확장하여 괄목할만한 성과를 내고 있습니다.

뉴스토마토	TomatoTV	토마토증권통	e Tomato
www.newstomato.com	tv.etomato.com	stocktong.io	www.etomato.com
싱싱한 정보, 건강한 뉴스	24시간 증권경제 전문방송	가장 쉽고 빠른 증권투자!	맛있는 증권정보

02 차별화된 고품질 방송강의

토마토 TV의 방송제작 장비 및 인력을 활용하여 다른 업체와는 차별화된 고품질 방송강의를 선보입니다.
터치스크린을 이용한 전자칠판, 핵심내용을 알기 쉽게 정리한 강의 PPT,
선명한 강의 화질 등 으로 수험생들의 학습능력 향상과 수강 편의를 제공해 드립니다.

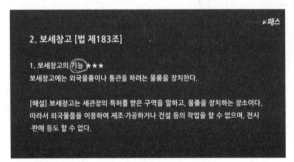 

03 최신 출제경향을 반영한 효율적 학습구성

토마토패스에서는 해당 자격증의 특징에 맞는 커리큘럼을 구성합니다.
기본서의 자세한 해설을 통해 꼼꼼한 이해를 돕는 정규이론반(기본서 해설강의) · 핵심이론을 배우고
실전문제에 바로 적용해보는 이론 + 문제풀이 종합형 핵심종합반 · 실전감각을 익히는
출제 예상 문제풀이반 · 시험 직전 휘발성 강한 핵심 항목만 훑어주는 마무리특강까지!
여러분의 합격을 위해 최대한의 효율을 추구하겠습니다.

정규이론반   핵심종합반   문제풀이반   마무리특강

04 가장 빠른 1:1 수강생 학습 지원

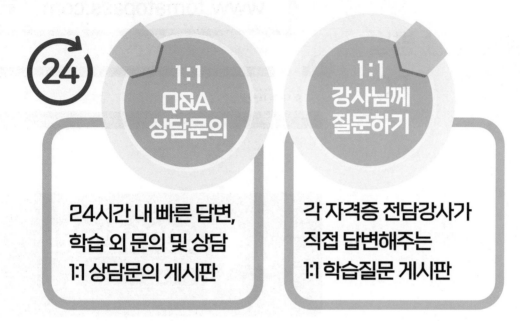

토마토패스에서는 가장 빠른 학습지원 및 피드백을 위해 다음과 같이 1:1 게시판을 운영하고 있습니다.

· Q&A 상담문의 (1:1) ┃ 학습 외 문의 및 상담 게시판, 24시간 이내 조치 후 답변을 원칙으로 함 (영업일 기준)
· 강사님께 질문하기(1:1) ┃ 학습 질문이 생기면 즉시 활용 가능, 각 자격증 전담강사가 직접 답변하는 시스템

이 외 자격증 별 강사님과 함께하는 오픈카톡 스터디, 네이버 카페 운영 등 수강생 편리에 최적화된
수강 환경 제공을 위해 최선을 다하고 있습니다.

05 100% 리얼 후기로 인증하는 수강생 만족도

2020 하반기 수강후기 별점 기준 (100으로 환산)

토마토패스는 결제한 과목에 대해서만 수강후기를 작성할 수 있으며,
합격후기의 경우 합격증 첨부 방식을 통해 100% 실제 구매자 및 합격자의 후기를 받고 있습니다.
합격선배들의 생생한 수강후기와 만족도를 토마토패스 홈페이지 수강후기 게시판에서 만나보세요!
또한 푸짐한 상품이 준비된 합격후기 작성 이벤트가 상시로 진행되고 있으니,
지금 이 교재로 공부하고 계신 예비합격자분들의 합격 스토리도 들려주시기 바랍니다.

강의 수강 방법
PC

01 토마토패스 홈페이지 접속

www.tomatopass.com ▼

02 회원가입 후 자격증 선택

· 회원가입시 본인명의 휴대폰 번호와 비밀번호 등록
· 자격증은 홈페이지 중앙 카테고리 별로 분류되어 있음

03 원하는 과정 선택 후 '자세히 보기' 클릭

04 상세안내 확인 후 '수강신청' 클릭하여 결제

· 결제방식 [무통장입금(가상계좌) / 실시간 계좌이체 / 카드 결제] 선택 가능

05 결제 후 '나의 강의실' 입장

06 '학습하기' 클릭

07 강좌 '재생' 클릭

· IMG Tech 사의 Zone player 설치 필수
· 재생 버튼 클릭시 설치 창 자동 팝업

강의 수강 방법
모바일

탭 · 아이패드 · 아이폰 · 안드로이드 가능

01 토마토패스 모바일 페이지 접속

WEB · 안드로이드 인터넷, ios safari에서
www.tomatopass.com 으로 접속하거나

 Samsung Internet (삼성 인터넷)

 Safari (사파리)

APP · 구글 플레이 스토어 혹은 App store에서
합격통 혹은 토마토패스 검색 후 설치

 Google Play Store

 앱스토어 합격통

02 존플레이어 설치 (버전 1.0)

· 구글 플레이 스토어 혹은 App store에서 '존플레이어' 검색 후 버전 1.0 으로 설치
(***2.0 다운로드시 호환 불가)

03 토마토패스로 접속 후 로그인

04 좌측 👤 아이콘 클릭 후
'나의 강의실' 클릭

05 강좌 '재생' 버튼 클릭

· 기능소개
과정공지사항 : 해당 과정 공지사항 확인
강사님께 질문하기 : 1:1 학습질문 게시판
Q&A 상담문의 : 1:1 학습외 질문 게시판
재생 : 스트리밍, 데이터 소요량 높음, 수강 최적화
다운로드 : 기기 내 저장, 강좌 수강 시 데이터 소요량 적음
PDF : 강의 PPT 다운로드 가능

👤　　토마토패스　　☰

금융투자자격증　은행/보험자격증　FPSB/국제자격증　회계/세무

나의 강의실

과정공지사항	강사님께 질문하기
학습자료실	Q&A 상담문의

과정명	증권투자권유대행인 핵심종합반	
수강기간	2021-08-23 ~ 2022-08-23	
최초 수강일	2021-08-23	최근 수강일	2021-09-09
진도율	77.0%	

강의명	재생	다운로드	진도율	PDF
1강 금융투자상품01	▶	⬇	0%	⬆
2강 금융투자상품02	▶	⬇	100%	⬆
3강 금융투자상품03	▶	⬇	100%	⬆
4강 유가증권시장, 코스닥시장01	▶	⬇	94%	⬆
5강 유가증권시장, 코스닥시장02	▶	⬇	71%	⬆
6강 유가증권시장, 코스닥시장03	▶	⬇	0%	⬆
7강 채권시장01	▶	⬇	96%	⬆
8강 채권시장02	▶	⬇	0%	⬆
9강 기타 증권시장	▶	⬇	93%	⬆

토마토패스
외환전문역 2종 핵심요약+문제집
—

초 판 발 행	2018년 03월 15일	
개정2판1쇄	2025년 01월 15일	

편 저	신태용 · 강성국	
발 행 인	정용수	
발 행 처	㈜예문아카이브	
주 소	서울시 마포구 동교로 18길 10 2층	
T E L	02) 2038-7597	
F A X	031) 955-0660	

등 록 번 호   제2016-000240호

정   가   25,000원

홈페이지 http://www.yeamoonsa.com

I S B N   979-11-6386-376-2   [13320]